向前进，向前进！
——我的自传

黄准/著

上海音乐出版社

題贈黃淮同志

愛樂

李嵐清
己丑歲初

岁月如歌

耕耘不忘

黄准作曲手稿

（追随祖彼后
中学出……版）　（和蒙人重逢）
重逢

1948年不知从哪里传来补的消息……我想念好友一家。心驰神往地到哈尔滨，我关于彩然，天天盼望着得他们的来信。可是从偏僻的梁山到大城市哈尔滨，路途还相当的遥远，也当时全国还没有解放，交通还相古不方便，情况下要等待一次就还不容易比着多的了。终于机会来了，我因接受一部记录他的创作任务而要去梁山哈尔滨去收集资料，于是我去彩然终于找到了我想念之家。

十年了，我从一个孩子变成了少女。我想念之苦，西个孩子的母亲，而我好友，刘老先生一位画美斑白，年近六十岁的老人了。我们一家心团聚，先生不象先生作品中形容的那样拒状痛苦，但他心想旧重恒。在最老长心说由于生活心折磨使他……年方五十岁时就满脸布满西北大黄……痛心，他心去师我从1938年分别之后，他们就一直过着极不安宁心生活，因为黄阳门比黄季阳的反动，民先组织被破坏，民先领导的糊掉，生活的压抑重重，他们之后之此离开了贵阳，先后辗转过广西桂林，制造，澳门等地，一直过着艰辛受苦相，艰苦交迫心生活，细糊去香港后……此逃到日本龟之心孩辞，走澳门心因铁丝跨费儿手这蒜纲行达，没来得好迁到延人，革命的黄才为此路上回归祖口心踏样。听到这些，让我非常震撼。我……去延安七年中虽然物质奇样比较观很苦，但精神上却十分富是，让你能……他……成长这次因工作关系，我们相聚时间不长，于是心全口解放后，我们都到了北京，並且都有幸参加了开门大典心解放典礼，这让我想心特别的兴奋，她也几次写心文章中都提起此事，只可惜我心北京工作不足三年就调到了上海，从此之一南一北，好在我有着机会比较多，每次去美北京工作结束后，都要回家住上西天。

1950 年初到上海

1940年在延安桥儿沟鲁艺的后山坡

1959年在海南岛《红色娘子军》外景地

1958年在云南橄榄坝寺庙大门前

1953年为拍《淮上人家》在淮河佛子岭大坝外景地

1976年在甘肃藏族地区

2008 年在台湾"吕蒙画展"上

1990 年在英国留影

1992 年在美国留影

1998 年黄准作品音乐会

1998 年黄准作品研讨会

2009 年在青岛国际儿童电影节上

2009 年在纪念"黄河大合唱"诞生 70
周年时接受电视台采访

1989年在
敦煌鸣沙
山骑骆驼

1982年重返延安

2005年重返海南岛

2003 年在苏州东山

1989 年在敦煌

2010 年与世博吉祥物海宝合影

2009 年在北京国家大剧院

2010 年在世博园

2007年休闲在家

2009 年获老干部勋章

2009 年重上井冈山

2007 年在朋友家

2006 年我八十岁了

2010 年 6 月 18 日宁兴百纳影视公司为我庆祝 85 岁生日

2005年荣获当代中国电影音乐终身成就奖

2009年荣获第七届中国音乐金钟奖终身成就奖

2010年荣获上海市委宣传部颁发的终身荣誉奖

前言　关于我名字的故事

人家一听黄准这名字，想当然地会以为是个男的。大概是这名字非常男性化吧。记得还是在1958年，我和录音师黄东萍为拍《前方来信》到山东收集资料，当我们拿着介绍信到山东文化局接洽工作时，当地的一位干部拉着黄东萍的手，热情地说："啊，黄准同志您好您好。"搞得黄东萍十分难堪，一边往后退，一边推着我，赶忙说："不，我不是黄准，这位才是！"

这样的境遇我已经非常习惯了。应该是1950年代初，自我写了《小猫钓鱼》之后就经常会收到观众来信，在这些来信中几乎没有一封称我阿姨或姐姐的，而都是以先生、叔叔、伯伯相称，再晚一点居然就称我为"黄准爷爷"了。

尤其是在我完成了电影《红色娘子军》和电视连续剧《蹉跎岁月》之后，我的片约不断，经常有各地的电视台邀请我去为他们的电视剧作曲。一天，来了一位导演，说要找黄准，我请他进屋后，他对我竟毫无反应，一直站在那里等待，直到我再问一次："请问您找谁啊？"他说："我找黄准啊。"我笑了："我就是黄准。""啊，你就是黄准啊，你怎么会是黄准呢？"他竟然不相信，"我一直以为黄准是个男的。"他接着说："在我心目中，能写出《红色娘子军》这样气势恢宏的音乐，必定是一位高大、魁梧、豪爽的男人，而你，一个个儿不大，甚至看起来有些柔弱的女性，怎么能写出《红色娘子军》这样的音乐呢？真叫人难以相信！呵，对不起，对不起，黄准同志，你好！"接下去，他热情地说明来意，还好，他还没有因为我不是他心目中高大的男性就放弃了要请我作曲的邀请。后来我们合作得很好，终于使他相信，一位女性照样可以写出气势磅礴的作品！

我已经习惯了这种男冠女戴的误会。有时影视界开什么会或者有什么活动，我经常会被安排在秦怡的边上，会前只要有人发现秦怡在那里，人们就会蜂拥而至，又是签名又是握手又是拍照，这时我总是把身体侧到一边，不妨碍他们的热情，直到有人介绍我是××的作曲黄准时，人们才回头来再次表现他们的热情。可见黄准的真面貌并不被人熟悉。

1985年的三八节前后，北京一个"童心"合唱团为瞿希贤、李群和我三位女作曲家举办一次作品音乐会，音乐会上无论介绍到瞿希贤还是李群，台下都报以热烈的掌声，而当介绍到作曲家黄准时，掌声零零落落，几乎没有什么反应，直到报幕的同志补充介绍说她是电影《红色娘子军》的作曲者之后，台下才如梦初醒，顿时响起了热烈的掌声并且持续了很久很久，甚至有人在台下惊奇地叫道："这就是黄准啊！"这时，连站在我身旁的瞿希贤也激动地对我说："你这首歌真是深入人心啊！"我也十分感慨：我的作品和黄准这个名字确实要比我面孔的知名度大得多！

其实，"黄准"这个男性化的名字并不是我的原名。父亲给我起的名字叫黄雨香。据说因为我出生时天正下着小雨，后院嫩绿的树叶散发出阵阵清香，那细细的雨，淡淡的香，让我那身为军人但又有着儒雅风度的父亲诗兴大发，于是起了这么一个被许多人称赞，被许多人认为极具诗情画意的名字。然而，我却认为这是一个给我的童年带来许多苦涩，甚至不愿再提起的名字。我曾反复地思考，反复地自问，想找出这种感觉的由来，最后终于悟出最根本的缘因源自于我父母叛逆的婚姻，而我正是这叛逆婚姻的苦果。所以，"雨香"这个名字给我带来的不是甜的，不是香的，而是苦的……

这叛逆婚姻的后果不仅给我父母自己带来了一生的痛苦，也给我带来了苦涩的童年，并且造就了我那种既大胆又柔弱，既自信又自卑，既骄傲又谦逊，既果断又犹豫，既有《红楼梦》中林黛玉那样柔弱伤感的情怀，又有《第四十一个》中玛柳特卡那样大胆不羁的精神。这种双重的不平常的性格，伴着我走过一生，书写了极具戏剧性的人生经历。

目录

第六章　"上影"进行曲（一）　115

上海这个城市对我来说是陌生的，因为在这里我连一个熟悉的人都没有，可以说是举目无亲，但是我却随着前夫来了。此后不久，他又离开上海回到北京，而我在上影厂一落户就站稳了脚跟……

第七章　"上影"进行曲（二）　177

上影厂或许是我的福地。虽然我在上影最大的官职只做到摄制组的支部书记，虽然"文革"中被封为"黑线"的红人，但我遭遇最大的迫害也就是一次被勒令上台接受批判，一次被扇了一记耳光；造反派给我的罪名之一是"喜欢游山玩水"。官做得不大，受批判也不是最严厉，但我的事业却在上影发展到顶峰。

第八章 难忘的情怀，难忘的歌 225

人生总有许多难忘，总有许多不了情。在事业有成，退休离岗以后，其实我的心并未退役。位卑未敢忘忧国，老骥伏枥志千里。

第九章 吕蒙把我带进美术天地 273

我的丈夫吕蒙过世后，我把吕蒙本人的一百余幅作品及我们家收藏的名人字画一并捐给了国家。若论这些字画的收藏价值，自有定论；若计它们的市场价值，自然十分可观；但是，若论和这些大师们的友情，那才是真正的无价呢！

第十章　此情最相思 297

1996年8月，是我最悲痛的日子。这些天本该是我丈夫最最高兴的时候，上海美术馆已在筹办"吕蒙画展"只等揭幕，而他却在8月15日突然撒手归天。诸如这样的隐痛，还有我对母亲、姐姐的怀念，以及对画家林风眠先生的回忆……

第十一章　人生金秋 319

古人说"夕阳无限好，只是近黄昏"，又说"天凉好个秋"。前者有点悲观情绪，而后者也似乎有"不堪回首"的味道。我喜欢用"人生金秋"来形容我的晚年生活，因为在"秋天"，我们同样可以活得精彩。

第一章　童年的记忆

　　我父亲是国民党军队的一个军官，军队驻扎苏州时与我母亲私订了终身。父母叛逆婚姻的后果不仅给他们自己带来了一生的痛苦，也给我带来了苦涩的童年。我的祖母就像一个凶神恶煞，整天凶巴巴的好像别人欠了她什么似的。在这个陌生的封建家庭中，母亲受尽了精神与物质的折磨，在我儿时，不知听了多少她心酸的絮叨……

一、父母的叛逆婚姻

初春的一个下午，透过书桌的窗口向外望去，外面细雨携裹着嫩绿的树叶，散发出特有的清香。那细细的雨、淡淡的香，不由地让我想起——雨香，这幼年时代的名字，同时也不由地想起我的父母来。

其实，我自小离家，对于父母，尤其是父母的家庭情况知道得很少。但零零星星的一点记忆以及道听途说，也得来一些印象。

我的父母在当时那个年代里，是完全不同的两种人：父亲出身于浙江的一户官宦人家，受过高等教育；而母亲却只是苏州的一个清贫的平民，靠自己的双手养活自己和家人。但就是这两个不同的人，竟然不顾家庭的意愿，不遵父母之命，经人介绍认识后，就擅自在苏州结为夫妇，并育下了我姐姐。

直到7年后的某一天，我父亲突然接到由黄岩老家发来"母亲病危"的电报，才不得不带着我母亲和姐姐回家"奔丧"。谁也没想到这"病危"竟是一个大骗局，而且我父母这对恩爱夫妻就此被拆散，这个温暖的小家庭就此被毁掉了。

现在想来，父亲与母亲这两个出身、经历、学历完全不相同的人结合到一起，他们自作主张，没有得到家里唯一的长辈祖母的允准，因此注定要经受一系列磨难。叛逆的婚姻，加上又连生两个女娃，当然更要遭受祖母的白眼与歧视。正是这种歧视，在我幼年的心里播下了倔强和叛逆的种子，以致后来造就了我那种天不怕地不怕的性格和闯荡一生、带有传奇色彩的人生经历。

我的父亲叫黄新民，原名绍春，字志超（这是他最常用的名字），浙江黄岩人，1885年出生于一个败落的官宦人家，是家中长子。幼年丧父后，由他的母亲当家。他勤奋上进、饱读诗书，后来还接受了不少民主革命进步思想的影响，怀着一腔报国热情投考了保定军官学校。毕业后，被派往驻扎在苏州的军队里实习。我想他做梦也不会料到，苏州这个美丽的水乡，竟成就了他自由选择的一段姻缘。

母亲侯湘云，1889年出生在苏州相门内市桥头的一户贫苦人家，很小的时候就失去了父母，与两个姐姐相依为命。尽管她因为家贫没有上过学，然而她聪明过人、大胆好学，17岁时就毅然冲破了女子不准上锦缎织机牵花的封建束缚，在一位师父帮助下，一个清秀美丽的小女子，竟成了当地第一个掌握复杂牵花技术的女技工，并以这艰辛的劳作，帮助家里维持着贫困的生活。眼看已到了谈婚论嫁的年龄，她却坚决不愿受封建思想的束缚，立志要自主选择一个与自己心意共通的人，面对络绎不绝的求婚对象，心高气傲的她都是一概回绝。

人生有时真的是一种缘分。在母亲24岁（当时已经是很大龄的未婚女子了）那年，一位亲戚帮她介绍认识了我的父亲——一个正直善良而且外表英武的青年军官。

两人竟一见钟情，经过一段时间的接触和了解，很快确定了对方就是自己可以同甘苦共命运的终身伴侣，并在不久就举办了形式简单的婚礼。新婚不久，父亲就到浙江接任了上尉军需的官职，母亲作为一个军人家属也从此开始了长期辗转动荡的随军生涯。这个没有得到父母应允，被当时社会认为名不正、言不顺的自主婚姻，给他们带来了10年的幸福光景。

婚后第四年，姐姐出生了。父母亲视若掌上明珠，取名叫做慧珠。后来，他们还收养了一个义子，比姐姐大4岁，名叫黄敏。一家四口，过着平静而温暖的小家庭生活。

但意想不到的是在他们婚后将近10年的时候，父亲和母亲互敬互爱、相濡以沫的日子，竟被祖母一封"母病重速归"的电报给破碎了。这份电报实际上是祖母设下的一个骗局。原来，祖母以母亲婚后4年才生下姐姐慧珠，此后又过了6年不再生育为理由，居然不和儿子本人商量，就擅自在黄岩老家又为父亲娶了一个当地女子余彩云为妻，理由是为好给黄家添子添孙，传宗接代。祖母的这一行为，充分表现了她身为封建大家庭的掌事人，对于父亲未征得她同意的情况下，自作主张娶了母亲这个门不当户不对、且还不识字的外乡女子，早就心存不满。为此父亲也曾苦苦抗争，他力陈母亲的贤良淑德，拒不接受祖母的安排，但终究架不住寡母的以死相逼，只得痛苦地作了妥协。

二、我的出生似一颗苦果落地

真是命运弄人。就在我父亲接受"母命"带着我妈妈、姐姐回到黄岩老家的那年，7年没有生育的母亲，在这时竟意外地又怀孕了。这对于我母亲来说，真是天大的喜事啊！她多么希望能为父亲再生一个男孩，一方面可以为父亲光宗耀祖，另一方面也是更主要的，希望由此可以少受许多祖母的歧视。

初夏的一个黄昏，我在蒙蒙细雨中呱呱坠地了。令我母亲和全家失望的是，又是一个女孩！父亲对我这第二个女儿不仅没有任何歧视，相反爱如珍宝，孩子的降生，使他觉得连雨都变得有了香气，于是他兴高采烈地为我起名叫做"雨香"。但是，祖母却越发地不高兴了，以至于把对父母的不满，全部发泄到了我这个无辜的不懂事的孩子身上。

在这个陌生的封建家庭中，母亲受尽了精神与物质的折磨，在我儿时，不知听了多少她心酸的絮叨。直到我们离开黄岩许多年之后，她只要提到这段往事，每每总会泪流满面。

据我的母亲讲，我从小十分乖巧，刚开始咿咿呀呀学讲话，就会跟在母亲后面一次又一次对着祖母亲热地叫着"阿娘、阿娘"。但祖母竟然连看都不看我一眼，最多只是鼻子"哼"一声，甩手就走。有一次她居然把我摔倒在地，弄得我坐在地上哇哇大哭，可她连头也不回就走了。祖母对我这正在牙牙学语和蹒跚学步的孩子所表现出来的轻视与不屑，激怒了年少气盛的大哥哥。他因为心疼妹妹，看不惯祖母那种冷酷无情的样子，竟一头撞向祖母，差点把祖母摔倒在地。这下可把祖母给气坏了，终于大爆发地执意要将"这个拣来的孩子"逐出家门。后来父母亲无奈地把哥哥送到镇上一家中药店当学徒，才把这事儿平息下去。一年后，哥哥独自离开黄岩去了苏州。几年后，他参加新四军，从此走上了革命道路。

对于祖母，在我模糊的印象中，似乎从没在她的脸上看到过一丝笑容。她的白眼与歧视，在我幼小的心灵中留下了太多的阴影，加上母亲灌输给我的怨恨情绪，让我在后来很长一段时间内——可以说在我的大半生中，一想起黄岩，就会把它与痛苦联系在一起。我一直认为祖母就是黄岩，而黄岩也就成为造成我一家痛苦的代名词。

根据我母亲的诉说和我儿时朦胧的记忆，祖母就像一个凶神恶煞，整天凶巴巴的好像别人欠了她什么似地。其实当时黄岩的家境不算太差，父亲作为一名军官，薪水还相当可观，可祖母还是刻意虐待我们。我听我妈妈说，即便我妈妈在生我坐月子的时候，祖母也没有给她吃过什么荤腥好菜，连个鸡蛋都吃不上。我妈妈没办法，只好拿出点私房钱叫姐姐给她买点花生煮来吃。通常饭桌上就放几碟咸菜、萝卜干，在桌子中央放了一盘咸鱼，可是这咸鱼像贡品一样谁也不敢去碰它，上一顿端下去，下一顿再端上来。我妈妈心疼孩子，看到孩子们瘦得可怜，也只能偷偷从自己在苏州积蓄下来的私房钱中拿出几个铜板，给哥哥姐姐买些零食吃。

这物质上的清贫尚可熬，而精神上的折磨却让人实在难以忍受。我常听我妈妈说，我的出生本身好像是一种罪孽。祖母对这桩未经允准的婚姻已生愤恨，所生的孩子又是女孩，所以她不仅对妈妈一天到晚爱理不理，对我更像是见了灾星一样，一见就来气。她把对我父母的不满全部发泄到了我身上。一个4岁的孩子虽然还不谙世事，但这种朦胧的记忆却给我留下了极深的印象，犹如刻在脑海中抹也抹不掉。因此在我这一生中只要一提到黄岩就非常痛恨，在过去的履历表上我一直都不肯填写自己是黄岩人。直到1980年，台州请我和吕蒙去参加台州文联的成立会议，才再次回到了黄岩，看到了解放后的黄岩的新面貌，才让我对家乡的感情有了转变。

后来，是我父亲实在不忍心让我母亲一直在那种痛苦中煎熬，于是再次以外出工作为由，把我们一家带了出去。离别黄岩后的日子，一直随父亲的调防而不断辗转各地，几乎很少在一个地方平静地待上一二年的。父亲先是去了南京工作，一年左右又应老同学之邀前往河南开封，后又从河南转赴镇江警备司令部任职。几度迁徙，还曾经在途中遭遇过土匪的抢劫。以致我的学业一直时断时续。父亲带着两房家眷赴任，有着很大的经济压力。为了让我和姐姐能够有个稳定的读书环境，也为了节省父亲的生活开支，母亲主动提出她带着我们姐妹俩回到苏州去生活，而让彩云姨娘和她的两个孩子随父亲去镇江上任。

就这样，母亲带着我和姐姐回到苏州的二姨妈家住了一段相当长的日子。在此期间，每逢假日，父亲都会来苏州看望我们。也许是因为担任文官的缘故，所以他没有通常军人的那种气势与威严，相反地，在我幼年的印象中，他和祖母不同，一直是慈祥与和蔼的。

三、苏州老家的故事

　　我家住在苏州相门市桥头。我妈妈父母早逝，留下三姐妹相依为命。因家道贫寒，我的大姨妈（在苏州我称她为"大娘姨妹妹"）很早就嫁到了阊门一家专做干货生意的小老板家中，有个女儿叫爱囡。家中留下我妈妈和二姨妈姐妹二人，尽管我妈妈刚强能干，但要撑起一个家，没有男人总是不行的。所以二姨妈招赘了一个女婿，我称他为"二娘舅"，当然能干的男人是不会被招赘进门的，所以我这个二娘舅并不能干，是一个没有脾气的老好人，凡事都由我妈妈姐妹二人做主。为了生计，她们两姐妹用自己的门面房子，合伙开了一个小烟纸店，卖点香烟糖果之类的，做小本生意维持生活，店面经常由我二娘舅照顾。

　　我二姨妈有五个孩子，三男二女，都随母亲姓侯。大哥嘉福、二哥嘉祥、三弟嘉寿，大表姐在我到苏州前就去世了，所以印象中只有二表姐，我称她"二阿姐"。因为二姨妈孩子多，房子本来就挤，我母亲就在隔壁又买了两间房，两房相邻相通，可以互相穿来穿去，我尤其喜欢到二姨妈家，因为每回去都会拿到一块糖或几粒花生瓜子之类的零食。

　　在上世纪20年代，苏州城里流传着这样一个故事，故事说：在当年苏州城里有一户姓袁的大财主，家里只有一个独子不争气，吃喝嫖赌无所不为，还抽上了大烟；财主为了要给儿子收收心，就想给他娶一房媳妇，他们相中了苏州城里一位出了名的美女，细长的身材，嫩白的皮肤，文静典雅，于是就找人说媒。她的父母贪图钱财便答应了这门亲事。这位美女却宁死不从，然而父母之命难违，最终还是嫁了过去，没过几年她就郁郁寡欢得了肺病而去世了。但那财主并未因媳妇去世而罢休，竟软硬兼施，硬是把这家的二女儿娶了过去，来顶替她的姐姐。就这样两朵鲜花毁在了财主手里。

谁能想到这个悲惨的故事竟然就发生在我家中！等我稍稍懂事以后，我才知道原来故事中的两姐妹就是我的大表姐和二表姐。因我从小不在苏州，又年小不懂事，所以妈妈从未和我提起过此事，可能妈妈自己也因为出门在外，并不知道家中发生了这样的事情，直到我们回了苏州，我的大表姐已经不在人世，而二表姐也被软弱好欺的二姨妈二娘舅无奈地嫁给了财主的儿子做填房。

回到苏州后，妈妈曾把我带到财主家去看过二表姐。听说在我妈未出嫁前她和二表姐感情最好，最谈得来。虽然长了一辈但因年龄相仿，两人情同姐妹。但这次相逢时，两人却是相对无言，我在旁边只见她们拿着手绢偷偷抹泪，而我这个小傻瓜却完全不懂得这人世间的酸甜苦辣，对这个阔绰的家，充满了好奇。

记得我和妈妈是坐着黄包车去的，为了去做客，妈妈把自己和我都刻意地打扮了一下，穿上了新衣服，我想她是不想让这富有的财主家小看了我们。妈妈敲开了大门之后，便由佣人带我们进去，走过了一进又一进房子，据说这叫"三进房"，当然算得上是"豪宅"了。二阿姐在客厅等候，而这客厅就更让我眼花缭乱了，一式的红木家具擦得锃亮，墙上挂了许多字画条幅，案几上放着一只香炉，香气缭绕，上方挂着我大表姐的遗像。因两个大人要说悄悄话，就打发下人把我带到花园里去玩。只见花园中树木茂密，鲜花盛开，香气袭人，真是美不胜收，但不知为什么，在这么美丽的环境中，我就是提不起精神来，完全没有了市桥头二姨妈家中那种欢乐而无拘无束的感觉。相反感到十分郁闷，觉得到处都是冷清清、阴森森的，就好像我那死去的大表姐会从照片上走下来似地，让我感到害怕。

解放后，我曾陪妈妈去过一次苏州，当时二姨妈已经过世，家中留下几个表哥和二阿姐。二阿姐嫁过去的那家财主也已经败落，老房子已经没有了（不知是卖了还是被扫地出门了），但这次我见到了我这位二表姐夫，他虽然戒了大烟，但仍然瘦骨嶙峋。家败了之后，二表姐家就在市桥头二姨妈家附近租了一套房子，显得十分清贫。不过二表姐不像大表姐，她性格开朗乐观，整天乐乐呵呵，他们还生了一个儿子名叫袁慎行，领养了一个女儿名慎言。二表姐夫死后，二表姐一直活到99岁。

四、天堂里的"小秋香"

1983年，我曾和徐昌霖导演合作过一部电影《美食家》，电影中的主题歌唱道："人说姑苏是天堂，美味佳肴天下传……"我家虽然贫寒，没有尝过苏州的美味佳肴，但在苏州短短几年的日子里，却真像歌词中唱的那样，犹如生活在天堂里。尽管家里曾发生大表姐、二表姐那样的不幸，但对于我这个六七岁不懂事的孩子来说，尤其是和那苦难的黄岩相比，真好像是进了天堂一般。我看到的不再是祖母那张冷酷无情的面孔，而是一张张面目和善的笑脸，我听到的也不再是祖母从鼻子里发出的"哼哼"的声音，而是那甜甜糯糯的"阿香、阿香"的呼唤声，家里的日子虽然并不富裕，但穷人自有穷人的乐趣，我可以吃到我想吃的东西（实际上不过是最普通的花生糖果）而不受训斥，我可以无拘无束地在妈妈怀中撒娇，我还有一大群和我差不多大的孩子们一同玩耍，尤其令我激动的是我终于可以上学念书了。这几年来，我实际上已经到了读书上学的年龄，但因为跟着身为军人的父亲到处迁徙，耽误了学业，都已经快八岁了才上小学一年级。我的母校叫"平江小学"，这所学校在苏州并不出名，因为离家比较近，而且我也非常喜欢这所学校，"平江小学"这个名字，一直深深印在我的记忆之中。

我记得从我家到学校有两条路，一条是大路，路两旁是各式各样的店铺，特别多的是小吃店，什么汤团、小笼包、白糖糯米莲芯粥、桂花赤豆等等，一路香气诱人。但我家不富裕，偶尔妈妈送我上学时，会给我买上一根油条，即便是一根油条也让我非常的满足，好像香了我一辈子，至今还记忆犹新。

另一条是小路，要比大路近得多，但这条小路的两旁是坟场，杂草丛生，一座座小坟头前面竖着一块块墓碑，写着死者的姓名，让人看了心里发怵，所以若不是有伴一起走，或者赶时间，我轻易不敢走这条小路。有一次放学晚了，我想快点回家，就一个人背着书包，大着胆子从小路走，没想到天色越来越昏暗，感觉这条小路却越走越长，走也走不完，我紧张得闷着头一路向前跑。突然，前面一个人把我一把抱住——啊！我吓得魂飞魄散，紧闭着双眼不敢看，生怕被什么妖魔鬼怪捉住了。这时，我听到了一个声音："阿香，阿香，不要吓，不要吓。"声音是那么的熟悉，又那么生疏，睁开眼睛一看，原来是多时没有回家的黄敏哥哥。我开心极了，扑在哥哥的背上不肯下来，就这样他把我背上一路走回家，既安全又温暖。这种幸福与满足让我念念不忘！

我的哥哥虽然不是父母亲生，但他们因自己没有儿子，所以对哥哥视如己出，没一点歧视。但自从祖母把他打跑后，他就很少回家，偶尔回来一次，也是一两天就走了，过了一段时间他又会突然冒出来，后来我听说他参加了新四军。因为我年纪小，也没人告诉我哥哥到底干什么去了，所以让我感到这个哥哥很神秘。但他对我特别的好，每次回来总要带着我去这去那，给我买些糖果零食之类的，尤其不能忘记的是他带我去看了两次演出，让我大开了眼界。

一次是哥哥把我带进了一个戏院（在现在或许就是音乐厅）。戏院里面一排一排坐着很多人，前面是一个很大的舞台。大幕拉开后，只见台上也有许多人，每人手里抱着一个金光闪闪的东西，有大有小，最大的可能比我人还高，张着一个大嘴巴，好像能把我吞下去似地，而小的却很细很短，其中还有圆的长的弯弯曲曲的，总之舞台上是金光闪闪琳琅满目让我目不暇接。音乐会开始了，舞台上发出的声音把我吓了一大跳，原来这些东西是可以吹响的，其中有的声音又尖又高，而有的却发出那种又粗又沉的低音，但这些声音合在一起之后，却非常好听；特别是那抒情的慢板，让我感到十分优美，令人神往。我一直记着我这生平第一次听到的音乐声，现在想来这是一次铜管乐的演奏会，是它为我打开了音乐之门。

还有一次，哥哥回家后带着我和妈妈去看连台本戏《封神榜》，这次更把我看得眼花缭乱。那小小的舞台上，演员们穿着花团锦簇的服装，又唱又演，有的会飞上天，有的还会入地；台后面的布景更是五颜六色千变万化，甚至还会喷出烟火。惊喜之余，让我喜欢，让我入迷。他们唱的曲板尽管我一句也听不懂唱的是什么，但我觉得特别好听，尤其是那旦角的唱腔，好像能深入到我心里一样，简直把我迷住了，甚至希望这出戏永远不要演完，让我永远活在这个戏里。但是戏总要演完，散场时我硬是赖在座位上不肯离去。后来的许多日子里，我脑子里一直萦绕着这戏中的情景，久久不能忘怀。

哥哥带我看的这两次演出，或许就是在我朦胧的少年时代，第一次播下了艺术的种子吧！从此，我迷恋上了这种美好的感觉，我要感谢我的黄敏哥哥给我的艺术启蒙。

我和妈妈离开苏州后就再也没有见过黄敏哥哥，直到解放后我到北京工作时，有一次妈妈突然把我带到了哥哥家。他在协和医院工作，已经结了婚，嫂子是个非常善良能干的女性，他俩的感情非常好，但他们没有子女，后来领养了一个女儿。我们也很喜欢这个嫂子，可惜她于上世纪80年代就去世了，留下黄敏哥和女儿生活在一起。此后，黄敏哥变得脾气比较暴躁，父女两人吵吵闹闹，也可以说是热热闹闹地度过了二三十个年头，现在他已九十多岁了，不幸前一段时间中风病倒，现在仍住在医院里。我打电话给他，但他既听不懂，也不能讲话。我多么希望他能早日康复。

对一个孩子来讲最快活的当然是过年了。每到春节，孩子们一个个穿上新衣裳，全家聚在一起吃年夜饭，年夜饭丰富多彩，每次桌的中央总是供着一条大鱼（年年有余），还有鸡鸭鱼肉，丰盛极了。年初一的早上还能在枕头下摸到一个厚厚的小红包，那是长辈们给的压岁钱。我的二姨妈家会来许多亲戚，邻居们相互串门，男孩子们放鞭炮、祭祖宗……我妈妈烧得一手好菜，每到过年总是她最忙。而我们一群孩子最喜欢的是走东家串西家地去拜年，每拜到一家，口袋里总是装满了许多糖果，有时还会得到一个小红包。

在我们这群孩子里，我最喜欢的是我大姨妈的女儿"爱囡阿姐"，她的年龄和我接近，大不了几岁。在我印象中，她长得特别好看，圆圆的红红的脸蛋让人一看就喜欢，性格也十分温顺，只要她一来，我就整天盯着她不放，要她陪我跳绳踢毽子，更要她教我打牌掷骰子，总之只要她一来，我就感到特别的高兴。她家住在城外，平时难得来一次，只有过年才能来住上二三天，因为有了她，让我每次过年感到格外的高兴。还有一个原因就是我二姨妈家的女儿已经出嫁，剩下几个男孩和我年龄倒是相仿，但他们总是欺负我，最让我伤心的是他们常常拿我的名字来取笑。记得有一次一帮男孩把我围在中央唱着跳着，指着我的鼻子唱道："可怜的秋香，秋香，秋香……"害得我坐在地上哇哇大哭，所以以后我就更加痛恨"雨香"这个名字了。

除了这一点小小的不愉快——即便如此，我也不记恨苏州，而是把账记在了黄岩那儿，因为是在黄岩，父亲给我起的这个名字。所以我后来参加革命时千方百计地把它改掉了。苏州给我留下的一切印象都是美好的。我一直以"苏州人"自居，直到"文革"中，造反派不停地要我"交代问题"，我被逼得实在没有什么好"交代"的，突然想起我的籍贯可能有问题，因为我确实是生在黄岩，父亲也是黄岩人，所以只得把这个"隐瞒组织"的问题交代了，并把籍贯改成了黄岩。

好景不长，在平江小学还没读完四年级，我的父亲又把我和妈妈接到了镇江，留下我姐姐一个人继续在苏州念高中，而我则带着这美好的记忆恋恋不舍地离开了这个令我怀念的地方。

第二章　十二岁，小小的革命者

　　1938年，抗日战争进入高潮阶段。我和母亲由姐夫安排，坐汽车从重庆出发，经过整整四天颠簸，到了贵阳。8月13日是抗日战争一周年的纪念日，我和抗日民族救亡先锋队的大哥哥大姐姐们一起走上街头进行抗日宣传活动，遭到国民党宪兵的弹压。我和"民先"的几位领导人一起被捕，成为国民党监狱最小的政治犯。这一年我12岁。

一、久别的姐姐忽然来了

到镇江不久，"七七"卢沟桥事变爆发，日寇大举侵犯中国，并向素来太平安定的中国南方一带小城市，进行狂轰滥炸。我不得不又一次辍学，跟着父母离开学校逃难到镇江附近的句容乡下。在离开了学校、失去了同伴的日子里，我觉得十分郁闷，我留恋苏州那段快乐时光，我想念苏州的小姐妹们，也怀念在镇江一起读书的小朋友们。在那孤独寂寞的日子里，我只能用读书来打发时光，我甚至还背着父亲躲在蚊帐里偷偷地似懂非懂地读《红楼梦》。

就在那难熬的日子里，有一天，我姐姐突然出现在我的面前。姐姐脸色苍白，原来她病了，到乡下来休养几天，也正好和家人团聚。她的到来让我太高兴了。

姐姐的到来，打破了乡村的沉寂，在她满腔激情地跟父母亲说起她在上海的种种见闻时，我不管听得懂还是听不懂，总是一直坐在旁边津津有味地听着。我还老是缠着姐姐给我讲故事，特别是讲她在上海从事抗日救亡工作的那些故事。从小，我就有一个打破砂锅问到底的"毛病"，总爱不停地追问"还有呢，后来呢？为什么呀"。就在我不停地问，姐姐不停地讲的过程中，我受到了最初的爱国主义教育和抗日救国思想的熏陶。

一天，母亲为了给我们姐妹俩的寂寞生活添加一点乐趣，和村里的菱塘的主人商议着让我们到菱塘里去采菱散心。这件事确实引起了我们的兴趣，我和姐姐兴高采烈地拎了篮子就直奔附近的菱塘。

我们坐在长圆形的木盆里，牵扯着密密的菱蔓，慢慢划向湖中央。金秋早晨的阳光暖暖的，轻轻洒落在满铺整个菱塘的翠绿的菱叶上。仰头望去，天空的蓝是那么地纯净，偶尔有云絮缓缓飘过。远处，青山悠悠。我们采下的嫩红菱角，不一会儿就堆满了木盆。我几乎忘情地陶醉在这世外桃源般的意境里。突然一阵凄凉的歌声，打断了我出神的思绪，啊，是谁在唱？原来是姐姐在唱："我的家在东北松花江上，那里有森林煤矿，还有那满山遍野的大豆高粱……"我从来没有听到过姐姐这样的歌声！歌声中充满了悲凉、充满了哀怨，也充满了仇恨！这歌声让我生平第一次感悟到了音乐的情与美，她的旋律使我强烈地感受到了东北同胞因为日本帝国主义的侵略失去家园的悲苦和仇恨。虽然姐姐的歌唱非常业余并不太美，竟也感染了我，让我从此爱上了音乐，并像一颗种子在我年仅10岁的幼小心灵中生根发芽、开花结果。

就是从那时起，我开始迷上了唱歌，天天缠着姐姐教我练嗓子，学唱救亡歌曲。我听人说，吃刚生下的鸡蛋可以让嗓子更加响亮，于是为了保养嗓子，我就经常到鸡窝里去摸刚生下的新鲜鸡蛋吃。记忆中，童年听到的这首抗日救亡歌曲，就好像一颗小小的火星，燃起了我对音乐追求的熊熊烈火，让我走近了音乐，走进了音乐的殿堂，使其成为自己毕生的事业。

二、生离死别，各奔东西

1937年10月上旬，姐姐接到了姐夫邵公文的来信。他希望姐姐能带着家人到武汉一同去从事抗日救亡工作。父母亲经过再三商量，考虑到孩子们的前途和幸福，决定让母亲陪着。

我们姐妹前往武汉。而父亲一则是军务在身，再者黄岩老家还有患病的老母和彩云姨及两个幼小的孩子需要照顾，难以和我们同行，他只能将我们母女三人托付给邵公文。邵公文那时其实已经是一名中共地下党员了，只是我们当时都不知道而已。这一托付实际上就是把我们托付给了革命、托付给了中国共产党。父亲本人虽然由于种种束缚未能从旧营垒中杀出来，但却打开了黑暗的闸门，放走我们母女三人，让我们奔赴光明，投入到波澜壮阔的抗日救国的洪流之中。

10月中旬，秋意正浓。镇江轮船码头，停泊着开往武汉的江轮。少年时代的我，充满着对一个从未去过的地方的向往和好奇，哪里读得懂大人眼中的离愁别绪。父亲亲自把我们母女三人送到船上，依依惜别，不断地把说过的事说了一遍又一遍。道不完的珍重，说不完的叮咛，相约着重逢的那一天。

汽笛终于鸣响了，我挥着小手向父亲道"再见"。望着码头上父亲越来越模糊的身影，我以为还会像以前每一次与父亲的分别一样，不久就会再见面的。谁知这一别，竟成永诀！"……留恋处，兰舟催发，执手相看泪眼，竟后语凝噎……"这是我曾经读过的一首宋词，如今竟成为我们一家离别的写照。那时，我才12岁，不太懂得人间的悲欢，但就在这一刻起，我觉得我的童年已经过早地结束了……

直到抗战胜利，我和妈妈、姐姐重逢后才听姐姐说，父亲已于1945年8月20日病逝于黄岩老家，那时他才50岁。

三、重庆生活书店后楼的"小妹"

到达武汉不久，生活书店为了促进全面抗战，广泛宣传抗日救国，要在大后方开设更多的分店。作为中共党员的姐夫和姐姐选择了到条件最艰苦的贵阳开展工作。但由于武汉的形势也十分吃紧，所以决定把我和母亲先送到重庆，由重庆生活书店的经理李文同志代为照顾，待适当的时候再设法让我和母亲到贵阳去。

在重庆，我和母亲就临时定居在书店的后楼上。记忆中，有个小小的木头扶梯可以上楼去。而前面，就是店堂门市。书店里的大哥哥大姐姐们对于我这么个可爱的小妹妹的到来，很是高兴，因为我给他们的生活也增添了不少乐趣。生活书店，在当时是中国共产党的联络点，店里的不少职员早已是中共党员，只是在当时的形势下，他们的身份不能公开而已。它掩护着中共地下组织进行救亡工作，也培育了我这个无知少年。在重庆虽然只有短短的几个月，但在书店同人的关怀下，我懂事了，在他们潜移默化的影响下，我增长了许多见识，也懂得了许多远远超过我年龄的知识。

对我这个小书迷来说，书店里有那么多的书可以随便看，真是如鱼得水。我一头扎进了书堆里，一时竟不知道看什么好，于是书店里的哥哥姐姐们介绍我看了许多苏联小说，诸如《钢铁是怎样炼成的》、《普通一兵》、《青年近卫军》等，一本接一本地阅读，书中的主人公不仅成了我所崇拜的偶像，更成为我模仿的对象，就连他们的口头禅，也成天挂在我的口边。我动不动就"他妈妈的"——这是从《第四十一个》中的女主人公玛柳特卡那儿学来的。随着阅读的积累，我的文学素养也迅速提高，远远超过了我只有小学四年级的文化水平。

书店的大哥哥大姐姐们还有意识地带我去参加一些进步文化人士举行的各类活动，给我灌输一些抗日救国的道理，让我多接触社会，多接近革命的思想。当时，大批的演剧队都汇聚在重庆，给我印象最深的是他们曾经带我去看过一场话剧：赵丹、叶露茜主演的《塞上风云》。叶露茜扮演的金花儿简直把我迷住了，穿着蒙族长袍，手里拿着皮鞭，那豪放泼辣的形象我至今记忆犹新。演出结束后他们还带我去参加了座谈会，我仰脸看到了赵丹，他那时意气风发，让我感到他是那么高大！

那年，他们还带我去看了一场电影《夜半歌声》。当看到影片中的男主角宋丹萍撕开纱布，露出那可怕的受伤的脸时，我吓得不敢再抬头看画面。但影片中那首插曲："谁愿意做奴隶，谁愿意做马牛……"悲壮激烈的歌声却一直震撼着我的心。

生活书店的哥哥姐姐们给我的这些积极影响，我至今难忘。但是，他们也给了我一些"负面"的影响。那就是，在他们空下来的时候，特别是晚上书店打烊之后，他们常聚在一起讲故事，还特别爱讲"鬼故事"，我又害怕又想听，常常害怕得直发抖，总觉得在身后黑漆漆的地方冷不防地会蹿出一个鬼来。这种莫名其妙的恐惧心理给我带来了很长远的影响。

在重庆的这半年的生活，是丰富多彩的，它在我的生命中起着举足轻重的作用。在那段日子里，我受到最初的革命思想的启蒙，与这一群年龄比我大得多的哥哥姐姐在一起，让我这个12岁的女孩提早成熟，为我今后走上革命道路，奠定了坚实的思想基础。

四、贵阳湄潭中学的小小革命者

　　1938年，抗日战争进入高潮阶段。抗日形势更为吃紧。我姐夫拜托重庆生活书店经理李文大哥尽快把我和母亲送到贵阳。从重庆到贵阳，我和母亲坐了整整四天长途汽车，一路上，躲过了土匪的抢劫，逃过了翻车的可怕境遇，终于到达了贵阳。

　　这些年来，颠沛流离的生活，使我的学业一直时断时续。眼看新的学期即将开始，为不再耽误学业，姐姐把我送到离贵阳七十多里地的湄潭中学读书。而我其实才读到小学四年级，一下子就要成为一名中学生了，我心里充满了骄傲。这个时候我和母亲历尽千辛万苦，从武汉到重庆、从重庆到贵阳，好不容易安定下来，如今被子还没睡热，衣服也还没来得及换，就又独自一人，夹着一个小布包，里面装着仅有的几件换洗衣服和书本学习用具，坐上了姐姐给我雇的滑竿，颤颤悠悠地出发了。至于这所中学有多远？一路上会不会遇到什么危险，全没想过，现在想来，当时还真有股子"天不怕地不怕"的胆魄，大概是"无知者无畏"吧。其实我并不是一个胆大的人。我很怕黑，又听了不少"鬼"故事，一想起来就会让我吓得心惊胆战。可是，在面对我人生的许多重大事件时，我怎么就这么勇敢，又如此地无畏、无惧呢？当时似乎什么也没想，就这样被两个完全陌生的轿夫抬着，在深山老林里整整转了一天，终于到了湄潭，开始了我全新的学习和生活。

　　我所在的湄潭中学在贵州地区是一所进步的中学，校领导中有不少进步分子，我姐姐在苏州中学的老师顾诗灵教师就是其中之一。他们经常组织学生走出课堂，到街头、到乡村，宣传"国家兴亡、匹夫有责"的抗日道理，并在学校成立了抗日民族救亡先锋队（简称"民先"）的分支机构。我首批参加了这个学生组织，这也应该算是我第一次真正地投身到了抗日活动之中。因为当时我会说国语，又来自南方，似乎比本土学生更见多识广些，再加上我的嗓子响亮，会唱不少抗日救亡歌曲，能街头演讲，宣传抗日道理，甚至还能演戏，便成了全校闻名的活跃分子。当时，我的成熟远远超越了我的实际年龄。我们边学习边宣传抗日，在湄中几个月的紧张生活很快就过去了。暑假里，学校发起规模更大的宣传活动，老师带着我们部分同学边走边宣传抗日救国的道理，从湄潭到贵阳这七十多里地的路程，让我们又一次受到了爱国主义的教育，以至于让我自负地感到自己已经是一个革命者了！

五、国民党监狱中的小囚犯

　　到了贵阳，我又回到了妈妈姐姐身边。但几个月的独立生活，让我俨然觉得自己已经是一名"战士"，而且认为我自己已经是"民先"队员，应该和大人一样地肩负"抗日救亡"重任，因此迫不及待地想参加"民先"队的救亡活动。于是天天盯着当时贵阳生活书店"民先"队的负责人张益珊大哥，要跟他们去从事抗日救亡工作。"民先"的全称是"中华民族解放先锋队"，是"一二·九"学生运动中的先进青年所组织、中国共产党领导的抗日救国的革命青年团体。抗日战争爆发后，许多"民先"队员参加了战争，或去敌后参加建立根据地的工作。张益珊大哥就是受组织委派，从武汉来到贵阳建立和发展"民先"组织和开展抗日救国宣传活动的。生活书店的店员实际上大都是中共党员和"民先"队员。当我知道书店存在着"民先"组织后，自以为自己和他们一样也是"革命"的民先队员。其实，我这12岁的孩子根本就不符合加入组织的条件，因为湄潭中学的所谓"民先"，只是学校为进行抗日宣传用了这个名号而已，和真正的"民先"并没有组织联系。但我不断地跟张大哥他们"胡搅蛮缠"，他们只好在可能的情况下尽量把我带上，并交给我一些比较安全的任务，比如开会时，让我为那些大哥哥大姐姐站岗放哨，看看有没有可疑的人来；或者跟着他们上街宣传演讲时唱唱抗日救亡歌曲等活动。当时我并不知道，由贵阳"民先"组织的这些抗日救亡活动，已经造成了很大的声势，引起了国民党反动当局极大的恐慌，他们正千方百计地要对这些救亡活动进行阻挠和镇压，形势是很紧张的，存在着许多不安全的因素。

为阻挠救亡运动的更加壮大，1938年8月，国民党在《贵州日报》上刊登了一个正式"通知"：凡是民众团体一律要到省党部去登记、备案后才能活动，否则以汉奸论处。

张益珊大哥和其他"民先"负责人看到"通知"后，虽然气愤，但还是很镇静地商量对策，希望能通过登记，借以争取合法地公开"民先"的活动。他们商定：坚决争取"民先"由半公开成为完全公开的组织，以壮大群众抗日救亡力量。张大哥还不顾个人安危，到国民党省党部去办"民先"的成立备案手续。为达到不可告人的目的，国民党通知8月13日下午集合全体"民先"队员到民教馆开会。

8月13日正是抗日战争一周年的纪念日。下午一点半钟，"民先"队员六七十人在甲秀楼集合，由张益珊、凌毓俊等同志率领，高举"民先"的旗帜，整队行进，前往国民党指定的贵阳民众教育馆。沿途大家高唱"民先"队歌和抗日歌曲，高呼口号，散发油印传单，吸引了广大群众。我事先就知道有这样一个重要的集会，并且早就准备好了要参加这次活动。可没想到，组织上考虑到我年龄太小，而且这次行动很可能会发生危险，因此"民先"的负责人决定不让我参加。我还被蒙在鼓里，一心想着要去参加示威游行，兴奋得几乎一夜没睡好。没想到等我赶到预定地点时，他们已经整队出发了，我急得直跳脚，赶快追上队伍一把拉住负责人张大哥，软磨硬泡地要求参加游行。他被缠得没有办法，只得分配我一个临时任务——让我做个"小交通"，但不让我走在游行队伍里，只在队伍外面帮着进行联络，递递条子传传消息什么的。实际上组织的意思是一旦遇到危险让我比较容易脱险一些。我没顾得上许多，心想只要允许我参加，做什么我都愿意。

一路上游行队伍斗志昂扬，一面高呼口号一面前进，我跟在队伍边上，不时被队长叫着做些联络工作。等我到达民教馆门口时，游行队伍有些乱，好像有不少人已经进入民教馆的一个礼堂。

我到了之后不知往哪里去，正在犹豫时，好像听见有人在叫着："小妹，快来！"于是我跟着一位大姐姐就进了民教馆礼堂，也找到了我所熟悉的生活书店的同人们，和他们坐在了一起。

进了屋子，一阵寒气袭来。原来礼堂座位的四周已经布满了宪兵队，他们杀气腾腾地举着上好刺刀的枪。这严酷的现实告诉大家，其实国民党早已预谋设下了圈套，要对"民先"队员们下手了。这时我并不知道接下来等待自己的将是什么？但也感觉到了情况的严峻。不过，和那么多的大哥哥大姐姐在一起，我一点也不感到害怕！

一叠早就印好的"悔过书"放在讲台上，一个当官模样的人叫着：只要在悔过书上面签了名，就可以得到释放。面对国民党当局的无耻行径，被激怒了的抗日青年们大声唱起了救亡歌曲表示抗议，有人则勇敢地站出来和军官辩论说抗日没有罪，为什么要写悔过书！也有人高喊起口号。但也有极少数人坚持不住，在悔过书上签了字被当场释放出去了，还有一些青年被他们的家长硬拉回了家。但大多数"民先"队员一直在坚持斗争，不肯屈服，最后在《国际歌》的歌声中被一帮全副武装的宪兵押上了一辆大卡车。

虽然我是当时被捕的"民先"队员中年龄最小的一个，而且还不是一个正式队员，但我鄙视那些胆小的人，我懂得"民先"抗日无罪的道理。我也懂得所谓"悔过书"是对"民先"队员的一种污蔑，决不能签名。所以，当宪兵用刺刀押解着队员们离开礼堂时，我紧紧跟着队员们被一同押上了卡车。后来我和几位大姐姐一同被关进了一所简陋的、里面除了地上铺了些稻草外什么都没有的平房内。

这时我感到了饥饿和寒冷，我有些想妈妈、想姐姐，想着家里妈妈做的可口饭菜和暖暖的被窝，但始终强忍着没有让眼泪掉下来。这时，我无所事事，无意中拿起一根稻草，塞进那墙板缝里来转移自己的注意力，但没想到塞着塞着那根稻草居然被隔壁的人拉了过去，通过板缝，我听到了我熟悉的张大哥的声音。原来那是我们"民先"的几位领导，他们就关在我们隔壁，这一发现，让我们高兴得一下子把寒冷全抛到了九霄云外。就是这个被我不经意打通的夹板缝缝，以后就成为我们用来传递消息的秘密通道了，它为革命立了一大功！后来在斗争中，组织要求大家统一行动，拒绝所谓的"军训"，以及开展绝食斗争的等等通知，就是从那个缝隙中传达的，只不过将稻草改成了小纸条。我们被关的全体人员开始了有组织的斗争，并且也得到了全贵阳市人民的声援。中共地下党组织也在积极地开展营救我们的工作。邹韬奋先生还亲自写了一篇《八·一三贵阳青年的厄运》刊登在他主编的、国内外都有很大影响的《全民抗战》月刊上，愤怒声讨国民党反动当局镇压爱国青年的罪行。

因为这次关押的人数太多，而且都是爱国青年，国民党当局不得不放宽条件，可以不签悔过书，只要有人担保即可释放。可是，不知为什么，年纪最小的我，却一直没有列入释放的名单，而划入了"骨干分子"和"顽固分子"的行列；不但没有被释放，反而和留下的几位"民先"的女领导一起被投进了监狱。我这个才12岁的小"政治犯"，还没成年，就已经尝到了国民党铁窗的滋味。

我和几位大姐一起被关进了牢房，我记得那是一间狭长的小牢间，牢内除了一条铺着稻草的炕和发出恶臭的马桶外，一无所有。牢房内一片漆黑，除了铁门上有一个为"犯人"送吃的和可以对话的小窗有时开启一下，其他地方几乎露不出一丝光亮。

在这黑暗世界里，我们无所作为，唯有用歌声来表示自己的愤怒。不知是哪位姐姐领头唱起了救亡歌曲，于是我们一首连着一首，从《救亡进行曲》、《大刀进行曲》唱到《国际歌》……任外面的狱卒大叫"不许唱"，但我们歌声就是一直不停。而且越来越响，以此来发泄对反动派的愤怒。

我们在牢房里吃的是掺了砂子的牢饭，所谓的菜则是带着盐粒的辣椒，在又热又臭又闷的牢房里，连臭虫也欺负起我这个小孩来，我身上被咬起了一个个红疙瘩，又疼又痒。

反动派企图瓦解"民先"队员的意志，对我们采取个别提审，一个个地叫出去审问，就连我这个12岁的孩子也没放过。更没想到的是，他们为对付我这么一个孩子竟然也动足了脑筋。有一天，狱卒把我押了出去带到审讯室。一个胖得像猪头似的国民党警官，见我去了之后，装出一副和蔼可亲的笑容，把桌上特为我准备的糖递给我吃，还假惺惺地对我说："小小年纪，为什么要跟着大人参加'民先'的示威游行？你们不上前线，在后方捣乱是有罪的，是要杀头的。"他的样子实在让我感到恶心，我根本不买他的账，反过来大声指责他们说："你们不让我们爱国、不让我们抗日，你们才有罪，你们才应该杀头呢！"他想不到我这孩子竟如此强硬，气得连连叫着："这小姑娘好厉害，押回去，押回去！"我回到牢房，同牢的大姐姐们知道后都夸奖我、鼓励我。这时，我发觉自己更像一名"爱国者"了。现在回想起来，当时还真有那么一股天不怕地不怕无所畏惧的勇敢精神，在我幼小的心灵里只有抗日、爱国这几个字，如果当时国民党果真敢冒天下之大不韪，敢于杀害我这个抗日的小女孩的话，我想我肯定也会笑对屠刀勇敢地面对死亡。只是当时的国民党还不敢撕破自己的丑恶嘴脸，表面上还要打着抗日的旗号，所以后来在中共地下党的领导下，愤怒声讨的游行示威活动声势越来越大，迫于社会舆论的压力，国民党反动当局不得不又一次地改变策略，又陆续释放了一批批被关押的"民先"队员，但对几个所谓的"死硬分子"始终不肯释放，其中有张益珊等主要负责人，在我的牢房中也只剩下了我和一位一直照顾我的姓凌的大姐姐。不过在外边声援的呼声越来越烈的情况下，国民党当局也不得不放松了对我们的监管，如允许有人来探望，甚至还可以让家里送些食物进来，生活条件也有所改善。大约被关押了一星期左右，当局也始终没能让我这个被他们称为"好厉害"的小姑娘屈服，最后只得以"领回去教育"的理由，把我释放了。

直到我到延安以后，我才听说，和我关押在一起的那位可敬的凌姐姐一直都没释放，而作为重要政治犯，和张益珊大哥一起被国民党反动派杀害了，他们最终没有看到光明来临的那一天。我听到这消息后伤心了好多天。

六、我要到延安去

在出狱后的那段日子里，我一直精神恍惚，整天无所事事不知所措。这时贵阳的政治形势，就像一场大战过后，显得分外地宁静。由于国民党反动当局的残酷镇压，救亡活动也不得不改变战略，暂时转入地下。而我呢，在经过轰轰烈烈的一个学期后，突然的平静，让我感到失落，感到渺茫。我不知道等待我的将是什么样的生活？不知道我今后会怎么过？这时，妈妈看着心爱的小女儿一下子好像变了一个人，也急得没有办法。终于有一天，姐姐和姐夫一起来找我谈话了，他们问我有什么想法？而且给我两条出路：一是到附近的育才中学去念书，一是到延安去。当我听到"延安"两个字时激动得几乎要跳起来了，不假思索地脱口而出"我要到延安去！"其实，在很早的时候，我就听姐姐和生活书店的哥哥姐姐们给我讲过延安，还听说在延安有许多学校，如陕北公学、抗日大学等等，尤其是其中一所可以学习唱歌、演戏的学校，名叫鲁迅艺术学院，这是我早已向往的地方。"到延安去"就像一粒火种，把我多日来的苦恼一烧而尽。虽然当时我完全没有地理概念，更不知道延安究竟有多远。只知道，这是每一个进步青年心中向往的革命圣地。我高兴得心都飞起来了，我变了一个人，天天盼望着启程的日子早一点到来。

为了迎接全新的生活，我决定改掉那个谁都认为很美，而只有我自己特别不满的名字。"雨香"这个名字跟了我十几年，总觉得它是一个苦涩柔弱、被人嬉笑的影子在跟着我。现在，我要参加革命了，无论如何一定要改掉它！

可是，改个名字哪有那么容易啊，我向姐姐求助，她一时也不知起什么名字好，突然她想到了一个办法——她拿来了一本字典，由她随便翻到哪一页，而我则闭上眼睛点到哪个字就用哪个。用这个方法反复了好多次，最终，我的手指头落在了"准"字上，就是它了！就是这个"准"字，跟我一直走到了今天。

母亲对我要去延安这件事，没有说过一个"不"字。但是，自从我的行程定了之后，我发觉她常常在偷偷地掉眼泪。是啊，和父亲已经是远隔千山万水，如今连最心爱的小女儿也要离她而去了，她的心肯定很疼很疼。可那时我实在太小，完全没办法理解母亲的心情，生怕她改变主意不让我去，就故意地朝她发脾气。记得有一次，我刚洗好了衣服，端着面盆一上楼梯，就看到妈妈在擦眼泪，我不知道怎么办好，竟然"急"得把一盆洗好的衣服全摔到了楼下。现在想来，当时自己那种莫名其妙的举动，也表现了自己的不安和焦躁吧。然而对未来的新生活的憧憬，使我不顾一切。

那是一个初秋的早晨，我终于要启程了。朝阳刚刚升起，我迎着朝阳义无反顾没有一点留恋，没有一点惜别地走了。至今我都无法回想起当时的真实心情。是怕看见母亲眼睛里离别的泪水，会打湿自己踏上漫漫征途的决心？还是怕母亲觉察到自己潜意识里的不舍而拉住我前行的脚步？那一年，我还只有12岁！现在，12岁的孩子，可能还在母亲的怀里撒娇，可能还会为一点小事跟家里人哭闹……而我，却拎着一个小藤箱子，连头也不回，和养育了我12年并终日和我相伴的妈妈没有道一声别就毅然决然地走了，走得那么坚定、走得那么决绝！至于这条路有多长，路上会遇到多少艰难险阻，我更是想也没想过，脑子里只有两个字——"延安"，我要到延安去！

第三章　鲁艺，我的摇篮

　　经地下党营救出狱后，我像一个"邮包"似的被送到了延安，并考进了延安鲁迅艺术学院，是当时鲁艺最小的学员。我先在戏剧系学习，人称我是戏剧系最调皮的小鬼；后转入音乐系，成为冼星海的关门弟子……

一、我像一个邮包，历尽艰险

　　姐姐把我送到长途汽车站，在上车前她把我介绍给了一位已在那里等候多时的毛大哥，临走时，又交给我两封信：一封给王紫菲，另一封给田蔚。这两封信虽然不是什么组织介绍信，但对我今后的革命历程却起了极其重要的作用。而这位毛大哥，则和后来负责护送我的另外三位大哥哥一样，他们的面容和姓名都已淡出了我的记忆，但他们一路上对我无微不至的关心与照顾，甚至冒着生命危险来保护我的举动，却深深地印在我的脑海之中。

　　车子发动了，缓缓地向前行驶，这时，透过车窗我看见姐姐还在路边向我招手，而且我还看到了在她脸上焕发出一种幸福的光芒。是啊，尽管她自己为了革命，为了党的事业不得不留在这被反动势力统治的贵阳坚持工作。但她却把自己的小妹妹送离这黑暗的地方，去寻找光明，去到那被所有革命者向往的地方。我想这时在她的心里，一定为她这个勇敢的小妹妹，画好了未来的蓝图。至于这一路上会遇到多少艰难险阻，她相信她的小妹妹一定能够克服一切困难。她更相信，像毛大哥这样的同志，一定会把这次护送任务，当作党的任务来完成。所以我看到在她脸上没有离别的忧伤，而有的却是幸福的笑容。不过，摆在她面前的，还有一个艰巨的任务——就是要赶快回家去，安慰家中那位还陷在离别悲伤之中的母亲！

　　由贵阳到重庆，破旧的烧炭长途汽车摇摇晃晃几乎把我的骨头都颠散架了，由于晕车，我吐得厉害，这是我第二次经历这段同样的路程。上一次是和妈妈在一起，可以偎依在她怀里得到许多疼爱。可这回，我总不能在陌生的毛大哥面前叫苦呀，所以只能咬着牙扛住所有的困苦。再说，对于我这个坐过国民党监狱的人，这点苦更是不在话下。所以四天的路程好像很快就过去了，到了重庆，我仍住在生活书店的后楼上，毛大哥把我交给了我熟悉的李文同志。虽然只相隔半年的时间，但我的心情，却和上次跟着妈妈住在后楼时完全不同，我天天焦虑不安地盼着能早点出发，我已不再有兴趣和书店里的大哥哥大姐姐们嬉笑玩耍，也不愿听他们讲故事了，只有书店里的书仍然是我最好的消遣。我变了，常常一个人闷声不响地抱着一本书看，无论在重庆还是在船上，在我的小藤箱里，总是装满了书——它们是我最好的旅伴。终于盼到出发的那一天了，李文大哥高兴地把我送到码头，又把我交给一个我不认识的大哥哥。几天后，船到万县，在万县等待换船的日子里，我又住进了宜昌的生活书店，从万县到武汉的船上，则又由另一个大哥哥负责护送。因为相处的时间短促，彼此之间十分生疏，他们除了照顾我的吃和睡之外，为了安全起见，我们很少讲话，我一个人在船上，除了看书，就是无聊地站在甲板上望着波涛翻滚的江水发呆。这样的关系引起了不少人的注意，不时会有人来问："小妹妹，你到哪里去啊？"吓得我只好马上抱起书本假装在看书，谁也不敢理睬。

终于到了武汉，记得我们刚到岸上，就响起了空袭警报。但刚下船，到哪里去找防空壕呢？于是，大哥哥机警地把我拉到了码头旁的墙边靠着，这时我看到敌人的炸弹在江中爆炸，但我们却安全无恙。敌机走后，他又带着我迅速地叫了一辆马车，把我们拉到了武汉八路军办事处。一进门，我就看见屋子里乱七八糟，文件和书籍散落一地，原来因为武汉形势吃紧，他们正准备撤离。那里的负责人就是武汉生活书店的顾一凡同志，匆忙中他放下工作，亲切地打量着我说："我认识你，你是邵公文的小姨子，你这么小，就要去延安？"我态度坚决地说我要去参加革命，到鲁艺去学习。他答应尽快把我送走。因为当时的武汉形势太紧张了，沦陷在即。当晚他就安排了一位大哥哥带我上火车，并负责把我送到西安。临行时，他再三叮嘱这位同志："一路上要小心，要注意安全，要保护好这位革命的小妹妹。"我们乘的是卧铺，我见这位大哥哥腿上有伤，还挂了一根拐杖，便执意把下铺让给他，自己爬到上铺去睡。因为几天来的劳累和紧张，在晃动的车厢里，我很快就进入了梦乡。兴许是长途的疲劳，我睡得太熟，也因为我个子太小，半夜里连人带被子一起从上铺掉到了地上。我呻吟着爬起来，不小心把大哥哥给惊醒了。他连忙起身把我扶起来，说什么也不肯让我再睡上铺。

火车开开停停，有时没饭吃，有时没水喝，遇到空袭警报，还要下车躲飞机。这位大哥哥虽然自己有腿伤，但每当有情况，总是保护着我，在他的关怀和照顾下，我们安全地到达了西安，大哥哥把我送到西安八路军办事处就走了。

就这样，我像一个特殊的"邮包"，被一路辗转送到了西安八路军办事处。一路上，照顾护送我的四位大哥哥，我们从此再也没有见过面，他们甚至没有留下姓名，但他们却使我终身难忘！我希望藉此文字，在这里向他们表达我的谢意与敬意。或许，他们中有的人可能已经作古，希望他们在天之灵亦能够收到我的这份感恩之心！

虽然西安到延安还有八百里的路程，可是对于一大批追求革命的青年来说，到了西安八路军办事处，就像到了家。办事处会安排一批一批的进步青年到延安去。这时，大哥哥把我送到办事处已经有三四天了。我看到一拨又一拨的青年人背着行李从这儿出发去了延安，心里急得不得了，而办事处的同志却说我年纪小，要让我坐汽车走。可等了好几天不见有汽车来，于是我吵着要和一些青年们一起步行到延安去。办事处的同志说："那可要走八百里地呢！"我想起我有过从湄潭步行七十多里地回贵阳的经历，就一昂头说："八百里算什么！"可实际上，八百里是个什么概念，我完全不清楚，也根本不可能想象得到，这路途有多么地艰险和崎岖。凭着一腔热情和充沛的精力，我跟着一支二十多名青年人的队伍一起出发了。起初，我轻松地又奔又跑，总是走在大家的前面，心里还暗暗得意，心想八百里这没什么！同路的大哥哥大姐姐劝我节省点体力，悠着点来，我还不以为然。谁知，两天后，我的腿就给我看颜色了：每迈一步，都得使出浑身的力气，这腿像灌了铅似地那么沉重，简直就不像是自己的。再走两天，脚底下还起了许多血泡。大姐姐给我挑脚上那几个大水泡的时候，疼得我直冒汗！但既然已经上了路，总不能打回票。我咬着牙，忍着疼，坚持跟着队伍继续前进！

路越走越难了。为了缩短路程，我们常常翻山越岭抄近路。我从来没走过那么难走的路，遇到雨天，滑得时常跌倒。有人给我找了根小木棍，让我拄着走，有时别人搀着我走。路越走越觉得长，总也走不完似的。有一天，我们翻过一座荒山，几十里不见一户人家，我们带的干粮也吃完了，我肚子饿得发慌。身上一点力气也没有了。一不小心，跌倒在路上，爬也爬不起来。一位大哥哥急忙过来想要扶我一把，忽然他吃惊地叫了起来："啊，你的脸色这么难看，是不是病了？"我摇摇头，那位大哥哥蹲下身来，要背我走，我想，连走了几天路，谁都累啊，于是我推开他的手，强撑起身来要坚持自己走。可是那位大哥哥说什么也不让我自己走。我实在忍不住了，只好告诉他我是饿的。他听了，二话没说，把自己仅有的一小块馒头给了我吃，我无论如何也不肯要，但他说："你人小，熬不住饿，我们饿点不要紧的，吃吧！"当我吃了这一小块馒头，一股暖流充满全身，真像充了电似的，有了力气继续赶路了。又有一次，天黑了，却怎么也找不到客栈。我们在那前不见村、后不着店的荒野里转着，忽然发现前面远远的有一丝亮光。大家像夜航中看到灯塔似的，飞步奔了过去。走近一看，天哪，只有一间小草房，低矮而破旧，像个看瓜的小草棚一样，我们从门缝中看，一丝微弱的灯光在晃动，说明里面是有人住的。但是，这么小的空间，怎能住下我们二十多人呢？就是一个挨一个挤在一起也摆不开呀。然而，放弃这个小草屋，又去何处呢？这时大家精疲力竭，实在熬不住了，便决定敲开草屋门，就是落落脚也行啊。但敲了许久，不见有人回应。我们又好言好语地呼唤着，里面总算有了动静，接着走出一位老大娘，抖抖索索地询问我们是什么人，并堵在门口拒绝我们进屋的请求，怎么说也不答应，后来大伙儿把我推到她跟前，说明我们确实是到延安的。她见我那么小，不会有假，便敞开了草屋门让我们住下来，还把热炕让给了我们，说："热炕解乏，你们都太累了！"我们哪里肯占领老大娘的热炕头呢，便抱了些干草，互相依靠着挤在炕边的地上"睡"了一夜。这一夜睡得还特别香！

大约又走了几天的艰苦路程，我们到了一个名叫洛川的小城镇。这时，我们又饿又累，人困马乏，多么想找个住处休息一下呀！我们很快找到一个小店，刚住下不久，没想到就来了一个陌生人。他见我们一个个疲惫不堪的样子，便用十分同情的语气亲切地说："走不动了吧，嗳，这里到延安还远着哪！前面的路更难啦。我看你们就不要走了。我们这里也有个学校，也有'陕公'和'抗大'，也是专门培养爱国青年抗日救国的。抗日，救国，在哪儿不是一样干革命！而我们这里的条件好，生活好，毕业后马上有工作做。你们谁愿意留下来，我可以做介绍！"开始，我们弄不清他是什么人，后来见他夸夸其谈油腔滑调的样子，觉得不大对头，便没有人再理睬他。只有一个女青年，平时比较娇气，也可能她实在忍受不了艰苦，便轻信了他的话，愿意留下来。那人还拍拍我的肩膀，说："小同志，你吃得消吗？你看她，"他指着那愿意留下来的女青年，"你也留下来吧。"我没有理睬他，心里在想：我要去的是延安和延安的鲁艺啊，才不会半道留下来呢！于是跟着队伍继续前进了。

后来我们才知道，这是国民党设下的圈套。当时全国人民一致要求抗日，他们不得已才在表面上叫叫"抗日"，实质上则是在想方设法与共产党争夺青年，便在这个去延安的必经之地——洛川，设下分化瓦解意志薄弱的青年的诡计，不让他们去延安。这时，我们真为那个受骗的女青年惋惜！而一些大哥哥大姐姐们，直夸我人小主意大！

经过了二十多天的长途跋涉，我们这个二十多人临时组织起来的队伍，一路上历尽艰辛，我们克服了体力的劳累，我们挺住了饥饿的煎熬，我们拒绝了敌人的诱惑，我们终于走完了这八百里的路程！有多少次我拖着我那打起许多血泡的双脚，疼得想哭、想叫。我是多么希望这双脚从此再不要下地啊！可是"延安"这两个字一直在激励着我。第二天，我忍着疼、咬着牙又一拐一拐地跟着队伍出发了。血泡变成了老茧，我的双脚在着地时变得更加坚实了！有多少次，我断了干粮，饿得两眼直冒金星，浑身没有一点力气，这时我多么希望能够饱饱地吃上一顿妈妈做的饭菜啊！但是，最多也只能在山沟里捧上一口溪水。若能吃上一口哥哥姐姐省下来的干粮，那就像服了仙丹一样地浑身焕发出力量。"坚持就是胜利"！这一路的经历证实了这个真理。在我们这支队伍中除了减少了一名软弱者之外，我们是在困难面前的胜利者，我们战胜了一切艰难困苦，终于到达了我们心目中神圣的目的地——延安！

啊，延安！我们向往已久的地方终于到达了！

当我们远远望见那耸立在清凉山上巍巍的宝塔时，大家不约而同地雀跃、欢呼起来。我们完全忘记了疲劳，忘记了饥饿。情不自禁地张开双臂飞奔过去……

啊，这里的天空，是那么蔚蓝、晴朗；这里的延河水，是那么清澈、蜿蜒多姿；还有那层层叠叠的黄土高坡；那鳞次栉比的窑洞和袅袅升起的炊烟；更有那远远传来的时而高亢时而婉转的信天游……这里一切的一切，都令人满目生辉、叹为观止。啊，延安，您这革命的圣地，全国领导抗日的中心，多少优秀的革命志士，从遥远的地方，投奔到您的怀抱，得到您的哺育……

这时，远处传来嘹亮的歌声："……啊，延安，您这庄严雄伟的古城……"我循声望去，只见一队青年，迈着整齐的步伐高声齐唱，迎面走来。

这歌声像甘露一样滋润着我的心田，使我情不自禁地跟着唱起来："你的名字，将万古流芳，在历史上灿烂辉煌……"

因为过分的激动，我们这队人唱着、叫着、笑着，跑进了延安城。我们甚至忘记了相互告别就迫不及待地各自去寻找自己的关系。我到了抗大，找到了王紫菲，交出了姐姐给我的第一封信。王紫菲是贵阳的地下党，我好像在贵阳的生活书店曾经见过她一面，她不知什么时候比我先到了延安。后来，她和延安新闻摄影队队长大摄影家吴印咸结了婚，也就是因为她的关系，我经常到摄影队去看她，不但有时会凑巧看上一两部电影，而且也认识了摄影队其他几位同志。其中后来带领我南下的北京新闻电影厂厂长钱筱章就是那时在延安认识的，他们在延安新闻摄影队拍摄的《延安生活散记》中"延安秧歌运动"那一部分，拍了我好几个镜头，后来被编入一部大型纪录片里一直播放。

二、我是鲁艺最小的学员

王紫菲见我正是求学的年龄，便通过组织部门，把我送到边区中学读书。记得二十多年前我去广州出外景时，曾受到过当地一位负责干部的热情接待。经过自我介绍才知他原来是我四十多年前"边中"的同学，名叫关相生，当时任广东省委办公厅主任。老同学相见分外亲切，虽然这时大家都从童年步入老年，如果不经介绍可能谁也不认识谁，但一提过去就很快熟悉起来。他在谈起当年我在边中时的情景说："当时你还是一个天真活泼的小姑娘，小小的个子，白白的脸上长着一双大眼睛，走起路来一蹦一跳的，特别喜欢唱歌，有时还带着大家一起唱，所以很惹人注意，给人印象很深，可是不久就不见了，不知你到哪里去了？"我告诉他说，虽然我被分配进了边区中学，但想进鲁艺的梦一直在缠绕着我，使我难以在边中读下去。所以不到两个月，我便独自一人到了鲁艺，拿着姐姐的第二封信，找到我姐姐的又一位好朋友田蔚。我见到了她，把姐姐的信交给她。她看过之后，眯起眼睛笑道："看来你和鲁艺很有缘分咧，鲁艺正巧在招收一批小同学，不过，要通过考试……"

"考试？考好了！我不怕。"我神气活现地又摆出了一副久经考验的天不怕地不怕的样子。

经她联系，鲁艺同意我去应考。第二天我便去了。主考我的老师是当时的戏剧系教员，解放后任上海剧协副主席的姚时晓。他出了三个题，让我当场作即兴表演。第一个题是：我正在走路，走着走着，突然身后有人叫了我一声，我便回头一看，原来是我很久不见的老朋友。听完老师说的话，我便从从容容地做完了表演。第二个题是让我做缝衣服的无实物动作。我在家虽然没有缝过衣服，但见过妈妈做针线活。于是我模仿着妈妈的样子穿针引线地缝了起来。第三个题就更难不倒我了，他叫我写一篇作文，题目是"我是怎样来到延安的"。这好像是专门针对我出的题一样，我一口气写完，把我在国统区因爱国而被捕入狱，后来经过地下党组织的营救，才被送来了延安的过程，原原本本地写了出来。作文交上后，姚老师看过，非常满意，当场拍板宣布我被录取在二期戏剧系学习。我也毫不掩饰自己内心的喜悦，当场就欢跳起来。从此，我真正地成了延安的最高学府——鲁迅艺术学院年龄最小的一名学生了！

我一回忆起鲁艺的生活，心里便充满甜蜜的滋味。我的事业，我的成长、乃至我的生命，都是在这个革命的摇篮里得到的。虽然那时各种条件都很差，很艰苦，但虽苦犹甜。只有体验过这种生活的人，才能产生这种感受。

最初，鲁艺就设在延安北门外的一个山坡上，我们就住在山坡上的窑洞里。我们的老师冼星海、吕骥、李焕之、郑律成等人，和我们一同在这里过着艰苦的生活。开始我们吃的是小米，觉得比白米还要香甜。我们十几个人住一个窑洞，窑洞里虽然简单得除了一个大炕之外什么也没有，而我们却觉得是那样地舒适。每当晚上，朝对面山上望去，每个窑洞里都亮起了油灯，那星星一般闪烁的灯火，让人觉得特别美丽。在我们心目中，这些鳞次栉比的窑洞比大都市里万家灯火的楼房更温馨。我们都穿着公家发的灰军装，我那时个子小，上装穿在身上长得过了膝盖，袖子和裤腿都要卷起一大截，样子十分可笑，但心里却非常得意。同志们亲切地叫我"小鬼"，我却认为我自己已经是一个地地道道的"八路"了。

到了星期天，我们一群年轻人就跑到美丽的延河边，一边洗头、洗衣裳，一边唱着："延水浊，延水清……"这优美又充满青春活力的歌声伴着清泠泠的流水声，悠扬飘荡，动人心弦。但是，延河并不总是那么温柔、抒情，有时它发起威来，也很粗暴。涨起来的延河水，竟似黄河水一样浊浪滔天、咆哮奔腾。在这种情况下，我们不仅无法下河洗头洗衣服，就是有事情要过河，都成了问题。于是，一些年长者如丁里、钟敬之、冼星海、向隅等老师，非常关爱我们这些小同学，常常背着我们趟水过河，事情办完后，再背我们回来。这就是延安，处处渗透着革命大家庭的温暖。

不过，初到延安，我也亲眼目睹了一次大轰炸。那是一个星期天的早晨，敌机乘人们都在睡梦中的时候偷袭了延安城。敌机的狂轰滥炸，把延安城翻了个个儿。过后，一位大同学带着我到城里去，一路上看到的情景惨不忍睹，到处是炸飞的尸体和断肢，到处是断壁残垣，烧毁的房屋树木还冒着黑烟，分不清哪是焦土哪是血迹。我幼小的心灵真是被吓坏了，此后一个多星期吃不下饭、睡不着觉，每天都会在恶梦中惊醒；一闭上眼睛就会看到被炸得七零八落的尸体，有的失去了头颅，有的被拦腰切断……这一幕悲惨情景，至今令我难以忘却。

说起赫赫有名的鲁迅艺术学院，却没有一幢楼房、一间课堂和一张像样的课桌。课堂就设在窑洞里。作为一个正规的艺术院校，当时的鲁艺物质条件之差，恐怕是史无前例的。鲁艺成立于1938年初，地点就在延安城北门外的山坡上。无论是教室课堂还是宿舍住房全部都在山坡上的窑洞里。窑洞冬暖夏凉，但因为是"洞"所以一般面积都比较小，最大的也只能容纳一二十个人上课，课堂有一些教课的桌子，墙上挂着一面黑板，学生坐的则是用木桩子铺上的木板条。若要上大课，课堂就挤不下了，我们一般都在窑洞外的山坡上席地而坐，那时除老师有一张课桌外，学生的课桌就是自己的大腿。我们基本上没有课本，只有一些简单的油印讲义，上课全靠自己在笔记本上记下来，所以在鲁艺几年锻炼了我极强的笔记能力。解放后，凡有开会我常常担任记录，记得又详细又工整。当时纸张特别紧张，有一阵我迷上了写字，但没有纸，最好的情况是找点旧报纸，在上面写了一层又一层，有时连旧报纸也没有，就只能在地上找一块沙土拿个小木棍在地上练字；我们用的铅笔，总是削得很短很短了还舍不得丢，再用点旧纸头裹住以延长它的"寿命"。后来我姐姐托人从大后方给我带来一支钢笔，我真像宝贝一样地爱惜它！我们每个学生每月的津贴是一块钱，这一块钱我要买肥皂、牙刷、牙膏等生活用品和铅笔纸张，偶而能买上一个小笔记本，我会爱惜得不得了，每次在上面写字都要小心再小心，害怕写错糟蹋了。若能在这一块钱中省下几分钱来买两块糖或几个红枣，那就像吃到天下最好的美食一样觉得幸福和快乐！老师的薪水是七块钱，在当时已经是非常非常优越了，所以星海老师经常还要请我们这些穷学生到他家里去改善生活。当时，我们只有唯一的一架钢琴，却不是用于辅佐音乐教学的，它被锁在窑洞里，为演出需要，只准两个人——寄明和瞿维使用。我不仅没有资格去摸一摸，连见都没有见过。练声时，大家都跑到山坡上或山沟沟里叫嗓子，不论刮风下雪，都挡不住我们的勤学苦练。我们的排练厅就在窑洞外面的一块比较大的空地上，冼星海老师经常在这里给我们上课或指挥我们合唱。那气势磅礴、驰名中外的《黄河大合唱》，就是在这里排练出来的呀！……这就是当时延安的最高学府鲁艺的生活和学习情景。鲁艺曾是新中国成立后遍及全国的千万文艺工作者的摇篮。

鲁艺从1938年创办开始，就在这样艰苦的环境里吸引了一批又一批优秀的艺术家，他们放弃了优厚的物资生活条件，心甘情愿地冒着生命危险，到这被党的光辉照亮的革命圣地来工作。这些人中文学系有诗人艾青、何其芳；戏剧系有国统区最有名的演员崔嵬、袁牧之、陈波儿、田方、于学伟，系主任是张庚（据说江青在和毛主席结婚之前也在鲁艺工作过）；美术系有钟敬之等；文学系有前文化部长、诗人贺敬之，文学理论家、前《红旗》杂志主编冯牧；美术系有著名的版画家古元，他的木刻作品受到国内外一致好评；而音乐系，除了冼星海之外，还有吕骥等。

吕骥同志是最早到延安的，他是鲁艺的创办人之一，在第三期音乐系之前一直由他担任音乐系主任，自冼星海担任系主任后，他在教务处担任教务主任，但仍在音乐系兼着音乐理论教员。与冼星海老师相比，吕骥显得更严肃一些，所以学生们有些怕他，他不像冼星海老师那么好亲近。在星海面前我们可以没大没小，在吕骥面前就不敢。但解放后，他对我也非常关心，我的第一本歌集《黄准歌曲集》就是请他为我写的序。解放后我一有机会去北京，就会到他家去探望请安。吕骥同志从1920年代就开始音乐创作，在抗日战争中写过许多救亡歌曲。当时我们最喜欢唱他写的一首《新编"九一八"小调》，这是由崔嵬等编导的活报剧《放下你的鞭子》中的插曲："高粱叶子青又青，九月十八日来了东洋兵……"1941年我们全体音乐系的学生继星海的《黄河大合唱》、《西盟大合唱》之后又演唱了由诗人郭沫若作词和吕骥作曲的《凤凰涅槃》，它以古代的神话故事来比喻中国革命经历的苦难和希望。吕骥在歌曲中运用了比较近代的合唱技巧，旋律中也用了许多半音进行，相当难唱，所以这首合唱最终没有能流传下来。吕骥同志非常注重对民间音乐的研究。延安文艺整风后的秧歌运动中，他带领着我们这些学生到边区各地的群众中去收集民间故事和音乐资料，我们收集记录了许多的陕北民歌，就是这个活动对我后来在电影音乐创作中积累收集和运用各地的民间音乐资料起着极好的指导作用，为我以后创作中的民族化打下了良好的基础。他从1953年中国音乐家协会成立至1985年这三十多年中，一直担任音协的主席，领导着全国的音乐工作。

音乐系的老师还有向隅教作曲法，任虹教视唱、练耳，郑律成、杜矢甲、唐荣枚等是我们的声乐教师。其中郑律成是我的声乐老师，在他的指导下我连续两个学期获得声乐考试第一名，但遗憾的是他教授的美声唱法，在后来的秧歌运动中完全无用武之地。我只好靠边站，后来改学了笛子，才在秧歌队里担任了一名乐队员的工作。郑律成老师不仅是一个男高音歌唱家，他还是一位著名的作曲家，当时延安最为流行的《延安颂》就是由他作曲的，另外一首最著名的歌曲就是《八路军进行曲》，解放后改名为《解放军进行曲》，现又成为中国人民解放军的军歌。

向隅同志本身也是一位作曲家，他的歌曲《红缨枪》当时在解放区非常流行。解放后他在上海音乐学院担任院长，1968年逝世。

1942年，曾经在国际上获奖的《牧童短笛》的作曲家贺绿汀先生也到了延安。后来我们演唱了贺绿汀的著名合唱曲《啊，1941》，因为他到达延安是1942年，所以我们在演唱时改唱为《啊，1942》，这首曲子旋律优美而且活跃，深得演唱的学生们喜爱。解放后，他担任上海音乐学院的院长，我还常常去探望他。有一次，我写了一首曲子，请他指正，他建议我到音乐学院去学习深造，可我当时正在创作电影《红色娘子军》，厂里还一定要我担任支部书记，工作不能推迟，一出外景就是几个月，所以耽误了学业。

记得有一次我的同学刘炽到上海来，约我一同去探望贺院长，这时他已经是80岁左右的高龄了，我看到他的书桌上放了一首歌词，名字我已经忘了，只记得这首歌词很长，而且很没有规则，要是换了我一定会叫词作者重写，可是贺老却把这首词组织好，糅在他非常规则的旋律里，而且曲调流畅通顺，我看了之后对贺老的作曲本领真是佩服得五体投地！贺老爱憎分明，对我们这些后辈爱护备至，但在原则面前他丝毫不肯让步，在"文革"中，他那种决不在"造反派"面前低头的英雄气概，令人钦佩。

在老师队伍中来得比较晚的还有《新四军军歌》的曲作者何士德，他后来一直是电影厂作曲组的领导人。但他本人的作品比较少。

戏剧系的著名演员有王大化、于蓝、仉平等。王大化是一位非常优秀的演员，不仅形象非常英俊，而且说唱表演样样都非常出色，他在秧歌运动中担任着重要角色，在戏剧舞台上不论演中国人或是外国人都栩栩如生，让我印象深刻的有《兄妹开荒》、《拥军花鼓》以及苏联戏剧《马门教授》等，他的形象总是那么吸引观众，被广大观众所喜爱。

在女演员中最突出的，也就是2009年在第十九届金鸡奖中获得终身成就奖殊荣的于蓝。于蓝在延安鲁艺时就是我的大姐姐，她的丈夫田方早在抗战之前就是一位鼎鼎有名的大明星了；田方主演过的《壮志凌云》、《渔光曲》、《大路》等影片几乎无人不知。我初到鲁艺戏剧系时，田方在戏剧系担任老师，我是他班里最小的一名学生，他对我这个一演戏就笑场，演戏时总爱出戏"开小差"的小女孩，又喜欢又无奈，后来只好放我进了音乐系。他个子高大，脾气爽直，在延安发大水时，背上我们这些小女孩过河，简直就像提一只小鸡一样的轻松。

于蓝到延安的时间和我差不多，但她比我大5岁，在当时就算是青年人了，所以分配到了抗战女生班。她在抗大业余演出中担任话剧《先锋》中的女主角沙红，因为演得好，就调到了鲁艺实验剧团，并参加了《求婚》、《带枪的人》等话剧的演出。延安文艺整风之后，我们一起参加了鲁艺秧歌队，不过在秧歌队里她是挑大梁的，总演主要角色。她和王大化一起演出《兄妹开荒》、《周子山》等，还在歌舞《挑花篮》中演领舞，而我则不过是跑跑龙套而已。

她的大儿子田新新是一位电影录音师，小儿子田壮壮是一位很有才华的第五代导演之一。于蓝本人则更是一位德才兼备、德艺双馨的名演员。解放后她在银幕上塑造了一系列的光辉形象，给人们留下极深的印象，如电影《翠岗红旗》中的红军家属向五儿，曾得到过毛主席的亲口夸赞；又如她演出《革命家庭》中的母亲周莲一角，曾获得莫斯科国际电影节的最佳女演员奖，周总理也夸她说："演了一个好妈妈"；尤其是她在电影《烈火中永生》中扮演的江姐一角，已成为中国电影史上的一个永远不朽的形象。

1981年6月1日，已经60岁的于蓝被任命为中国第一个儿童电影制片厂的厂长，从此她就全身心地致力于中国儿童电影事业。现在她已90岁高龄，而且患过癌症，开过大刀，双腿还做过人工关节置换手术，身体相当不好。她是中国国际儿童电影节的创始人，每次参加活动时，她总是精神抖擞，跟着大伙一起活动到深夜。虽然私下里她偶尔也会偷偷地跟我说上一句："累死了！"但在公开场合，尤其当她和那些参加电影节的孩子们在一起时，当一群孩子围着这位德高望重的前辈，喊着"于蓝奶奶"时，她就更加精神焕发，没有丝毫的疲乏和倦怠。她在国际儿童电影中的重要地位和她的卓越贡献，使她在国际儿童电影同仁中赢得了崇高的威望。

三、冼星海和鲁艺三期音乐系

在二期戏剧系毕业后，我因年龄太小无法和大同学一起上前线。这时，鲁艺为培养文艺综合人才办了一个普通班，我于是又进了普通班继续学习。和我一起进普通班的还有从音乐系转过来的李群和杜粹远。我们三人年龄相仿，朝夕相处，同进同出，同吃同住，被人们称为"鲁艺的三个小鬼"。

三个月的普通班很快就结束了。和二期戏剧系毕业生一样，班上大多数同学都奔赴前线，或到各抗日根据地参加救亡工作，而我们三个小鬼，却因为年龄太小无法承担这艰巨的战斗任务而继续留校。随着形势的逐步好转和稳定，学校决定改变学制，从每一学期半年延长至一年。因为几个月的时间确实太短，一般的艺术院校学期至少三年至五年，而想在三五个月内完成学业，并且要学以致用，那是根本不可能的。因而从鲁艺第三期开始，学制延长为一年。

李群、小杜本来就是从二期音乐系转到普通班的。现在既然留校，当然仍回到音乐系去。可我呢？在经过三个月的音乐熏陶之后，我已深深爱上了音乐这门艺术，而且也知道自己确实不是一块演戏的料。记得我进戏剧系不久就跟着排戏，哪知我在台上根本进不了戏，还总是笑场。在排一个叫《红灯》的话剧时，我扮演一个小女孩；戏中有这样一个情节：小女孩的父亲被敌人打伤了，小女孩见到父亲伤势很重，一下扑过去，伏在父亲的胸前放声大哭起来。可是就这么简单的表演，我却做不出来，而且，见到扮演父亲的男演员做出痛苦的怪样子，就忍不住地要笑。还有一部戏，我也是演一个小女孩，和我配戏的那个男生曾在平时惹恼过我，我竟在戏中借打斗的机会，狠狠地打了他几下以泄私愤。所以我在戏剧系的名声并不好，是出了名的调皮鬼。

戏剧系不想回去，但我应到哪里去呢？当时就像站在十字路口，不知何去何从！还是李群和小杜最理解我的心思，她们鼓励我转到音乐系学习，而且自告奋勇陪我一起到三期音乐系的系主任冼星海先生那里去说情。于是，在她俩的陪同下我找到了冼星海老师，要求他同意我从戏剧系转到音乐系来。应该说星海先生对我这个小女孩是有印象的。因为在排练《生产大合唱》的时候，他既是作曲又是指挥，还兼任导演工作，他差不多天天盯在排练现场，又要指挥乐队，又要指挥场面调度，还要对每一个演员进行指导。对于我这个扮演"羊"的小姑娘，该怎么跟着音乐"咩咩"地学羊叫，又怎么跟着节拍学羊走，费了不少口舌，他甚至还亲自把两只手放到地上，弯着腰弓着背，一扭一扭地教我们怎样学羊走路，每一次教完，总引起我们这些学生的哄堂大笑。后来，是他又把我选进了《黄河大合唱》的合唱队。对于我这个因未完全变声而只能唱女中音，而且因个子小总是站在最边上的一个小队员，他应该记得住的。所以，当我怀着一颗忐忑的心找到他时，他并没有立刻正面答应我，而是自言自语地说："这个小姑娘乐感不错。"于是他转过脸来，微笑着答应了我的请求，同意我和李群、小杜一起进了由他负责的、著名的鲁艺三期音乐系。在他收下我这个"关门弟子"的那一刻，他肯定不会想到，这名全鲁艺最小的学生，在戏剧系出了名的调皮鬼，在经过他的调教之后，竟然完全改变了自己的学习态度和人生道路。在这一学期中，我不仅取得了良好的学习成绩，两次获得了声乐考试的第一名，成为音乐系的高材生；而且后来在大连演出《黄河大合唱》时，居然担纲了女声独唱的重任，并得到了极好的反响。他又怎么会想到在2005年中国文联和中国音协举办他的百年诞辰纪念活动时，代表他的学生来发言的居然也是这个"小学生"。他可能更没有想到过，在他担任系主任的这个三期音乐系中，解放后涌现了一批对国家有贡献的作曲家。其中他的学生占了很大的比例：王莘、刘炽、时乐濛、陈紫、庄映、张鲁、李群……等等，他们的作品对我们的祖国建设起着极大的鼓舞作用，并且给人民带来了力量和欢乐，而在这些作曲家中居然也有我这位小学生的一席地位。

星海先生，现在，您的这些学生大多都跟着您到了另一个世界，而唯有这位小同学，仍坚持在自己的岗位上，继续奋斗着；而更值得高兴的是，在2009年新中国成立60周年之际，由上海市组织发起的两万人合唱《黄河大合唱》，这史无前例的气势磅礴的伟大演唱场面中，也是这位小同学作为您的代表参加了，还代表您向所有演出人员颁发了奖状……等等、等等。你要是地下有知，能看到这些一定会含笑九泉！

记得第一次见到星海老师是在1938年11月，那时我刚进鲁艺不久。一天，日寇的飞机突然袭击轰炸延安，我跟着几个大同学跑到山脚下一个很小的防空壕里躲避，正好遇到吕骥老师也躲在这个防空壕里，他还带着一位我不认识的客人。后来知道，那位客人正是大名鼎鼎的冼星海。那时，我还在戏剧系学习，没想到日后我竟然会成为他的最后一名学生。

星海老师个子不高，但很壮实。他是广东人，说话带着浓重的家乡口音，人很和蔼，在他身上很少看到那种师长的威严。他常常会给我们讲他小时候的故事，他的家庭和他的各种经历。他还经常给我们唱一首他母亲教给他的一首广东民歌《硬顶上》——"硬顶上啊，鬼叫你穷啊……"我们三期音乐系的同学几乎没有人不会唱这首歌。那时，我们围着他，坐在山坡上，专心地听他讲话、唱歌，心里头充满爱戴。他虽然才华横溢，为人却没有一点架子，对我们这些学生，爱护备至，和我们的关系非常亲密，如师如友、如父如兄。他知道我们这些学生大都没钱，每月只发一块钱的津贴费，所以经常把我们请到他住的窑洞里，拿些糖果、红枣招待我们，有时还给我们烧红烧肉吃，简直就像过年一般。他知道，在我们平时的饭菜里，可是连油沫星子也少见啊。

虽然来延安之前，星海就是一个著名的音乐家，但到延安后却和我们一样过着十分艰苦的生活。他住在东山一个窑洞里，拿着7元钱一个月的津贴，要负担妻子钱韵玲和刚出生的女儿妮娜，偶然收到一点稿费，还要请学生"改善生活"。他尽管教学和创作任务很重，但仍和大家一起开荒种地，劳动后他会和大家一同到延河里洗澡。有时我们出去演出或是听报告，一定要经过延河，若水浅时我们大家脱下鞋袜，趟水过河，可若是因下雨延河发大水，我们这些年小的女同学就过不去了，他会和其他稍年长的同学或老师们一样，背着我们过河。生活上，他是我们的长辈，在专业上，他不是一位严师，而是一位良师。他教给我们的不仅是技术更重要的是他的创作思想。他说自己"是一个有良知的音乐工作者，所以要写许多救亡歌曲，要把自己的歌曲传播到全人类，提醒人们去反封建、反侵略、反帝国主义"。他主张中国的新兴音乐是"中国的、民众的、通俗的，要有新的旋律、和声"，他在给我们上音乐课时十分强调中国音乐的民族化。他说，我们的民族是"歌咏民族"，特别是当时的抗战歌曲，是通过大众、通过斗争反映出来的民族呼声。他教给我们的音乐理论，实际上也就是给我们指引了创作方向。他始终强调没有内涵没有思想只讲技术的作品是没有生命力的。所以，他要求我们一定要用"心"来表达音乐作品的内涵和情感。上作曲课时，星海老师教的是自由作曲，他注重启发学生的音乐感觉，要求我们用音乐的思维来思考创作，用音乐的语言来表达感情与情绪，他反复强调"要用想象去触发你的乐思，而后形成音乐的形象"，并且要求我们到生活中去感受去体验，然后创作出好的作品来。他采用启发式的教育，注重让我们发挥自己的想象力，在作品里充分表达自己的情感。他的教学方法非常灵活，他在上课时会出一些如飞翔、欢乐、悲痛、激奋等题目，让我们用音乐来表现这些情感。他对我们的作业从不任意修改，而是和学生一起研究，这些音乐的形象该怎样表现得更加准确与深刻，他这些启发式的教育给我留下了极深刻的印象，为我后来从事的音乐创作指引了正确的方向，打下了扎实的功底。另外，他还兼任我们的指挥老师，他挥动双臂所带动出的那种音乐感觉，在我们眼中简直潇洒极了。他的指挥不仅能充分地表述出乐曲的思想感情，调动每一个乐队队员和合唱队员的情绪，并帮助大家理解作品，当他挥动起他的双臂时，他指挥的姿态风度也特别地令我迷醉。他除了讲解指挥的基本理论外，特别注意形体训练。然而在延安那么困难的条件下，根本没有训练形体的镜子。现在的学院上形体课，满大厅的镜子，你只要站在当中，四面八方都会照出你的身影。而当时就是一面可以照到一个人的小镜子也没有啊。怎么办呢？星海先生真是一个十分幽默的艺术家，他把自己充当镜子，常常把学生那些奇奇怪怪的姿式模仿给你看，引起大家的哄笑，而就在这轻松活泼的气氛中，使我们懂得自己的毛病出在哪里，并有效地加以改正。我在指挥这门课中是常被星海老师挑毛病的一个，不是一个肩膀歪了，就是双臂缩着张不开，姿式很难看，也正因为这样，所以对于星海老师给我们上的指挥课，我的印象特别深刻。

更使我难忘的，是他的创作思想和创作方法。早在1942年毛主席在延安文艺座谈会"讲话"之前，他就给我们做出了典范。如，他为了让学生深刻领会生活体验对于创作的作用，曾先后多次深入生活，写出了《生产大合唱》和《西盟大合唱》。当抗日烽火熊熊燃烧时，他又亲临黄河边去体验生活，写出了气势磅礴的《黄河大合唱》。他的成功之作，轰动了全校。学校决定演出这部划时代的优秀作品，投入了最大的人力和物力进行排练。凡是能唱的，都来参加演唱，这时大家都生活在抗战的激情中，感情很容易投入，所以在星海老师亲自指挥下，很快达到要求。可是，乐队则成了一大难题。当时我们没有几件像样子的乐器，而且数量也少得可怜。不仅西洋管弦乐器配不上套，就连中国乐器也只有几支笛子和几把二胡。"没有条件创造条件"几乎成了鲁艺的老传统了。在发挥主观能动性的号召下，乐队同志创造性地用葫芦瓢做中胡，用大洋油桶锤锤钻钻做成了大低音胡；打击乐器不齐全，星海老师就找来了几个大洋瓷缸，里面放几把调羹，一摇一晃，那声音为乐队增添了不少气势。就这样，我们排出在独具风格的乐队伴奏下的二百人大合唱，并且隆重地在延安大礼堂演出了。它的首次演出，便轰动了延安城，那恢宏的气魄，把听众们带到了汹涌澎湃的黄河边，人们仿佛身临其境地看到了黄河船夫在惊涛骇浪中搏斗的情景。这是一次非常有历史意义的演出，毛主席等中央首长都观看了我们的演出。后来，《黄河大合唱》不仅在延安，而且在各解放区，甚至在国统区，在全国广为流传，成为一部具有爱国主义精神、歌颂祖国、反映我们伟大民族斗争的不朽的经典之作。可惜，我们所敬爱的冼星海老师，没有看到他为之奋斗的新中国；也没有看到他曾亲自教导过的学生，怎样接过他的音乐创作火炬，在祖国建设中创作出一个又一个的辉煌。他于1940年去苏联学习时，正逢苏联进行艰难的自卫战争，他在贫病交加的情况下逝世于苏联……

我深深地感到，我能够在他的亲自指挥下演唱他的不朽作品《黄河大合唱》真是我一生的幸运。

星海，我的恩师，虽然您带领的三期音乐系仅仅只有一年的时间，但您对我们的教育和影响却是永久的。您的音容笑貌，您在教学中的一切一切，永远留在我的记忆中、工作中，让我受用了一辈子。

四、大生产运动

在抗日高潮全面到来的1939年冬到1940年初，国民党反动派竟连"假抗日，真反共"的遮羞布也不要了，公开动用几十万军队包围陕甘宁边区，并在物质上实行经济封锁。

由于敌人的封锁，延安的粮食、棉布和蔬菜等物品极其匮乏，我们经常是靠野菜、盐水来充饥。有一次，我们几个人出去挖野菜（那时鲁艺已搬到离延安十几里路的桥儿沟教堂），挑着挑着，不知不觉到了飞机场的边上，突然敌人的飞机来了，我们几个人急忙钻进身旁一块黄瓜地里，两眼紧盯着飞机，只见那可恶的飞机在上空绕来绕去，扔了一阵又一阵的炸弹仍不肯离去。这时天已近正午，我们又饥又渴，也不敢走出去。我一气之下，干脆躺倒在地上，谁知这一躺，一眼看见了黄瓜架上吊着的一条青翠鲜嫩的大黄瓜，我实在抵不住诱惑……尽管那又甜又脆的滋味让我过了把瘾，但吃了之后心里真是不安，做贼心虚起来，总觉得有双眼睛在盯着我。晚上的生活检讨会上，我主动坦白交代了因意志薄弱违反群众纪律的错误。

因为粮食奇缺，我们吃的馒头都是用发了芽的麦子磨成面粉蒸出来的，又苦又涩又粘牙，真是难以下咽。还有那下饭的菜，就是飘着几片葱花和几滴油星子的盐汤。鲁艺的后山沟是我们挖野菜的最好去处，我们一有空就会到后山沟去挖野菜，采酸枣。酸枣又甜又酸，十分可口，但树上却长满了又尖又硬的刺，为了采到几颗小小的酸枣，我们的手上常常被刺出许多血痕。后山沟其实是一个很美的地方，有一条涓涓淙淙、弯弯曲曲的小溪，溪水清澈叮咚，溪边长满了各色野花芬芳扑鼻。但我们这些饿得几乎要发昏的少年学生却无心欣赏，实在支持不住时，只好以溪水充饥，常常因吞咽太急，连水中的蝌蚪也一起吞咽下去。

我到延安不久，重庆生活书店的李文大哥也到了延安，他偶尔与大后方的姐姐取得联系，姐姐也托他给我捎上几块零花钱。当拿到那几块钱的时候，我是多么兴奋啊！我可以买一点肥皂牙膏，买几块土造的麦芽糖或者是半斤红枣。把陕北大红枣放进取暖的炭火中一烤，满屋都是诱人的香气，这时我们会感到十分十分地满足，这也就是我们最大的奢侈和最美的享受了。

就在这个最困难的时候，毛主席提出要自力更生，粉碎敌人的阴谋，发出了大生产的号召。全边区所有学校暂时停课，开展生产自救。于是所有院工、学生，全都投入到大生产运动的热潮中去了。男同学上山开荒种地，我们女同学在窑洞里纺线。可我总也纺不好，纺出的线有粗有细，这时我才发现我的眼睛近视了，只好改学织毛衣。当时，星海老师的夫人钱韵玲，贺绿汀老师的夫人姜瑞芝，都是我织毛线的好老师。为了抓紧生产，我们展开了劳动竞赛：比速度比质量。我生性好胜，在生产上也不肯认输，不停地织呀织呀，竟然成了"织毛衣能手"。我们把纺成的线，织成的布，以及搓出的羊毛线和织成的毛衣全部卖出去，换回了粮食，而自己身上的衣服破了，总是补了又补。打满补丁的衣服就成了虱子做窝繁殖的好地方。"虱子多了不咬人"，开始我不去理会它，后来身上长了疥疮，痒得要命，皮肤都抓烂了也没有条件医治。

李群和杜粹远因有亲属在延安，家中的条件比学校好些，所以常在星期天回家洗洗澡，改善一下生活，吃上一顿饱饭。有时他们也叫上我，但我不好意思老是去。后来，我也有了个去处，那就是王紫菲大姐姐的家。那时，她和电影队队长吴印咸结了婚，而且有了个十分可爱的小女孩。我去了后，他们总是给我烧点好吃的菜和饭。那小米掺和大米做的二米饭，简直好吃得不得了。更能吸引我的是每次去几乎都能看上一场电影。这对我这个穷学生来说，真是超级的享受。有时还能看到外国的彩色片。第一次看到彩色电影时，只觉得眼花缭乱，神奇无比。在延安的贫困生活中，我们所看到的除了灰色的军装，就是黄色的土地，连绿色的树木也很少见到。可是在那些彩色电影里，火一样的红，翠一样的绿，连黑色的衣服在其他颜色衬托下也变得那么亮丽。直到现在我还没有忘记在一部电影中，一位女士穿的一件黑黄相间的衣服，显得那么高贵典雅，真是美极了！

也许正是那时我看了这些电影，给我留下了很深的印象。后来对我选择了电影专业不无关系。

在大生产运动中，我们什么都是自己动手干，冬天，没有木炭烤火，我们还上山打柴烧炭。学院简直成了一家集各种行业的加工厂。这期间，虽然学习时间减少了，但是我们却学到了更多的生产知识和生产本领。经过短短的一年多时间，边区就粉碎了敌人封锁的阴谋，我们自力更生创造出丰衣足食的条件。幸福必须靠自己去创造！大生产运动让我们对"劳动创造世界"这一真理，有了真实的体验。

自力更生，丰衣足食，这就是延安精神，也是鲁艺精神。延安人用这种精神创造了物质财富，创造了精神财富，更创造了一个崭新的文明世界。也让我们缩小了"知识分子"和劳动者的距离。

五、鲁艺在变，我也在变

从1938年到1944年调往联政宣传队前，我在鲁艺有整整六年，是鲁艺这个革命的大家庭抚育我成长，把我教育成才，鲁艺就是我的家，这里有我的父亲母亲兄弟姐妹。有人开玩笑地说："黄准，你是革命队伍中的孤儿。"是呵，一个12岁的孩子一般都还在妈妈的怀里撒娇，可我呢，却一个人在鲁艺，靠着老师和同学的关心爱护长大成人。当时，有人称刘炽是真正的红小鬼，我就不大服气，心想，他参加过工农红军，而我还是一个坐过国民党监狱，经过多少艰难险阻、跋涉数千里才到达延安的老革命呢！

当时我纯洁得像一张白纸，任凭你抹上什么颜色就是什么颜色。现在看来，我可以毫不谦虚地讲，我这一生的主色调是红色的；当然，在这八十多年的漫长岁月中，也不可避免地会染上点杂色……这红色也好，杂色也好，都是鲁艺给我的。

1938年初到鲁艺时，学校就设在延安古城的北门外的山坡上，我们的教室、课堂、宿舍都在山坡上的窑洞里；到了晚上，一个个窑洞都点上小油灯，在山对面看过来，闪闪烁烁，就像是天堂的星星一样美丽。大约是1939年，也就是我们进三期音乐系之后，鲁艺搬到了距延安城十里以外的桥儿沟。这十里路是延安少有的一马平川，也是延安唯一的飞机场，当然这机场非常简陋，只是一块稍稍平整一点的硬板地面而已。当时延安绝大部分机关学校都在北门外，所以我们要到延安去，无论是进城购物，或是到其他学校机关去办事，都必须穿过这十里地的飞机场。

穿过机场之后，就会看到一个尖尖的宗教式的屋顶，这是一个小教堂。我真不得不佩服这宗教的力量，居然在这荒无人烟的地方也能渗透进来。教堂旁边是一个大院子，院子里有一棵大槐树，一到开春，那槐花就香气满园，让人陶醉。穿过院子是两排窑洞式的砖砌平房，平房内砌着一个大炕，这就是我们学生的宿舍。到了冬天，我们烧上一盆炭火，有时我们会省下一点零花钱，买几个红枣，在炭火上一烤又香又甜，是我们唯一的美味。在平房的后面有一条小路，小路的两旁有许多窑洞，两边的山坡被我们称作东山、西山，老师冼星海就住在东山的窑洞里。

学校搬来后，原来的教堂改作为礼堂，我们骄傲地称它为"大礼堂"，我们在这里上大课、排练、开会、演出。礼堂里的小舞台是我们演出的场地，有时戏剧系的师生在这里演出话剧，有时由音乐系的同学在这里表演音乐节目，开音乐会。我记得我的两次声乐考试，一次期中考试一次毕业考试，都是在这个舞台上考的，而且两次都取得了第一名的好成绩。我在戏剧系是一个不会演戏的最差生，现在到了音乐系却成为了优秀生，这让我十分骄傲！

不知什么时候开始，鲁艺刮起了一股跳交际舞的风，每到星期六，男男女女、老师学生都可以自由地到礼堂里去跳舞，偶尔还组织"化装舞会"。这时，无论男女都会穿上自己最好的服装，有的人甚至拿了床单围在身上当裙子，然后找来一些五颜六色的硬板纸，剪成眼镜模样戴在脸上，算是化了妆。我自幼体育就不好，好像四肢特别笨拙，所以舞也总跳不好，因而兴趣也不大，难得去看看，很少进场去跳。在同学中刘炽的舞跳得最好，我就觉得奇怪，一个红小鬼出身的"土包子"，怎么一下子就把交际舞学得这么好？什么"探戈"、"圆舞曲"都跳得又流畅又优美。后来在秧歌运动中也是他最活跃，总是做秧歌队的"伞头"。

就在这甜蜜蜜、软绵绵的氛围里，鲁艺在变。1939年以后的鲁艺已不大听到唱抗日歌曲，人们嘴里哼唱起了小夜曲；戏剧舞台上看到的不再是那慷慨激昂的抗日英雄而是高鼻子黄头发的外国人。

礼堂旁边的院子则变成了谈恋爱的最好去处。那些谈情说爱的同学借着礼堂透出的幽暗灯火，听着里面传出的优美乐声，闻着槐花的清香，花前月下，绝妙无比。

大生产运动打破了国民党对延安的封锁，也使我们度过了最困难的日子。随着生活条件的逐渐好转，我们的生活改善了，至少可以吃饱肚子不再去挑野菜，就连对服装的要求也在逐步提高。

刚来到延安的时候，我个子很小，一年发一套的灰布军装实在太大了，裤腿卷起有半尺长，衣服长到膝盖，但我穿着仍觉得雄赳赳气昂昂地特别精神。现在可不对了，突然变得要好看了，要把过长的袖子和裤腿改短了才穿。当时鲁艺盛行看俄国小说，托尔斯泰、陀思妥耶夫斯基……可能是因为看了《安娜·卡列尼娜》，里面说安娜爱穿黑衣服，于是我也一心想弄件黑衣服穿穿。没钱买，就把衣服染成黑色，再改改样子，穿上也觉得美滋滋的。

我这个年轻的"老革命"当时为学英文歌，抄了满满一本子的中、英文的抒情歌曲和爱情歌曲。记得当时有一个名叫李丹的同学，她是一个华侨，说得一口流利的英文，我就整天盯着她学英文、唱英文歌。我读书的品位也从苏联革命小说转向像《安娜·卡列尼娜》、《被侮辱与被损害的人》等等。另外，鲁艺在教学方法和教材的编撰上，也开始向所谓的"正规化"靠拢，无论是音乐系还是戏剧系、文学系，教材和教育方法都学习西洋的一套东西，唱的是外国歌、演的是外国人。

因为已经度过了最困难的时期，基本上有了一个相对祥和安宁的生活环境，大家的生活情趣也越来越有了小资产阶级的味道，逐步形成了脱离现实生活、脱离人民群众的艺术倾向。当初为了适应战争需求而摸索出来的一套教学方法基本被放弃了，救亡歌曲也唱得少了。这里弥漫着一派所谓"和平年代"的气氛，与当时我们身处的抗日战争的形势完全不相符合。以至于造成了群众的不满情绪。老百姓对那时候的鲁艺评价是："演戏装疯卖傻，唱歌哭爹叫妈"；可见当时的整个艺术氛围充满着极其矫揉造作的情调。老百姓要的是雪中送炭，而不是那些脱离实际的曲高和寡的所谓"阳春白雪"。外面是烽火连天硝烟弥漫，前方将士在奋战沙场流血牺牲；而在解放区的我们这些文艺战士本应为前方多作贡献，却把文艺这个武器逐渐转化成了抒发个人感情的工具。

特别是在1940年到1942年之间（我和李群、小杜又进了鲁艺四期音乐系），从大后方进来一大批文化人，他们中间大多在大都市的洋学堂里受过高等教育，受西洋文化的影响比较深，所以随着他们的到来，也为延安文艺界带来了一股西方的思想观念和西方的文艺思潮，这些东西不仅对鲁艺乃至对整个解放区都产生了不小的影响。这时的鲁艺，从文艺为抗日救亡服务而日益倾向于为艺术而艺术。因为教材的变化，把学生的兴趣逐步转向到了艺术至上的文艺作品。当时音乐系的教材，从李青主到萧友梅，从黄自到肖邦的歌曲都有，我们都唱过。虽然当时条件差，唱片很少，但我们也听了不少交响乐，从巴赫、门德尔松、贝多芬到柴科夫斯基。我记得我当时最喜欢老柴的"第六"和贝多芬的"田园"中的片段，熟悉到几乎能背出来。这些音乐灌输在我的记忆中，几乎让我这一辈子都没忘掉。

我们也听了不少歌剧，像《蝴蝶夫人》、《卡门》等歌剧的咏叹调，在鲁艺的音乐会中，都曾演唱过。当年我一度痴迷夏青的歌声，就是因为他的声音和这些外国歌剧中的歌声太相像了。

这股崇洋风引起了群众的不满，也受到了毛主席的批评。后来掀起的秧歌运动把延安鲁艺又带回到了文艺为工农兵服务的道路上来。

不过现在回过头来想想，这个时期的正规化学习，也不能说是一无是处。尤其对我这个过去没有受过正规音乐教育的小学生来说，通过这系统的正规音乐教育，视唱、练耳、作曲、和声，除了没来得及学习复调外，还真是给我打下了扎实的音乐基础，为我后来的电影音乐创作产生了深远的影响。

六、秧歌越扭越欢畅

　　面对当时鲁艺乃至整个边区弥漫着的资产阶级风气，1942年5月2日——23日，在延安杨家岭召开了全边区的文艺工作者的座谈会，毛主席在会上做了重要讲话，这就是举世闻名的《在延安文艺座谈会上的讲话》，及时匡正了边区文艺工作的方向。毛主席指出，革命的文艺工作者，一定要到生活中去，生活是文艺创作的唯一源泉；要面向工农兵，全心全意为工农兵服务；能不能与工农兵相结合是检验革命文艺工作者的分水岭。毛主席的这番讲话，一下给我们指明了前进的方向。当时我们鲁艺的许多老师都去参加了这个文艺座谈会，亲自聆听了毛主席的报告，而绝大部分同学都没有机会去参加，我这个最小的学生，当然更不可能去出席了。可是此后不久，毛主席亲自来到我们鲁艺，再次做了重要报告，号召我们要"走出小鲁艺，到大鲁艺去！""要到生活中去，要为工农兵服务"。在毛主席报告精神的激励下，我们的革命意志重又回来了，我们的奋斗目标和方向再度明确了。

　　1942年秋，在王大化等同志的倡导下，鲁艺的师生们发起了一场轰轰烈烈的秧歌运动，兴起了一场文艺革命。秧歌运动对延安文艺的影响是十分巨大的。

　　记得那时，大家纷纷走出课堂，就在那教堂旁边的院子里，敲起锣鼓，由王大化、刘炽等人带头，领着一批同学扭起了秧歌。只听那锣鼓敲得震天响，秧歌也越扭越欢畅，我在一边羡慕不已。后来，我终于也被那热烈的气氛所感染，半推半就地被同学拉到了队伍里，试着扭了几下，开头的动作是又生硬又可笑，手和脚总是协调不起来，但我没退缩，咬咬牙继续扭。哎，慢慢地我开始找到感觉了，手和脚的动作也渐渐协调起来，我不仅会扭了，而且也扭出了花式。这以后，我们秧歌队排练好了就到延安周边各机关、学校、街头去演出，常常是天不亮就从桥儿沟出发，化好妆，腰里系上红绸，头上包条花毛巾，带上干粮，穿过机场，步行十多里地。每到一处，都围满了观众，老百姓们奔走相告"鲁艺秧歌队来了"。鲁艺秧歌队渐渐有了名气，被当地老乡称为"鲁艺家"，只要我们秧歌队到哪里，就会听他们叫着"鲁艺家来了！鲁艺家来了！"于是，大路上、山坡上、树杈上、院墙上，到处是人山人海。感到奇怪的是，平时看不到什么人，怎么一下子跑出来那么多人啊？后来才知道，原来许多老乡从一大清早就跟着我们的队伍，我们表演到哪，他们就跟着我们到哪。他们的热情鼓舞着我们。

秧歌运动的火越烧越旺，群众的热情越来越高，尽管已是寒冬腊月，我们常常跳得浑身冒热汗。

一天，队长通知我们："明天到杨家岭演出。"去杨家岭？那可是中央首长和毛主席住的地方啊！明天是春节，是不是去给毛主席他们拜年呀？

各种猜测，都使我们兴奋不已。

果然，被我们猜对了。明天就是春节，去给中央首长拜年的任务真的交给我们秧歌队了！为此，我们一晚上没睡好觉，大家不约而同地想着：把这样粗糙的节目演给毛主席看，他老人家会说什么呢？于是恨自己平时为什么不多下些功夫，把节目再练好些呢？为什么嗓子不能再练响些呢？为什么……许多个"为什么"搅得我有些心慌，更加睡不着觉了。

第二天一大早，不用队长吹哨子，大家就都起来了。这次每个人的妆，都比往日化得仔细，谁都希望把自己打扮得更像样一些，谁都愿意为这次演出增光添彩……

天刚刚亮，我们就整队出发，不知不觉走完了二十多里地，到了杨家岭的山脚下。我们再也按捺不住心头的激动，不用队长下命令，就敲起了锣鼓，扭了起来。我们从山下扭到山上，直扭到毛主席他们住的地方。一看，院子里早已坐满了人，中央首长们用热情的微笑迎接了我们。我们没歇一口气，随着乐队的旋律跳啊，**扭啊**，扭进了场。个个卖力极了！直到秧歌队打好圆场，我们才席地而坐，等着小节目依次演出。没想到，我的运气真好！圆场打下来，我正好坐在毛主席的身前。开始我自己并不知道，直到毛主席见我穿得单薄，把自己的衣服给我披上时，我才发现坐在我背后的正是伟大领袖毛主席！

啊，毛主席，您知道吗？您的女儿投身革命历尽艰险，长途跋涉数千里到了延安，在革命队伍的哺育下正在茁壮成长。可是到了延安这么久，她却只能在演出的舞台上偶尔向下张望时，远远看到您亲切的笑容和伟岸的身影。今天我居然有幸就坐在您的膝下，披着您亲手给披上的大衣，心头怎不激情满怀！这时，我的耳边突然响起一个声音，毛主席说："好！很好！你们的方向是对的！"啊，这句简单的话语给我们留下了多么深远的影响啊！这是毛主席对我们秧歌运动最有价值的肯定，也是对我们极大的鼓舞，我们将沿着这条道路走下去，永远坚定地走下去。

在毛主席的鼓舞下，我们鲁艺的秧歌队越闹越红火，由边扭边唱，拉开场子就变着队形扭的简单形式，发展出了秧歌剧，如著名的秧歌剧《王小二开荒》（又叫《兄妹开荒》），以及《拥军花鼓》、《挑花篮》、《推小车》等，都是当年的经典。后来又先后发展出大型歌剧、舞剧，如《周子山》、《血泪仇》、《白毛女》等等。

在我参加的《推小车》节目中，我头上包着一块白毛巾，身穿一件花衣服，和小杜各坐一个小车，我的车前演拉车老太婆的是徐徐，后面演推车老头的是张鲁；这闹秧歌的场面，居然被当时的电影队给拍了下来，后来还被收录到文献片《延安生活散记》中。我的形象就这样和"大秧歌"这一划时代的运动连在了一起，成为历史上的宝贵资料，永远成为历史的见证，这让我觉得十分光荣！

我们从城里扭到城外，扭到边区，一直扭到绥德、米脂等地。每到一地，都受到群众的热烈欢迎。他们为我们扫屋腾房，杀猪宰羊，把我们当成他们久别回家的孩子。

有一次，我们到一个山区的乡村去演出。当我们进了村敲起锣鼓时，忽然听到对面也有锣鼓声。我们还以为是山谷里的回声呢。走近一看，原来是当地的群众也扭起了秧歌来迎接我们。于是，两支秧歌队汇合在一起，锣鼓敲得震天响，我们扭呀，唱呀……这个宁静的小山村，立刻沸腾了！

这一夜，可忙坏了这里的老乡们，他们把整洁的窑洞腾出来给我们住，把炕烧得热烘烘的。我们几个女同志，睡在热炕上，头一倒下很快就睡着了。可是到了半夜，炕热得把我们都烫醒了，爬起来一看原来老乡们还在给我们煮羊肉、压饸饹呢。他们整整为我们忙了大半夜。于是，大家干脆不睡了，起来和老乡们一同烧饭、聊天……

还有一次，我们到靠近边界的一个村庄去演出，正值天寒地冻，北风紧刮，天气非常恶劣。我们在村里一个土台子上演《血泪仇》，半当中还飘起了鹅毛大雪；不大一会儿功夫，台上台下一片银白，台口的横梁上，挂起了一根根晶莹的冰柱子。这里的人民受反动派的迫害非常深重。老乡们尽管身上也堆起了积雪，却没有一个离开，当演到日本鬼子把媳妇打伤，媳妇临死前抱着孩子对着公婆哭诉日本人的残暴时，台上台下哭成一片，口号声也响彻成一片，还有的老乡激动地跳上台来，握紧拳头，高呼："打倒日本帝国主义！为受苦受难的乡亲们报仇！"

我们的演出，不断受到广大人民的欢迎。这时，我才明白了，为什么我们的演出，会取得如此大的轰动？原因就是毛主席说的："你们的方向是对的！"

在这期间，我们也观看了许多群众的演出。那些具有地方色彩的秦腔、眉户戏，淳朴而高亢。我深深地感到在群众中蕴藏着无尽的宝贵财富。因此，我每到一地，都忘不了向群众学习，广泛地收集民间素材。在老乡家的窑洞里，在昏暗的小油灯下，听他们唱《长工苦》、《咱们的领袖毛泽东》、《三十里铺》、《骑白马》……另外他们还讲了许多和地主老财斗争，以及怎样跟着刘志丹闹革命的故事。没几个月，我采集了厚厚一大本子民歌、民谣、民间故事，成为我日后进行艺术创作的宝贵资料。

第二年的秋天，我们接到指示，去南泥湾慰问王震将军领导的三五九旅的战士。南泥湾是三五九旅创业的故乡，在毛主席"自己动手，丰衣足食"的号召下，南泥湾由荒野变成了陕北的江南，就像神话一般在人们中间传颂着。我们兴高采烈地为这次慰问演出赶排了节目，其中一首由马可作曲的《挑花篮》（即《南泥湾》），歌颂了南泥湾战士们的奋斗精神，曲调优美动人，"花篮的花儿香，听我来唱一唱……"的旋律，一直流传至今。

等到了南泥湾，我们算是真正看到了奇迹：一片翡翠般的绿洲镶嵌在茫茫的黄土高坡中，这陕北的江南真令人心旷神怡。到了住地，又见到战士们热情地列队欢迎我们的到来，他们把亲手种植的瓜、果、桃、梨、苹果、葡萄……摆满了一桌，晚上还给我们煮了香喷喷的白米饭，让我们尽享丰收的喜悦。这是我到延安以后得到的最最丰盛的一次享受。

为了让每个战士都能看到我们的演出，我们把节目送到每一个营地上门演给他们看。有的营地较远，他们便派了马匹来接我们，一见到马，大家更加兴奋了。为了保证安全，每一匹马都配了一个战士，但我这个人性子急，没等战士牵好，便跳上了一匹马。可是，马欺生，我一上去它就撒开蹄子狂奔起来。我可是头一次骑马，一看这架势，吓得魂飞魄散，牵马的战士想追上来把马拉住，可是马早已跑出了好远好远。这时，我在马上，既不能让马停下，又不会从马上下来，后来急中生智，将身体躺在马背上，然后慢慢往下滑。这样做果然生效，居然没有伤筋断骨，平安无事地坐在了草地上。当那位牵马的战士追上来时，那匹马早已不知去向。但他见我安然无恙，也就放下心来了。

在南泥湾，王震同志还来看望我们，也观看了我们的演出，他热情地赞扬我们为工农兵服务的精神。

轰轰烈烈的的秧歌运动，推动了延安文艺工作者明确了为工农兵服务的方向。记得当时我们到陕北老乡家去收集资料，像马可、张鲁、刘炽、陈紫这些比较成熟的同学很快就能把这些宝贵的资料运用在了自己的创作中。虽然我有机会亲身经历了这场文艺革命，但我只是一个秧歌队的小女生，没有资格参加创作。直到后来我自己走上了电影音乐的创作道路，延安的这种教育始终激励着我从生活中去寻找创作源泉的实践。自《留下他打老蒋》开始，在后来的电影音乐创作中，无论是《红色娘子军》、《舞台姐妹》，还是《苗家儿女》、《燎原》、《牧马人》，我都首先要深入生活，收集研究民间音乐，正是这从群众中来到群众中去的创作道路，使我创作的作品受到了群众的喜爱。

第四章 "小鬼"长大

　　从小开始，我身边的许多人就都是共产党员，我爱他们，当然也热爱共产党，后来也是党派人把我一路护送到了延安。所以，我对党一直有着很深的感情，甚至以为自己到了延安那一定就是共产党员了。却不知道成为一名共产党员是有条件的。

一、鲁艺"三小鬼"

　　鲁艺普通班是因形势需要而办的，当时，前方战事频繁，急需一批文艺方面的多面手：即能写会唱，能演会画的文艺战士，跟随部队行动，及时做些宣传鼓动工作，以鼓励士气。普通班为期三个月，学期一结束，马上分配到前线工作。另外一个原因是当时的鲁艺有像我这样的一批小同学，需要得到全面的文艺知识学习，于是校方考虑把我们这批小同学，不论原来是戏剧系还是音乐系，全部分配到普通班学习。在普通班我结识了原来在音乐系学习的两位小朋友，她们是李群（曾任中国儿童音乐学会会长）和杜粹远（曾任北影演员剧团团长）。后来我们被一起称为"鲁艺三小鬼"。

　　说起我们三个小鬼，在鲁艺几乎无人不知。本来她俩是音乐系我是戏剧系的，我们并不相识，后来一起调到了普通班，又一同被洗星海选进了《生产大合唱》剧组担任扮演小动物的角色，才越来越熟悉起来，并且成了形影不离的好朋友。我们天天在一起排练，在一起上课，甚至吃饭睡觉也在一起。虽然她们比我年龄大得并不多（李群只比我大一岁，小杜比我大三岁），进到鲁艺的时间也早不了多少，但她们在许多方面似乎都比我成熟得多。我跟她们在一起，忽然变得文静了，不再像在戏剧系那样整天无所事事，懵懵懂懂地只知道调皮了。更重要的一点是和她们在一起，我对音乐的兴趣不再停留在以前那样随便哼哼唱唱了，而是有了理性的发展愿望，直到最终我选择音乐作为我终身的事业。对于这个重大决策，她们俩对我的影响十分巨大，而且是非常关键性的。我们的友谊持续得很长很长，直到现在我都认为她们是我一生中最好的朋友。尤其是李群，她对我后来从梦想当一名歌唱演员转到作曲的岗位，也起了十分重要的作用。因为如果不是我在东北电影制片厂演员组工作时，收到了她从张家口寄来的一封信，和她创作的一首歌，我就不会有创作歌曲的冲动，更不会在东影厂的春节联欢会上自编自唱，当然也就不会被当时的领导人发现我的作曲才能，而硬是把我调到作曲组担任故事片《留下他打老蒋》的作曲工作，让我从此就在电影作曲的岗位上干了一辈子。解放后我们一个在上海，一个在北京，相隔千里之外，但我们一直保持着密切的联系，在北京除了我姐姐之外她是我最亲密的人。所以我每次到北京出差之后总要多住上几天，先是在姐姐家，然后就搬到李群家去住上两三天。我们总有说不完的话。

在我们三个"小鬼"中，李群是最出众的一个，她高高的个子，婷婷玉立，待人处事稳重而文雅，处处显露出一种高贵的气质。她的歌喉也非常美，记得当时的同学形容她的歌声就像一根光滑明亮的玻璃棒那样透明，可惜的是过于纤细一些，爆发力不够，所以她抒情歌曲演唱得非常好。至于后来她为什么也不在声乐上发展而转向作曲的缘故我也不清楚。因为我们毕竟工作在两地，难得相聚一次，但我知道她后来更多致力于儿童歌曲的创作，她写的儿童歌曲《快乐的节日》等作品是全国儿童歌曲中的经典歌曲，在儿童中流传很广。后来在北京成立了儿童音乐学会，她一直是该会的会长。她有一个幸福的家庭，在她十七八岁时就嫁给了当年鲁艺音乐系最有才华的青年教师李焕之。李焕之本是音乐系二期的学生，因为他的音乐基础非常扎实，而且全面，学校特别地把他从学生中提拔起来当了音乐系三期的和声教师，后来 在冼星海去苏联之后，他还代替星海来指挥《黄河大合唱》等作品。解放后他创作的歌曲《社会主义好》和器乐曲《春节序曲》等作品成为我国的经典之作，在全国广为流传。李焕之待人真诚办事公正，在音乐界有很高的威望，所以在1985年时当选为全国音协主席，在他担任主席期间我曾随他一同出席了在香港召开的亚洲现代音乐研究会，会上他精辟的发言，赢得了出席会议的亚洲音乐家代表们的一致好评。

李焕之和李群夫妻关系特别和睦。我每次住到他家，李焕之只要有空就会陪着李群和我聊天、喝茶、听音乐，他非常爱好电声音响器材和收集世界各地的音乐作品资料，所以我很早之前到他家，就能听到许多国内外最好的音乐作品的音响资料，给我增长了许多音乐知识。

李焕之的身体一直比较羸弱，常在病中仍坚持工作，直到2000年逝世时才81岁。他逝世后，李群因为伤心过度，身体也一直不好，但我每次去看她，她都要支撑起来和我说说话，聊聊天。记得在2002年我去看她时，她已经坐在轮椅上无力行走了，这时我会推着轮椅陪她到花园去散步，我希望她尽快地好起来。但2003年我相继接到了几个令我悲痛不已的电话，先是我外甥在电话里告诉我，姐姐不幸逝世；接着又接到李群的儿子来电话说李群也不幸逝世了。她们的相继离去让我伤心不已，有好几年我都不敢到北京去，实在非去不可的情况下，我总是开完会或办完事就走，决不多停留一天。记得李群逝世不久，我特地到她家去过一次，但人去楼空，原来一个温温暖暖的家，如今只是一只老猫蜷缩在墙角，陪着她最喜欢的一个小儿子毛毛，守着一套大空房，说不尽的凄凉。我对着他们夫妻的遗像泪如雨下，当年的情景就像电影一样，一幕幕地展现在我眼前。

李群，我怎能忘记我们一同在《生产大合唱》剧组，我和小杜演羊，你演鸡，我和小杜是两只手撑在地上"咩咩"地学羊叫，而你则两脚并在一起一跳一跳，"咯咯咯"地学着鸡叫的样子，演完之后大家抱在一起哈哈大笑；我怎能忘记在排练《黄河大合唱》时，因你的声音又细又高，被分配到了令人羡慕的女高音声部，我则因为正在变声期，声音有点点嘶哑而被分配到那旋律性不强的女中音声部，我虽然心里不愿意，但也没有办法，只好一有空就缠着你和我一起练唱，也好借此多欣赏欣赏星海老师写的这些优美动人的旋律；我还记得我每次到你家，总是焕之给我沏上香香的茶，而你则忙着把家里好吃的东西一样样地翻出来，把我当成孩子，一起哄着我吃这个吃那个；我还记得在北京"童心"合唱团为瞿希贤、李群、黄准举办"三位女作曲家的作品音乐会"上，我们三人一同上台接受听众献花的情景……这一幕一幕像电影一样翻过，我的心就像刀绞似的疼！

2006年的初秋，第九届国际儿童电影节在宁波成功举办后，石小华约我一同到北京向中央电影局汇报工作，正巧我们住在北影招待所，这里离小杜家很近。我们已经有许多年没见了。我每次到北京差不多都住在市中心，离她家比较远，所以总没有机会去探望她。不要说我难得来一次，且每次都匆匆忙忙，就连李群都说她们同住在一个北京城，都很少有机会见到一次。这次我正好就住在北影的隔壁，所以非去看她一次不可。终于等到了那一天，我按照她给我的地址找到了北影宿舍，她早已在门口等候了，十多年没见，大家都已经是八十开外的老太太了！只见小杜满头白发，个子好像比从前更小了。在延安时期，我们三个小鬼中虽然她年龄最大，但个子她最小，唱合唱时她总是声部的最后一名，所以几乎没有人直呼她的名字杜粹远，都称她"小杜"。现在她已经八十开外了，我还称她小杜。我们第一个话题当然是谈李群，免不了又是一番伤心，原来她们在北京也很少见面，一方面是因为住得远，另一个主要原因是因为小杜早就离开了音乐界，否则如果她仍然在音乐界的话，住得再远也会因为参加业务活动而相遇的。小杜的丈夫仉平是一位很出色的男演员，他在鲁艺时就因演过不少话剧而小有名气，解放后他在长影的《钢铁战士》等电影中都担任主要角色。小杜在鲁艺时，就爱上了仉平，后来爱得更彻底了，彻底到放弃了自己的专业，跟着仉平转行当了演员。但因为体型的局限，而且毕竟是半路出家，她没能在表演专业有很大发展，以后改做领导工作担任了北影演员剧团的副团长。其实她在音乐上应该说还是很有才华的。记得1946年我们一同在鲁艺文工一团工作，当时我们团为纪念大连解放和苏军进驻东北打败日军一周年，举办了一次大型的庆祝晚会。晚会上，除一些小节目之外，我们演出了整部《黄河大合唱》，由我担任女声独唱"黄河怨"，小杜担任合唱指挥。当时的鲁艺文工一团的音乐力量非常强。音乐组有刘炽、张鲁等许多能力很强的音乐家，可偏偏选中了小杜这么一位矮小的女同志来担任指挥，真是别出心裁。果然小杜硬是把整个一个大合唱全部指挥下来，无论是抒情的篇章还是气势磅礴的"怒吼吧，黄河"，她都出色地完成了任务。这一创举在大连的军民中，尤其在苏军中引起了很大的反响。演出后的第二天，大连的各家报纸纷纷发表评论，赞赏这位矮小的女指挥的精彩表演。对她后来放弃音乐专业大家都感到非常可惜，这大概就是爱情的力量吧。遗憾的是仉平的身体不好，解放后虽然很红了一阵，但几年后就因病去世了。几十年来，小杜开始是和儿女一起生活，后来儿女大了各自成了家，所以我这次去北京看望她时，她和我一样只和一个保姆一起生活。不过她很乐观，她告诉我这几年她参加了北影组织的老干部合唱团，还经常出去比赛。她的乐观的生活态度让我非常高兴，尤其是她找回了对音乐的爱好，就让音乐成为她晚年生活最好的伴侣吧。我遥祝她长命百岁！

二、"三小鬼"变成"四小鬼"

鲁艺三期音乐系有一个出了名的少年天才——刘炽，他又是一个出了名的"调皮鬼"。刘炽天资聪明，才智过人，还有一段光荣历史：他是我们同学中参加革命最早的一个，1936年就参加了工农红军，是一个真正的"红小鬼"。他进过红军大学，还在红军的人民剧社中当过小演员。美国记者斯诺夫人非常欣赏他，曾多次用摄影和文字报道过这位"少年天才"。据说他从小在西安的寺庙里当过杂工，并在那里学会了笛子、笙等民族乐器。他的笛子吹得特别棒，音色明亮悦耳，后来他成为我的笛子老师。

在秧歌运动中，大家都开始唱陕北民歌。我在音乐系时学的是西洋美声唱法，用的是假声，而陕北民歌必须用真嗓子来唱，所以我虽然声乐成绩特别好但无用武之地，只好改行去当乐队员。我在器乐上又没专长，开始时只能弄弄打击乐，后来我想起学笛子还比较容易，于是就找上了刘炽教我吹笛子。经过一段时间的学习，我还真当上了笛子演奏员，我要感谢刘炽的"速成法"。

在三期同学中，他对音乐的接受能力最强，记忆力也最好，从小就显露出音乐的才华，而且又十分大胆，敢想敢做。当时他是男同学中"最小"的一个。说起这"最小"的男生，还有一个故事。解放后，我们多年不见，见面时他别的先不说，劈头盖脑就向我坦白他的年龄，他说在延安时，他少报了整整五岁，并说这是解放后他见到妈妈之后才知道的。怪不得当时他在我们中间显得那么成熟！当时因为他"小"，所以总是爱插到我们三个小鬼中来，于是"三小鬼"慢慢地变成了"四个小鬼"。我们在一起上课做习题，因为他的理解力特别强，所以每门成绩都很好。有一天，他突然兴高采烈地找到我们三个小鬼说："我找到了一个剧本，我们来合作写歌剧好不好？"当然好了！可是就凭我们四个小同学，行吗？那可是歌剧啊！多少大作曲家都不敢碰的歌剧啊！

真是初生牛犊不怕虎，不知天高地厚。说写就写，于是大家看剧本，研究歌词，可惜因年代太久，我把剧本名字和内容都忘了。我们就这么你一场我一场地分头写了起来。经过一段时间的努力，写出了初稿，并对初稿进行了讨论，讨论后再修改，如此反反复复修改了好几次终于把这部儿童题材的歌剧写了出来。我们怀着不安的心情，战战兢兢地把自己的习作交给了老师冼星海，生怕老师会批评我们好高骛远，自不量力，可没想到星海老师看了之后，不仅没有批评，反而夸奖我们大胆勇敢，小小的年纪竟敢创作大作品！他说："虽然作品还很幼稚，但你们大胆写了，就说明有这种创作的胆魄，在这部处女作中也显露了你们创作的才华。"星海老师的肯定让我们高兴得抱在了一起。他不仅在口头上表扬了我们，而且在他后来写的一篇"三期音乐系"的文章中也特别肯定了这部由三期音乐系四个小同学写的小歌剧。

和我们"一般大"的刘炽，就这样 "混"在我们中间一起长大，他总是叫我"小黄，小黄"，我们情同兄妹。1943年，我们的秧歌队刚成立不久，到杨家岭给毛主席拜年，毛主席给我披棉衣的事，就是首先被他发现的。在他教我吹笛子时，他发现我的一双手很好，所以他常常握着我的双手，举得高高地说："在我看到的手当中，就数你的手最漂亮！"可惜我这双能弹九度的手，连钢琴的影子都看不到。

全国解放后我从东北到北京工作，单位分给我一套相当宽敞的房子，住在北影宿舍"蒋养房"的院子里。我的几位鲁艺三期的同学也相继到了北京，老同学多年不见了，于是刘炽就约了陈紫、庄映、时乐濛几个好朋友一同来看我，他们还带了啤酒小菜，在我家喝酒聊天。我不会喝也不善于聊，只是兴致勃勃地听他们神聊，看他们喝酒，他们海阔天空，从音乐到各门艺术，从中国到外国，从文艺到政治，真是无所不谈。他们喝了许多许多酒，喝涨了就上厕所，上完厕所再喝也喝不醉，就这么喝喝聊聊，一直聊到大半夜，根本找不到车回去，于是大家就和衣躺在炕上，等到天亮才散去。

刘炽虽然没进电影厂，但电影厂却经常请他作曲，我们只要相见他就会把他的新作给我看，给我印象最深的，就是《我的祖国》——"一条大河波浪宽……"我至今还记得他拿着那张油印的合唱简谱，黄黄的纸张，上面印的是他创作的优美而又气势磅礴的旋律和合唱。还有他的《让我们荡起双桨》。他的旋律创作能力真让我们佩服得五体投地，每次看到他的作品，我总觉得在他面前自己要比他小了许多许多……

后来我调到了上影厂，只要有机会去北京，除李群之外，我也总要设法去看看这几位老同学。当时庄映、时乐濛在部队工作。在我们这群同学中，时乐濛的官职最高，曾被授予"中国人民解放军作曲家"称号，1950年代，他是总政歌舞团的团长，后来到他95岁逝世前一直担任中国音乐家协会副主席。他也是我们同学中年龄最大的一个。他的作品很多，有大合唱、歌剧、电影。在大型音乐舞蹈史诗《东方红》的音乐创作中，他的作品占了总数的一半。他写了五百余首群众歌曲，给我印象最深的是《歌唱二郎山》，这首歌在1950年代十分流行，谁都会唱上两句"二呀么二郎山……"他的作品数量之多，质量之优，让人震惊！他虽然年龄是我们鲁艺同学中最大（1915年出生）、工作职务也是最高的，却没有一点架子；他讲一口河南话，到老了家乡口音也没改；他讲话十分幽默，有时像"冷面滑稽"，总是让人家笑得直不起腰来，而他自己却一本正经。相比之下，同学中最随和的是庄映，一天到晚乐乐呵呵的，他和刘炽、陈紫、时乐濛关系都特别好；他在部队也写了很多歌曲和歌剧。总之，我们几个同学凑在一起特别开心。

因为时乐濛、庄映担任领导工作，用车比较方便，每次见面都是刘炽先接上我，然后或到时乐濛家或到庄映家，但大多是我们一起到陈紫家。

陈紫原是广东人，可能幼年时就到了北京，所以讲得一口漂亮的京腔。他在中学时代就参加过学生运动，后在北平师范大学参加了"民族解放先锋队"；到延安后，他先进抗大，后转入鲁艺三期音乐系；解放后一直从事歌剧创作，是中国歌剧舞剧院的副院长。他也写过大合唱、舞剧、电影，但以歌剧创作为主，他的歌剧《刘胡兰》中的主要唱段《一道道水来一道道山》曾经让我非常入迷。在同学中陈紫的文学修养最高，他知识渊博，古今中外无所不知，也最能谈；在鲁艺时，他的好朋友冯牧进了鲁艺的文学系，而他也被大家称为"才子"。他还写得一手好字，后来他经常给我寄来他的书法作品，在我看来，他的字潇洒而飘逸，真可与书法家媲美。一次，我和刘炽等一行到了他家，发现他多了一个书柜，而且书柜中装得满满的都是武侠小说，开始我很不以为然，问他："陈紫，你怎么看这种书？"谁知他一下讲了许多武侠小说的迷人之处。就连庄映也受了他的感染，经常到他家去借书。这让我产生了强烈的好奇感，于是向陈紫要了两本书，回到上海也看起来了，还果真是另有一番风味，不知不觉也迷上了。后来，金庸的小说和电视剧也让我一度成了"金庸迷"。一次我从北京回沪，刚走出飞机，看到前面有个人好熟悉，啊，那不是金庸吗？！我开心地追上去并做自我介绍，还热情地握了手，当时我真后悔没有随身带一本金庸的小说，无奈之中只好随便找出一张纸条，请他签上了大名。

几年前我接到一个电话，是陈紫打来的。我们远在京沪两地，不大通电话，这次他突然打来电话让我感到惊喜。他告诉我说他和王昆一起因公到上海，住在浦东，希望我能去看他们。我欣然前往，还一起吃了饭，但我发现他的精神并不太好。后来他又专程到我家来看我，交谈中他模模糊糊地告诉我说他身体不好，但我没敢问他生什么病。我看他穿得很单薄，还亲手织了一件毛衣，在一次去北京时送给了他。这次我发现他的精神越发不好了；又过了一年，他就真的离开了我们，让我十分悲痛。就在陈紫逝世后不多时日，听说庄映也去世了。

一天，突然有人告诉我说刘炽得了肺癌住进了医院，惊讶、焦虑一起向我袭来。这"家伙"（我常这样称呼他）平时抽烟抽得太厉害了，但这消息还是让我震惊。好像前不久，他还兴冲冲带着他的新夫人到上海，一家家地去拜访探望，我陪着他们去看望瞿维、吕其明，还专程去探望了我们的老师贺绿汀。贺老因受到文革的冲击与折磨身体十分虚弱，但看到刘炽和我去看他，显得特别高兴，硬是从床上坐起来还一同拍了照片，可惜照片拍得不好。

解放后刘炽先在东北工作，并和东北姑娘柳春结了婚，柳春是个非常贤惠的女性。有一段时间刘炽调到北京煤炭文工团任团长，我每到北京，只要时间允许他总用车把我接到他家，每次都买这买那地热情招待，而我最喜欢的是柳春亲手给我擀的面条。这种种情景就像发生在眼前，他怎么一下子就得病住医院了呢？

又过了不久，从北京传来更可怕的消息——刘炽因肺癌逝世！我真想大哭一场！就在这几年里，我的亲人一个个离我而去了，从我的丈夫吕蒙到我的姐姐黄慧珠，接下来是李焕之、李群、刘炽、陈紫、庄映，还有去年逝世的时乐濛，他们都去了另一个世界，只剩下我这个最小的小鬼来不断地纪念他们，这是多么让人心疼，又是多么残忍的事啊！

三、小革命终于入了党

当年在贵阳，我虽然只有十一二岁，但整天和那些大哥哥大姐姐们在一起，自然就有了最纯朴的爱憎分明——共产党好，国民党不好。共产党领导人民抗日救亡，国民党反对人民奋起抗日。尤其是在坐牢的那段日子里，更让我亲自尝到了、看到了国民党的那副丑恶嘴脸，于是更加痛恨国民党反动派。我身边的许多人都是共产党员，我爱他们，当然也热爱共产党，后来也是党派人把我一路护送到了延安。所以，我对党一直有着很深的感情，甚至以为自己到了延安那一定就是共产党员了。却不知道成为一名共产党员是有条件的。

1942年，随着革命形势的稳定与好转，在延安本处于秘密状态的党组织决定公开活动。

一天晚饭后，我回到宿舍，突然发现里面空无一人，连我的两个好朋友李群和小杜也没了踪影。她们会到哪里去呢？过去我们三个小鬼总是形影不离，这次她们没给我说一声，怎么就不见人影了呢？我一个人闷在宿舍里好生懊恼，直到她们开完会回来才向我说明是去开支部会了。我一下就急坏了："怎么你们是党员，我却不是呢？"我伤心透了！李群、小杜见我这样，也为我着急。于是找来了当时的支部书记程迈，她也是三期同学，年龄比我们长了好几岁，相对来讲，无论在生活上还是政治思想方面都比较成熟。程迈后来与我们鲁艺的总支书记，也是著名歌曲《大刀进行曲》的作曲者麦新结了婚。程迈向我解释了党的性质以及党的组织纪律等等，特别说明我还没到入党年龄，这才让我平静下来。

经过一个阶段的思考和努力，我向组织递交了第一份入党申请书。但在第一次支部讨论时并不顺利，我的党员同学们给我提了很多意见，主要是批评我的"小资情调"。照理说我这个12岁就到延安参加革命的小同志，不应该有这种情调，但即便是在延安，多姿多彩的文艺界也给我染上了"杂色"。他们批评我爱打扮、不朴素；批评我一味地欣赏那些充满着资产阶级情调的文艺作品，什么花呀月呀爱情呀，全是些虚无缥缈的东西。尤其是我对鲁艺的男高音夏青的崇拜，更受到了严厉的批评。不过，他们也肯定了我的优点：单纯、积极、学习成绩好，还有我的家庭出身及革命经历等等。还有很重要的一点，就是批评我的这篇"入党报告"，通篇都是些不切实际的形容词，光会把党形容成太阳啊、光啊、热啊、大熔炉啊，却没有一点实质性的认识。而最最重要的是，当时我根本不到入党的年龄，实际年龄还不足十六岁。这第一次的入党申请以失败告终。我有些沮丧，但李群和小杜还有支部书记程迈，都鼓励我继续积极追求，鼓励我只要努力终能成功。于是我不断地向组织靠拢，也努力改正自己的缺点，尤其是在后来的秧歌运动中深入群众，努力向群众学习、记录民歌等工作都做得很出色，终于在1942年5月被批准入党了。但因为我的年龄关系，我的预备期超过了两年，直到我满18岁，才被批准为正式党员。

这是我一生中最难忘的一天！还记得那是在鲁艺的一间小平房内，墙上悬挂着印有镰刀铁锤的中国共产党党旗，这是单独为我一个人举行的宣誓仪式，我面对党旗，郑重地举起握着拳头的右手，跟着支部书记一字一句地、庄严地说出了我的入党誓词，决心为共产主义奋斗终身！我心里在唱：党啊党，我追随你那么多年，历尽千辛万苦，今天终于真正投入了你的怀抱。

1950年在创作影片《新儿女英雄传》时，其中有一场入党仪式的戏，整个情景几乎和我入党时完全相同，于是我就把自己的亲身体会写了进去，创作的旋律抒情而优美，优美中更有些崇高。但因为我当时只是一个还有许多不切实际幻想的年轻文艺工作者，所以《新儿女英雄传》中的这段音乐，虽然够美，但过于纤细了一点，和剧中人物那种朴实的感情有着不小的距离。这说明，我身上还残留着"小资"的情调。如何把自己改造成为一个真正的无产阶级的先进代表，这是需要自己一生去努力的。

四、我的初恋与婚姻

关于这个题目我思想斗争了好长时间，是写，还是不写？本想保留一点隐私，但又觉得如果不把这点写出来，在我的人生旅途中，尤其是我的青春少女时代，似乎就缺少一点什么，似乎我这个人从少年起，在心目中除了革命就是音乐，缺乏人情味。其实我和所有的女性一样有情、有爱，不过我的感情像我从事的音乐一样很虚幻，很不现实。

大约是在1941年，因为鲁艺学制的改变，无论是音乐、戏剧、文学系，都引进了许多外国的所谓经典著作。鲁艺的同学们受其影响，思想感情起了变化，忘记了当时正处在动乱的抗日战争和国家危亡的年代，而去追求那些名著中的浪漫情调，花前月下、成双成对地谈情说爱。那时我年龄还小，不到十六岁，对于什么情什么爱，懵懵懂懂一窍不通。但在这种情调的感染下，不免也产生了许多不成熟的少女的幻想。

第三期音乐系同学陈紫，在文学系有个好朋友叫冯牧，他们都来自北京，这两位青年都非常有才气，读过许多许多的书，知识非常丰富。冯牧常到音乐系来找陈紫聊天。他中等个子，微微苍白的脸上有着一双炯炯有神的眼睛，一口流利的北京话，非常的帅，鲁艺同学都说他很像俄罗斯诗人普希金。在和他们接触的过程中，刚开始我只是愿意听他们谈话，他们的话题很广，谈音乐、谈文学、谈天文地理，知识之广博真使我佩服。我总坐在他们旁边，一言不发，神情专注地听着。渐渐地我和冯牧单独在一起了。课余休息时间，我们有时在教堂边香气袭人的大槐树下，有时也到延河边散步。无论在哪里，我总是听他谈，谈许多文学名著中的人物和故事情节的发展，以及对这些作品的分析。他在我心目中是一个不凡的超人，几乎是我的偶像。我朦胧地感到，当我和他在一起的时候，几乎自己也超凡脱俗，变得神圣起来。然而，一件极其正常的事情，却打破了我的幻想和神秘感。在一个冬日里，我看到他和陈紫两人用大茶缸在寝室的炭火上煮饭，而且吃得特别香。啊，原来他也要吃饭，而且还要自己煮饭吃。我心中那个不食人间烟火的偶像顿时破碎了，我的幻影消失了。我觉得失望，苦恼，从此我们就没有再接近下去。我不知这算不算是我的"初恋"，或者只能说是一个少女的幻想失落了吧。

又过了几个月，这时从大后方来了一大批知识分子。有演员、演奏家、歌唱家、画家。他们的气质和我们这些早到延安的人大不相同，无论是衣着、风度方面似乎都有高人一等的感觉。相比之下，我们就是"土包子"了。其中有一位男高音歌手夏青，他的声音优美嘹亮，乐感极好，唱什么歌都特别有味。自他一到鲁艺之后，就占领了鲁艺男高音独唱的舞台。无论是在吕骥同志作曲的著名大型合唱《凤凰涅槃》中还是在其他各种类型的中国作品演唱会，无论是外国的抒情曲还是歌剧中的咏叹调，男高音的位子都非他莫属。尤其是他唱的许多外国原文歌曲，与我所听到的唱片完全一样，美极了。我被他的歌声征服了，可以说入迷到如痴如醉的程度。只要他在歌唱，我会循着他的歌声曲寻去。这种狂热的痴情大概和现代的歌迷或"追星族"差不多吧！或许是我毫无顾忌的疯狂迷恋，或许是我那十六岁花季时节少女的美丽梦想感染了他，他逐渐地愿意和我接近，并常常单独为我而歌唱。那些歌啊，唱得那么美，那么好！我觉得幸福，我希望永远沉醉在他的歌声之中。这时，同学们在议论，说我在恋爱了，但我当时并不明白是爱他这个人还是爱他的歌声。其实，他这个人对我来说似乎什么都不重要，他的家庭、出身、年龄、性格、外形等一切，我都不在乎，也根本没有想去了解，我要的是他的歌，我迷的是他的歌，只要有他的歌声，我就感到快乐，感到满足！

然而好景不长。1942年毛主席在《延安文艺座谈会上的讲话》之后，全边区展开了轰轰烈烈的"整风运动"，后来发展为"抢救运动"。鲁艺是个文艺学院，当然必须紧跟。而夏青是最后一批从大后方来到延安的知识分子，是长期在资产阶级环境中走"白专"道路的人，运动中当然是首当其冲。所以，他受到了批判，后来还被戴上了"特嫌"的帽子而进行隔离审查，从此失去了自由。我的日子当然也不好过。但我在鲁艺毕竟是大家看着长大的，政治单纯，历史当然更没有问题，因此受点批评，作点检讨就过去了。

　　经过这次批判，我决心从中吸取教训，再也不敢去迷恋这种该死的"资产阶级情调"。我下决心要改造自己，不仅认真学习，参加整风运动，而且不久就参加了秧歌队。由于我的积极表现，得到了党组织的谅解和鲁艺领导的表扬。

　　大概是一年之后，我认识了秧歌队的一个东北小伙子，名叫吴梦滨，原是戏剧系的学生。梦滨，就是做梦都在想着哈尔滨的意思。他的家乡就是黑龙江哈尔滨。

　　吴梦滨是在1939年来到陕北的，先在安吴堡青年训练班学习，1944年从鲁艺戏剧系和我一同调到了联政宣传队，后来又和我一同进了东北电影制片厂。1948年，他拍摄了第一部作品《东北三年解放战争》。解放后他先后在北京电影制片厂和中央新闻纪录电影制片厂任摄影师，参加拍摄了大型纪录片《百万雄师下江南》、《新中国的诞生》、《和平万岁》等。1955年开始任导演，执导纪录片《并肩前进》、《前进中的新疆》、《柳州行》等。1956年赴越南，协助越南培养编辑、摄影人才。1972年和1985年两度协助荷兰纪录片大师伊文思拍摄纪录片《愚公移山》、《风》。1979年前后，还曾协助日本电影人在华拍摄纪录片。

　　吴梦滨比我大两三岁，高高的个子，黑黑的皮肤，很健壮；他工作热情，和全队的同志关系都很好。在闹秧歌过程中，他总是特别关心和照顾我，有时还会买些小礼物送给我。给我印象最深的是，当时我们化妆时多数人没有镜子，他不知从哪里买到了一面小圆镜送给我，使我爱不释手，珍藏了很久。我们接近得多了，逐渐地有了感情。后经组织同意，于1944年匆匆地结了婚。那时我才十八岁，他也还年轻，因此，结婚对于人生究竟意味着什么，我们似乎都不太明白。当时，年轻人结婚的年龄都偏小。李群和杜粹远，都在我之前就结婚了。我和吴梦滨结婚后的这一年我们一同被调出了鲁艺，分配到联政宣传队当演员。

调出鲁艺，对我的情绪打击很大。因为鲁艺是我生活了整整六年之久的地方。我已经把鲁艺当成了我的家。我是在她的怀抱里长大的，这突然的调离，使我非常不开心，真有一种"嫁出去的姑娘，泼出去的水"的感觉，心里总是惦着娘家，恋着娘家的一事一物，一草一木。虽然联政宣传队对我很器重，不仅让我上台独唱，还让我担任指挥。有重要的音乐活动，都让我负责。但是我的心仍留在鲁艺。甚至产生了一种怨恨情绪，觉得都是因为结婚才把我调出去，否则，我是不会离开鲁艺的。

1945年，日本投降，东北随之解放了。吴梦滨是东北人，很想回老家工作。在他的鼓动下，他找了三五个人搭伙一起步行去东北。我本不太情愿，但此时此刻也只能"嫁鸡随鸡"了。

一行人中有一个是我比较熟悉的戏剧系同学林农，他虽然个头不高，但人很聪明。从延安出发到西满，再到鲁艺文工一团，直到东北电影厂，林农始终跟我们在一起，可能是因为他和吴梦滨都对电影有着强烈的兴趣吧。林农后来成为一个有名的导演，他的第一部影片是在《卫国保家》中任副导演，1950年在《上饶集中营》、《丰收》中担任副导演兼演员。从1954年起，林农开始独立执导，他以饱满的热情和艺术家的责任感，先后拍摄了《小姑贤》、《神秘的旅伴》、《边塞烽火》、《党的女儿》、《甲午风云》、《兵临城下》、《艳阳天》、《金光大道》、《闯王旗》、《大渡河》等许多脍炙人口的电影作品，他和他的作品都在中国电影史上占有重要的地位，成为深受人民群众喜爱的电影艺术家。他还编写了电影文学剧本《西安事变》、《大渡河》和《奇异的婚配》等。

当走到山西时，我发觉自己怀孕了。这很不利于我们长途跋涉，该怎么办呢？经反复商量，决定做人工流产。可是我们处在贫困落后的农村，根本不可能找到可以做手术的医院。后来找到一个随军作战的医疗队，他们从未做过这类手术，经我们一再要求，终于同意冒险给我做流产手术。由于没有手术经验，引起大出血，险些送掉了我一条命。

虽然抗战胜利了，但华北、山东、东北的形势仍十分紧张。国民党为抢夺胜利果实，开始向各解放区大举进攻。我们行走的一路，随时可能遭遇到向解放区进攻的国民党军队。可是我刚做过人流，又引起大出血，血虽止住，身体却极为虚弱，根本不能行走。为了离开险境，他们弄来一副担架抬着我向山地转移。沿着山沟走了很久，天黑了，又没有村庄可以去，只见山上有几个破残的窑洞，也不知里面有没有人家，便把我藏进一个破窑洞里过夜。这窑洞既没有床，也没有门，只用一张草帘挂在洞口遮遮风。他们把我放进窑洞之后，说是有事，便没有影了，连同吴梦滨也不知了去向。这一夜，我躺在窑洞里，又冷又渴。四周阴森森的，黑洞洞的，不时还传来恐怖的狼嚎声，令人毛骨悚然。吓得我想哭想喊，但是又有什么用呢？在这荒山僻野的窑洞里，就是被狼吃掉了也没有人知道啊！这使我恨透了吴梦滨。在这么困难、恶劣的情况下，把我丢下不管，还算什么丈夫！就这样我在怨恨和惊恐之中过了一夜，直到第二天他才回来。我问他去哪里了？他倒是很轻松地说了句："找朋友去了。"他的回答，使我的心很凉。从此，我对他的感情产生了裂痕。

我的身体慢慢转好，大家便决定继续赶路。开始我还躺在担架上由他们抬着走，后来下了担架骑毛驴，再后来我就坚持步行了。好不容易到了承德，听说在承德可以乘上火车直达沈阳，于是我们急忙背上行李，拎着提包，赶到火车站。到火车站一看，真把人吓了一大跳。站前挤满了人群，大呼小叫乱做一团。我们拼命挤过去，见火车上挤得满满的，连火车头上也站满了人。更令人吃惊的是这火车头由于车站没有调头设备，是倒挂的。管它呢！只要是火车就行。我们拼尽全力在人群中挤来挤去，总算在火车的倒数第二节车厢找到了两个位子。上了车，心里就踏实多了，一则不用再跑路了，不用再为路匪、国民党散兵的骚扰担惊受怕了；二则是这火车可直达沈阳。到了沈阳我们就可以找到自己的组织，生活、工作都会安排好的。于是美好的未来又在想象中出现……

火车一路行驶，简直如同老黄牛一般。由于铁路年久失修，路基不平，坡路、弯道一个接着一个，再加上火车严重超载，颠簸得非常厉害，车速不得不放慢，甚至时时要停下来。一天夜里，大家被车颠晕了似地，很快就进入了梦乡。突然一阵火车的汽笛声把我从梦中惊醒，醒来后只听到笛声长鸣不断，车速飞快，而车外则是一片漆黑，偶然只见点点灯火在眼前一闪而过。还没等我们弄明白是怎么回事，骤然一声巨响。我下意识地抓住身旁的梦滨，只觉得车身剧烈地震动着，随即倾倒而下……

不知停了多长时间，我在一片嚎叫声中苏醒过来，眼前是黑茫茫的一片，如同堕入十八层地狱，什么也看不见。我喘息着，方知自己还活着，这是在什么地方呢？又发生了什么事情呢？我轻声地叫着："梦滨！梦滨！"这时，我感到有一只手在拉我，我随之便爬了起来，稀里糊涂地跟着走，跌跌撞撞地跨过脚下一具又一具尸体，不停地向前跑。就这样，我俩慌张之中不知赶了多少里路，好不容易找了一个小旅店住了下来。第二天才打听到，在火车行驶到一个大山坡时，车闸失灵，无法减速，故而失控，整列火车翻倒在沟里，死伤数百人。我们也许是因为坐在靠后面的车厢里，冲力相对减弱，翻倒的力量不像前面的车厢那么大，所以，我们俩成了寥寥几个幸存者之一，当地老乡都说我们"命大"。

惊魂稍定，我们又继续上路。由于火车的事故耽误了时间，在我们赶到沈阳之前，国民党的军队已经先于我们进了沈阳。我们只好在沈阳附近新民县的一个农村，参加了西满地区的军区文工团。

西满军区文工团是个新成立的文艺团体。进团后，因为我们是鲁艺培养出来的专业人才，又在文艺团体工作过，团里把我们当作骨干，一边帮助招考新生，一边还要排练新节目。我不仅担任独唱任务，还负责合唱的指挥，紧紧张张地忙得挺快活。

当时，我小小的个子穿了一身灰军装，腰里还扎了根皮带，在舞台上英姿飒爽地指挥合唱，自己又独唱，很令人瞩目。直到那年我去北京参加我姐夫邵公文的葬礼仪式时，还有一位全国妇联的女同志，热情地拉着我的手说：

"黄准同志，我想您是不会认识我的，但我却认识您。而且50年前，我便是您的忠实的追随者了。"我莫名其妙地问她是怎么回事，她便一五一十地告诉我，说："50年前，我看过西满文工团的演出，对您在舞台上出色的表演，你的穿戴（那时没有什么演出服，一身军装一根皮带和一副裹腿，是生活、舞台通用的服装），多么神气威武呀！我羡慕极啦，您竟成了我追随的偶像，后来我也参加了革命，穿上了灰军装——那是当时最最时髦的服饰，学做像您那样英姿飒爽的人。"

说到这里，她开怀地笑了，笑她50年后终于见到了我，终于把她小时候心中的秘密告诉了我……

我真不知道，我曾是那么有魅力，竟对一个人的人生道路产生过如此重大的作用。

到了1946年，鲁艺文工团一团来到大连演出。我们知道这个消息后，在回"娘家"的愿望驱动下，终于回到鲁艺文工团，并在大连参加了演出。当时演唱的是《黄河大合唱》，由杜粹远担任指挥，我担任《黄河怨》的独唱。后来，我又参加歌剧《血泪仇》修改本的作曲，演出时我饰演剧中的媳妇这一重要角色。由于在西满文工团就不断地有演出，我的演唱技巧得到了很大的提高，加上回到了娘家，又能和刘炽、张鲁、张平、杜粹远等好朋友在一起工作、生活，心情特别舒畅，所以在每次演出中，我的声音发挥和感情的处理都很成功，给整个晚会的演出增色不少，不仅获得热烈的掌声，还得到了当地评论界的一致好评。而且，在当时进驻大连帮助解放东北的苏联军队里也引起了极好的反响，他们特别称赞小杜的指挥和我演唱的《黄河怨》。

我的成功，大大推动了我对声乐艺术的追求。但好景不长。1946年，在东北佳木斯成立了东北电影制片厂，那时，吴梦滨很想学电影摄影，一心想成为一名摄影师。于是，我只得离开这特别让我热爱的鲁艺文工一团，跟他一同去了东影厂。

第五章　我跨进了电影音乐的大门

著名左翼电影人袁牧之和陈波儿夫妇莫名其妙地把我推上了电影作曲的岗位，于是我为解放区的第一部故事片作曲，我为实录开国大典的纪录片《新中国的诞生》作曲，我为北影厂的第一部故事片作曲；我的"终身"就此而定。

一、改行作曲，袁牧之、陈波儿夫妇是伯乐

我又一次不得不放弃自己的意愿，并再次告别我最亲密的朋友和我工作得最快活的鲁艺文工团，再度随他而去。另一个主要原因是我怀孕了，我别无选择，只能跟孩子的父亲在一起。

东影厂当时还在筹备当中，条件异常的艰苦。北方天气的寒冷，超乎人的想象，最冷的时候，达到零下25度，屋里也没暖气，就连外出寄封信，眼睫毛上也会凝起一层白霜，甚至口罩也会被冰住。在这冰天雪地中我生下了第一个孩子，记得当时因住房太简陋，室内都是滴水成冰。孩子生下后，因为我属虎，我给他取名小虎（文革中，他自己改叫"卫平"）。

孩子一生下来，就交给保姆照顾了。这时，东北电影制片厂虽然还在筹建中，但摄影队已经成立，身为摄影师的吴梦滨经常外出拍片（当时拍的多是纪录片和文献片之类的影片）；而我则分配在演员剧团，因没有戏拍，就临时在东影厂的筹备处和电影干部培训班工作。那时，从解放区陆续来了不少人，其中有向异、高田、徐辉才和何士德（《新四军军歌》的曲作者）等人。

东影厂在1945年日本投降之后就开始了筹备工作，到1946年10月1日才正式命名为东北电影制片厂。首任厂长是袁牧之。当时的人员主要由来自延安、满洲映画株式会社和解放区其他一些电影工作者组成。那时的设备和条件都很差，但似乎没有什么困难可以难住这些电影人。他们冒着枪林弹雨，摄制了大量的战争新闻片。如《民主东北》等，这些纪录片在今天都成了宝贵的史料。为拍这些影片，一些

优秀的摄影师，如张绍柯、杨荫莹和王静安，都献出了生命。

初到东影厂演员剧团，我还参加演出过一出话剧《官场现形记》，在剧中演一个妖姬女人。这是我第一次演这种角色，戴上耳环和项链，披着长发还抹了浓浓的口红，觉得非常有趣。因为当时没有条件拍故事片，所以除了排排话剧，演员剧团基本没什么工作可做。有一天，我突然接到了李群寄来的已经在路上颠簸了好几个月的一封信，里面还附了一本油印的小册子，这是一本新创作的歌集，里面有李群作曲的一首歌。我看完之后激动得想给她回信，可是又没个地址，不知往哪里回。然而她的歌却给了我很大的启示，引发了我的创作欲望。

正好那时快过年了，东影厂要举行春节联欢会。我就写了一首女声二重唱的歌曲，和苏民一起在台上演唱了。我本来只想展示一下我的声乐才华，让领导们欣赏一下我的歌声。谁知袁牧之和艺术处长陈波儿却对我的作曲引起了注意。

当时，东影厂的厂长是左翼电影人袁牧之，他的夫人陈波儿任厂总支书记、艺术处长。

袁牧之，原名袁家莱，浙江宁波人。中学时期他就参加了洪深组织的戏剧协社演戏，后来他进入东吴大学，还演出过《万尼亚舅舅》等剧。1930年离校后便投身戏剧事业，主演了《五奎桥》、《回春之曲》、《怒吼吧，中国》等剧，并创办了《戏》月刊。他在舞台上善于刻画各种人物，有"千面人"之美称，并著有《戏剧化装术》、《演剧漫谈》等著作。1934年，袁牧之在电通公司任演员、编导，创作的第一个电影剧本就是名闻遐迩的《桃李劫》，并在影片中担任主演。此后，他主演了影片《风云儿女》和《生死同心》；1935年还编导了中国第一部音乐喜剧片《都市风光》。他在1937年编导的《马路天使》，成为1930年代中国电影高峰时期的标志性作品。1946年他受命参与组建东北电影制片厂，并任厂长。他还是新中国中央电影局的第一任局长，1954年后因病离职。在脱产休养期间，他把全部精力投入到了童话长诗《小小寰球》的创作中。

可以说，袁牧之是中国电影史上的重要人物，同时他也为解放区电影事业做出了杰出的贡献。在平常工作中，我觉得他很严肃也很高大，不大看到他的笑容，所以我有点怕他。他突然找我谈话，更让我有心惊胆战的感觉。

陈波儿，也是中国电影史上一位大名鼎鼎的人物。她是广东汕头人，在上海艺术大学学习时，就接受了马克思主义思想；1929年开始从事左翼戏剧活动，同以鲁迅为首的仁人志士组织了中国民权保障同盟。1930年代，她和袁牧之一起主演了电影《桃李劫》、《生死同心》；1937年率领上海妇女慰问团赴绥远抗日前线慰问抗日军队，演出了《放下你的鞭子》等话剧。抗日战争开始后，她积极跟随宋庆龄等人参加营救"七君子"的斗争。1937年，她加入了中国共产党；1938年中华全国电影界抗敌协会成立，她当选为理事，参加了电影《八百壮士》的摄制演出，同年12月率大后方妇女儿童考察团赴延安。在延安期间，她与袁牧之共同编导、演出了《延安生活三部曲》，并先后导演了《马门教授》、《俄罗斯人》等话剧。1942年，她参加了延安文艺座谈会。1944年与姚仲明共同编导和演出了话剧《同志，你走错了路》，并被选为陕甘宁边区文教英雄。日本投降后，她赴东北组建东北电影制片厂，任该厂党总支书记兼艺术处长，积极筹划组织人民电影《桥》、《光芒万丈》等摄制。

陈波儿不仅具有很高的艺术修养，而且有很高的政治修养，她非常重视电影干部的培养。解放战争期间，在她领导下，东北电影制片厂先后办了四期电影干部培训班，为发展人民电影事业培养了三百五十余名青年干部。中华人民共和国诞生后，她任中央电影局艺委会副主任。为实现"建立一所我们自己的电影大学"的多年夙愿，她四处奔波，创建了电影表演艺术研究所，新中国的电影教育事业由此开始并逐渐发展为电影专业的高等学府。表演艺术研究所成立后，作为所长的她不顾心脏病愈来愈重，仍亲自主持招生工作，调聘师资、干部，研究教学安排，并亲自给学生讲课。1951年11月9日因心脏病突发逝世时，她才44岁。

1947年初，袁牧之和陈波儿——一个厂长一个艺术处长，同时找我谈话，把我吓了一跳，还以为自己做错了什么。没想到他们找我的目的竟是要我担任即将摄制的短故事片《留下他打老蒋》的作曲。我完全没有思想准备，一时不知怎么回答他们。长期以来，我对歌唱曾经有过许多梦，还一直想要把我演唱过的《黄河怨》搬上银幕，甚至连镜头场景都想象到了：我想象在黄河边的一个高坡上，下面是咆哮的黄河，这时一个由我扮演的妇女，披着长发，满脸泪痕，神情恍惚地在高坡上伸展着双臂，哀怜地唱出："风啊，你不要叫唤，云啊，……"我还梦想过在歌剧中扮演角色……对于作曲只不过是一时的兴致，写写玩玩而已。如今，突然要我放弃我酷爱的声乐艺术，实在太痛苦了！再说，我总共没有看过几部电影，一个一点不懂电影的人，来担任电影作曲，这不有点荒唐吗？再说，东影有作曲组，有专业作曲，干什么非找我不可呢？心里就是不肯干。

经过无数次的谈话说服，经过剧烈的思想斗争，在实在不可能推卸的情况下，我只得服从组织的决定。不过，我仍幻想着等这部影片完成之后，还可以再回到声乐岗位上。谁料，这部处女作，竟然改变了我多年来的志趣。

1950 年和妈妈在北京

和姐姐回苏州老家，在妈妈用过的缫丝机旁留影

1949 年和妈妈、姐姐在北京

和姐姐一起在苏州我的母校平江小学门前留影

和姐姐、姐夫邵公文（右）的合影

姐姐、姐夫和他们的8个孩子

和姐姐、哥哥（黄敏）的合影

前左起：女儿小薇、大孙女星星、儿子徐小萌、儿媳蒋浣青；后排左起：外孙女可可和我

和大女儿吴卫红、女婿孙玉广及外孙女铮铮的合影

和大儿子吴卫平、儿媳阎丽的合影

忆延安

我的老师冼星海

当年在延安北门外
的留影，鲁艺最早
的校舍就在延安北
门外的山坡上

我的秧歌节目《推小车》
（记录片资料）

第一届"上海之春"音乐节上，鲁艺音乐系的老师和同学相聚在上海锦江饭店合影留念

我的老师李焕之和夫人李群
（鲁艺"三小鬼"之一）

我的好朋友、"三小鬼"之一的杜粹远

我的老师瞿维（左一），我的同学刘炽（右一）

我的老师贺绿汀（左一）

我的老师吕骥

1996年纪念红军长征胜利60周年，我随上海市代表团重返延安

1996年纪念红军长征胜利60周年，我随上海市代表团重返延安

1996年纪念红军长征胜利60周年，我随上海市代表团重返延安，左二为原上海市委宣传部部长金炳华

从东影到上影

1947 年在东北电影制片厂的合影

1949 年进北京时，
我（左一）和战友们
露宿街头

1946 年，我（右一）在东北郑家屯西满军区

和当年北京电影制片厂
作曲组的老同志合影

在《淮上人家》外景地佛子岭大坝

在少年宫和小朋友们排练《劳动最光荣》

1960 年代参加街头宣传活动

在西双版纳和僾尼姑娘合影

在云南采风
时和傣族姑
娘合影

在云南昆明郊区听姑娘们唱民歌

拍摄《滴水观音》时在瑞丽外景地

重返海南岛和民间艺人在饭店合唱《娘子军连歌》

1983年我（左二）获厂"三八"红旗手称号

在《新儿女英雄传》电影海报前的留影

重返海南岛和当年"娘子军"老战士合
影，左五为《红色娘子军》导演谢晋，
右三为上影集团总裁任仲伦

上影厂组织"红色之旅"，在井冈山毛泽东旧居前合影（左起：石晓华、黄准、鲍芝芳）

重返海南岛和祝希娟、牛犇合影

二、我为红色政权的第一部故事片作曲

　　有关电影史学家现在都把东影厂1949年5月完成的故事影片《桥》认作是新中国电影的第一部故事片。而实际上，红色政权下的东北电影制片厂在1947年就拍摄了第一部故事短片《留下他打老蒋》，里面的电影音乐也就是我的处女作。就是这部电影让我从此跨进了电影音乐的大门。

　　我一向做事认真。既然接受了任务，就要不遗余力，把它做好。然而怎样才能做好呢？我连电影音乐是怎么回事都弄不明白，怎么去创作呢？最严重的是，虽然在鲁艺学过一点作曲法及和声学，但因当时条件的限制学得很浅，尤其困难的是没有学过配器法，许多乐器见都没有见过，又怎么能写出总谱来呢？我睡不好觉，反复思考着该怎么做。是毛主席《延安文艺座谈会上的讲话》使我茅塞顿开。我想，生活是创作的源泉，那么，我就先从下生活做起，然后再学习技巧。

　　这部戏的编导是伊琳，主演是陈强、于洋等人。故事很简单，它描写在抗日战争中的一个小战士，擦枪时不慎走火，打死了坐在他身旁并和他十分友好的青年农民，部队为了严明纪律决定要把他处决；但青年农民的父亲却为他求情，要求部队把他留下来打老蒋。这时，我对东北农村很不熟悉，尤其是对于这位东北农村的老大爷怎么会有如此高的觉悟，更是不能理解，于是，我想我首先要去东北农村，去熟悉了解他们。

　　当时东北农村正掀起轰轰烈烈的土改运动。我便随摄制组到了农村，投身到土改运动中。在运动中，我看到了广大的农民群众对地主恶霸的深仇大恨；也分享了他们得到土地后的欢乐。从而对剧中人物的思想感情有了一定程度的理解。与此同时，我还注意学习东北的民间音乐。那活泼明快的"二人转"、"东北秧歌"，以及用"四胡"（即四根弦的二胡）拉的曲调，都给我留下了极深刻的印象，并熟记在心里。

深入生活回来，我便如饥似渴地学习作曲技巧。本来应该经过三四年作曲系本科的学习课程，我必须在几个月之内完全掌握它。于是，我边向其他作曲同志讨教，边向每一个乐队队员学习各种乐器的性能及它们的组合。并且通过听、看外国交响乐总谱去领悟认识贝多芬、柴科夫斯基、肖斯塔科维奇、德沃夏克等大师的作品，并获得了器乐写作的知识。在写好影片中的歌曲之后，又一次次地征求意见，一次次地修改。当时的艺术处长陈波儿虽不懂作曲，但她对音乐的感觉极好，对我写好的歌曲提了许多具体的意见——这句该怎么处理，那句要怎么改，长短句应怎样结合等等，几乎是手把手地教我。就这样在领导和同志们的帮助下，由我作曲并指挥的处女作——《留下他打老蒋》的电影音乐终于完成了。出乎我意料的是这部幼稚的作品竟取得了一定的成功，影片的主题歌《军爱民，民拥军》，很快在东北地区流传开来，为广大人民群众所喜爱。大家对影片中那种淳朴和简单的音乐反映也不错。

这是我首次为电影故事片作曲，并且亲自担任指挥。当时我根本不懂得一个电影音乐的指挥如何去计算音乐长度和对准画面的办法，只凭自己的感觉和创作时的感情发展来跟着画面走，没想到这原始的方法，居然和画面配合得很准，而且音乐气氛也恰到好处。这次创作的成功，增强了我的信心，渐渐地对作曲有了兴趣。

当时的东影厂，由于受人力物力以及不稳定的战争条件所限制，主要只能拍摄一些反映当前现实的纪录片，根本没有条件拍摄大型故事片，更何况音乐片呢！作为一个歌唱演员，老实说在当时哪有用武之地？从实际出发，与其闲着，不如暂时放弃声乐，先从事一段时间的作曲工作再说。但怎么也没想到，这一部《留下他打老蒋》就此定了我的终身！

三、记录开国大典的荣耀

　　1948年底，形势一片大好，解放战争获得了决定性的胜利，眼看就要迎来全国的解放。在这大好形势下，原"东影"决定兵分两路到北平和长春去筹建两个电影制片厂。因为当时北平尚未解放，所以主要的人员都在袁牧之厂长的带领下去了长春。不久后就拍摄了第一部故事片《桥》。而另一支队伍由钱筱章带领到了北平。

　　钱筱章原来在延安电影队工作，是著名摄影家吴印咸的部下，所以我跟他在延安就很熟悉。后来在"东影"和"北影"，我和吴梦滨都在他的领导下工作，无论在工作上还是生活上都得到了他的关心和照顾。这是一支小而精的队伍，主要人员是新闻摄影师，并根据纪录片摄制组的需要配备了剧务、录音、剪辑等其他工作人员。因为吴梦滨是这支队伍的新闻摄影师，我也就成了这支队伍中唯一的一名作曲人员。虽然我的身份有点"随军家属"的味道，但我的任务却不比任何一个人轻松。这是后话。

　　这次从东北兴山佳木斯到北平，路途遥远。因为这是一次永久性的大搬迁，所有的工作人员都是全家老小，拖儿带女，还带着破破烂烂的行李，瓶瓶罐罐似乎啥也舍不得丢下。我和吴梦滨则带着一个刚满周岁的孩子和一个保姆。一路上，风餐露宿相当辛苦。此行一共走了多少天，以及路途的情况，我都已经忘了，但到达北平时的情形，还模模糊糊记得一点。我似乎记得我们走到北平城边时已近黄昏，眼看已经到了北平城下，但因为当时并未解放，我们还不能大张旗鼓地进城去，因此也找不到住宿的地方。眼见得天色已晚，我们全体人员无论老少都只能露宿街头。这一晚，我和保姆轮流抱着孩子，就靠在墙边坐了一个晚上。后来究竟是什么时候进了城，我已经忘了。

进城后我有了一间破旧的小屋，尽管屋内昏暗潮湿，但就在这间小屋里，我通宵达旦挑灯夜战，日以继夜地写作，在不到半年的时间里，完成了《太原战役》、《踏上生路》和大型纪录片《新中国的诞生》等作曲任务。其中最重要也是最光荣的任务，当然是《新中国的诞生》。

中国共产党经过几十年的浴血奋斗，多少烈士牺牲了生命，终于取得建国的胜利成果——如何把这具有历史意义的庆典，真实生动地反映出来，这对于我这个年轻的作曲，也对于我们整个摄制组人员来说是一个重大的考验。为了迎接这一天，我们摄制组全体人员在激动的心情下忙碌了好几天。

1949年10月1日，这一天终于到了！下午3点才开始庆典活动，但我们深感责任重大，为拍摄好这部影片，全组人员在黎明前就到了天安门广场。随着东方渐渐发白，我们看到经过粉刷和装饰的天安门已经焕然一新。城楼上吊着八盏大宫灯，黄丝带飘逸飞舞着，更增添了节日的气氛。今天这里将聚集30万从各地赶来的群众。所有国家的领导人也将出席这次庆典。眼看来参加活动的人越来越多，我们全组人员都分散到群众中去。这个时候，摄影师当然是最忙碌的人，他们将把千万个群众的激动情绪和欢声笑语都捕捉到自己的镜头里。我不掌握任何机器，只能靠自己的眼睛、耳朵和自己的脑子去观察、去倾听、去感受，并把这一切深深地印在我的心里。

下午3点，随着"毛主席万岁"、"共产党万岁"的口号声欢呼声，毛主席和其他国家领导人相继登上了天安门城楼。摄影师——他们是我们摄制组成员中最幸福的人，因为他们将近距离地拍摄毛主席和其他领导人在这次庆典中的一切活动。而我只能作为群众的一员在广场上，怀着一样激动的心情和群众一起高呼着口号，远望着高高的天安门城楼上的一切。这时我听到了一个雷鸣般的声音，是毛主席在向全中国、全世界庄严宣告："中华人民共和国成立了！"啊，我们新中国诞生了！于是欢呼声、口号声、礼炮声汇成了欢乐的海洋。接着，庆典仪式正式开始。升旗、奏国歌、放礼炮、阅兵……整个仪式热烈而庄重。让我最最难忘的是阅兵式结束的群众大游行。开始时各群众团体热情而有秩序，可是随着群众情绪的越来越高涨，谁都想多看一眼、谁都想更近一点看到在高高的天安门城楼上的毛主席和其他领导人，这时人群就像海浪一般后浪推着前浪涌动着。最后，所有的群众都挤在城楼下，翘首仰望着自己最热爱的领袖们。庆典到达了高潮，群众的情绪也达到了高潮。这时谁也控制不住自己的激情，纷纷向天安门城楼涌去，人群像沸腾的海洋，我就像是这沧海中的一粟，融入了这人海里，感受着群众火样的热情。我想如果自己是一个伟大的作曲家，一定能谱写出一曲比《欢乐颂》更加壮丽更加伟大的音乐。可是我才是一个初出茅庐的年轻作曲人员，我的一切都那么稚嫩，要想表现好这么伟大的场面确实是非常的困难。但我的内心是充实的。我是怀着最大的激情和尽了最大的努力来完成这一光荣任务的。

四、和大导演史东山合作北影厂的
第一部故事片

在《新中国的诞生》大型纪录片完成不久，北京电影制片厂正式宣告成立。我作为第一批创作人员从新影调进了北影。而且进厂不久就接到了北影厂的第一部故事片《新儿女英雄传》的创作任务，导演是当时国内赫赫有名的史东山。虽说我看的电影很少，但自从进城以后，厂里有计划有步骤地培养我们这些解放区长大的年轻人，组织我们观看了不少电影，还办了培训班，请一些有经验有阅历的前辈来为我们分析、讲解电影作品，所以史东山这个名字在我的印象中是非常响亮的。

史东山生于1902年，按年龄他是我的父辈了。1920年代初他就进入了电影圈，曾担任过美工师。1925年（这时我还没有出生），他就完成了自己编导的第一部电影《杨花恨》，至1940年代他已拍摄了《儿孙福》、《共赴国难》、《奋斗》、《胜利进行曲》、《长恨歌》、《还我故乡》等近20部电影。他的作品画面漂亮、音乐丰富，艺术上很追求完美。所以他的早期作品多数游离于当时严峻的社会现实之外，和群众的思想感情有一定的距离。后来他觉悟到电影除了追求唯美之外，还是一种救国的战斗武器，就毫不犹豫地开始了新的创作。"七·七"事变之后，国土沦丧，日寇步步进犯，百姓妻离子散，残酷的现实激发了他的爱国热情，于是他拍摄了《八千里路云和月》。这部电影给我的印象最深，其中陶金、白杨、上官云珠饰演的几个人物让我至今难忘。

《八千里路云和月》不仅是史东山的代表作，而且也被认为是为战后电影奠下的一块基石。可见史东山在中国电影史上的地位。当时他还是文化部电影局技术委员会主任。现在，我这个初出茅庐，根本没什么创作经验、才20多岁的小巴拉子要和这么一位大导演、大权威来合作，是多么地不相称啊！而且听人说他工作上很严厉，一丝不苟，这就更增加了我内心的不安。但又想，这是一个非常难得的机会，我第一部故事片就能和这样一位优秀导演合作，这是我的幸运。起点高，要求严，是我学习的好机会。就这样，兴奋交叠着不安，我鼓着勇气，接受了这一次新的挑战。其实我挑战的对象不是别人，正是我自己，我要向自己资历不够、经验不足、作曲技巧不成熟等等一切的不足挑战。

在摄制组成立会上，我终于见到了这位让我紧张了好多时日的大导演。他瘦削精干，确实比较严肃，但并不可怕。在我眼里，他很有长者的风度，嘴唇上还留着两撇小胡子，让我觉得有点新奇。

按照惯例，导演除了分析剧本之外，还对各部门提了要求和看法。我刚下组，对自己的工作该如何进行有些茫然不知所措，尤其对河北白洋淀地区的游击队怎样在芦苇丛中和日本鬼子战斗，既好奇又无知，无法想象出那样的战斗场面。一般摄制组看外景、出外景的名单中都没有作曲的名额，但我不能凭着空想来创作啊，于是我大胆地提出要和摄制组一同到白洋淀去深入生活、收集创作资料的要求。我的要求引起了导演的兴趣和好奇：作曲还要深入生活？！这时我看见导演脸上露出难得的笑容，他立刻表示支持我的想法，并把我编到了摄制组外景队的名单中。

电影《新儿女英雄传》根据袁静和孔厥同名小说改编而成，反映白洋淀地区的游击队在抗日斗争中的觉醒和进步。作者以青年农民牛大水、杨小梅的成长故事为核心，刻画了具有民族觉悟和正义感情的"新儿女英雄"的群像。小说语言质朴生动，充满生活气息，情节流畅自然、一气呵成，是一部朴素耐读的好作品。所以当时北影厂为了拍好第一部故事片，排出了以史东山为首的相当强大的创作阵容：导演，史东山；编剧，吕班、史东山（根据孔厥、袁静的同 名小说改编）；摄影，高洪涛；美术，李仲耘；作曲，黄准；演员，今欣、姚向黎、赵子岳、郭允泰、谢添、史宽、田烈、李景波等。

在这一阵容中，我深感自己的不足，唯有用努力来弥补。首先，我认真地深入生活，收集民间资料，以填补我生活不足这一空白。我随着导演、摄影师等创作人员，坐在白洋淀那狭长独特的小船上，在那密集的芦苇丛中穿梭。这神秘的芦苇荡，看起来它就像是一片庄稼地，和陆地没什么两样，可是谁能想到就在这芦苇丛中，却分布着许多水道，弯弯曲曲、密密麻麻，有时河道非常狭窄，似乎连条最小的船都很难通过，我们坐在船上，那芦苇能刺破你的脸，勾住你的衣衫；但有时又会驶进一片宽阔的河面，小船在河上荡漾，让人心旷神怡。可是就在这河面上曾经发生过剧烈的战斗。

我们跟着向导在芦苇荡里转了好几天，也没找出什么规律，由此我不由想到我们摄制组今后的拍摄工作难度之大。其实，我们的总指挥史东山导演，他和我们一样没有这种生活经历，但却要把这种特殊环境中的特殊战斗情景在银幕上真实地、艺术地再现出来，这将是多么艰难而繁重的工作啊！

当时因刚解放不久，物质条件十分困难，我们的伙食很差，而且要从宿营地送到船上。史东山真不愧是一个伟大的导演，已近五旬的"老人"了，身体又相当的瘦弱，却和我们一样几乎天天吃冷饭冷菜，有时拍黄昏镜头要一直等到太阳落山，回到宿舍已是傍晚了，这时别人可以休息，但他不能，他不仅要总结今天，还要安排明天的拍摄。他总是事先充分做好功课，演员的戏该如何处理，镜头的位置该怎样调度，哪个演员该朝哪个方向打枪，哪个演员该从哪个位置跃进河里，都一一画好蓝图。有时拍到大场面，十几条船一起行动，拍摄的难度很大，可是史东山却胸有成竹，指挥若定。

相比这位大导演，我唯一能做到的就是努力再努力。自从我下到摄制组之后，就一直跟着导演和其他主创人员一同深入生活，我希望通过下生活能捕捉到这一水上战斗的特点和游击队员的音乐形象，所以在工作中从不叫苦叫累，并且每天晚上还要深入到民间去收集当地的地方音乐。导演对我这种敬业精神非常满意。在后来的摄制工作中，他给我创造了许多机会让我去感受剧中人物的感情，如牛大水入党的一场戏和欢庆白洋淀胜利的大场面都邀我一起到摄制现场去，甚至还让我在戏中担任某一个角色，以利于我在音乐创作中能有更加深切的感受。

在民间音乐的收集工作中，虽然我付出了很大的努力，但是工作进行得并不太顺利，相比我过去在陕北或东北两个地区的采风，我感到白洋淀的民间音乐显得比较贫乏。在整个外景期间，只要摄制组没活动，我就会在文化馆同志的带领下走东家串西家地去找人为我唱白洋淀的民歌。我更希望他们唱有关白洋淀游击队打鬼子内容的民歌，可是我的收获很小，常常是失望而归。即使有人会唱上那么一两首，但他们所唱的民歌大都类同，有时听他们报的歌名虽然不一样，但曲调却是大同小异。这现象让我觉悟到一个真理：民间的艺术正如同珍贵的地下矿产一样，要靠你去勘探、去挖掘，一旦发现才尤为珍贵。在白洋淀，你会听到许多群众给你生动地讲这里的战斗故事，尤其是他们的英雄人物的故事，但我却找不到一个有着一副嘹亮歌喉的民歌手，所以个把月下来，总共才收集了十多首不同的民歌。不过让我高兴的是在这些民歌中，终于找到了一首我最需要的、歌唱白洋淀战斗内容的民歌，而且曲调也相当的动听。我如获至宝，于是经过改编整理，把它用在了欢庆白洋淀战斗胜利的情景中。大家都认为这段音乐很好，有地方特色，有欢庆的气氛。导演也很赞赏。遗憾的是，这么好的音乐素材，在全片音乐中仅仅昙花一现似地只运用了一次，就再也没有重现过，简直是浪费了资源。数年之后，我才意识到这资源的浪费，关键在于我当时的器乐作曲技巧还不太成熟，不懂得充分运用音乐主题，也不懂得抓到一个好的主题音乐之后如何在影片音乐中发展贯穿，而是把器乐作品用声乐的写作方法来创作，一个旋律接着一个旋律，完全用主旋律加伴奏的方法来表达剧中的感情。可能因为我是学声乐出身，所以脑子容易被旋律主导。在旋律创作中，我吸收了当地的民间音乐风格，使这些旋律都比较优美流畅，而且也都具有较浓的地方色彩。所以不以专业高水平来要求，也还听得过去。

音乐完成后，摄制组内部和厂里其他领导人员对这部电影的音乐创作反应都不错。尤其是史东山导演非常高兴，他对我这种不土不洋、有土有洋的音乐感到很是新鲜，特别是"牛大水入党"那段音乐，我用了一支双簧管主奏和一组弦乐的和声来衬托，再加上竖琴的华彩，听起来很细腻优美，他很喜欢。另外，欢庆胜利的音乐，因为用了那首民歌作为主旋律，风格性很强，气氛也相当热烈，他也很满意。

影片完成后，由于真实地反映了这特殊的战斗生活，而且具有高度的艺术性，受到一致的好评。影片在1957年获得文化部"1949－1955年优秀影片"三等奖；在1951年获得第6届卡罗维发利国际电影节导演特别荣誉奖，这也是中国电影第一次在国际上获得的奖项。

就这样，我这个小巴拉子在大导演的扶持下，增添了莫大的信心。他没有因为我的稚嫩、创作上的浅薄、缺乏深度等等不足而嫌弃我，相反却处处给予鼓励，使我能够在电影作曲的岗位上更坚定地走下去。这是我一辈子铭记在心的。

五、第一次尝到被批判的滋味

　　《新儿女英雄传》完成之后，很快我又接受了新的创作任务——《新民主青年进行曲》。这部电影写的是抗战胜利后蒋介石破坏和平撕毁停战协议，发动了罪恶的内战；在这残酷的现实面前，广大青年学生看清了蒋介石的丑恶嘴脸，坚定了为民主为解放而斗争的决心。剧中人物由孙道临、姚向黎、谢添等主演，导演是王逸。

　　我从事电影音乐创作的时间不长，如果纪录片不算的话，这才是我的第三部故事片。包括纪录片的创作在内，我以前写的大多是农村题材的影片，所以在过去的创作中我都特别的注重音乐的民族色彩和地方风格。而这部影片的生活环境不是在某个村庄，而是在一所大学，故事中的人物也不是农民而是知识分子大学生。我想，我如果仍然像从前写农村片那样，在影片中使用那地区性的、民族风格很强的民间音乐，肯定与当代新青年的形象格格不入。因而我决定在这部电影音乐的创作中，改变过去的风格，采用比较具有时代性的音乐风格来表现，同时也正好通过这部电影音乐的创作更进一步地钻研一下西洋的作曲技巧，包括我还没有学到的高级和声、复调、半音体系、配器法等等。而且，这部电影不需要我花许多时间去民间收集资料。于是我就把自己的时间全部投入到了学习专业技巧上。

　　前面我写到过因从小在延安失去了学习钢琴的机会，直到我进了东影，二十来岁的时候才开始学琴，当时我还特别请了一位日本籍的女钢琴教师来教我，但毕竟年岁太大，工作又忙，进步较慢。现在正好有这个机会，于是就抓紧时间拼命练习。除此之外，还是用听唱片看总谱的老办法，学习西洋音乐流派和古典、近代的交响乐作品。自学有困难就找老师讲解，请老师帮我修改习题，只要比我懂得多的就都是我的老师。记得当时北影厂从北京各音乐团体吸收了一批老乐师，除乐队演奏员之外也有个别作曲家。其中给我印象最深的两位是小提琴家关紫翔和作曲家雷振邦，我们平时称他们为"老关"、"老雷"。虽然从年龄和资历来说，"老关"和"老雷"都是我的长辈，但我们相处得非常融洽，他们也十分热心助人。当时我们同住一个叫"蒋养房"的院子里，老雷和老关两家就住在大门边的第一排房子。因为他们有家眷所以自己开伙，生活过得相当不错。他们两人一胖一瘦，老关魁梧健壮，老雷瘦削精干；老关忠厚和蔼，老雷幽默健谈。老雷烟瘾很大，一天要抽上一两包烟，一双手都染成了棕黄色，我们劝他少抽一点，他不但不肯接受，反过来还说抽烟可以帮助他产生灵感，他说，在他作曲时，只要烟一抽，看着那袅袅的烟雾，他的旋律，他的乐思就随着那烟雾飘了出来。他的幽默经常引得我们哈哈大笑。他也很乐于助人，我在创作过程中遇到了难题，向他请教，他都热心指教，还帮我修改和声习题等。他有一个幸福的家庭，夫人贤惠能干，女儿聪明可爱。当时他女儿雷蕾只是一个十多岁的小姑娘，没想到十余年之后，在她父亲的调教下竟成了我们作曲界中的后起之秀，她写的《少年壮志不言愁》在当时曾广泛流传，很好地继承了她父亲的衣钵。老雷本人在调到长影后，事业也有了很大的发展。他善于运用民歌，在他写作的电影《冰山上的来客》一片中，大量运用了新疆民歌，特别是《花儿为什么这样红》一曲，深受人们的热爱。这原是一首塔吉克族的民歌，曲调优美，节奏活跃。当年我去塔什库儿干时也收录到这首民歌，觉得它的曲调特别动人，可惜后来我们的电影《积雪的山谷》没有拍成，否则我也准备把它用在电影中。不过我想我肯定不会像老雷那样用得如此感人。关紫翔则在弦乐的运用上对我有很多帮助。

　　一写又扯远了。总之，经过各种途径的学习，让我在《新民主青年进行曲》这部电影的音乐创作技巧上又上了一个台阶。我所以在这部影片的创作中放弃民间音乐还有一个原因也是更主要的原因是因为导演王逸曾多次邀我到拍摄现场去看演员的表演。在现场，我见到了孙道临、姚向黎等演员。姚向黎是老相识了。本来在《新儿女英雄传》中扮演农村妇女就有知识分子气味的姚向黎，这次在这部戏中如鱼得水，更显得高雅洋派了。而孙道临，我曾在几部电影中看过他的表演，是我早已仰慕的一位演员，这次能合作认识，我感到非常的幸运。在导演介绍我们认识的一霎那，他那种高贵的居高临下的气质让我感到有些窘迫。没想到这初次见面，他说的第一句话竟是："你的牙齿很小，但很整齐很白！"第二句话是："你走路的时候，腿很直很挺！"当时真让我有"丈二和尚摸不着头脑"的感觉。后来一想可能是他演员的职业习惯，看人先看外表的关系吧！总之，我们就在这让我不太自然的情况下相识了。后来我们又一同调到了上影厂，在电影《家》中，我担任作曲，他担任了觉新这一角色。但自他担任导演后，我一直没有机会给他导演的片子作曲。偶尔有机会遇在一起时，他也曾不止一次地想邀我跟他合作，直到他去世前一年，在一次聚会上，他还对我说他正在筹备一部电影，是与法国的合拍片，问我有没有兴趣？我当然是一口答应。但不久后听说他进了医院，又过了不久听到了他逝世的消息，令我感到十分悲痛。我们多年的合作愿望也没能实现。回想在北京我们初次见面时他真是英气逼人，风度翩翩，无论举止谈吐，都显得十分洋气。所以当时我见到两位演员时，便更坚定了我不能在这部电影音乐中运用太土、太民族化的音乐风格。

音乐完成之后，导演王逸和摄制组其他人员都表示满意，认为音乐形象和人物剧情都比较吻合。我虽没有得意忘形，但也为自己在音乐创作中所取得的学习成果而高兴。时隔不久，当时北影音乐创作室的领导何士德召开了一次全国性的音乐创作会议，总结研讨交流解放后这一年多来的电影音乐创作，我很高兴能通过这次会议学习到其他同行们宝贵的创作经验。但让我没有想到的是，会议中矛头逐渐指向了我，我竟成了这次会议的批判对象！而且一顶一顶的帽子扣在了我的头上——"崇洋迷外"、"离开民族道路"、"一味模仿西洋"……等等。这真像是一盆凉水从我的头顶泼下，我一时摸不着了方向。

什么叫"崇洋迷外"？当时使用的管弦乐队，以及作曲法不都是外来的吗？！难道个人创作风格的变化，在技巧上借用了一些西洋的手法，就是"崇洋迷外"？所谓的民族化的音乐道路难道是仅仅局限于你是否用了哪首民歌或哪段地方音乐吗？等等一系列问题让我想不通。但情势所逼，想不通也要做检讨。研讨会变成了批判会，我承认自己是迷失了方向，走了西洋化的道路，抛弃了民族音乐的传统等等，把一顶顶"帽子"接过来戴在自己的头上。

姑且不论这次批判是否全部正确，针对这部影片的创作，我是否应该全部接受，但走民族化的道路这一基本方向我不能丢。也许正是因为有了这次批判，让我更坚定了音乐民族化的方向，并且对如何学习西洋理论运用到民族化的音乐创作中，有了新的认识，所以才会有了后来的《红色娘子军》、《牧马人》等更具有民族性的电影音乐问世。

在北影厂，我还完成了一个重大的任务，就是为"北京电影制片厂"的厂标作曲。要把代表着一个厂的音乐形象浓缩在十几秒的时间里，这是一个相当艰巨的任务。但我这个初生牛犊不怕虎，一下写了几个方案给厂领导挑选，最后还真是被选中了。这个厂标使用了相当长一段时间，后来厂标重新设计，画面和音乐也改了。那时我已经离开北影调到上影了。

第六章 "上影"进行曲（一）

上海这个城市对我来说是陌生的，因为在这里我连一个熟悉的人都没有，可以说是举目无亲，但是我却随着前夫来了。此后不久，他又离开上海回到北京，而我在上影厂一落户就站稳了脚跟……

一、在上海交出的第一份答卷

　　1951年，中央新闻电影制片厂要在上海设立一个驻沪的新闻摄影队，吴梦滨被调往上海。作为他的妻子，于情于理我是应该与他在一起的。但是，上海这个城市对我来说是陌生的，因为在这里我连一个熟悉的人都没有，可以说是举目无亲。然而，上海离苏州近，这又是我能够接受的。苏州是我有着最快乐的回忆的地方，从我内心来讲，希望离苏州近些再近些。正在犹豫着要不要随吴梦滨来上海的时候，我发现自己有了身孕。这下，容不得考虑了。于是我作为组织调动而不是作为家属，被调到了上海美术电影制片厂工作，与吴梦滨一起来到了上海。

　　初到美影厂，我接到的第一个任务就是给一部二十多分钟的动画片《小猫钓鱼》作曲。虽然在这之前我曾为不少纪录片和故事片担任过作曲，但动画片这种艺术形式，对我来说，还真是新的课题。尤其是剧情本身还要求配乐有一定的童趣，能够为影片的目标观众——孩子们所接受和喜爱。所以，在接下这个任务的时候，我的心情紧张并不亚于首次与史东山导演合作。

　　《小猫钓鱼》是上海美术电影制片厂在1952年摄制完成的一部黑白动画片，导演为特伟和方明，动画设计是何玉门、王树忱、尚世堂以及矫野松。故事内容讲的是：猫妈妈带着小猫去钓鱼。开头，小猫一直三心二意，什么也没钓到。后来，在猫妈妈的教育下，它学会了专心致志地做一件事，终于钓到了大鱼。

　　剧情很有趣，也很简单，然而我却有着很大的压力。因为，将担任配乐的乐队是上海当时著名的工部局乐队，谈及二十世纪中国交响乐产生和发展的历史，上海交响乐团是不能不提的。历史悠久的上海交响乐团是我国最早建立的具有广泛影响的交响乐专业演奏团体。而其前身便是曾享有"远东第一"美誉的上海工部局乐队。上海工部局乐队1879年成立之时称上海公共乐队，成员仅二十多人，指挥由法国长笛家雷穆萨担任，乐手全是菲律宾人。1906年，德国音乐家布克教授就任乐队指挥，招收了部分欧洲管弦乐乐师。次年，乐队扩充为管弦乐队，由布克执棒。1919年，意大利钢琴家、指挥家梅百器担任乐队指挥，并于1922年再次扩充乐队，改其名为上海工部局乐队。在指挥梅百器的努力下，工部局乐队成为远东一流的交响乐队。1927年，乐队举行了纪念贝多芬逝世百年演出。1928年，乐队在远东首演巴赫的《B小调安魂曲》。1936年，在上海首演了贝多芬《第九交响曲》。1940年，乐队与俄罗斯芭蕾舞团合作，在兰心剧院举办了柴科夫斯基音乐节。1942年6月7日，工部局乐队在梅百器的指挥下，于兰心大戏院举行了最后一场音乐会。工部局乐队为中国培养了一批交响乐人才，在乐队中担任乐师的谭抒真、黄贻钧等人此后都成了中国交响乐历史上举足轻重的人物。当时，这支乐队中外国人居多，其中很多人是白俄艺术家。他们年龄大，资历深，有实力，据说他们对"外行"或者不出色的曲子会嘲笑或者发出喝倒彩的"嘘"声。动画片对我来说是新品种，而且当时的影片录音都由作曲亲自指挥，我很担心我会遭遇些什么。

因此，我格外地用功。我找了大量有关儿童方面的素材，去公园观察动物的特性，又去幼儿园观察孩子们的特点，还特别找到一些中外各种动画片来看。动画片的节奏要求和故事片有所不同。以动物为主人公的片子要求节奏感强，要和画面紧密配合，还要有跳跃性；而且动画片的音乐性强，从头到尾都有音乐贯穿，旋律要生动活泼，节奏要鲜明，要容易上口和记忆；同时，为了适合儿童，音域又不能太宽。初来乍到，在上海我没有熟人、没有朋友，更没有老师可以指导，纯粹孤家寡人一个。我将那份紧张化为了动力，用尽全力，写好了曲子。

踏进录音棚录音时，我的心怦怦直跳，不知道等着我的将是掌声还是嘘声。没想到，孩子们清脆的童音一亮嗓，乐队的成员越拉越起劲。音乐一结束，他们立刻围了上来夸赞我，其中几位俄罗斯的老乐师纷纷竖起大拇指，叫着："哈拉绍！哈拉绍！"

我的第一部作品就此打响了，动画片《小猫钓鱼》中的插曲《劳动最光荣》以它明快上口的旋律很快流传开来。这部片子在全国还被评为儿童文艺三等奖。此后，我又再度和特伟合作了一部动画片《好朋友》，和万籁鸣导演合作了一部名叫《野外的遭遇》的彩色动画片。为动画片作曲的经历，给了我新的感受与灵感。至于那首《劳动最光荣》，成了一代又一代孩子们口中传唱的歌曲。2008年的五一劳动节，在电视播放的文艺表演中，我又再次听到了这熟悉的旋律。半个多世纪过去了，它竟有着这么强的艺术生命力，真的令我欣喜！

初到上海，事业上的第一张答卷还算令人满意，但我的婚姻却触礁了。

到上海后，我全身心投入到了工作中，而吴梦滨也一直忙于摄影队的工作，大家各忙各的。我们本来就基础不稳的婚姻，一路磕磕碰碰，很艰辛也很无奈，此时，终于也走到了尽头。由于我们一直处于聚少离多的状态，他和他的摄影助理日久生情。开头，我一直被蒙在鼓里，直到吴梦滨跟我提出了离婚，我没有犹豫就同意了。后来她成了他的夫人。也许这对于不再相爱的双方来说，都是一种解脱吧。我和吴梦滨离婚后，儿子小虎由吴梦滨抚养。后来小虎上了"哈工大"，当了一名工程师。小虎懂事之后，经常跟我保持联系，现在他居住在西安，也已经退休了。

吴梦滨与我分手后，又调回了北京，而我，就此留在了上海。我带着在上海出生的女儿音儿(我希望她长大之后能继承我的音乐事业)住在美影厂的宿舍，因为女儿缺少了父爱，我对她格外心疼与宝贝。可是，我必须工作呀！我要去下生活，我要作曲，无法一直陪在她身边。这时，我接受了一个新任务，正式调进上影厂并担任故事片《淮上人家》的作曲。我不得不常常把女儿放在厂里的托儿所全托，那里的条件很好，所以让我还比较放心。有一次，我出外景回来，高高兴兴地赶去托儿所接自己朝思夜想的女儿，却被老师告知女儿已被她爸爸接走了。我当时就懵了，完全不知所措。后来，我和吴梦滨一再商讨，可他一口一个孩子是"老吴家的"，所以他要把女儿带走。其实，他已再婚，也有了他们的儿女。可是，他执意要把孩子留在北京由祖母带，我只得无奈地接受了这个现实。后来，女儿去了云南插队，婚姻和生活都不怎么如意。有时，想起这些，心里还是会有些难受。

二、和"霸王导演"张骏祥的两次合作

我因为《小猫钓鱼》的成功，加上又写了《野外遭遇》和《好朋友》这两部儿童喜爱的动画片，就觉得一辈子为儿童服务也是一件十分愉快的事情，也许这样自己会永远都怀着一颗童心，天真而单纯；而且工作压力相对的说也比较小。所以我很快就适应了这个工作环境。住在美影厂分配给我的小房间里，工作得很安心，准备长期在美影厂工作下去了。谁知就在1953年的春夏之间，突然一声调令，要我立刻到上海电影制片厂《淮上人家》摄制组报到。

上海电影制片厂，当年是多么响亮的名称啊！我虽然长期在解放区，对国统区的情况了解甚少，但到了北京之后还是听说了不少有关上影厂的情况。上影是个大厂，厂内云集了许多上世纪二三十年代的大导演和大明星，如沈浮、陈鲤庭、张骏祥、吴永刚、白杨、赵丹、张瑞芳、秦怡、上官云珠、黄宗英等，就是作曲组也有王云阶、陈歌辛这样的名牌作曲家。而解放区来的创作人员，显然是排不上号的。我从1951年就来到上海，但一直把我留在美影厂，开始还期望着有朝一日能进上影厂写故事片的音乐，后来一晃将近两年过去，也就安于现状了。

这调令就像一块石头投进了一汪平静的湖水，让我在心中掀起了不小的波澜。我有些激动，终于如愿进了上影厂；我有些惶恐，不知自己能否适应上影厂这陌生的环境。而更担心的是自己能否承受起上影厂这块牌子带来的压力……就这样，我怀着一颗忐忑不安的心，跨进了上影厂的大门，来到摄制组报到。

这天，《淮上人家》摄制组正在开成立大会，我迟到了。会场里，全组上上下下都已到齐，大家齐聚一堂，肃穆安静，少了些往常那种嘻嘻哈哈、说说笑笑的活跃气氛，正在认真地听取张骏祥谈"导演阐述"。这是我第一次见到这位大导演。他方方的脸庞，魁梧的体魄，让人第一眼就感觉到了他的威严。据说他的阅历很高，21岁就从清华大学西方文学系毕业，26岁时赴美国学习导演，29岁时获硕士学位回国，回国后先是大学教授，后在香港永华电影公司任编导。1949年刚解放就进上影厂担任导演，先后编导了许多话剧和电影，比较著名的有《北京人》、《小城故事》、《还乡日记》等。这样一位在电影界十分显赫的人物怎不让人望而生畏呢？难怪我听说在厂里有许多人怕他。传说中有人甚至害怕到见了他两腿都会发抖的地步，还给他起了个"霸王导演"的绰号。这些传说让我想起当年在北京和史东山导演合作的情景，当初也是有人把他形容得多么可怕，可合作以后我却发现他并不像传闻的那样。

我在和张导的合作中也完全否定了那些流言蜚语。相反，在我的印象中，他是一位令我钦佩而且可敬的前辈。他为人正直，是非分明，说一是一，说二是二，办事十分果断。他的确很严厉，但却并不可怕，我总觉得在他严厉的背后隐藏着的是宽容和大度，特别是他的笑容让你感到和蔼和慈祥。所以在电影界他不仅是一位导演，还是一位被人敬重的领导人。

张导在导演阐述中，首先介绍了剧情和拍摄这部戏的意义，分析了剧中主要人物的性格与特点，并且对各创作部门都提出了要求。在音乐上他要求民族风格和地方色彩，要求音乐能紧密地和剧情、人物的命运相结合，要用音乐的语言表现出淮河两岸人民在旧社会因天灾人祸而遭受到的苦难生活，以及解放后在共产党领导下治理淮河的翻身感和劳动热情，特别是在大坝建成后要有那种热烈的欢庆气氛，以此和过去的悲惨生活形成强烈的对比。

导演的要求对我理解这部影片和今后的创作有着很大的帮助，但同时也让我感到担子很重。毕竟在这之前，我仅仅只在北影写过两部故事片，而且当时的工作环境和周围的同事都是互相熟悉和了解的，即使工作中有什么闪失或缺点，大家都会包容体谅我，会给我机会去改正。但现在的情况是摄制组的上上下下，我找不到一张熟悉的面孔。尤其是一进上影厂，就遇到传说中的这么一位大导演，真使我惶恐不已。但既然接了任务，就得迎着困难上。

一般摄制组成立后，摄制计划就会安排得很紧，这是规律。《淮上人家》摄制组成立后，我们立即到了安徽最贫穷、生活最困苦的淮河地区体验生活。当年，没经过治理的淮河，十分猖狂，要么发大水，要么干旱得连喝的水都没有，两岸百姓非常贫困，以至于我们摄制组几十口人在岸上根本找不到可以住宿的地方，只能睡在一条租来的木船上。就这么一条木船，在面积不过几个平方米的空间中，要睡上几十口人真是十分的不易。白天还好，大家在岸上工作，选外景，采访，十分忙碌；但到了晚上就苦了，我们得像罐头里的沙丁鱼一样，排得整整齐齐，男一边、女一边地挤在一条船上，因为空间实在过于狭小，大家不得不平身躺着，若一个人要翻身，必须大家一起翻才能够动弹得了。若要是起夜，睡在里面的人，必须从别人身上一个个地横跨过去才能走出舱外。

因为卫生条件极差，蚊子苍蝇成堆，我们一个个被蚊子咬得浑身起包，好在当时大家都年轻力壮，抵抗力强，好像不记得有什么人生病。令我十分钦佩的是张骏祥导演，相比之下，他的年龄比我们都大了许多，而且过去的生活条件相对比我们要优越得多，但这次他并没有任何特殊待遇，和我们一样地睡在船舱，一样地吃苦，真令人非常感动。

在这段日子里，我们除了体验生活、收集资料，还要讨论导演阐述和各创作部门的创作设计。我记得这些工作都是在船舱里进行的。由于我初来乍到，工作格外认真，案头工作（包括对剧本的理解和人物的分析以及对音乐的构思等）做得非常仔细，导演还在全组会议上表扬了我。导演的表扬虽然让我欣慰，但也加重了我的心理压力。因为设计工作写得好，并不等于我的音乐就写得好。所以我更担心自己会给人造成一种"光说不练"的印象，从而也更加处处严格要求自己。

农村生活结束后，我们经过稍稍休整，就转移到修建佛子岭大坝的建筑工地去和工人们同吃、同住、同劳动。虽然比起农村的生活有所改善，尤其对我们女同志来讲，有了自己的工棚，一日三餐有保证，而且还有地方可以冲冲凉。当时正值大伏天，我们要和工人们一起挖泥抬土，没有机械，全凭一双手，天天干得汗流浃背。工地的劳动强度之大，是我这一生中从未经历过的，常累得我双腿发软、晕头转向、两眼直冒金星，即使累成这样也不肯停下来休息。

劳动之外，我还收集了不少安徽的地方音乐。在这些资料中，我发现有一首民谣十分动听，不仅曲调优美，而且歌词内容直接地表现了淮河两岸人民的生活情景：

"淮河宽来，淮河长，淮河的人民有了指望；
千年的水灾连根拔，修好那淮河老米仓；
淮河宽来，淮河长，共产党光辉像太阳；
千年的铁树开了花，修好那淮河老米仓。"

这首民谣不仅内容与剧本十分贴切，而且曲调也很好听，并且具有很强的安徽地方特色。于是我向导演建议在电影中采用这首民歌，我唱给导演听了之后，他也认为确实不错，答应考虑考虑，但他经过反复思考后给我答复是："影片中可以使用这首民谣，但是使用的时间不能超过一分钟。"一分钟哪能唱完一首歌呢？若是进行曲写得短小紧凑些还有可能，可这是一首抒情曲啊，通常没有三四分钟是抒不了情的。但导演的话就是命令。这时，我体会到了他的霸气和权威性。没有商量，我只能把歌曲控制在一分钟内，一秒也不多地唱完这首歌，但因为歌曲实在太短，在影片没能得到充分的发挥，因而也没能给观众留下什么印象。这是我创作的第三部故事片，也是我为上影作曲的第一部戏。

为《淮上人家》作曲，我几乎毫无自信，甚至还有一种内疚的心情，总觉得自己的音乐做得不够好。尤其是在想起张导那种宽容和蔼的微笑时，更觉得有点辜负了他对我的一片期望。但令我费解的是，我从此就留在了上影厂，而且是一部一部戏的接下去了。1953年至1960年间，我完成了《秋翁遇仙记》、《女篮五号》、《家》等影片的作曲；1960年春夏季节，我和谢晋合作的《红色娘子军》还没最后完成，就又接到了《燎原》的创作任务。

《燎原》是张骏祥和顾而已联合导演。因这时的张骏祥已经担任了局、厂的领导工作，所以没有时间经常盯在现场，由顾而已担任执行导演，但重大决策，仍需得到他的认可。这部片子也是我和张骏祥导演的第二次合作。

导演顾而已生于1915年，南通人，少年时曾和赵丹、钱千里等人组织了一个"小小剧社"，上影厂称他们为"南通帮"。后来因担任话剧《钦差大臣》中市长一角而出名。除演话剧外，他还在《小孤女》、《长恨歌》、《貂蝉》等众多电影中担任过演员，后来改任导演，曾导演过《水上人家》、《小二黑结婚》、《罗汉钱》等影片。

这是我第一次，也是最后一次和顾而已合作。进上影厂之后我们并不相识，听说他年轻时演过许多戏，不知他那时是个什么模样，可我第一次见到他时，他已年过中年，发福得厉害，长得很胖很胖。大家平时都开玩笑地称他为"胖子"，他也不生气。在拍《燎原》到安源煤矿体验生活时，我们看到整天生活在井下的煤矿工人，几乎都是瘦骨嶙峋，他们从来没有见过胖子，尤其是像顾而已这样体型的人。我们初到矿区时，当地的群众，特别是孩子们，只要一看到他出门，他的身后就会跟着一群人，那些围观的孩子们一边跟着看，还一边哇哇地叫着，像当年城市里看西洋镜那样热闹。在矿区，顾导平时因"胖"而生的尴尬还算不了什么，而在工作上因"胖"而生的不便就带来了许多困难。首先他为了拍戏经常要进入矿区，在矿洞中，就是我们这样体型正常的人都会感到呼吸困难、行动艰难，不要说他了，只见他每行一步都要付出很大的努力。这部戏虽说是联合导演，但一些重大的问题必须由张骏祥导演来定夺，而张导是个十分严格的人，如果稍有差错或质量达不到要求就会"挨尅"。顾导是执行导演，压力是显而易见的。让人十分钦佩的是，顾导不仅微笑着承受这诸多的困难，而且还很好地完成了《燎原》的拍摄任务。

1970年，我们这些所谓的"臭知识分子"和一群"牛鬼蛇神"都被下放到干校。一天，我正在劳动，忽然听到一阵骚乱，有人在叫"有人自杀了，有人自杀了"。我看见一群人抬着一副沉重的担架从我面前急奔而去，我亲眼看到，担架上躺着的正是含冤而去的顾而已！他承受了大半辈子的痛苦，他总是笑对面临的许多困难，但这次他终于忍受不住，用一根细细的绳索让自己找到了解脱。

《燎原》描写的是煤矿工人大罢工的故事，是一部反映重大历史题材的故事片，因而要张骏祥局长亲自挂帅。对我来说，则无疑是又一次压下一副重担。我根本没有这种生活经历，剧中人物的遭遇离我太远太远，这种状况对我们整个摄制组来说都是如此。因而尽快地到生活中去，去熟悉煤矿工人，了解旧社会煤矿工人的生活、劳动状况，就成为我们全组人员的迫切任务。接任务不久，我们全组人员就到了号称煤城的安源煤矿去体验生活，尽管这次体验生活的时间不过短短的十天半个月，但对我们全组人员来说却像经历了整整一个时代。

我们参观了矿区，访问了烈属和矿工家属，听他们讲述了许许多多有关旧社会矿工悲惨生活的情景和在党的领导下站起来与资本家作斗争的可歌可泣的事迹。听了这些故事之后，我对矿工的生活有了一点点理性的感受，但要我写出一部反映矿工生活斗争的电影音乐，仅凭这点感受是远远不够的，还必须到那使我感到神秘莫测的矿井中去亲身体验一下。

接到下矿井参观的通知，这一夜我没有睡好。在矿区，一般讲女性是不可以下矿井的，我得到这次破例照顾的机会，感到十分的激动。第二天一大早我就起来了，穿上了矿里为我们准备好的又长又大的矿工服，让我想起了12岁初到延安第一次穿上军装的情景，觉得自己是再一次去接受脱胎换骨的体验！我穿好了矿工服，套上了长统靴，头上还戴了一盏矿灯，脖子上围了一条雪白的毛巾，这时我觉得自己还真有点像是一个矿工了。

在总坪巷口，我们摄制组的主创人员十余人，乘上矿里为我们准备的一列运煤列车，很快地驶进了巷道。随着这条巷道的逐渐缩小和光线的减弱，我们的谈笑声也逐渐消失了，我好像觉得自己的心脏跳动也越来越慢了……

车停后，我们小心翼翼地从煤斗车里爬出来，向导又把我们带上了一部四面凌空的电梯，矿工们称它为"罐笼"，它把我们一直带到了矿井的最底层。据说从这里到地面，要比上海24层的国际饭店还要高许多。因为我们将要拍摄的是一部历史题材，是描写旧社会矿工的电影，所以我们将要参观了解的主要是旧社会的情景。出了"罐笼"之后，向导把我们带进了一条解放前遗留下来的旧矿道。我们这群长期生活在城市里的人原本就不习惯在黑暗中行走，而在这矿道里，漆黑一片，脚下全是高低不平的煤炭，还要不时躲开那两边驶来的煤车，所以走得非常缓慢而且十分吃力，在走到稍有点坡度的矿道时，就会像爬上高山似地喘不过气来。巷道越来越低矮，开始时，像我这样的小个子还能弯着腰弓着背前进，渐渐地我们一个个都不得不趴下身子，在这狭小的矿道地洞里爬行。这时，我感到浑身无力，呼吸困难，每爬一步都要用尽浑身的力气，我甚至感到死神离我很近很近，随时都可能永远睡在这漆黑无光没有空气的矿道里……

就这样爬着爬着，我猛然想起剧中的一句台词："我们一天到晚用四只蹄子给资本家干活！"是啊，在那黑暗的年代，矿工们就是这样长年累月地在这空气稀薄黑暗狭窄的煤洞里干活，他们嘴里咬着昏暗的矿灯，双手拿着岩尖镐，背上背着煤斗筐，挖着拖着，拖着挖着，他们饥肠辘辘，骨瘦如柴，赤裸着被煤炭染黑的身体，煤渣嵌进了他们裂开的皮肉，血水渗透了乌黑的煤层，直到生命的结束！随着这一幅一幅浮现的悲惨景象，我仿佛听到一个低沉悲怆的男低音的音乐旋律在我胸中涌动着——"血海深仇万丈深，矿工的生活要比牛马苦三分，吃的是阳间饭哪，干的是阴间活啊，到何时拨开乌云见青天？"这是矿工悲愤的呼号！随着我们慢慢地爬行，前方终于透出一丝光明，这情景就好像安源煤矿工人在党的领导下组织起来进行抗争，给人带来了希望。我好像听到了他们反抗的号角：

"我们不是牛马，我们是人！兄弟们快快觉醒，斩断铁锁链，铲除压迫，大家团结一条心！"

就在这漆黑的煤洞里，就在我感受到死亡威胁和看到光明的霎那间，我真实地体会到了矿工的苦难和他们要反抗的强烈愿望。我也找到了创作这部电影音乐的灵魂和音乐的基调，这是我从煤矿井中得到的灵感和启迪！

这部戏的拍摄工作非常艰巨，不仅要拍出旧社会煤矿工人的血泪史，还要拍出矿工们在党的领导下奋起反抗的斗争精神。张导虽因忙于行政领导不能每天都盯在外景现场，但当拍到重场戏时，他总会亲临现场指挥拍摄，后期工作则完全由张导亲自执行。在这个摄制组，我仍是兼任了支部书记的工作，所以参加了不少拍摄工作。由于认真深入生活，对矿工的生活斗争体会得特别深刻，我自己认为这次的音乐创作很有激情。但张骏祥导演和谢晋导演一样，从来没有当面夸奖过什么人。若不是后来周小燕告诉我说："骏祥总在我面前夸你很聪明，理解力很强……"等等的评价，我还一直在纳闷自己的工作是否称职呢？！

缺乏自信，对自己永远不能满足，要更多地看到自己的不足，这就是我的性格。直到现在老了，还要躲在像秦怡、周小燕、张瑞芳等老大姐后面是我的习惯。我有时在寻找这种性格的由来，或许由于从小在革命队伍里成长，没人娇惯，经常受到严厉的批评与指责，自认为自己永远是最小的。这是我软弱的一面。实际上经过几年的锻炼，经过和谢晋的几次合作，特别是经过和史东山、张骏祥这样严厉的父辈导演的合作，我在音乐创作的道路上正在逐渐走向成熟。我在一步步地学习驾驭一些和自己软弱的性格及瘦小的外表完全不相称的重大题材，我的音乐创作风格也从擅长柔软细腻而变得更加雄壮了，以至还被人误认为"黄准"是男性，称我为"叔叔"、"伯伯"的观众来信也越来越多。

三、吴永刚，一位可亲可近的大导演

吴永刚是继史东山、张骏祥两位之后与我合作的第三位前辈导演。他1907年出生，比我年长了近20岁，比张骏祥还大了3岁。吴永刚不像张骏祥有那么高的学历，他是在电影厂的拍摄现场，从练习生、当杂工开始一点一滴地干起来的。开始时，服装、道具、化妆样样干，后来当了6年的美工师，直到他26岁时拍摄了第一部无声影片《神女》，一炮打响，并一举成名。在我1955年和他合作《秋翁遇仙记》时，他已经拍了《小天使》、《壮志凌云》、《离恨天》、《摩登地狱》、《迎春曲》以及到上影厂以后拍的《哈森与加米拉》等近20部电影。

同样是与前辈导演合作，可是我与吴永刚的合作，得到的感受却与前面两位前辈完全不同。前面我已写到，在我和史东山、张骏祥两位导演的合作中，一直潜在地有着一种紧张的、心惊胆战的心理状态，就像一个孩子面对着严厉的父亲，尽管他们对我的工作都给予了肯定，也从未在我面前发过脾气、瞪过眼睛，但那种恐惧、不安的心情始终跟随着我，让我处处谨慎，让我整个人都绷得紧紧的，不敢放开。但吴永刚不同，自我从他手里接过剧本，从我第一眼看到他，就给我一种宽松的、谦和亲切的感觉，让我的思想完全放松，从而也让我的音乐想象就像长了翅膀一样自由飞翔！

1955年，我刚完成《淮上人家》不久，就接到通知要我接受《秋翁遇仙记》的创作任务，并和导演吴永刚见面。我接过剧本一看是部古典神话故事片，顿时就心花怒放，乐开了怀！自我1950年接受第一部故事片以来，所接受的任务全是重大题材，不是战争片就是斗争片，它们让我如同背了好重的担子一样，写得气喘吁吁，好累好累。而这部优美、轻盈的神话片，让我感到轻松，感到快乐。或许是因为我对剧本产生好感的缘故吧，对初次见面的吴永刚导演，也倍感亲切。当时吴永刚导演已经五十来岁了，脸庞总是露出祥和的微笑，戴着深色眼镜，潇洒地抽着一个大烟斗，好一副绅士派头。在他面前，我完全放松了自己，对即将创作的这部电影音乐，也是信心十足，还肆无忌惮地提出了一大堆设想和要求。

《秋翁遇仙记》这部电影是根据《今古奇观》中《灌园叟晚逢仙女》改编而成。传说有一位老秋翁，一生爱花如命，整日忙碌在花园中，把花园整理得十分美丽；一天，老秋翁从恶霸张衙内的管家张坝手里，买回一棵已三年不开花，眼看就要枯死的牡丹；这棵枝叶枯萎、憔悴欲死的牡丹，在老秋翁的细心护养下，居然被救活，并且开花了；此事一经传出，引来远近乡邻的赞赏，哪知这事被张坝知道后，向秋翁敲诈未成，就起意陷害秋翁；秋翁得到牡丹仙子的帮助，惩治了恶霸和贪官；秋翁和乡邻再回到园中时，只见百花开得更加鲜艳，天空传来动人的仙乐，在祥云缭绕中，众仙女纷纷出现，她们轻展舞姿、曼声歌唱，呈现一片和平景象和看不完的美好春光。

我非常欣赏这个剧本，尤其是剧中牡丹仙子出现的场景令我格外地喜爱。我好像已经听到了那在祥云缭绕中飘来的仙乐，产生了很大的创作欲望。更令我欣喜的是，在和导演的交谈中，我们的看法非常一致。

《秋翁遇仙记》是一个古代的神话故事，我觉得这部影片的音乐风格，也应该是古老的、传统的，而且应该是最具典型性的中国民族音乐，而不需要强调某一地方风格；我觉得中国的昆曲和京剧是我国历史最悠久的剧种，它们的音乐最具有民族性、代表性、完整性；我还觉得为了要更突出仙女的形象，保持音乐在影片中的完整性，希望凡是仙女的戏都能用歌声来表现……我一口气向导演提出了这么多想法，正在担心自己的要求是否过分的时候，没想到吴永刚导演竟完全同意我的观点，并且答应亲自来创作歌词。这个允诺使我感到意外，因为我从写作电影音乐以来，还没有遇到过一个导演对音乐、对歌曲如此地慷慨过。而吴导不仅在观点上同意我的看法，而且在具体操作时，给了我最大的支持。

记得还是在鲁艺音乐系学习的时候，当时我只有十三四岁，就曾对京剧、昆曲产生过很大的兴趣。那是因为在系里有位从北京来的同学，对京剧昆曲十分精通；另外，在鲁艺旁边的山沟里还有一个"延安京剧团"，我们可以经常听到他们唱京戏。受这影响，在那段时间里我几乎成了一个"戏迷"，天天求着那位同学教我唱京戏唱昆曲，什么西皮、二黄，什么"苏三起解"、"霸王别姬"，又是梅兰芳、周信芳……但毕竟那是十几年前的事情，尽管对学过的那些唱段至今还有印象，但要在电影音乐创作中仅仅借鉴这一些素材是远远不够的。于是我向导演提出到京剧院去学习收集资料的请求。此后，我几乎整天泡在京剧团的资料库里，听京剧、听昆曲、看曲谱，从唱腔到曲牌都细细研究一番，再一次地迷了进去。面对这丰富多彩、优美动听的音乐，我深深地感到这古老的剧种真不愧是我国戏曲中的精品，是宝藏中的至宝。然而，这些宝藏怎样才能为我所用呢？取其精华剔其糟粕，这是原则。但怎么取，怎么弃，什么是精华，什么是糟粕，这都是我的课题。

一般电影导演在筹备阶段都忙于组建摄制组，选外景，挑演员，分镜头等工作。根本顾不上考虑音乐问题。但因为吴导特别重视，所以他在百忙中抽了许多时间来考虑音乐问题。经过再三研究，影片中创作了三首歌来表现仙女对秋翁不辞辛苦、爱花护花精神的歌颂和爱戴。为了让歌曲能更紧密地配合剧情，他答应过亲自来写歌词，不久，他给了我三首歌词的初稿：《花朝前夕》、《月夜仙踪》、《仙女散花》。这三首歌词初稿，显示出他深厚的古典文学修养，歌词写得很美，很流畅，给了作曲者许多创作的想象余地。尤其是《月夜仙踪》一首，我非常喜欢。但导演自己并不满意，还特地邀请了他的老朋友黎锦晖先生帮他一起来完成。黎锦晖是中国流行音乐的鼻祖，他在20世纪二三十年代所创作的歌曲就已红遍了中国，几乎没有哪个人不会唱几句"秋香秋香"、"小麻雀，你的母亲哪里去了？"、"我们总是首创革命，革命血如花"。他写的《葡萄仙子》给人留下了极深的印象。总之，邀他这位老前辈来参与歌词的创作，说明吴导对这部电影音乐的重视程度了！这时作为导演和改编者，他已完成了他应做的一切，应该说是做得很多很多了。那么，下面我该怎么做呢？

首先，我认识到我即将要进行创作的是一部神话故事片，而不是戏曲片。我要写的唱段是歌而不是戏，因而我在创作时不能套用某一个唱段，而应该从总体风格上去吸收这些戏曲音乐的韵味、音调进行的特点和它们的风格。在这部影片中，我应该写的是三首有着极强的民族色彩和中国风味的电影歌曲。

回想当年，自己真是"初生牛犊不怕虎"。在这之前我根本没有什么创作经验，这才是我接受的第四部故事片啊！我过去写的电影歌曲加起来还没超过五分钟：《淮上人家》歌曲一分钟，《小猫钓鱼》两分钟，加上《留下他打老蒋》，总计不到五分钟，而且都是短小简单的歌曲。而现在摆在我面前的是部音乐性极强的歌舞片，音乐和歌曲在影片中占着极重要的位置，歌曲的长度要超过过去的总和的一倍，且对影片的质量起着非常关键的作用，我能胜任吗？可在当时我根本没有考虑过这么多，面对这两位大师，面对这部电影，我竟毫无畏惧，信心十足地进入了自己的音乐创作。

或许是因为歌词写得非常有意境，或许是因为对民族音乐的旋律我已深刻地印在了自己的脑海，所以在写作时非常顺利地完成了这三首歌曲的主旋律。后来在编写合唱时，我也特别注意到了合唱的民族化问题，所以更多的采用了女声领唱和伴唱的形式，并用了比较民族化的和声进行。经当时的上海合唱团试唱后，导演、摄制组以及厂领导都非常赞赏，认为这三首歌曲帮助和配合电影更突出了仙女的善良、美和抒情。导演更是为了突出音乐，在这三场戏中删掉了对白，去掉了效果杂声，全部用歌声来烘托仙女那优美舞姿和轻盈、纯洁的形象。在创作后期音乐和写歌曲伴奏时，作为一个作曲者我当然得首先注意音乐与剧情的结合，而这部影片中音乐的民族化也是我重点要考虑的问题。为此，我在这部电影音乐创作中使用了中西合璧的配器方法：即以西洋乐队作为背景、衬托，以民族乐器作主旋律色彩。在表现仙女的场景中，为了让音乐具有一种朦胧的、虚无缥缈的仙意，我在中西乐队中特别注重使用色彩性的乐器，像西洋乐器中的竖琴、钢片琴、钟琴、木琴等等，在中国乐器中，除了笛子、二胡等常规乐器之外，还特别使用了古筝、小镲锣、小铃铛、小板鼓等不常用的打击乐。记得当时编钟刚被发现，报上登出消息后，吴永刚导演还特地陪我到武汉去参观编钟，但后来因为编钟的体积太大太重无法搬运，我只能用西洋的打击乐来代替。总之，在导演的支持下，我顺利地写完了这部电影的歌曲和音乐。当然，和导演也不是没有争论，好像在处理恶霸张衙内的戏上，我们曾有过分歧。吴导演要求我用音乐来表现反面人物在花园里饮酒作乐和破坏花园的戏。可是我一开始就不肯写，我的意思是只想在这部影片中写美的而不写丑的。但经过导演一再说服之后，我还是服从了他的要求。我记得他为了要我写这几段反面形象的音乐，就像大人哄孩子一样地耐着性子来说服我。有一天，还特地把我约到摄影棚，让我看拍戏。原先那么美丽的花园被张衙内这群恶霸打得稀烂，桌子翻了，凳子倒了，花全残了，秋翁被打得倒在地上，让人看得心痛。吴导让我看到了美与丑、善与恶的对比，最终我答应了他的要求。为写这几段反面音乐，我参考了戏曲中表现小丑的音乐形象，用了中国戏曲中的各种打击乐器和节奏来表现。事实证明，当年吴导演的要求是正确的。正因为有了这么几段反面形象的音乐，全片的音乐更加完整，也加强了对比性，从而更突出了抒情的一面。

让我感到非常意外的是这部影片公映不久，这三首歌就被录制了唱片，一度风靡全国，在街头的商店、公共交通工具上，只要有广播的地方，都会听到这优美的歌声。记得有一次，我从北京回上海，在火车上听到在放这部电影的歌曲，当列车员知道我就是歌曲的作者之后，激动得一定要把我拉去和乘务员们见面，我又一次享受到自己的作品被人喜爱的那种幸福感。

不幸的是，影片放映不久，在反右运动中吴永刚被错划成右派，这部电影也被诬陷为反党反社会主义的大毒草而遭禁演，唱片也被停止发行。从此，我自己再也没敢拿出来自我欣赏。但在我心中却一直喜爱着这部电影和这三首歌曲。至今为止，我仍然把它们看作是我作品中的精品。在纪念吴永刚百年诞辰纪念会上，这三首歌曲被再次演唱，让我感到十分高兴，也更加怀念我的前辈吴永刚导演。

四、西双版纳历险记

1958年，全国处在大跃进的浪潮中，电影厂也不例外。一切都如同脱缰的野马，狂奔乱跑，只求数量，不求质量。地球似乎也可以离开轨道任其乱转。那时，我刚写完电影《苗家儿女》的音乐，接着和吕其明、肖珩两位同志合作完成了《钢花遍地开》、儿童故事片《兰兰和冬冬》，又与寄明同志合作完成《上海英雄交响曲》，并独自完成《千女闹海》及艺术性纪录片《新安江上》。一年中完成了这么多影片的音乐，质量就很难求高了。除了《兰兰和冬冬》中的一首插曲《太阳一出满天红》，曾一度在儿童中流传外，其他歌曲和音乐都没有产生多么大的社会影响。

不过，在写《千女闹海》音乐时，我和导演天然及摄制组的同志们一起出海的那段生活，倒给我留下了深刻的印象。那天，我们在舟山群岛，登上了渔轮和渔民一同出海去打鱼，没想到遇上了八级大风；在那一望无际的大海中，风浪把几吨重的机帆船抛上抛下，许多人受不了风浪的肆虐，不一会工夫便呕吐起来，有的人则躺在铺位上动也不敢动；独我一个女同志却坐在船头，怀着好奇和欣喜的心情，看着渔民们把渔网投进大海。不一会儿，渔民们把那满载着鱼虾的大网拉上船来，那金色的黄鱼、银色的带鱼，还有那活蹦乱跳的虾、蟹……收获真大！辛勤的劳动结束后，我们又和渔民们一起吃着那鲜美的鱼蟹，非常非常有趣。

不久，我和肖珩合作，要为傅超武导演的故事片《香飘万里》作曲。这是一部反映上海的科学工作者在云南热带雨林中经过许多艰辛，终于找到了充足香源的故事。为拍摄这部影片，我们和导演等人组成一支小部队到了云南。傅超武是从山东南下的老干部，是一位很有才气的艺术家，但脾气很暴；我曾和他合作过电影《前方来信》，在合作中我们常常会因为有不同看法而"吵架"，好在大家都是"无心人"，吵完就算，照样地合作下去。

云南，在我心中有一种神秘感。我听过许多有关云南少数民族的故事，也看过不少在云南拍摄的电影，常为没有机会亲眼目睹而感到遗憾。这次有机会去一饱眼福，心情非常激动。

我们先坐火车到了贵阳。那时成昆铁路还没全部修通，途中许多路段的地基也不够坚固，火车经过较陡的上坡时，为了让火车减轻负担，旅客们必须下车，跟着火车一齐走。车速之慢，居然和人们行走速度差不多。一路上是过不完的山洞，有时通过山洞时，窗户来不及关，浓烟弥漫车厢，呛得大家咳嗽不已。好不容易才抵达贵阳。贵阳是我童年生活、斗争过的地方，对它有着特别的感情。我抽空出去观光了一下，可是年代太久，变化太大，儿乎一点也不认识了。

从贵阳到昆明我们改乘了飞机。这是我第一次乘坐飞机，感觉特别新奇。飞机上升到高空后，就一直在白色的云层上飞行，我觉得自己像坐在地毯上一样地舒适。由于我们急于赶往目的地西双版纳，在昆明只住了一天。虽然那豪华的翠湖宾馆和美丽的翠湖公园都很令人留恋，但我们不得不在第二天一清早就出发。

当时从昆明到西双版纳还没有开辟航线。唯一的交通工具是长途汽车，路程需要整整4天。有关这一路的惊险情况我们早已听到不少传说。不过既要出来生活，就必须勇往直前。冒点风险又算得了什么呢？但心理的紧张总是难免的。好在这次虽然只有我一个女性，但还有好几个同伴，要死也死在一起！带着这种心情到了车站，听说车有毛病正在修理。好不容易车开了，可是刚开出大约十几公里，司机发现车又坏了，只好停在路上再修理。大家都觉得这是不祥的预兆，心里更加紧张了。但这又有什么办法呢，反正把命交给他了。修了好一阵子，车又上路了。开始道路还算平坦，乘客们为了减少点紧张气氛，一边谈笑一边观赏两边的风景来转移注意力。这里的风景，的确是名不虚传。公路的两边是茫茫绿色、郁郁葱葱，路上的行人，却不断变换着服饰。因为一路上要经过许多不同少数民族的区域，真像传说中的那样，车行数十里，看到的行人就变换了一种服饰；眼前闪过的是一忽儿白色，一会儿红色，一会黑色，再过一会儿又变成了蓝色；服装的式样也在不断地变化，一会儿长裙，一会儿短裙，连腰带、头饰也不同。真是千变万化，美不胜收，各具特色。遗憾的是我无暇去研究这不同的服饰和颜色各自代表什么民族，也不可能下车和他们交谈……但能见到这种情景已使我十分满足了。

第一天平安无事。黄昏前后到达了第一个中途站，我们就近找了一个旅店住下。第二天一清早继续赶路。这天的路程就更加艰难了。汽车一直往山上爬，公路又弯弯曲曲，几乎每一个弯都是180度，总有一种前面疑无路的感觉；还更担心会与前面开来的车子相撞，会车时，手心总捏着把汗。当汽车渐渐开到山顶时，山下的树林和行人变得越来越小，而身旁则是滚动的云雾，好像车子穿云而过在空中行驶一般。突然，不知谁尖叫了一声，打破了由于紧张而造成的沉寂。大家定睛向下一看，原来山坡下翻倒着一辆汽车，有的尸体已抬到公路边，还有人围着尸体在恸哭。一阵喧哗之后，车上鸦雀无声。

当晚，我们就在小车站附近找了一个小客栈。这时，天已完全黑了，我随着一些素不相识的女旅客摸到了一个木屋的楼上。那楼梯和地板的木头只要人一踩上去就咯咯作响。店主告诉我们，前面一间就是住房。那是什么住房啊，房内漆黑，我打开手电，看见那屋内只有一条大统铺，再掀开被子一看，被头上的油污厚得已经发亮，一股使人难受的气味向我袭来。尽管在战争岁月里，我曾多次和老乡住在一个炕上，甚至睡在草堆里，身上也长过令人感到"光荣"的虱子，但战后优越的和平生活，已习惯了舒适整洁的环境。所以，我怎么也没有勇气爬上那大统铺，更不可能钻进那油腻有味的被子里去。只得和着衣服在木凳子上坐了一宿。第三、第四天的路途还是那么惊险，公路还是对我们那么不客气，越走越窄，山是越爬越高。也许是习惯了，不再去想它，反正把命豁出去了，这样心情倒反而平静些。当大家都在抱怨设计公路的工程师时，我却暗暗钦佩这一带的汽车司机的灵活机智和熟练高超的驾驶技术。

第三天夜晚我们住在思茅（现改称普洱）县委招待所。房子整洁多了，我安心地睡了一个好觉。思茅是有名的普洱茶的出产地，但我们没有时间去品尝它。在第四天的下午，我们全车人终于平安地到达澜沧江边，过了江就是目的地了。因汽车要开上一条大木船摆渡过江，所以乘客们要全部下车等候。这时的心情是多么舒畅啊。大家忘记了一路上的艰险，开始说说笑笑、打打闹闹，有的人兴致来了，跑到江边去观赏那奇丽的景色。我也随之走了过去。看到了江对岸许多傣族妇女，她们穿着色彩鲜艳的长裙，有的担水，有的洗衣，更有一群妇女径直走向江心，她们边走边把身上的裙子往上拉，一直拉到头顶为止，身体则全部淹在水中，后来我才明白，她们是在江中洗澡！这绝妙的动作，既不会打湿衣裙，身体又不会露在外面，真算得上是澜沧江上的一道风景线啊！

过了澜沧江，就是我们要去的西双版纳了。我们住进了自治州的招待所。使我十分高兴的是，在这里我不再是单身一个女同志了，我有了一个很好的同伴，她就是《五朵金花》等影片的作者、女作家季康。她对云南非常熟悉，给我介绍了许多云南的特点，讲了许多少数民族传奇故事；她还会唱不少云南民歌，给我生活中增添了许多乐趣和方便。

我和导演傅超武曾经合作过《前方来信》，所以相互比较了解，这次再度合作，就不感到那么生疏。我们在西双版纳，一起参观了寺院。那尖顶的寺院里，又大又黑，里面只供了几尊佛像，却挂了许多旗幡。庙里除了一些大和尚外，还有不少小和尚，年龄不过七八岁、十来岁。我感到奇怪，为什么傣族有这么多人信仰宗教？后来有人告诉我：傣族男孩到寺院当和尚就像我们汉族上学念书一样，他们在里面学习傣文并得到文化知识的教育。我们又到傣族人民家中去访问。他们都住在竹楼上。楼下和苗族一样是堆放柴禾和豢养家畜的地方。一天，我们登上一个傣家的竹楼，家中有两位老人在聊天，他们一边嚼着槟榔一边谈着，见了我们之后，他们客气地让我们也尝尝槟榔的味道。原先我认为槟榔是又香又甜的水果，这次一尝，天哪，太难吃了！它原来是一种像烟草一类的东西。把切碎的槟榔晒干后，用叶子包起，然后再放上一点白色的石灰。在嘴里嚼时，不断地流出像血一样的红水。据说嚼得越多牙齿就越黑，而黑的牙齿，他们认为是美的。这次，我就怎么也不能"随俗"了。

　　为了收集音乐舞蹈素材，我们常到民族歌舞团去看他们表演。有一次，我们刚走到歌舞团门口，一个上下都穿着黑色衣服，并披着黑色长发，有一口黑牙的女人，身后背了一个箩筐窜到我面前，把我吓了一跳。文工团的同志告诉我，这是倭尼妇女。从前因为傣族是一个强大的民族，把原来居住在这里的倭尼人全都赶到山上去。因而在过去他们白天是根本不敢下山的，现在也很少下来，偶尔有人下来做点买卖的事，今天这个妇女就是来卖菠萝的。

　　在西双版纳期间，我们不仅欣赏了亚热带的美丽风光，听说了不少民情风俗，而且有幸品尝了许多热带水果。最使我稀罕的是菠萝蜜，它挂在树上就像挂着一个个大西瓜；除了它的肉质水分多又十分香甜外，它的籽就和花生一样有味道。后来我虽然又跑了许多地方，但再也没有看到、吃到过它。

　　听说西双版纳最美的地方是橄榄坝。因为当时那里还没有修公路，只有水路和山路，交通极其不便，无法作为我们的外景地。导演认为既然不能去拍摄就不必去了。我是一个好奇心极强的人，再远再险也想去看看。我便和肖珩商量我们自己去。正好，这时另一个摄制组的导演徐韬也想去。于是我们相约，并请了一位文工团的同志作向导，一起出发去橄榄坝。去的时候，我们雇了一条小船，船的形状很特别，像一片又窄又长、两头尖尖的树叶，用"一叶小舟"来形容一点不错。船的中央有一小块四方形的空间，放着一个小方桌，船主关照我们，每条船只能坐四个人，每人一方，不能乱走乱动。如果一旦失去平衡，就可能因翻船而葬身水底。因为澜沧江的水源来自雪山顶上，水温极低，水流又急，水性好的人，若掉进江里也难以逃生。我鼓足勇气跨上小船，同船的除肖珩外，还有导演徐韬和范莱同志。我们带了充足的食品，还带了扑克牌助兴。一路上玩着、谈着、吃着，一面观赏着两岸的风光，好不快乐！但我们始终记着，要保持船的平衡，绝不能乱动。一天很快过去了，我们平安地到达橄榄坝。这里既没有招待所，也没有旅店。当晚我们就在一个草棚里，胡乱地在草堆里和衣过了一夜。第二天一面参观橄榄坝的村落，一面又请文工团的同志为我们找来了一些傣族群众现场演唱、演奏。

橄榄坝真是一个美丽的地方，村庄整洁美观，一式的小竹楼排列得整整齐齐。每一幢房子都用树木隔开成为正方形，就像树丛中一座座华丽的别墅。树上累累的果实，把枝头压得很低，从树下走过，似乎抬头便可吃到。这里的寺院外观也特别好看，旁边的棕榈树又粗又高，独显其古老的风姿，为这美丽的橄榄坝增添了动人心魄的景观。这里的土地肥沃，就连那普通的黄瓜也比我们平时所看到的大得多。难怪这里的人很悠闲，因为这里的自然条件太好了，根本不需要深耕细作。一年内只要播一次种，就能得到丰硕的收获。所以他们有许多空闲时间，青年们可以谈情说爱、唱歌跳舞；而老年人则在竹楼上喝茶、嚼着槟榔谈天。晚上我们又请了傣族老乡为我们唱了许多民歌，直到深夜。可惜我们不懂傣语，也无法记录，只留下了美好的印象。

我们带着十分满足的心情准备返回西双版纳。可是回去是逆水，小船无法行驶。只有一条山路可走，而且足足有九十华里的路程！因为途中没有地方可以住宿，我们必须在一天内赶回住地。我和肖珩及文工团的一位向导，一大早没等天亮就出发了。开始我们有说有笑，吃着行前准备好的竹筒糯米饭和白烧鸡（傣族人惯吃的食物），穿行在山间的大森林中。中午，我们找了一块空地进行野餐，虽然那饭菜因天热已经有些发酸了，但是我们却感到十分美味。饭后顾不上休息就匆忙赶路。那走不尽的路，爬不完的山，让人疲惫不堪。到了下午三四点钟，我的两腿发软，连抬脚的力气也没有了，已经筋疲力尽。干粮已经吃完，水壶也空了，但我们绝不能停下来。幸好那位文工团员身上带着孩子吃的钙片，他从口袋里搜出几片，分给每人两片，我们就像吃了什么仙丹似地，顿时增加了活力，继续向山上爬行。快黄昏时分，我们才爬到山顶。到了山顶上，我们看到一片平坦的菠萝田，那一颗颗金灿灿的菠萝，对于我们这几个又饥又渴又累的人，是多么有诱惑力啊！但我们总不能去偷啊！总算我们幸运，在这荒无人烟的高山顶上，竟然有一位傻尼老乡在那里摆了一个菠萝摊。我们像得到了甘露一样，美美地饱餐了一顿。听那老乡说，我们已经走完七十里上山的路程，还有二十里下山路。俗话说"上山容易下山难"，但因刚吃了一肚子菠萝，增加了热量，没费大力气就走了好几里地。

可是，天黑下来了。我们只好摸黑，跌跌撞撞地往山下跑去。在快要到达目的地时，听到有人呼唤的声音，原来是老傅和当地的同志见我们这么晚还没有回来，担心会出什么事，就打着手电来寻找我们了。他们的友情使我们减去许多疲劳。不过在这之后，我的两条腿足足酸了一个多星期。结束了云南之行，我怀着丰收的喜悦返回上海。

《香飘万里》的剧本一直存有争议，虽然没有流产，但影片拍好之后并没有普遍放映。时至今日，影片带来的遗憾早已淡忘，而这次西双版纳之行却给我留下了抹不去的记忆。

五、我和谢晋的五次合作

2008年，真是多灾多难。先是禽流感来袭，后又发生四川汶川大地震，继而全球刮起金融风暴。我也因病住进了医院。

10月18日的中午，这时我刚做手术还不到一个月，正躺在医院病床上午睡，一阵电话铃响把我吵醒，是什么人，怎么中午来电话？一般人都知道医院的规矩，午休时间是不会打电话来的。这时传来对方急促的声音，他说："我是新民晚报的记者，要告诉你一个不好的消息，谢晋导演今天上午在他的家乡不幸逝世了！""什么？"我在电话里大叫了一声，不知该说什么，过了半晌才喃喃地叨咕着："怎么这么快，怎么这么快……！"我不知道那位记者什么时候挂的电话，反正记得接下去我哇哇地大哭了一场。怎么能不哭呢？

1. 初识谢晋，合作中国第一部体育片《女篮5号》

我和谢晋从1957年开始，一直到1984年，在这二十余年中，我们共合作了5部电影，一起度过最艰难的创作孕育过程，也一起享受过创作成功的欢乐，还一起经历了受"批判"时期的痛苦。在这二十余年中，只要摄制组一成立，或许是摄制组还没成立之前，我们就会在一起研究剧本，讨论创作，深入生活；无论是在高山峻岭，或是天上地下，都会滔滔不绝地讨论着各种问题，当然更多的是谈剧本谈创作，有时也会海阔天空，谈古论今。他告诉我他怎样从中国古典文学中学习中国艺术的博大精深；他说他为学习外国电影的技术，常常在剪接机上一个镜头一个镜头地拉片子；他还跟我谈徐霞客，谈《水浒》，谈《三国演义》，谈《红楼梦》……

1957年初夏的一个黄昏，我家来了一位陌生的客人，戴着黑框眼镜，中等身材，声音洪亮，他自我介绍是上海电影制片厂的导演谢晋。因为我是作曲，除了开会、工作，一般是不坐班的。而我进厂才不过三四年，只认识已合作过的几位导演和摄制人员，其他没合作过的一概不认识，当然也不会认识谢晋。

谢晋自我介绍之后，言归正传。他来拜访的目的是要我为他的新片《女篮5号》作曲，还带来了剧本。我这人性急，一听说是部体育片，没等他说完，就"不行不行"地一口拒绝了他。我从小最差的是体育，记得有一次在学校练"跳远"，我一跳就摔了一大跤，后来发炎，膝盖上留下了一个大疤，好难看。那一两年中都不敢穿裙子。好在我后来到了延安正好没有裙子穿了。

谢晋没睬我这一套，只管介绍他的剧本，说这不是一部体育片，而是以抒情为主题的故事片，它主要描述的是母女两代人的爱情和生活……等等，等等。谢晋的说服力特强，没多久就把我说服了。当时我丈夫吕蒙在旁边也听得津津有味，反过来帮助谢晋说服我，竭力主张我接这部片子。"那好吧。"我说，"那我就试试吧。"为了创作这部电影，我为刚出生几个月的小女儿请了奶妈。

事后我才知道这是他独立创作的第一部片子，对他来说是至关重要的，而当时我一无所知，如果我知道这么重要，我可能会更坚决地拒绝他。接下来，我就一直跟在谢晋后面跑东跑西了。

为体验生活，我记得我们先到了苏州，那是剧中主要人物生活过的地方。苏州本是我妈妈的故乡，我曾在这里度过了快乐的童年。然而，那时毕竟年龄太小，记忆中只是孩提时候的那些童趣，对苏州这个社会我可以说是一无所知。我们住在一个小旅馆内，我和大明星秦怡住在一个房间。演男主角的是大名鼎鼎的刘琼。因为我是从解放区来的，电影看得很少，所以对解放前国统区的明星都非常不熟悉。现在我和他们就生活在一起，才知道他们原来竟是多少人想见却见不到的人。我们走了不少苏州的大街小巷，还在茶馆里听了充满江南情调的"评弹"，看到了"苏州人"那种特有的闲情逸致，以及茶馆里那种悠闲地泡杯茶、谈谈山海经的苏州特色。我们又到过许多体校和运动场，也看了运动员的比赛，这才知道运动员的生活原来这么多彩。尤其是那些女运动员们，充满着欢乐，充满着活力和青春朝气。我们和他们朝夕相处，那单纯、明快的气息连我都感到朝气蓬勃了。

在这种气氛的感染下，我和导演除了设计许多音乐的片断外，我觉得影片中需要一首运动员自己的歌。我要求导演在电影中加一首表现女运动员生活的歌，并建议在火车上那场戏中由运动员自己来演唱。谢导欣然接受了我的建议。于是，我请了诗人芦芒作词，取名《青春闪光》，写好后我把歌曲旋律唱给谢导听，他十分满意，并专为这首歌增加了镜头。在拍摄时，我也亲自到场，帮助导演在镜头调度时，更好地配合歌声的节奏与唱歌的口型。出人意料的是，我这个体育运动的门外汉，对体育零知识的人，写出的"女运动员之歌"居然得到好评。《青春闪光》一曲在影片公映后不久就出了唱片，成为当时很流行的一首歌。我记得当时唱片的销售是版税制，发行得越多作者得到的稿费越多。所以在那段时间，我每三个月就能收到一笔不菲的稿费，真是意外的收获。

《女篮5号》后来获得了许多奖项——第六届世界青年联欢国际影片展览的"银质奖"、墨西哥国际电影周的"银帽奖"、第一届百花奖最佳故事片和最佳导演奖、第三届亚非电影节"万隆奖"，在国内外得到好评。对于电影在国际上获奖，我从来没过问过，好像与我完全无关。

《女篮5号》戏一拍完，刚做完后期不久，谢导又在筹备另一部体育片《海内存知己》。他就是这样，一部戏还没拍完，就在想下一部戏了，真像个孩子，嘴里的糖还没化完就想另外的一块饼干了。他非常重视这部戏，当时《女篮5号》的原班人马还没解散，我作为谢晋的基本创作人员，仍留在组里，继续更深入地体验生活。这几个月中，我们几乎一直生活在各种体育场所，生活在各位体育明星中间。因这部戏是表现举重运动员的，所以我们在北京体育场观看一场举重比赛时，居然有幸看到了我国举重运动员陈镜开第一次打破世界纪录的壮举，当时那种热烈的场面让我至今仍记忆犹新：运动员陈镜开兴奋地站上高台，这一刻国旗升起，台下是震耳欲聋的掌声和欢呼声。我是第一次经历这种场合——举重运动员就拿着一根铁杠子，这么举一举，居然会让这么多人欢欣鼓舞！我们和全场观众一样兴奋，为他高兴激动，忘乎所以！通常看比赛，谢晋总坐在我的附近，大概是因为我太无知了，他会向我解说许多运动的知识，我非常感谢他让我对体育发生了兴趣，增长了许多见识，也让我从此以后，会经常在电视里观看体育比赛，让我学会了享受运动的激烈、兴奋和美。

这次深入生活的时间比较长，因为谢晋和编剧一直在修改剧本，所以我们摄制组成员抽这个空档又抓到了许多深入生活的时间，并看了各种各样的运动项目。看了足球、篮球和乒乓，还看了游泳和跳水，让我最难忘的是一次我们到河南郑州去观看跳伞比赛。

我们摄制组住在跳伞基地，和运动员生活在一起。那时我好像还没坐过飞机，十分向往到天空中翱翔一番，去接近蓝天白云，正好摄影师要拍一些跳伞的资料，于是我要求和摄影师一起上飞机。本来这是决不允许的，但经不住我再三和制片主任软磨硬泡，终于答应让我一起上飞机看跳伞，我兴奋极了，摄制组只有摄影师、摄影助理和我三个人有这样的机会。我们穿上了救生衣，走上了飞机。这是一架面对面两排座位的小飞机，因为便于跳伞运动员往下跳，机舱门是开着的，坐开着舱门的飞机，这种惊险体验是一般人难有机会的。当飞机飞到一定的高度，飞机上的铃响了。跳伞员们早已穿好了运动衣，背上了折叠好的伞，脸上充满了兴奋。听到铃声，他们用极迅速的动作，一个个站好，然后打开钩子，动作敏捷、姿势优美而潇洒地纵身一跳。我想到机舱门口去，却被人拉住了，所以只好坐在舱口的对面，看着那一个个在天空中打开的五彩缤纷的降落伞徐徐往下飞、往下飞，跳下一个就多一个张开的伞，天空中像开满了鲜花，真是美的享受啊！我难以抑制兴奋和欢快，恨不得马上就写一首"跳伞之歌"。遗憾的是，这部戏化了谢晋的许多许多精力，等我们回到上海之后，却被宣布因为剧本有些问题，暂时停拍。其实，拍这部片子有风险，谢晋并不是不知道，因为其中牵涉到海外问题，这是一个非常敏感的问题。据说他年轻时曾踢过足球，因为喜欢运动，对体育有特别的爱好，所以拍了一部体育片后还要继续再拍体育片。记得他不止一次地和我讲起，他特别喜欢这个题材，海内海外的两个朋友很有戏剧性。因而明明知道有难度，还是要拍。真是"明知山有虎，偏向虎山行"。如果是处于改革开放的今天，他必定可以遂心如愿地拍了。可是处在那个年代，他的第二部体育片《海内存知己》就这样流拍了。

2. 拍摄《红色娘子军》的前前后后

摄制组解散以后，我不记得谢晋这段时间在做什么，他的心情又如何？1958年，正是大跃进的时代，是大炼钢铁、"亩产千斤"的年代。我们电影工作者当然也不能落后，于是我回到作曲组，和我的同事们一起大干起来。这一年中，我差不多写了六七部电影音乐，其中有故事片也有艺术性纪录片，真算得上是大跃进了。

过了一年，1959年初夏，一天我到厂里开会学习，刚进大门就听到有人叫我，是谢晋。我们似乎很久没见面了，我很高兴。等不到我向他问好，等不及问他的近况，他就抢先说："我有一个剧本要给你看，看你喜欢不喜欢？"我们有一年多没合作了，我当然很高兴，拿过剧本一看——《红色娘子军》，好亮的标题，我当即回答拿回去马上就看。他高兴地说："你看看喜欢不喜欢，愿不愿意为它作曲，尽快答复我。"我忙说："好的，我今晚回家就看……"

回到家中，我一口气就将剧本读完，并被它深深地吸引了！我震撼于它那传奇般的故事：从水牢里被解救出来，后来成了共产党员的女奴；化装成富豪，打进椰林寨地主庄园，最后在熊熊烈火中壮烈牺牲的党代表；几次从娘子军眼皮子底下逃脱的阴险狡猾的恶霸地主；和木头人睡了10年，女扮男装的小媳妇；以及椰林寨的蛇宴，原始森林里的战争场面，钟盘舞等等……传奇的人物，传奇的故事，甚至是传奇的情景，无不令我神往。我第二天就找到谢晋，表示我非常喜欢这个本子，很有兴趣为它作曲，并且希望能有机会尽早去海南岛体验生活——这个地方对我有着强烈的吸引力。

一个由我们自由组合，厂领导批准的第一批人员——导演和作曲，踏上了去海南岛的旅途。这样组合的摄制组可能是绝无仅有的，一般情况下，作曲人员总是要在摄制组正式成立后，才参加进去，而我却成为《红色娘子军》摄制组除导演之外参加的第一人，并且在摄制组还在筹备阶段就先下了海南。大约除了音乐片之外，很少有这样的做法。也许正是因为这样好的机遇，给我创造了成功的先天条件。

我们在广州找到该剧的编剧梁信，然后一同乘小飞机到了海口。当晚，便观看了海南地方戏——琼剧《红色娘子军》，这次演出不仅使我对剧中的人物、情节有了进一步的印象，而最深的感受还是琼剧的音乐。它像海南这片土地一样令我感到新奇。那优美而委婉、高亢而带点悲凉的旋律，特别能打动我的心弦；过去很少在别的剧种中听到的新颖的乐器音色和那带着特殊风味并有着特殊效果的打击乐等等，也都让我惊叹不已。因为这样的音乐，更加深了我对这部戏的好感，简直可以说是入了迷！几天的海南生活，我就像饥渴的人饮上了琼浆，精神振奋，很快就进入了创作的竞技状态，这样良好的感觉始终保持着，直到整部影片的完成。

回沪之后，导演进入了摄制组的筹备工作，而我则一直沉浸在海南的音乐之中。我进一步熟悉、研究、分析海南音乐的特点，把海南带回来的曲谱读了一遍又一遍。

第二次到海南，是摄制组成立后去选外景。按一般规律，作曲是不需要参加选外景的，但我的身份特殊，厂党委决定由我担任这个组的党支部书记，因为有了这个身份，我就必须经常和摄制组待在一起，和他们战斗工作在一起，了解他们关心他们，并且研究解决摄制组日常生活工作中所发生的问题。而且从我的业务需要考虑，我也很希望借此机会再到海南去收集当地的音乐素材。看外景，是每个摄制组开拍工作的第一步。我们此行共有20人左右，除导演、副导演外，主要创作人员有摄影师、美术师、录音师还有少数几个照明和制景工人，队伍很精练，精练到全组只有我一个女同志，因此，无论是生活和体力上，我都会遇到许多困难，但是大家都很关心照顾我。摄制组领导也就三个人——谢导、制片主任丁里和我。导演负责业务，他的主要精力放在创作上，因此这次选外景，我们全组都无条件服从他的意见。这个时候，《红色娘子军》的蓝图在谢导的脑海里可能已经基本形成了，而其他人都还在启蒙阶段，或者说还只有一些文字的概念，将来这将会是一部什么样的片子，除了谢晋之外，其他人的头脑里都还是一片空白。就是谢导本人恐怕也未必能在脑子里放得出一部完整的电影，所以我们必须更广泛地深入到生活中去，在真实的海南去寻找那些和剧本相符的东西。特别是我的音乐。过去我对海南音乐太不熟悉了，现在我要借这个机会去当地熟悉、搜寻、分析海南音乐的海洋中那些我认为更符合《红色娘子军》的音乐元素。这样的机会我是决不会放弃的。因此，再多的困难我也要去克服。

我们从上海先到海口，在海口请了一位向导，在他的带领下，我们沿着娘子军生活战斗过的地方一路走过去。我们离开了城市，道路越走越偏僻，也越来越难走，一直走进了原始森林。那里的蚊子虫子都特别大，咬人特别厉害；最可恨的是蚂蝗，在沼泽地里蚂蟥爬上你的腿，叮得鲜血直流，谢晋他们为我拍掉了一条，可接着又一条爬了上来，那情形十分恐怖！最后还是向导不知从哪里弄来了盐巴，让我们抹在腿上。嗨，还真神了，本来气势汹汹的蚂蝗一遇到盐，竟然都化成了水，原来它们怕盐！

这一路上不断有新的惊险，也不断给我们带来新奇的感受。我们每个人都有不同程度的收获。摄影师一路拍了许多资料照片；美术师画了许多色彩绚烂的图画；录音师录下了各种各样的声音。而我的收获更在于体验了即使当年在延安也不曾经历过的艰苦生活和惊险遭遇；另外就是每到一处，凡是有海南老乡的地方，我就会让向导帮我找几个当地的民歌手来给我唱民歌，让我逐渐地熟悉海南独特的地方音乐色彩。

我们一行继续朝着五指山进发，山势越来越险要，路也越来越狭窄。几天以后的一个黄昏时分，天色已经不早了，大家又饥又渴，我的两条腿差不多已经挪不动了，这时，只听见向导在前面叫着："到了！到了！"我们抬头望见山顶最高处围着一圈围墙，走到近处，居然看到了一栋筑在山顶上的别墅式的楼房。房子不算大，小巧玲珑，大约三层楼，外观十分漂亮。这山高路远的地方怎么可能有这么一栋别墅，是谁跑到这个地方来盖如此豪华的房子呢？啊，这难道是特地为我们盖的？是哪位神仙变出来招待我们的？大家正在感叹不已时，听见向导叫道："大家进来吧，进来吧。"我们忘了一切疲劳，叫着跑着进了这栋房子。房子内部显得更为精致，里面建筑用的全都是上等的木料，无论家具还是楼梯，都擦得锃亮，而我们却一身泥灰，太不相配了！大家以为在此休息一下就走，谁知制片主任宣布分配房间，并要大家赶快把行李物品收拾一下，到餐厅用餐。过去那几天，我们不是在沿街小摊上吃碗面，就是从口袋里掏出点干粮嚼嚼，"餐厅"两字已经许久没听到了。啊，现在居然是到"餐厅"用餐，似乎太奢侈了！我赶快到分配给我的房间把行李卸下来，房间里一张大铜床，床上挂着蚊帐，床前还铺着纯羊毛地毯，和这浑身脏兮兮的我太不般配了。我赶紧跑到卫生间把自己清洁整理了一下，步入餐厅后又是一个接一个的惊喜——餐桌上，摆着整整齐齐的餐具，那刀叉还是纯银的！今天居然让我们吃一顿中西合璧的晚餐，餐后竟还有水果和冰激凌。手里拿着银色的餐具，嘴里吃着清凉的冷饮，真是难得的享受，太出乎我的意料了！大家餐后高兴地聊了一会儿，谢晋谈了下一步的行程。我呢，照惯例提出让向导给我去找民歌手，他说已经给你找好了。

　　餐后在客厅里，来了几位客人，那就是从当地请来的民歌手。经过了几天的艰苦路程，大家或许都想用音乐来洗涤一下疲惫与劳顿吧，摄制组的人都来了，谢晋也没例外。一般我收集资料他是不到场的，他有他的事。但今天他居然破例来听海南音乐了。这样更好，我觉得让导演熟悉一下海南音乐，领略一下海南的风格，无论对戏或是今后对我的音乐如何在电影中发挥都是有好处的。

　　这是一顿比刚才那顿晚餐更丰富的艺术盛宴！来的民歌手有男有女，其中还有几位是少数民族。唱的民歌有抒情、有凄凉、有欢快，非常丰富。我就着灯光拼命地记录他们的旋律。那时候还没有录音机，只能这么辛苦地一句一句地记，又慢又记不全。一直唱到深夜，我不知道来旁听的人是什么时候走的，等到我觉得实在疲劳得听不动的时候，发现房间里除了向导和几位演唱者之外，就剩下我自己了。我也累了，只好到此为止。

　　以为明天一大早就要出发，歌会散了之后，向导告诉我，你好好睡，明天在这里休息一天。太美了！我不仅可以洗洗澡，在漂亮干净柔软的床上美美地睡上一觉，明天还有一天的时间来好好欣赏一下这个可爱的小别墅。可不是吗？如果不在这里过上一个白天，还真会觉得这是一场梦呢！

　　舒适，对我们来讲只是行程中的调剂，等待我们的将又是艰苦的路程。休整了一天，我们重新上路。这次是沿着公路一直往下走。原来，我们正是围绕着五指山走了一圈。上山时，为寻找娘子军生活过的地方，到过沼泽地和原始森林；而现在我们将走公路下山去寻找南霸天的庄园和他的领地所在，大约有数百里路程。我们很少坐车，因为要边走边选择外景，只能步行，而且每看到哪里有合适的景点，就得停下，大家一起研究。所以行进速度很慢且无法预料，走到哪里算哪里，没办法预先安排宿营地，弄得向导十分头痛。这一路给我印象最深的是：一次在一所破旧军营里住宿，这军营实际就是造在路边的两排破平房，房子破到几乎都没有门窗，和睡在马路上没什么两样。制片主任把我分到沿公路一间破房子里。哦，我可是真的怕了！又没门又没窗，让我一个人睡在这破房子里，万一来了一个强盗，或一个土匪，我该怎么办呢？一种恐惧感向我袭来。我这时已顾不得自己的身分了，找到制片主任吵着说我实在不敢睡，主任也很头痛，因为找不到有门窗的屋子，最后他让一位年龄较长的老制景工人搭一个地铺睡在门口，我才放心。这时，我真的忘了自己还是支部书记。

再一次是导演和摄影总算找到了一所比较适合南霸天的庄园，但这时天色已晚，他们决定就宿营在这里，待明天再仔细选择。等分配好住房后，已经是昏暗一片。制片主任把我领到一间空房后就去忙别的了，剩下我一个人。我打量这房子，空荡荡、黑漆漆，觉得阴森森的，借着幽暗的灯火，发现里面还有一个套间，从门口看去，吓得我汗毛直竖。那是一个什么房间啊？！半空吊着很多绳子，蜘蛛网布满了大半个房间。说实话，我现在写到这里，还浑身发毛。我吓得退后了好几步，立即想到幼年时期看过的电影《夜半歌声》中宋丹萍藏身的那所屋子，他那被烧焦的、恐怖的脸立刻浮现在我的面前。这时，我既不敢往前看，也不敢回头。当年在重庆生活书店里听他们讲的鬼故事说，一回头就会看到吐出一条长舌头的鬼，还有女鬼会把自己的头搬下来放在桌子上……啊，太可怕了！我吓得不顾一切地逃了出去，但是我能到哪里去呢？因为到得太晚，我根本不知道到哪里可以找到一个可以帮助我的人。正急得走投无路的时候，突然想到刚到这里时，曾在导演组开过一个小会，那里有一个小套间，离我不远，我急忙跑到了导演组的房间，老实不客气地说："我那个房间太恐怖了，实在不能睡，你们让我在套间里睡一晚吧！"他们看我吓成这个样子，非常同情，于是谢晋让一位副导演帮我一起把行李搬了过来，把他们三位导演挤到了一间房间内。这一晚，我没有睡好，总在想自己为什么偏偏是个女性，多不方便啊！尽管白天我不会落在男同志后面，但一到晚上，我怕黑，脑子里莫名其妙地会跳出来许许多多各种各样的恐怖情景，因而也经常会出洋相！不止这一次。以前在《前方来信》剧组，我和录音师到山东收集资料，在一个小破旅馆里，我实在怕得不行，叫他睡在我的门外；《苗家儿女》剧组在苗山上，我一个人晚上不敢到山上上厕所，叫牛犇守在门外；在云南西双版纳的高山上，一个人不敢回宿舍，干脆请民歌手为我唱上一夜的民歌，累了，在草垛里打瞌睡……我实在太没出息了！这时，谢晋和两位副导演在里间，喝着酒，抽着烟，聊着天，兴奋地笑着，如果我是个男的，就可以和他们一起海阔天空，无所顾忌了！如果我是个男的该多好啊！这是我经常会有的，但是不可能实现的愿望。

当然，和谢晋一起工作也并不会因为我是女的就完全没有聊天的话题。经常在拍戏等待布景或者是阴天下雨等太阳时，大多数人闲得难受会打扑克、做游戏，我和谢晋从来不参加，因而也就给我们聊天创造了机会。他很博学，也读过许多书，古今中外都非常关心。记得有一次，他说起他很想拍一部《赤壁》，这倒把我考住了，我正好没有看过《三国演义》，所以"赤壁"是怎么回事根本不知道。对这点他很不满意："你怎么没看过'三国'啊？"是啊，我看过多遍《红楼梦》，也读过《水浒传》，唯独没有看过"三国"。"你回去一定要看'三国'！"他好像是在给我下命令了，我只好答应并真的回去找了一套"三国"硬着头皮读了起来。读啊读啊，过了几天，我对谢晋讲："不行，这部书我看不下去，我不喜欢这里边的人物，他们心机太重，太坏了，我讨厌那种勾心斗角。"谢晋无话可说，只好摇摇头，说："你这个人太简单了！"这是他经常批评我的一句话。他说得没错！我这个人头脑简单，脑海里只充满着音符……幸好，他没有拍成"赤壁"，如果拍成，肯定不会找我作曲。厂里人都说，谢晋最会用人，他挑演员眼光特别准，他起用的女主角一般都会红。有一次记者采访我，问我"为什么谢晋喜欢找你作曲？"我回答不出，因为他确实不止一次在别人面前说我太简单，他还经常搬出陈荒煤的话：

"小黄，在延安时期是个小鬼，鲁艺三个小鬼之一，而且她最小。"
也许是我这个小鬼老长不大，永远都是缺一个心眼。谢晋在选择人时是有条件的，记得拍完"娘子军"后，在筹备《舞台姐妹》的过程中，他在两个戏的中间又插了一部喜剧片《大李老李和小李》，本来我觉得他一定会让我连续写下去的，为此还到了滑稽剧团去体验生活并帮助他们写了一部舞台剧的音乐。谁知到后来作曲竟不是我。我当然也并没有什么不开心，但这件事让我明白了他做什么，都是有着仔细的考虑和选择的，找我作曲也必须是他认为合适的。但他到底为什么多次找我为他的电影来作曲，我确实一直想不明白。

话题又扯远了，还是回到《红色娘子军》吧。

选外景工作结束，正式成立摄制组，我仍然是作曲兼支部书记。这样我就必须用更多的时间和摄制组在一起并参与一些与作曲无关的工作。这支队伍比原来大了好几倍，演员除祝希娟之外，有王心刚、铁牛、牛犇、杨梦昶，演反派的南霸天陈强也来了，光是演员就好几十人，再加上摄、录、美、服、化、道各组成员，加在一起有七八十人。那时的物质条件仍然十分困难，要安排解决这么多人的衣食住行，尤其是要让这些人能够拍出好戏，真不是个容易的事，但是，任何困难也没有打乱谢晋的计划，他不折不扣地一步一个脚印地进行着他的工作。让演员深入生活时，我们找到了几个当年的娘子军战士，把她们请到摄制组和演员们生活在一起，教演员用枪、打绑腿等等。我也借此机会，请当年的老红军为我唱了不少海南民歌和老的革命歌曲。说起老的革命歌曲，我就想起我的《娘子军连歌》，为了这首连歌，我和谢晋发生过不小的争执。开始我们意见一致，要找一首现成的连歌，所以我总缠着陪我们拍戏的几位老红军要她们的"连歌"，可是她们想来想去竟然想不出有这么一首歌，不管我再三诱导提示，她们还是说没有。我也到有可能找到这方面资料的当地文化馆和其他地方去寻找过"娘子军连歌"，但都是抱着希望去，带着失望回。最后我只得向谢晋摊牌，现成的"连歌"没有，只能由我自己来写了。

听到这个建议，他并不一下就赞成，显然他不相信我能够写出一首他们想要的"连歌"，就连其他的创作人员也一致希望我再找一个像《三大纪律八项注意》那样的歌，或者就用这首算了。这下把我惹急了，我坚持要自己写而且保证能写好！我之所以能提出这样的保证，并不是凭空的，在我脑海里其实已经初步形成了这首连歌。我设想这首连歌：是进行曲，但不是一般的进行曲，而是海南风味的进行曲，是妇女的进行曲，是底层受压迫要反抗的妇女的进行曲。而这样一首歌，必须由我自己来写，想找现成的，根本不可能。他们看我态度这样坚决，终于被说服。等我写出第一段的初稿，唱给他们听了之后，再也没有人提出要我去寻找现成的了！

摄制组的生活是非常丰富的，摄制组成员也是非常多彩的，和大家生活在一起、战斗在一起感到非常开心。我在自己酝酿创作之余，经常到现场去看拍戏，实际上也是让自己更多地了解、掌握这部戏，和有更多的时间找导演及其他创作人员进行交流。确实，看拍戏，会给我许多音乐创作的启发和灵感，尤其是当导演在对演员说戏进行启发时，我也会更领会他对这场戏的要求，像拍战斗戏，拍琼花、红莲侦察那场戏，还有夜袭南府的戏，我都被戏中的气氛所感染。最让我感动的是洪常青被捕写"降书"一场戏，他大义凛然从容不迫，最后被五花大绑，迈着坚定的步伐走到大榕树下的刑场，壮烈牺牲在熊熊大火之中。目睹这些场面，立刻就有一种音乐的节奏在我脑海里出现。王心刚的表演，加上谢晋的提示，使我在写这段音乐时激动万分。

从夏到冬，几个月下来，经常是苦中作乐的生活，让人觉得既紧张又有趣。拍外景时，我们又住进了那没有门窗的营房，因为这次要给大部队住，就由摄制组的工人们把营房整修了一遍，并在空房子里架起了上下铺，在中间隔起了芦席，就算把男女宿舍隔开了。海南天气实在太热了，住在我隔壁（就是隔了一张芦席的那边）的是铁牛，他被臭虫咬得睡不着，起来抓臭虫，我发现在我的身上已经咬得到处是红块了，于是索性大家一起起来抓臭虫。我们经常是睡到半夜爬起来抓臭虫、拍蚊子，如此折腾一夜，谁都没有睡好。拍椰林寨的外景戏时，我还被安排在一个大树洞里住宿，在树的根部铺上一张席子就是我的床，洞里常年照不到太阳，因此被褥总是湿漉漉的！

有时我们的生活也非常有趣。牛犇是我们摄制组人人喜爱的小家伙，他聪明能干，会帮助大家解决许多生活上的困难，更有趣的是，他还学会了爬树采椰子，等大家把汁和椰子肉吃完了之后，他会把椰子壳做成碗、灯具等各式各样的艺术品。海南岛除椰子外，还盛产甘蔗。这里甘蔗又长又粗水又多。有一天我和制片主任丁里商量去甘蔗地装了一卡车的甘蔗来，摄制组人员高兴得跳了起来。当时条件的确是艰苦的，但我们的生活却很甜。

主要场景戏已拍完，外景还没结束，但我必须回厂作曲，准备做后期了。

这部戏的后期并不顺利。戏虽拍完，但拍完片子后要层层审查，所以摄制组并未解散，大家还在等待审查通过。记得谢晋到摄制组来向大家传达上面意见时，他的脸色并不好。果然是第一审没通过，要修改！审查意见说，在这个革命戏里怎么可以谈情说爱呢？要导演一定得把洪常青和吴琼花的爱情线去掉。这一点对谢晋来说真是莫大的打击！我记得我们最初谈音乐时，他就向我提出这部戏的音乐要有三条线：一条是革命，一条是战斗，一条是爱情，而且经过了战斗的洗礼会让爱情线更加强烈。所以在我的音乐设计中有三个主题三条线：第一条线是娘子军战斗成长的主题，第二条是抒情的爱情线主题，第三主题是反面人物南霸天的。现在爱情线删去了，对我来说，并没有太大的影响，因为音乐是极抽象的艺术，没有谁来规定怎么样的旋律才是写爱情的，音乐气氛是抒情的、美的，既能理解为爱情，也能理解为其他的感情。我把音乐写得更浓郁、更深沉些，就改成了革命友谊线。所以对我来说修改的难度不大。不过，对整部电影来说，要删掉不少场戏，即使谈情说爱的戏删掉，演员的有些表情又删不掉，加上谢晋特别喜欢这条革命中的爱情线，要他做痛苦的抉择，难啊！平时我们聊天时，他经常会讲到革命的爱情，说爱情是艺术永恒的主题等等。他对删去琼花和洪常青的爱情线感到沮丧，经常会引用黄宗英的一句话说："洪常青和吴琼花眼睛里的爱情火花是抹不掉的。"此后很长一段时间里，他仍对这事耿耿于怀，在我面前经常说的一句话是："电影是遗憾的艺术。"

我记得这部戏总共修改了三次。戏要改，我的音乐当然也要改，这对于我来说倒不是一件坏事，相反我会乘改戏的机会把我觉得不满意——包括对我自己写得不满意和演奏得不满意的地方重新再改一遍。就这样，戏改，我改，音乐改了三次，录音也录了三次。尽管这么改，我不仅不沮丧，反而很高兴。"电影艺术是遗憾的艺术"，这对我来说有着另一层的理解，就是每一个艺术家对自己的创作是永远不会满足的。比如我写的音乐，每改一稿就会发现自己不满意的地方，但如果录好了音乐，即使不满意也就不能再改了。这是电影音乐的规律。

终于到了最后一次混录，我的心情很不平静。这种激动好像在我以前的创作和以后的创作中都没有发生过，听着自己写的音乐，竟然感受到强烈的震撼，竟然情不自禁地流下了眼泪。为了混录，我已经在录音棚打地铺睡了好几晚了。这时谢晋好像察觉了我的激动，不停地问着："你怎么啦，你怎么啦？"我回答不出，只说了一句："我今后大概没机会再写出这么完整的电影音乐了！"我不知这时他是在安慰我，还是批评我，他说："你太没出息了，以后的好戏多得很，会有你的好戏的。"接下去他告诉我说，他手头有一部音乐片（他知道我一直想写音乐片），名字叫《舞台姐妹》，是表现越剧艺人生活的影片；他还说，戏里两姐妹从卖唱到成长，非常抒情和优美。我真的被他打动了，于是拍完《红色娘子军》后，就跟他一起进入了《舞台姐妹》的筹备工作。

没有想到的是，《舞台姐妹》给我带来的是更多的遗憾，甚至不止是遗憾，而是失望和沮丧，这是后话。现在回想起来，《红色娘子军》之后我接的片子，无论是谢晋导演的《舞台姐妹》还是《牧马人》，都没有能够像"红"片那样给我一个完整的结构音乐的空间，和其他导演合作的片子也没有，其中包括和胡苏、周瑜合作的音乐片《北斗》。

其实《红色娘子军》音乐的成功，我自己认为不仅是因为"影片中有一首很好的歌"（据说周总理向中央芭蕾舞团建议他们排这出戏时，曾这么说的）。是的，当初我向摄制组做过保证，这首歌"我一定要写好，要流行"，所以在创作时我特别用功，严格地要求自己，一遍一遍地改，最后自己满意了，大家也满意了，广大群众也满意了，我的保证没落空。记得在"红"片放映不久，我偶尔看到报纸上一篇短文说："娘子军连歌深入人心，家喻户晓，在群众中街头巷尾到处流传。"这是在讲我写的那首"连歌"吗？我丈二和尚摸不着头脑，于是就想上街"勘察"一下是否确有其事，正巧，我刚下电梯，就看到一个孩子边玩边唱着"向前进，向前进……"好了，我不用上街了。因为孩子的歌声已经使我明白了一切。

写好"连歌"，这只是一个方面，更主要的是这部电影给了我比较完整的音乐结构的空间。在这部电影音乐中我不仅能够比较丰富美满地让我的"连歌"主题得到完善的变化和发展，还给了我运用交响乐的主题变化发展、交织交响的机会。所以我认为这部电影音乐的成功，还不仅只有一首好歌，它还是一部有着完整音乐结构的交响诗。记得我在一次集会上认识了一位北京电影学院导演系毕业的导演，他告诉我他的毕业论文就是分析"红"剧电影音乐的特点和音乐结构的完整性，我看了文章，觉得一个导演能够懂得并看重一部影片的音乐，实在难能可贵。另外还有潘霞的分析文章，看了之后都让我感动。

不久，北京《人民日报》记者来电，告诉我正在评选百花奖，要我准备写一些资料，谈"红"片的音乐；此后，北京经常有消息传来，似乎这届音乐奖已成定局，但后来这些消息突然消失并看到公布的音乐奖得主是《洪湖赤卫队》。为此，我倒并没有觉得什么不愉快，也没有什么失落感，该是我的，就是我的，我只要对得起我自己就行了。1964年中央芭蕾舞团的芭蕾舞剧《红色娘子军》作曲组组长吴祖强专程来拜访我，要求我同意他们使用这首"连歌"，并要了许多我当年在海南记录的民间音乐资料。这是我历尽艰辛一个音符一个音符记录下来的啊，我毫无保留地提供给了他们。

据说"文革"中江青曾因为我是"黑线"人物，要把这首"连歌"改写，结果没有成功。而通过芭蕾舞剧《红色娘子军》的演出，这首"连歌"在"文革"这百花凋零的年代却有了更广泛的传播。我在上海、广州、北京曾多次看过 "中芭"的演出，每演到娘子军唱着这首"连歌"出场时，观众席上掌声不断，甚至有观众起立鼓掌以表达他们的激动。是的，每听到台上演唱这首歌，我的心跳就会加快，就会觉得振奋。这种感觉不仅是看芭蕾时有。记得有一次上海金秋合唱团在威海参加歌咏比赛，唱这首歌的时候，下面的观众也是掌声如潮，并且拿了大奖。这是为什么？我自己也说不清。反正，五十年来这首歌还一直在激动着人们的心，这就够了！我很同意谢晋的一句话："金杯、银杯，不如群众的口碑！"

3. 《舞台姐妹》，我的遗憾和谢晋的厄运

《舞台姐妹》已进入剧本创作阶段，因为是"音乐片"，我当然要提前介入。这时我一直做着音乐片的梦，想象着这部戏中会有许多动人的歌唱。我记得编剧除谢晋外，还有王林谷、徐进等，在摄制组还未成立之前，我就参加了编剧的队伍。首先我们到了越剧发源地嵊县，一路上，谢晋既是编剧、导演、又是向导。说实话，一行中我是最外行的，这之前我不喜欢越剧，或者说我没对越剧发生过兴趣，为了能钻进去，我决定从头学起。谢晋对越剧比我熟悉，他带着我，让我了解越剧从发源时的草台班，逐步发展成为1930年代的大型舞台剧的整个过程。因为我外行，所以也特别谦虚，特地准备了好几个笔记本，有的记录越剧艺人的经历故事，有的记录艺人的遭遇，当然最主

要的就是记录越剧的音调，从最原始的"的笃"板开始学起，一直到后来熟悉各个流派，像袁派、范派、傅派等等的曲牌，我一一做了记录，待日后进行研究。

我们从嵊县到绍兴，也顺便游览了鲁迅纪念馆，到了绍兴城外的柯桥。谢晋特地给我们介绍了这座桥，说是桥，实际上只是一段在水上的石板路，很方便当年船夫拉纤撑篙。后来在影片的第二段旁唱"年年难唱年年唱"中就用了柯桥的镜头，那种沉重、压抑，要反抗的感情就是从这儿迸发出来的。

酒，是谢晋生活中最重要的东西了。到了绍兴，他当然不会忘记介绍绍兴酒，我们还参观了酒厂，品尝了绍兴最好的名酒。可惜到了晚年，谢晋的酒越喝越烈，在每次酒席上，他一定要上好的白酒，谁敬他黄酒他就不喝。对此，我不知该怎么评说。

通过这几个月的生活，我对越剧的音乐已经比较熟悉，对越剧艺人的遭遇也有所了解，但对《舞台姐妹》应是怎样的一部"音乐片"，我没有这种创作经验，因而在讨论剧本的过程中，我提不出独特的见解。于是剧本只能顺着这几位编剧的意思去编戏了，到了最后戏剧性越来越强，音乐性越来越弱。同时因为我另有任务，正在写故事片《蚕花姑娘》的音乐，没有时间再跟着这个剧组，等我回到组里，才发现《舞台姐妹》这个戏根本就不是什么音乐片，而变成了一个表现越剧姐妹生涯的普通故事片了。我梦想中的大段大段的歌唱变成十多首每段只有四句的旁唱。我很恼火，但我没能力改变他们，毕竟这是电影，一切都得听导演的，任务还得完成。作为故事片，《舞台姐妹》的音乐还是得到了好评，编剧徐进说："黄准的音乐在戏中起了'画龙点睛'的作用。"也有的人说，"黄准把越剧中最美的旋律都用上了"、"这戏内戏外的音乐做到了'天衣无缝'"，等等。但我要写音乐片的梦想没实现，心中一直非常郁闷。

这个戏的命运并不好。不久就掀起了"反右倾"，影片被判作"反面教材"、"大毒草"，谢晋是导演又是编剧，当然是首当其冲地被列为批判对象。音乐在电影中永远不被人重视，故而赞扬时不在前面，批判时也没作为重点。所以在谢晋受批判时，我也没受太多牵连，后又接了其他的创作任务。

但是，谁也不可能料想到，"反右倾"之后，不久就爆发了"文化大革命"，这场"革命"把我和谢晋的合作割断了一个相当长的时间。他作为"牛鬼蛇神"被隔离了，而我因为一直跟谢晋合作，也被作为"黑线下的红人"被批判，批判的内容十分集中，就是为什么要跟谢晋这个"资产阶级分子"、"黑线的代表人物"合作拍了这么多片子？再后来，谢晋的情况怎样我完全不得而知，但从他们不断地叫我交待和谢晋的关系这一点，我猜想一定是斗得比较厉害的。但我确实弄不明白，他"反革命"究竟反了些什么？

4. 苦不堪言的《春苗》

运动过了几个月，我们被发配到干校去劳动，突然有一天有人通知我回上海到评弹团帮助工作。哦，我"解放"了！在评弹团的几个月里，我借此机会学了许多评弹音乐，收获颇丰。后来又来通知让我回厂到话剧《赤脚医生》剧组报到。这是天马电影制片厂在"文革"中最早的一次业务活动，这个话剧的导演组有梁廷铎、颜碧丽、王洁，演员有曹雷、达式常等人。为话剧作曲我还是第一次。首先要"改造思想"，我们先到农村体验生活，和赤脚医生一起劳动，一起帮农民看病，那时，为了学习赤脚医生"治病救人"的精神，我还学会了给自己打针灸。

话剧里面需要一首主题歌。本来创作是一种享受，是一种精神感情的宣泄，可是这次写歌，却是吃足了苦头。我写一次，开一次批斗会，剧组里明明没有人真正懂得音乐，可是每次没等我唱完新写的曲子，"资产阶级感情"、"不健康"等一堆帽子就套到了我头上。于是根据大家的意见，我回去进行修改，改了后接着又是一场新的批判，说我资产阶级感情根深蒂固、顽固不化……弄得我手足无措。批斗到后来总算是勉强通过，话剧上演了。接着说要拍电影，宣布剧组名单时导演竟是谢晋。啊，转了一大圈，又把我们分配在一起了！难道我们都改造好了？！

我和谢晋又开始了合作，但这时我们的关系和过去已经大不一样了。谢晋也没有了原先的锋芒，话说得很少，似乎少了许多以往的自信和激情。音乐也不需要他来管了，组里自有人不断地为我开批判会，批得我实在受不了，我只能说，我对无产阶级理解不深，脱不了小资情调，希望他们能够派一位无产阶级作曲家来。《赤脚医生》拍成电影改名《春苗》。无论我怎么不想干，摄制组就是没把我撤下来，但经不住我再三要求，总算派了一位青年作曲家来帮助我完成任务。

"文化大革命"让我丧失了创作的兴趣，丧失了创作的信心。一度我很灰心，不想再搞什么文艺了！《春苗》以后，我和谢晋的合作又告了一个段落。直到1979年，我接到长春电影制片厂来信，请我到长影为音乐片《北斗》作曲。这次是真正的音乐片，才把我从消极、沉重的情绪中拉了回来。

5. 《牧马人》，我俩的合作绝唱

为了音乐片《北斗》，我在长春待了两年，这两年里，我又找回了对音乐创作的信心，重新沉迷到音乐天地中，而且是让我沉迷在过去所熟悉的西北风味的音乐中。1981年，我从长春回到上海，一回家就接到厂里电话，要我接受《牧马人》的作曲任务，导演还是谢晋。啊，又是谢晋，我们又能合作了。希望这次合作不会像《春苗》。因为那根本就不是合作，在整个拍摄期间我们大概没说上几句话。

遗憾的是，我们的这次合作，也没能再现合作《红色娘子军》、《舞台姐妹》时的那种境界了。尽管合作《舞台姐妹》时我有点窝火，但我们在创作中的表现是真诚的，并从心里感到快乐。但在《牧马人》剧组，我们之间好像隔了一层什么，尤其是我，对谢晋好像有点不认识了，难道经过了这场"革命"，我们都变了吗？

这次等我从长春做完《北斗》的后期赶回上海，《牧马人》摄制组已经在甘肃拍完了外景，正在返回上海的路上。为了能和谢晋面谈一次，我在回上海的第二天就买了飞机票赶到兰州，而这时他已经从外景地经兰州准备转机返沪，住在兰州的一个宾馆里等我。我们谈剧本的时间，就只有这一个晚上，谈完之后，他立刻回上海拍内景，我则留在兰州收集音乐资料。我只是在飞机上匆匆读了一遍剧本，对这个戏的一切情况可以说是一无所知，如这个戏的主题思想，人物关系，电影的风格特点等等。若是在过去，拍摄进行到这个阶段，我对剧本应该是非常的熟悉了，而这次竟什么都不知道。不知道，我怎么为它作曲呢？所以这一晚上对我来说太重要了。然而，仅仅就一个晚上，几个小时，能谈多少呢？谢晋给我讲了他的导演阐述，我没时间更多地去理解，我关心的是为什么这一个现代戏要用一首南北朝的古词"敕勒歌"来作为戏的主题歌？他告诉我，因为这部戏的总体风格是深沉的，用《敕勒歌》主要是借它那种遥远的、古老的、苍凉的气氛，这也是我们这部戏的主要基调。他这一解释，我似乎懂了又似乎不太懂，在脑海里很快浮现出一种形象，那是深沉的、悠长的，像大草原那样起伏不平，如"风吹草低见牛羊"这种诗意画境，而这意境逐步地在我脑子里变成了音乐。

我们来不及深谈，总得让人家睡一觉吧。于是他第二天清晨回上海，我则一个人留在了兰州市，去找寻那我需要的音乐资料。

"天苍苍，野茫茫，风吹草低见牛羊……"我很喜欢这首古词，记得在上小学时就背过，现在有这样的机会把它写成歌曲，我感到非常荣幸。因此我的创作欲望也特别强烈。但要写出一首好歌，关键是要找到合适这首歌的时代背景、地域风格的音乐资料。在兰州的几天中，经当地音乐家介绍，我终于找到裕固族的一种民歌，觉得很有参考价值。于是借鉴了它的调式和音乐进行的特点，创作时我采用了北方草原民歌中较普遍的羽调式，同时为了达到导演"古老的、遥远的、要有苍凉感"的要求，在节奏上吸收了散板的特点（但又不是散板），造成长与短、松与紧的鲜明对比。歌曲初稿写好之后，我专程赶到北京，去听取导演和摄制组的意见，以便在录音之前，还可以再修改。

我和谢晋在谈音乐时，经常是务虚不务实的。当我们谈好音乐分段之后，在讨论到每一段的音乐时，他多半只抽象地对每一段的感情变化或情绪的变化提一些要求，至于你怎样用音乐的语言来表达这样的情绪，他会相信你。甚至如果某个部分有突出的要求，要请导演修改他的分镜头，他也会非常谦虚地听取你的意见，只要是有利于总体构思的创意，他都会支持你。他深谙电影是一门综合艺术的道理，作为导演，他是统帅这部戏，而不需要他来操作每一个部门。所以和谢晋合作，你会感到只要你理解了他的意图、他的总体构思，只要在他的蓝图下面，你就有充分的创作自由。他很懂得自己是一位总设计师，不是多面手，而这一点，并不是所有的导演都能做得到的。在我和他的合作中，他在音乐方面从没有提出过要我修改哪个音符或者是哪个乐器的要求，即使有意见，也是在音乐表现情绪上提出极抽象的想法。

我们有几部戏的合作都是从剧本产生之前就开始的，我们一起深入生活，一起研究剧本，一起看外景，一起在拍戏现场，一直到后期……我们有许多接触交流的机会，等到音乐录音时，互相之间的理解已经是很深了。因此，一般情况下，他对我完成的音乐很少有意见。有时他反而会为了音乐去修改他的镜头，像《女篮5号》中火车上那场戏，他增添了许多唱歌的镜头。《牧马人》的合作中，也有类似的情况。

那天，我带着新写好的《敕勒歌》赶到北京，摄制组为我找了一个琴房，由我自己边弹边唱。当时我觉得谢导听得十分专注，大家也都鸦雀无声，听完之后，约有好几分钟的沉默。这一刻，我有点紧张了，难道大家不满意吗？没想到，导演没让我改一个音符，就把话题转到由谁演唱上了。最终我请了歌唱家刘秉义先生来演唱，一开始刘秉义不习惯电影中的录音，把歌处理成一般的舞台表演歌曲，后来在我们共同努力下，歌唱家深刻领会了作曲者的意图和剧情所要表达的内涵，最后无论在声音的掌握和感情的表现方面都完成得很好，为歌曲和影片都增添了光彩。

我决定把《敕勒歌》的旋律作为全片的音乐主题，并且在整个影片的音乐运用上，努力把画面的意境很好地烘托出来。其中有场戏的画面本来很短，谢晋在听了《敕勒歌》之后，竟然删去了这场戏的全部对话，只留下少量的旁白，让音乐能得到充分的发挥。导演的这个举动，让我从内心感受到了他对我的音乐的重视与理解。

《牧马人》结束后，我和谢晋的电影创作的合作也结束了。这是我们合作的最后一部电影。因为1980年后，我丈夫吕蒙患了脑血栓，家中已经离不开我了，我已经不可能像从前那样天南海北毫无牵挂地全身心投入到创作中去，而只能两头兼顾。而和谢晋合作，不把自己的时间全部投进去，是完成不好任务的。我们见面的机会也很少，总是在什么活动中才有机会见到，说话的机会也不是很多。

记得在2005年，我们一同参加了由上影集团组织的"青年守航工程"赴海南学习观摩活动。在这次由集团总裁任仲伦亲自率领的队伍中，有青年导演吴天戈、梁山以及摄影、美术等工作人员共三十来人，谢晋和我，还有祝希娟、牛犇作为当年《红色娘子军》电影的主创人员也参加了这次"守航"。大家在参观学习的同时，还举行了座谈会，让我们来回忆当年拍摄《红色娘子军》电影时的创作经过。我们还参观了位于海南琼崖的"红色娘子军纪念园"，和已经九十多岁的当年的娘子军老战士一同合了影。最让我难忘的是，那天当我们看到在这纪念园的展览馆中悬挂了许多当年《红色娘子军》拍摄情景的照片时，谢晋激动地叫了起来："黄准，黄准，快来啊，快来指挥大家唱啊……"于是他等不及我走到他身边，就挥动着双臂唱了起来："向前进，向前进！……"这是我第一次看到他如此的激动，也是我第一次和最后一次听到他唱这首"连歌"！

在这次活动中，领导们为了尽兴，陪着谢晋喝了许多酒，许多人喝得酩酊大醉。在晚年，可能是因筹不到经费，不能如愿拍摄自己想拍的电影而苦恼，谢晋喝酒喝得非常厉害。而在一些酒宴上，那些主人们为了博得他开心常常拼命给他敬酒。对于酒谢晋丝毫不会客气，有酒就喝，而且非白酒不喝，对于他的这种"豪爽"，我们作为他的朋友，一直在为他担心着。

还记得一次影协组织我们到江阴参加上官云珠纪念碑落成的活动，出席的有秦怡等不少人。纪念仪式结束，我和谢晋等人一同去参观徐霞客纪念馆，这时，我们谈起过去他曾不止一次地想拍徐霞客这个剧本，他对徐霞客的精神、学识钦佩不已。虽然这已经是几十年前的事了，但他的雄心壮志不减当年！是啊，谢晋从来没有觉得自己会老，不论对什么人，他都说我还要拍××部电影，他一刻也没停止过拍戏的愿望。

我还记得2006年在宁波举办的国际儿童电影节的一次记者招待会上，石晓华把他请去当嘉宾，会上他只字不谈国际儿童电影节，反而大谈自己在计划拍什么电影。是啊，他的心目中只有电影，只要一谈到电影，他就眉飞色舞，一切都无从顾及了。

我们最后一次有谈话的机会是在观看百老汇来上海演出《第四十二街》的美琪大戏院。我到得晚了一点，坐下一看我的旁边正好是谢晋，大家都很高兴。我难得看到他这么悠闲，这么轻松。在幕间休息时，我们有机会天南海北地闲聊起来，从美国到中国，从看戏到拍戏，我告诉他上海大学曾找我去做一个关于"谢晋"的节目，说到这儿，他高兴地说这个节目的导演是他的儿子谢衍。又谈到他的恒通公司，他又眉飞色舞地说现在公司由谢衍在管理……看得出这是他最心爱的儿子，是他的希望，是他事业的继承人。可谁又想到就在一年之后，他这个心爱的儿子，他唯一心智正常、绝顶聪明的这个孩子，竟得绝症先他而去了。为此，我们作为他的朋友，都为他感到难受。张瑞芳一见我就说："谢晋最喜欢的儿子去世了，你知道吗？"我呢，又是足足有几个晚上失眠睡不着觉，总想，这个家是白发人送黑发人，剩下的是两位老人和残疾的孩子，该怎么办呢？谢晋会有多么难受啊！这期间我住进华东医院开刀，还不满一个月，就又听到了电话里传来谢晋去世的噩耗！才不过两个月呵，谢晋就这样带着刻骨的伤痛，走了。

我怎么能不哭呢？

我和谢晋在5部电影合作中的点点滴滴，永远都不会忘记。他是我电影音乐事业中最重要的合作者，是他把我推向了电影音乐创作的顶峰。

六、千里追踪"寻"陶金

　　谢晋筹拍的《海内存知己》终于因为剧情牵涉到海内外敏感问题而停拍，全组人员解散回本部门。我本来应该回天马厂作曲组，但却接到了要我去江南电影制片厂报到的通知。江南厂的领导告诉我，导演陶金很喜欢我写的电影歌曲，因而特地要求厂领导向天马厂商借，由我来担任《苗家儿女》的作曲工作。

　　《苗家儿女》是一部音乐性很强的少数民族题材的影片，而且任务十分紧迫，这个组的先遣部队已经到广西看外景去了，要我立刻出发去柳州和摄制组汇合。同时因为影片中有不少歌唱和舞蹈场面，需要音乐作前期录音，以便戏中的演员对着口型演唱，因而对作曲来说，就更加紧张了。任务这么重，时间这么紧，我又不是江南厂的职工，按说我有许多理由可以拒绝接受这个创作任务，但当时，我似乎什么也没有想，什么也没说，一口答应下来，并且答应在一两天内马上出发。江南厂领导还告诉我，当地的条件非常艰苦，要我自己带上行李铺盖，还委托我为他们带几盒胶片供摄制组试镜头用。就这样，我从领导手中接过剧本，接过一张摄制组名单（这个组的人员，从导演、制片开始，我一个人都不认识）和广西柳州文化局的地址，还捎带着两盒胶片，就这么简简单单地走出了江南厂。

　　回到家里我告诉吕蒙说，我接了一部新戏，马上就要出发，至于去多久，什么时候才能回家，我自己也不知道。说完，赶紧收拾行李，买好车票，过了两天就一个人背着行李，带上胶片，登上了去往柳州的火车。似乎一切都那么简单，那么顺利，心里想着只要一到柳州，找到摄制组就什么都解决了。但又谁知，这次旅程，由于我的晚到，竟然成了我生活中最艰苦但又极富戏剧性的"千里追踪"！虽然在过去的外景队中我也经常是唯一的一位女同志，可像这次孤身转战数千里，却还是头一回！而且迎面而来的又是一个又一个的困难和窘迫。

可能是我把一切都想得过于简单，过于顺利了，心想只要一上火车，卧铺上一躺，车子一停下，睁开眼睛就到了柳州，摄制组的同志会来接我，只要到了摄制组就是再艰苦的生活也无所谓了。谁想到，我坐的这趟车不能直达柳州，而且要在株洲等上好几个小时之后才能转车。这样一等就把我的时间整整耽误了一天。当时的株洲还只是一个很小很小的城镇，这大半天的时间到哪里去找安身之处呢？我只能一个人拎着沉重的行李，走出车站，随便找了一个小客栈蹲了几小时，然后再到车站签票上车。上车后根本没有座位，我只能连人带行李蹲在了列车的过道里，正在为难时，恰巧被车长看到了。他见我一个女同志又背了胶片和行李，猜想我一定是电影厂的人，便热情地给与了照顾。那个年代，全国的电影厂不多，随着一些好电影的深入人心，让我们这些从事电影工作的人，在群众的心目中也成为了非常受欢迎并值得他们尊敬和爱护的人，这次的旅途正巧让我深刻地感受到了这一点。在他们的热情照顾下，我不仅得以在乘务员休息室就坐，到了夜里还给了我一个卧铺睡觉，这真让我感激不尽。列车终于到了柳州，告别乘务员之后，我在火车站等了许久，东张西望却不见人来接我。眼看天色不早，已经接近下班时间，我不能再傻等下去了，只得又拎着行李，雇了一辆人力车，按照厂领导给的地址，找到了柳州市文化局。文化局同志见到我高兴地说："你终于来了，但是摄制组因为在规定时间等不到你，又无法和你联系，只能按时先出发了……"他又说摄制组留话，让我明天一早赶到某个"林站"去和他们汇合。这时，天已黄昏，不可能再走了，文化局同志把我安排到一个离长途车站较近的宾馆，要我明天一早自己乘坐长途汽车赶往"林站"。这种情况要是放在现在，随时可以打个手机联络一下，就什么都解决了。可那时的通讯实在是落后啊！

真不会想到，这一夜晚的情景竟让我至今难忘！我记得等我到达这个宾馆的时候，天已经是一片漆黑了，在昏暗中我好像被带进了一个大花园，因为光线太暗，只觉得一脚高一脚低地在石子路上走了很久才进到一个有着大堂的小楼，虽然感觉内部设备相当富丽堂皇，但让人感到不太舒服的是，这里的灯光到处都是昏昏暗暗，似乎走到哪里都是黑幽幽、冷清清地让人感到心里发怵。忙了大半天，我还没吃饭，一个女服务员把我领到房间放好行李后，又把我带到餐厅，这时餐厅已是空无一人，饭菜也是冷的，我只得胡乱吃了两口就赶紧回房了。这时我发现，从一楼到二楼，除我之外，这宾馆竟然没有别的客人。整个楼里，没有人的声音，没有人的气味，空荡荡、冷清清。

一种恐怖的情绪开始向我袭来。再看看窗外，黑压压的一片树林，风吹树影动，像是游曳的人影，不时发出嗖嗖的声响，越发使我感到像堕入了空谷深渊之中。突然传来几声像猫头鹰般的尖叫声，这声音使我毛骨悚然！这时我是多么希望有一个伴啊！哪怕是刚刚那位服务员陪陪我也好啊！于是我打开房门大声地叫唤"服务员，服务员！"可是我楼上楼下找不到一个人，服务员已不知去向，只好硬着头皮回到房间。

也许是因为没有找到队伍的焦急，心里想着明天还不知能不能找到摄制组；也许是想着明天要去的所谓"林站"，不知究竟是什么去所；或许还因为那可怕的黑夜和空荡荡的环境和那令人毛骨悚然的尖叫声……整整一夜我无法入眠，睁着眼睛盼望着天明。

终于东方渐渐发白。第二天一大早，我顾不得吃早饭，拎着行李就往汽车站跑。因为太早，候车的人们还都没有来，我只得在候车室耐心等候。只见车站上的工作人员正往车篷顶上装货，让我感到奇怪的是，在这些装货的人中，很少看到男的，大半都是妇女在进行着繁重的劳动，其中不少妇女的身后还背着一个孩子。据说，在广东、广西有这样的风俗：男的，经常是一袋烟、一杯茶，整日闲着不干活，而妇女则不仅要带孩子、操持繁重的家务，还要在外面干活挣钱来养活男人！真是不可思议。

经过一天的运行，终于到了"林站"。这时天色已近黄昏，我见到的所谓"林站"只是公路旁的一座小木屋。我下车后并未进屋，只在公路边四处张望，心想今天总该有人等我了吧？！可是四顾之下仍不见有人前来接我，我只得又一次拎着行李，快快走进这座小木屋，向人打听摄制组的下落。一问才知道他们又于昨天出发到了大苗山了。不过他们在临行前关照了"林站"，待我到达后尽快派人把我送到外景地，而外景地离这里还有70里的路程，没有任何交通工具，只能步行。事已如此，我无话可说，只好在这座小木屋打个地铺睡了下来。由于几天来的劳累和焦急，这一夜我睡得很香很香。第二天若不是被"林站"上的人叫醒，我还真不知睡到几时呢。

第二天一大早，"林站"派了一个小伙子送我上大苗山。这是一个热情的青年，他帮我背上行李，一路上还给我讲了许多大苗山的故事和有关森林树木的知识，他给我讲解并指认了很多树名和它们的生态环境……听得我津津有味，忘掉了疲劳，也忘掉了我们的路是越走越崎岖，山也越爬越高了。这一路几乎很少看到行人，他告诉我说，前不久就在这座山里，还发生过土匪抢劫伤人的事件。我听着心里一阵发毛。尽管身体已经觉得十分疲劳了，但脚下却越走越快。走着走着，突然乌云遮天，一阵狂风袭来，顿时下起了大雨，我的棉衣全被淋湿了，脚下却一步也不敢停下。就这样穿着湿淋淋的衣服一直走到黄昏才到达大苗寨，目的地终于到了！这时我听到了呼叫的声音，原来摄制组的同志已经在村寨口等候多时了，见到我热情地前呼后拥把我迎进了寨子。虽然因为我们不是同一个厂的职工，相互都不熟悉，但这时我却像见了亲人一样地激动。怎么能不激动呢？我单身一人，经过了多少曲折艰难，已经是整整第四天了，这是多么不容易啊！让我觉得更加困难的是，在这次深入生活的同志们中间，竟然又只有我一个女同志，这不免在生活上又增添了不少困难。但是，同志们的热情很快地打消了我的顾虑。

摄制组人员都住在苗家的一座竹楼上，竹楼下面是主人豢养家畜的地方，不时会听到牛叫的声音。同志们立刻帮我打水洗脸，安排我住宿。我被安排在竹楼边角的一间四面透光的小屋里，四角楼的中间是一个被烟熏得黑黝黝的灶房，吃完了晚饭之后，所有摄制组的人员都围着火堆，一面帮我烘干衣服，一面相互介绍，大家有说有笑，渐渐地熟悉起来。看到我那些湿淋淋的衣服被烘得散出了袅袅白雾，我一颗收紧的心也渐渐地放松、明朗了起来，一路上的焦虑一扫而光……

我认识了导演陶金、摄影林秉根和其他同志，从他们对我的照顾和关心中，我感到这是一个热情而亲和的群体。

当时我对于作为导演的陶金并不熟悉，但对于作为著名演员的陶金却不陌生。我曾在不少的影片中欣赏过他的表演。这位有着高超演技和英俊潇洒形象的著名小生的精彩表演，曾深深吸引过我。记得那是解放初期，我刚从东北南下北京，又从原来的新闻摄影队调到了新成立的故事片厂——北京电影制片厂，厂领导为培养我们这些刚从山沟沟里出来的创作人员，组织我们看了不少解放前由国统区各电影厂拍摄的故事片。这一方面是让我们这些"土包子"开开眼界，另一方面也是让我们通过观摩影片来学习他们的各种手法和技巧，以便将来挑起拍摄故事片的重担。通过看片，让我记住了许多著名演员，其中陶金主演的《一江春水向东流》和《八千里路云和月》就给我留下了极深的印象。据说他是话剧演员出身，曾主演过《雷雨》、《日出》等话剧。1937年抗战爆发后，他先后在"中制"、"昆仑"、"永华"、"大光明影业公司"担任主演。解放后他在江南厂主要担任导演工作，不过他在《宋景诗》一片中饰演的宋景诗的亲密战友杨殿乙的形象，也受到许多观众的赞扬。他为人诚恳，生活上非常简朴，据说在上世纪三四十年代，他穿的西装都是在旧货摊上买的。解放后，他工作认真，一丝不苟，由他导演的《十五贯》、《护士日记》等影片都得到了好评。他还有一个幸福的家庭，他的妻子章曼萍，也是一位著名的演员，女儿、儿子都是电影工作者。

当时我对陶金导演的了解不多，但初次见面，他却给我留下了一个非常善良、和蔼的印象。我记得我一进竹楼，是他让我赶快脱下被雨淋湿的棉袄，并把他的棉大衣给我披在身上，让我顿时感到了这个群体的温暖。另外在工作上，他始终都十分关心、注重我在创作中的要求，而且特别体贴到我一个女同志，在这么艰苦的环境中必定会遇到许多困难，所以他总是关照制片方面尽量地在生活上多给照顾，在工作上多给支持。

在大苗山体验生活将近一个月的时间里，我们过着近似原始味道的特殊生活。吃的饭是把米放进竹筒，然后放进"中央大厅"的火堆上烤熟；菜，几乎从来没有变化的是盐水煮毛笋。尽管在结束这次生活之后，每个人都面黄肌瘦，但吃的时候却觉得很香。为了安全，他们从来不让我一个人出入，而总是找人陪伴着我。我喜欢跟着苗族姑娘一起采蘑菇，身上背起竹篓，一路听她们哼唱着山歌，蹦蹦跳跳欢快地向山上爬去，每当发现一堆蘑菇时，大家会高兴得跳起来，这时她们会教给我哪种是可以吃的，哪种是有毒的。每次采蘑菇回来就可以给大家改善一下生活，要是偶尔吃到一顿用烟熏过的腊肉就更加让你感到幸福无比了！

最让我开心的是在一天劳动之后，大家吃完晚饭，在山坡的大草坪上看苗族同胞的歌舞表演。这时，所有的苗家青年男女都梳洗打扮一番，男的换上新装，扎上包头，女的则将许多苗家特制的银饰，戴在头上，挂在身上，悠悠荡荡，发出一种十分悦耳的声音，配着他们的歌舞节奏，比任何打击乐器发出来的声音都要动听。跳舞时，男女成队，女的手牵着手，男的吹着芦笙载歌载舞，十分欢快。这时，摄制组总是特别地关心我，几乎每次看到歌舞，都会事先把竹椅安排好，陶金导演总是一场不落地陪着我观看，并特别关照几位同志给我打着火把，以便我记录这些苗族的富有特色的音乐和歌声。平时就是这个寨子里的二三十人跳跳，场面不大，有时也会组织更多的人来，他们会把邻寨的男女青年都叫来，上百个盛装打扮的青年男女欢聚一堂，像赶集一样热闹非凡，场面也更大了。我见到仅芦笙就有几十支，长长短短、粗粗细细，最长的要比一个人还高，发出非常厚重的音色，而最小的就像一支笛子。这时的芦笙队合奏起来就像听一曲交响乐一样地丰富多彩，而它们奏出的各种独特的和声又独具风格，让大家听得如痴如醉，恨不得也投身进去和他们一起欢跳。这么丰富的音乐仅仅靠我用手来记录当然是不可能的。因而更重要的是靠自己去感受。这种既艰苦但又非常欢乐的生活，让我感到特别充实。尽管艰苦的生活条件让我们都消瘦了不少，但在我的脑海里，却装满了苗家的生活和音乐。这时，我甚至不用刻意去做什么，只要一想到音乐，就能听到那独特的苗族风味的音乐，就好像我已经在这里扎下了根，很快就会开花结果一样。

有这么好的生活基础，有了这样好的竞技状态，我必须在这里完成需要先期录音的歌曲，以供正式开拍后演员来演唱。这部戏的编剧周民震，也是一位年轻的诗人，在这个剧本中他创作了七八首歌词，如果全部都能用的话，这部戏称得上是一部歌唱片了。由于我对声乐创作的爱好，一部电影有那么多的歌曲供我写作，真是求之不得。歌曲中有抒发剧中主人翁豪情壮志的男高音独唱《苗山啊换上了新装》，有抒情的男女声二重唱《满山葡萄红艳艳》，有明快活泼的女声小组唱《采蘑菇》，内容丰富多样。但这毕竟不是一部歌唱片，只是一部插曲比较多的故事片而已。所以最后和导演商量决定，只保留了以上三首歌曲。由于有饱满的创作激情，我写得特别顺利，很快完成了这些歌曲创作，而且每首都具有浓厚的苗家风味。影片公映后，其中男女对唱《满山葡萄红艳艳》尤其受到人们的喜爱，甚至流传到了香港等地；至今，已经过去了五十多年，竟然还有人很喜欢唱。今年中国音乐著作权协会寄给我的版税分配表上显示，不仅在香港，而且在日本、韩国、新加坡都有人点唱这首歌曲；尤其在日本，点唱的人最多。写到这里，让我从心底深处感到作为一个创作者的温暖和幸福，尽管每被点唱一首歌，仅几块人民币，但这种幸福却是无价的。

电影是遗憾的艺术，在这部影片中又一次让我尝到了这种苦涩的味道。在局、厂领导审片之后，觉得影片太长不得不把与戏剧主线关系不大的苗家姑娘上山采蘑菇的一场戏，连戏带歌全部删掉了。《采蘑菇》是我在创作这部电影歌曲中最喜欢的一首歌，明快、活跃、清亮，而且有着非常浓郁的苗族风格。可就因为影片的篇幅太长，领导一句话，剪辑师一剪刀，这场戏、这首歌就在这部影片中消失了。不过天下真有这样的巧事：在过了三四十年之后，我突然接到广西电影制片厂导演吴因循的一封信，信中他向我"告罪"，说是未经我的同意就在他最近新拍的影片《远方》中"盗用"了我的这首《采蘑菇》，信中说他和我一样，长久以来一直因为这首歌未能问世而感到遗憾。真是天下知己知多少！对于他能让这首歌在电影中重新出现，我不仅不会"问罪"，相反，感谢还来不及呢！可惜我至今都没有机会来欣赏这部影片，也无缘在他的影片中再听听自己的这首歌。但我仍然要感谢这位导演"知音"。

第七章　"上影"进行曲（二）

上影厂或许是我的福地。虽然我在上影最大的官职只做到摄制组的支部书记，虽然"文革"中被封为"黑线"的红人，但我遭遇最大的迫害也就是一次被勒令上台接受批判，一次被扇了一记耳光；造反派给我的罪名之一是"喜欢游山玩水"。官做得不大，受批判也不是最严厉，但我的事业却在上影发展到顶峰。

一、苦涩的回忆

1962年，电影《舞台姐妹》刚做好后期不久，就听到了张春桥在"反右倾"的报告中批评《舞台姐妹》宣扬"人性论"、"合二而一"，后来经过层层加码，《舞台姐妹》居然变成了"大毒草"。又过了一段时间，全厂停止生产，大多数创作人员都被组织到农村去参加"四清"工作，我也被分配到上海川沙的龚路公社。

在"四清"运动中，我们都和农民同吃同住同劳动。我住在一个叫"阿大妈妈"的家中，这位老妈妈只有一个女儿，年龄还小。老妈妈对我非常好，虽然她家境相当困难，但还常常烧些可口下饭菜给我吃，我最爱吃的是她用大锅烧的菜饭，伴着一碟咸鱼，香极了。我们的工作主要是组织农民学习，揭发一些干部的多吃多占行为。上面如果有什么新的精神要传达，我们也会到大队或公社里去学习，时间长的话就要背着行李住在公社里。那时，秦怡和我在一个队，我们还曾在一个老乡家的小屋里同住过一段日子，但没多久她就因病回沪住院治疗了。

"文化大革命"开始后，我们一大批知识分子被调回上海。一回电影厂，就看到了铺天盖地的大字报，其中大多数是针对所谓"黑线人物"的。当时我很坦然：我有一段清白、光荣的革命历史，解放后又一直勤勤恳恳工作，听党的话，没干过坏事；即使参加写过"毒草"电影，也不过是一个配角，要批也轮不到我。所以，丝毫没有什么紧张情绪。但没有想到，在众多的大字报中，居然发现了也有专门写我的大字报，主要内容是说我"借出外景的机会游山玩水"、

"爱打扮"等一些问题。我当时很不以为然，觉得这不过是一些生活细节，没什么了不起。不久，针对我的大字报竟越发多起来了，什么"黑线下的红人"啦，"资产阶级作风"啦，"和黑线人关系密切"啦，甚至还有人上纲上线批判我是"蜕化变质"！

这时，厂里造反派已经夺了整个厂的领导权，勒令我们创作人员必须天天上班，不得"乱说乱动"。实际上，上了班也是无所事事，天天东看看、西串串，见了熟人聊聊天以打发日子。一天到厂后，见造反派们都集中在漕溪北路原天马厂大门口的广场上，广场中央搭起了一个大高台，他们之中有人提着大喇叭，似乎要采取什么行动。果然不一会，他们开始叫名字了："×××出来"！然后责令他到高台上跪下。就这样一个个地叫，一个个地上高台跪着，跪的人越来越多了。我站在二楼的一个窗口，以一个普通群众的心态默默地观看着发生的一切，心里还想着毛主席在《湖南农民运动考察报告》中所说的话，觉得我们这一代人的命运真不简单，经历了这么多时代的变迁，各种形式的斗争，可以说什么事情、什么形势都经历过了，而眼前我又在经历一场"史无前例"的斗争，但我们又不是封建王朝，让人上高台下跪，这算什么"斗争"呢？正看着，想着，忽然听到有人叫"黄准"的名字："黄准出来！"接着，几个造反派找到了我，似乎要押我下去。我大大方方地对他们说："我自己会走"，于是跟着他们下了楼，被带上了高台，还未站稳就觉得腿被人重重地踢了一下，我苦笑着被迫下了跪。后来，又有人在我头上拍了一下，并喝斥着："你还笑！"笑？我是开心地笑吗？！难道哭就舒服吗？我心里不知什么滋味。

从这以后，我就被取消了"革命群众"的资格，发配到"羊棚"里去"学习"。当时被造反派揪出来的人按不同档次来"管教"：所谓有严重问题的人，被称为"牛鬼蛇神"，他们大多数被隔离审查，住进"牛棚"，不仅不能回家，还有专人看管。而像我这样算不上"牛鬼蛇神"，但也不能当"革命群众"的人，造反派专门给我们腾出一间房子（当时我们戏称它为"羊棚"），把我们集中在一起"学习"，我记得有傅超武、梁廷铎、张鸿梅、张秀芳等人。我和傅超武虽都是从解放区出来的，但我们被"黑线"重用过，和"黑线人物"关系密切，所以就和其他一些多少有一些"问题"，但既够不上"牛"，也不配当"革命群众"的人集中到了一起。不过我们并没有真正被隔离，没有被看管，可以自由行动，可以回家，但不能参加"革命群众"的集会和活动，并且要做一些"革命群众"不干的劳动，如：帮厨房洗碗、打扫走廊和厕所等等。劳动是光荣的，可是这惩罚性的劳动却让人感到羞辱。开始的时候简直让人抬不起头来，洗碗时低着头，不敢对周围的人看一眼，尤其是打扫厕所，宁愿早上班或晚回家也要在没有人的时候干，心里忿忿不平，但时间久了，逐渐地有点习以为常了。

我们这些平日里除非在一个摄制组拍戏才能碰到的人现在有机会在一起，过得倒很投缘。开始时也相当地悠闲，简直成了苦中作乐的"逍遥派"；没有人来管（造反派还顾不上我们这一群），不用动脑筋去搞什么创作，所谓"学习"也是不必费精力的，大家在一起说说笑笑，吃吃零食，女同志们还偷偷地打打毛线，甚至我还学会了纳鞋底。不过做这些"私活"要特别小心，一旦有造反派来，必须迅速地把"活"藏起来，当然我们之间谁也不会揭发谁。

可是好景不长。突然有一天，造反派把杨芳菁叫了出去，过了很久才回来，只见她脸上有红肿，眼里有泪痕，而且还要她搬出这间"羊棚"。这时大家感到不那么轻松了，下面会轮到谁呢？一种忐忑不安的心情笼罩着大家。果然没过几天，听到外面有人叫："黄准出来！"我不知道等着我的是什么？他们把我带进了造反派的一间办公室，几个人不很友好地问："你在贵阳的时候被国民党逮捕过，是吗？"啊，原来是为了这件事，我光明磊落，很坦然地回答："是啊。"但接下去就不对头了，他们的逻辑是：你进了国民党的监狱，不自首、不叛变是根本不可能放出来的。换句话说，你居然被释放，那就一定是叛徒！要给我戴上"叛徒"的帽子，我当然是不能接受的，我坚持说我不仅没有叛变出卖，而且在狱中表现很好。这强硬的态度激怒了造反派中的一员，他恼怒地打了我一巴掌。在我一生中这是第一次挨打，顿时脸上觉得热乎乎、麻辣辣地。或许对这个健壮的汉子来说，出手的时候可能还稍稍地留了一点情，反正等审问好回到小屋的时候，我还没有到鼻青脸肿的地步。接着他们勒令我"老实交代"，并宣布晚上不准回家，在厂里好好考虑自己的"问题"。到了这个时候我才真的感觉到事情的严重性，一种委屈和忿忿不平的情绪袭上了心头。其他"羊棚"的同志们，不管是同情还是好奇，谁也不能说什么，既不能问，更不敢安慰，大家在几乎要窒息的气氛中默默无言，直到下班。

大家都走了，可是我不能回家，也不能给家里捎个信或打个电话。小屋里空空荡荡，整个电影厂冷清清的，我觉得孤独，感到恐怖，如同堕入深渊。这时候我想到了死！屋子里没有人，外面也没有人看管，只要有一条绳子不就什么都解决了吗？！可是我没这么做，我糊里糊涂、懵里懵懂地捱了一整夜，直到天亮。或许是我自信自己是清白的，还不甘心就此在地球上除名，或许是屋里根本就找不到一条绳子，救了我这一条命。反正我活着。第二天同屋的人来上班，见我好好的，大家都放心了。后来我向造反派提供了一些证明人，请他们去调查，以后居然就没有再审我，也没有再关我，我自由了。

令我十分感动的是我的家人，在整个非常时期，都友好相待，互相慰藉。我丈夫吕蒙，因为是上海美术界的领导人，所以被戴上了"走资派"的帽子，并被批为"牛鬼蛇神"的"大红伞"，还被拉上汽车游过街；在一次批斗时，为了说明他们的"黑"，曾被浇了一身的黑墨水。我们俩无论谁挨整被斗，谁都没有落井下石，更没有发生那种在单位被整，回家还要挨斗的悲剧。那天我一夜未归，家里人急得什么似的，第二天见我平安回家，他们开心得不得了，对我表现了莫大的关心和爱护，孩子们亲切地拥上来，又是问寒问暖，又是为我准备茶饭、烧水洗澡……使我感到生活还是充满了爱与温暖。

可能是造反派知道了我们"羊棚"里的"逍遥"情况，要管束一下，于是下令我们写大字报揭发批判别人。特别是对我这个和"黑线人物"关系密切的人，他们更不放松，指名道姓地要我揭发和"黑帮"的关系。怎么办呢？不写就是"违抗"，反正没事做，我就写吧！于是我把这么多年来的工作情况像流水账一样，一件件、一桩桩地报出来，当然少不得要加上几顶帽子："反动学术权威"啊，"走资派"啊什么的。直到现在我也无法评论自己这样做是对还是错。不过倒有一点收获，那就是给我练出了一手好字。现在偶尔有人请我题个字什么的，都认为我的毛笔字写得还不错，我就会自嘲地说："这是我在'文革'中写大字报练出来的。"

又过了一段时间，厂里开始"抓生产"了，决定要拍一部描写知识青年上山下乡题材的艺术性纪录片《广阔天地》，指定由傅超武导演，我担任作曲。可在宣布名单的同时宣布了一条规定：我们这些知识分子不得出外景，只能在上海完成工作。那就是说导演分好镜头之后不能到现场拍摄，只能由革命群众身份的摄影师、照明、置景等其他人去执行。真是荒唐极顶！傅超武急得直跳脚，但也不能违抗。我这个作曲当然是更不能出去了。怎么办呢？知识青年分布在全国各地，要拍摄的景点当然也在全国各地，我虽名为创作人员却不能去体验生活，那就只好闭门造车了。我冥思苦想，终于想出了一个自以为绝妙的办法，就是采用各地的民歌作素材，戏拍到哪里，我就用哪里的民间音乐风格来表现，而且在选择素材的时候，还特别小心翼翼地全都挑选那些歌颂领袖、歌颂党的民歌。我想，这总不反动了吧？！谁知这一来，正好撞到了枪口上。当时，江青正在抓"利用民歌反党"的典型，我正好被抓到！先是徐景贤把我找到市委去谈话，说我的音乐情调不健康，还说我在这部影片的音乐中用了资产阶级的《蓝色的多瑙河》。天晓得！我在写的时候连想都没想过，怎么可能用呢？就在这次谈话的第二天，我一到厂就见贴满了批判我的大字报，给我戴上了"用音乐反党"的帽子，还组织了批判会，真是当头一棒！

我感到非常的丧气，心想既然这样大规模地对我进行了批判，那今后就不用再写了，甚至永远也不想再写了！奇怪的是，这些造反派竟然要批判你还要用你。当这部片子决定重拍时，宣布的作曲居然仍然是我。这一次放松了一点，我们可以下去体验生活了，导演可以到现场拍戏了。能去体验生活这一点对我倒是很有诱惑力，否则我哪里还敢再写呢？再则我们被关在'羊棚'这么久，真气闷啊，这次能借此机会出去走走，呼吸点新鲜空气也是好的。于是我随摄制组到了上海郊县、安徽、江西等一些知青点深入生活，和他们"三同"，收获不小，特别对我后来创作《蹉跎岁月》起了不小的作用。然而在当时，体验生活是去了，回来后当提起笔又要进行创作时，那挨批的滋味仍然留在我心头，一想到此，就心有余悸，迟迟不敢动笔。总不能老拖下去呀！我不得不厚了脸皮向领导提出：时间紧，音乐多，要求领导派人来帮我完成。他们果然派了美影厂的作曲吴应炬来帮我，总算平平安安地完成了任务，至于写得怎么样，连我自己也说不清楚。

后来，厂里开始拍"样板戏"，我们这些没资格进样板戏剧组的人全部下了干校。在干校不仅要受军训，半夜集合起来"拉练"，而且都要参加重体力劳动，插秧、锄草、挑大粪样样都干。后来，我也能挑起大半桶的粪担，并且自以为"改造"得相当不错了。但当时谁也不知道这种日子将要过到什么时候；是几个月？几年？还是一辈子？在劳动之余，当然少不了要开些批判会、斗争会什么的。突然，领导有一天通知我赶快收拾行装，回上海到评弹团报到，说是去帮助"整改"，并参加他们正在排练的《血防线上》的音乐创作工作，而且要求边创作边批判（同时调去帮助工作的，还有音乐学院的教授连波同志）。对于评弹这一艺术形式，虽然我曾学习过一点，但并不熟悉，眼下为了创作可以多学一点了。于是我虚心地学习，从中发现了许多优美的曲调，记了许多谱子，收获不小。但要批判，批什么呢？琢磨来琢磨去，想到了评弹中有许多以个人命名的流派，那就批流派吧。说实话，在当时我根本没有去研究过"流派"的特点，"流派"的形成，以及"流派"在评弹艺术中所起的作用，就瞎批了一通，理由是：评弹是民间艺术，是人民的财富，为什么却挂上了个人的名字，这派那派，都变成了个人的东西。还批判说这是资产阶级的产物，应该取消流派等等。现在回想起来，那个"时代"真是盛产荒唐事，让我也学会了造反派的那种蛮不讲理的"逻辑"。想到这些，让我至今还存在着一种愧疚的心情！

这期间，我一直有个心愿，想为我生活了7年之久的第二故乡延安写点什么。偶尔和葛炎谈起来，他也有这种愿望。于是我们两人联合打了一个报告给领导，同时还附了一个交响大合唱的创作提纲，要求批准我们到延安深入生活并创作这个交响合唱。谁知交上去很久都没有答复。突然一天，工宣队通知我们说：徐景贤有批示，只批准你们到延安下生活三个月，接受劳动改造，不准带创作任务，并且要由一名工宣队员带队去。这不是押解劳动改造吗？但既然已经批下来了，我们只能服从。1975年的8月中旬，我和葛炎在一位工宣队员的"陪同"下，路经西安到了延安。

我们在延安二十里铺附近的阳山大队和老乡"三同"，每天吃"派饭"，沿着山坡，从山这一头的第一家轮流地一直吃到山那头的最后一家。从1945年离开延安已经快30年了，可是延安农民的生活还是相当艰苦，虽然8月份是蔬菜最充足的季节，但大多数人家烧菜时没有油，吃到条件好一点的家庭偶尔能吃到块把肉。记得一天正逢中秋佳节，在我们的碗里也不过就是多了一只鸡蛋。我们每天随老乡上山种地、锄草、收土豆、采摘瓜菜豆子什么的，出了一身汗，沾了满身土，也没有地方洗澡。延安仍然是缺水的地方。

我们在延安有不少关系，有的在部队，有的在地方机关，所以在劳动之外，还通过关系参观了不少地方，如当年我闹秧歌去的杨家岭、枣园以及名胜古迹黄帝陵等，有不少是故地重游，因此更加感到亲切。我们也会见了不少老朋友。老朋友之间少不了发发议论，甚至骂骂"四人帮",那位工宣队员也只当没听见,回沪之后也没打小报告,总算平安无事!但这三个月实在是太累了,葛炎没满三个月就因病先回了上海,我回沪之后也大病了一场。

在"文革"的苦涩记忆里,徐景贤同意我们到延安下生活,却又不让我们写作品,到底意在何处,我至今揣摩不出。是为满足我们回延安的愿望,还是觉得我们的"革命"要求不好拒绝呢?真的想不明白。

二、"文革"中一次难得的自由呼吸

　　1975年深秋，从延安返回上海不足一个月，我就正式接受了电影《阿夏河的秘密》的创作任务。该片导演颜碧丽已经去过外景地，并开始在上海分镜头，而我和副导演武珍年、美工师金毓芬、录音师等人则一起到甘肃的藏、回、汉地区深入生活、收集资料，过了一段富于色彩的生活。闷了这么多年，这次总算可以自由地出来了，没有人管束，在广阔的生活中自由地呼吸，心情感到特别开朗。

　　我们先到了兰州。本想先在兰州收集一些资料，但当我们到甘肃省文工团联系时，他们却告诉我说，那些擅长演唱回族民歌"花儿"和藏族的民歌歌手都被"下放"了，一个都没留下。这些音乐资料对我、对这部电影音乐的创作是那么重要，我必须搜集到。经大家商量，决定深入到回族、藏族地区去寻找他们。为了争取时间和旅途方便，我们向省领导提出要求，借了一辆吉普车，并由省里派了一位对这些地区比较熟悉的向导带领我们下去。我们首先到了宁夏回族自治区。当汽车逐渐接近宁夏的时候，我们在汽车里看到一路上回族打扮的人越来越多了，他们的服装只有黑白两色，男的总是戴着一顶白色小帽，女的则穿着黑色长袍，使我惊奇的是还有不少妇女戴着黑色的面纱，把整个脸部遮掩起来，真像《天方夜谭》中的阿拉伯人。

　　到了宁夏之后，得到了当地文化馆同志的大力支持，他们派专人到农村去找来了几个被"下放"的歌手。那著名的回族"花儿"真是名不虚传，音调高亢动人，这些歌手的歌喉更是嘹亮无比，而就因为他们擅长唱"花儿"（那时批判"花儿"，说"内容不健康"，甚至给戴上了"黄色"的帽子），全被下放到农村当了农民。对我来说，得到这些资料真是弥足珍贵，赶快请录音师录了音，并珍藏起来。

我们满载收获离开了宁夏，转入甘南藏族地区。西藏对我来说有着强烈的吸引力，我一直向往着能到这个神奇的地方去走一走，可是等待了几十年也没得到这个机会，随着年龄的增加，这希望是越来越渺茫了。所以这次真正的西藏不能去，到一下甘肃的藏族地区也是好的。我们到了海拔3200米甘南地区的最高城市——夏河，并参观了著名的藏族寺院——拉卜楞寺。据说这座寺庙原是藏族仅有的几个最大寺庙之一，仅次于拉萨的布达拉宫。但由于前几年少数分裂分子的破坏，寺庙及附近的不少民房都被毁了，这时仅存下位于中心的几座庙宇，不过就这仅存下的几幢，也可看出当年的宏伟气势。整个寺院的外表金碧辉煌，但当我们走进去，却是一团漆黑，阴森恐怖。原来这里正在举办一个揭露批判藏族奴隶主的展览会，看到那用人皮制成的台灯、茶具等物，不由心里发怵。

夏河是一座山城。大家都是第一次到这空气稀薄的高山城市，不免会出现高原反应，走路时感到迈步特别沉重，呼吸也比较困难。夏河这座小城有不少富于藏族特色的建筑，我们的美工师收获不小。但我却很失望，因为这里几乎找不到我想要收集的藏族民间音乐，也找不到能唱藏族民歌的歌手，于是我们继续出发到另一个藏族地区——卓尼。

在卓尼，我的收获不小。这里有一个设备不错的录音棚。当地文化馆请来了不少藏族歌手为我演唱录音，使我有缘听到了真正的藏族民间音乐而不是舞台上经过加工过的音乐，歌手们更加纯朴、粗犷，也更有激情。我们还到藏民家中去做了一次客。这次做客，可以说是冒了很大的风险。那时在甘南最高的一个山沟，名叫车坝沟，高度是海拔3800米。去的道路十分险峻，一边是陡坡，一边是深谷，一辆吉普车只能勉强通过。这使我回想起在抗日战争时期，从延安出发到东北，经过山西时曾走过的一段险路，那条路不到二尺宽，一边是滔滔怒吼的黄河，一边是高山陡坡，行走时稍有分神，就会掉入黄河永远不能生还，所以给我留下了难以忘却的印象。眼下这条路虽然比山西那条小路宽多了，但我们坐的是汽车，大家的命都捏在司机手里！为了体验这从未体验过的藏族生活，再大的风险也要冒啊！一路惊心动魄，终于到了车坝沟。那家藏民已经接到了通知，早早就为我们准备了一餐非常丰盛的藏族家宴。藏民家的厨房就在炕边上，油炸烧煮全在这屋子进行。我们围坐在炕上，喝着青稞酒，吃着他们刚搅好的奶酪和酥油饼，最后边喝奶茶边欣赏他们的歌舞。过去在才旦卓玛的歌声中听到的"青稞酒"啊，"奶茶"啊，这次总算亲口品尝到了。

返回兰州时，我们经过了革命前辈在长征途中路过的岷山地区，可惜因为时间紧迫不能留下多逗留一段时间就匆匆赶路了。这时在上海应该是秋高气爽的大好天气，可是在甘肃的公路上却下起了鹅毛大雪，不一会儿公路就被大雪覆盖了，地势高的地方还结了冰，道路很滑，车辆难行，有的司机已经在车轮上装上了防滑铁链。可是我们的吉普车没有准备这个设备，只能小心慢行。气温越来越低，我们穿的衣服也显得单薄了，好在这次有三个女同志，我们就挤在吉普车里，紧紧地靠在一起相互取暖。中午，汽车把我们带到一个招待所休息吃饭，因为是天气骤冷，招待所还没来得及生火炉，我们这几个快要冻僵的人，只好又蹦又跳地使自己的血液流通起来。正跳着蹦着，我突然像发现了什么真理似的大叫道："啊，我发现了，为什么藏族人跳舞总是跺着脚，原来是为了暖和身体啊！"说得大家哈哈大笑，忘掉了寒冷。就这样，我们冒着寒冷，但带着满载而归丰收后的愉快心情，回到了兰州。

因为甘肃的天气已进入寒冬，为了能在明年春季完成拍摄任务，所以不得不把外景地改到了四季如春的云南。等我们回到上海时，摄制组的大队人马已经先去了外景地，我们少数人只能随后赶去。这是我第二次去云南，不过地点不是西双版纳而是丽江地区的玉龙山下。玉龙山真美！一边是洁白的雪山，一边是一望无际的大森林，空气洁净无比，整个人都好像生活在一片清新之中。我接连几天，天天爬山到外景地去，见导演空下来就和她谈一谈音乐的事。

影片《阿夏河的秘密》完成于1976年，"文革"结束后就不再公映，但影片插曲《小山鹰》这首儿童歌曲倒是传了下来。我把藏族的音调用在儿童歌曲创作上，歌曲不仅明朗健康，活跃流畅，而且很不一般化，这就是甘肃之行带来的成果吧！

这次甘肃之行给我留下了极深的印象，我觉得我和甘肃还真挺有缘分的，因为几年之后，我又意外地到了世界闻名的敦煌。

那是在1989年的3月中旬，突然接到兰州打来的电话，说是甘肃省文化厅将邀请我到兰州去观摩一场歌舞表演。我本来对西北地区的音乐就非常有兴趣，现在有机会去欣赏当然是一口答应，于是说走就走。到了之后，欣赏了他们的精彩演出还参加了座谈会、探讨会等活动。而让我最感到意外的是，他们还特意为我们这些客人安排了去敦煌参观的活动，这可太激动人心了！敦煌的壁画，敦煌的景色，那是多么让人向往啊！更难得的是他们并不安排我们直达敦煌，而是开着专车一路走去，这一路也是十分的丰富精彩啊！此行由歌舞团领导铁民和小贾专程陪同，我们经过了张掖、酒泉、嘉峪关，沿着长城一直走到了长城的尽头。一路上那断断续续的长城，一座座孤寂守望的烽火台以及一望无际的沙漠，和我当年到过的郁郁葱葱的海南，是多么大的反差啊。我想这次旅行如能早上几年，一定会让我《牧马人》的音乐写得更好一些。

在敦煌我们参观了二十多个洞窟，这里的景色和洞窟里的壁画虽然都曾在各种媒体中看到，但现在能亲眼目睹真的是让人感到她的光彩夺目。他们也带我们去看了一些被人破坏过的洞窟，这不由让我想到，当时那些外国侵略者真是无孔不入，在这么遥远的地方，这么偏僻的荒山之中，他们也会来盗宝。

他们还带我们参观了著名的鸣沙山和月牙泉，可惜当时月牙泉的水几乎快干枯了。最近在电视中看到月牙泉的水已经越来越多，比我们看的时候更美了。

这一路上，我们不仅品尝了西北最有名的"牛肉拉面"，还让我"品尝"了一次骑骆驼的特殊风味。我骑在驼背上，听着那当啷当啷的驼铃声，犹如走进了古老的画卷！而一同被邀请来的空政歌舞团的著名作曲家羊鸣（他是空政歌剧《江姐》的作曲者之一）和著名词作家阎肃，他们的风趣健谈，给这一路观光更增添了一份情趣。

三、多彩的新疆之行和流产的拍摄计划

"文革"终于结束，一场灾难过去了，我们又恢复了正常的创作生活。为拍摄一部新疆题材的电影《积雪的山谷》，1977年的4月，我和导演于本正等4位年轻的创作人员一起去了新疆。

这是一个特别年轻的集体：导演于本正、制片主任纪震奎、摄影师夏力行、加上美工和我总共是5个人。

新疆，是我向往了许久的地方，那里的民族风情，那天山南北的景色以及优美动听、丰富多彩的音乐，都是我特别想看到、想得到的。如果没有机会去，我会认为是一生的遗憾，这次总算如愿以偿了。

我们坐了整整4天火车，才到达乌鲁木齐。好在一路上和年轻人在一起，侃侃笑笑，一点不觉寂寞，四天时间很快过去了。在乌鲁木齐住的时间不长，主要是为下生活做一些准备：找了一些关系，开点介绍信，并会见了两位作者，交换了对剧本的看法等等。乌鲁木齐看上去和一般城市没什么两样，，除了在街道上经常看到一些穿着民族服装的新疆人之外，没什么特色。印象比较深的是我们去了一次天池，这是乌市的一处名胜。不过，我们来得不巧，都已经是4月份了，天池仍结着厚厚的冰，然而即使是结了冰，整个环境仍然很美。整个天池给我的印象似一个大大的圆盆，周围的山坡上栽种着一棵棵塔形的小松柏，点缀着一幢幢彩色尖顶的小木屋，真像走进了童话世界一样，十分有趣。

我们下去的第一个点是南疆的喀什。从乌鲁木齐到喀什，如果坐汽车的话有7天的路程，可我们乘的小飞机3个小时就到了。不过这

3个小时并不好过，许多人在飞机上吐得一塌糊涂，从飞机上下来的时候，我看到和我同行的几位小伙子已是个个脸色煞白，难受得不得了。唯有我是不怕乘任何交通工具的，乘船时遇到七八级大风也不会吐，这区区两个小时的飞行更难不倒我，像没事似地精神特别好。

喀什是维族人口最集中的南疆西部的重要城市，是古代"丝绸之路"的要站，有一千多年历史了。我们住进一个小宾馆，天天到街头、集市去观看维族人民那充满异域风情的生活场景：街上到处叫卖着大面饼（新疆人称为"馕"）和烤羊肉；还有那用手工制成的高统皮靴和首饰以及一些精美的工艺品，色彩斑斓，琳琅满目。新疆人很讲究穿着，尤其是女性特别爱穿色彩鲜艳的衣裙。我们还参观了香妃墓和中亚最大的艾提尕清真寺。这时"文革"刚刚结束，香妃墓和寺院都被破坏得一片凄凉，但这些尚未修葺的建筑仍显得十分宏伟，墙壁上残存的雕刻异常精美，仍可看出昔日的辉煌。本来，这里是伊斯兰教的圣地，每天都会有许许多多的人来朝拜，但由于"文革"的余震尚未过去，除我们之外几乎很少有人敢踏进这神圣的殿堂。即使这样，在我们参观的过程中还是有那么一两个人在那铺着旧草垫的泥土地上虔诚地跪拜不起。他们的跪拜方式和汉族完全不同，双膝下跪后，整个人匍匐在地上，一跪一匍一匐要用去多少力气啊，可见其虔诚的程度！

另外，我们在喀什街上经常可以看到一些维族男子，穿着长袍，戴着维族皮帽，手拿一根小棍，骑着毛驴来回穿梭。这使我想起黄胄的国画，画中那姿势、那神态和我所见的生活中的情景一模一样。

为了收集维族的音乐资料，我们到了喀什文工团，还看了他们的演出节目。但因此而了解的维族音乐是浮浅的，维族音乐十分复杂，要想熟悉并掌握它们，决非短时间之内能够做得到，必须作非常深入细致的研究才行。然而这次的工作安排不允许我有许多时间，只能先抓住一点皮毛。不久，我们就要出发到塔什库尔干去，这是一个海拔4000米以上的边境城市，所有要去的人在出发前一定要做体格检查。

这次还特别严格，因为前不久，一位妇女干部就在上山的路上因缺氧引起心脏病发作而去世了，所以气氛比较紧张。不幸的是，我的体检不合格，血压高达110和170，医生说这么高的血压根本不能去。但我想去的强烈愿望什么也阻挡不住，为了使血压快点降下来，我连服了三天羚羊角粉，由于服药过量又腹泻不止。再去做体检时血压居然降了下来，医生也对我放松了禁令，于是我兴高采烈地和同志们一起出发了。

到塔什库尔干必须经过慕士塔格峰，这里的海拔有5000米以上，听说有不少人过不了这个峰。到了这里，有的头昏、有的呼吸困难，就不得不退回去。为了安全起见，我们也带了一只氧气袋以备万一。一路上汽车大都在沙漠中行驶，沿着戈壁滩一直往山谷深处开去，途中没有树木，没有河流，偶尔能见到一两个小小的水池。这里山势雄伟、奇特，有时竟像桂林溶洞中的钟乳石那样奇妙。司机同志告诉我们马上就要到慕士塔格峰了。汽车一路往上爬，当爬到最高峰时，我们居然没有人感觉到有什么不适，更没有那种窒息的感觉，为了证实我的身体不错，我还特地从汽车上下来，往山顶高处又跑了一段。啊，这5000米似乎也没什么了不起，我竟然快活得唱了起来！

在塔什库尔干过了十来天非常有趣的生活。我们到了塔吉克族、柯尔克孜族牧民的帐篷做客，受到他们盛情的接待。他们把肥壮的活羊牵到帐篷，在众人面前宰杀后，就在大家围坐的大炕旁边架起大炉，用大锅煮熟。然后把大块的羊肉盛进木盘，端到大家面前，请大家就着一碗盐水享用。说起来真有点不好意思，同来的几个小伙子居然都秀气得不敢吃，所以吃得很少，而我这个女同志，抓起来就吃，吃得特香，感觉非常地好。同时，在每次的盛情招待上都伴有歌舞，真令人心旷神怡！我们还到了苏联和阿富汗的边境地区，参观了当地的牧场和边防哨所；又到了冰山下，摄影师夏力行同志还登上冰山拍摄了不少冰山的空镜头资料，以备将来在影片中使用。更使我难忘的是当地为我们安排了一次广场歌舞。在高山坡上站着两队人，一队每人手里拿着一支短笛（当地称为"鹰笛"），一队穿着鲜艳的民族服装。鹰笛响起后，他们跳起了塔吉克民族舞，舞蹈粗犷豪放，节奏非常强烈，充满着火一样的热情。

回到塔什库尔干以后，塔吉克文工团为我们举行了歌舞晚会，晚会上表演了许多民族歌舞，塔吉克音乐中那特有的复合七拍子的节奏特别奇特有味。文工团的一位女歌手再妮莎把我请到她家里，特地为我亲手做了新疆的拉面和抓饭，并且为我演唱了近百首的维族、柯尔克孜族和塔吉克族的民歌，足足唱了好几个小时。有这喷香的拉面和抓饭，还有那优美多彩的民歌，简直使我如痴如醉。后来再妮莎到上海音乐学院进修，还经常到我家来做拉面、烧羊肉，可总觉得没有新疆的好。

这近两个月的新疆之行给我留下极深的印象，让我留连忘返。要不是厂里有任务等着，我真舍不得离开这个地方！那热情的人们，那美丽的帐篷，那在鹰笛伴奏下的歌舞和喷香的羊肉、抓饭，多么令人难忘啊！

从我到上影厂以来，这还是第一次和这么年轻的队伍在一起工作。他们有朝气、有活力，办事干脆利落，说干就干，没有什么拖拖拉拉，十分爽快。

但从生活上讲，我以前合作过的制片主任丁里等人会在各方面关心照顾着我，相比之下，在这个组里就需要我自己照顾自己了。不过，他们对我的工作十分支持，只要是组织什么音乐活动，总是五个人一起出发去听并给我充分的时间让我去记录这些音乐材料。这一切都让我非常感动。

但有一件事使我十分不快，直到现在想起来还有一种怨恨情绪。在这次体验生活的最后阶段，他们四个人就因为车子坐不下，居然什么也没跟我说，就偷偷地到了新疆的边境城市和田，而把我丢在了喀什的招待所里，害得我一个人孤伶伶地哭笑不得。

不过，坏事变好事，正因为只剩下我一个人，倒让我就在这个招待所里结识了一个好朋友陈渊，我们在短短的几天中结下了忘年之交。她是美术学院的学生，这次一个人到喀什来体验生活收集绘画资料。我们两个在吃饭时相遇，彼此见对方都是孤身一人，便亲热地交谈起来，接下来的日子里我们结伴在喀什穿大街走小巷，逛集市看庙宇，她还陪我到了新疆的部队，陪我练骑马。现在她在新疆开办了一家服装和饰品的设计公司，只要一到上海就会来看我，还是那么地亲热。

遗憾的是这部戏后来因为内容问题没拍成。虽然拍摄计划流产了，但我所得到的丰富素材和丰富的生活经历却永远留在了我的记忆中，它永远是那么美好！

四、和第四代导演合作的艰难突破

上影厂的第四代导演出了不少知名的人物，如吴贻弓、黄蜀芹、于本正、宋崇、史蜀君、石晓华、鲍芝芳、武珍年等。我和第四代导演的合作始于武珍年，但武珍年在《阿夏河的秘密》摄制组还是个副导演。我和于本正开始准备合作《积雪的山谷》，因民族政策而流产，后来改拍《特殊任务》，于是我又第四次到了海南岛，并领略了与五指山区完全不同的景色，听到了不同风味的海南民歌。1980年代初，我和第四代导演的黄蜀芹、石晓华、宋崇三位导演合作了《青春万岁》、《最后的选择》、《滴水观音》、《二十年以后再相会》及《绞索下的交易》等好几部影片。

作为电影作曲家，我初出茅庐就开始和中国电影的第二代、第三代导演合作，他们都是中国电影史上堪称大师级的导演。而到了1980年代，我这时不仅不年轻，而且正在步入老年，却开始了和青年导演的合作，并且创作的也大多是现代青年人的题材。这也算是我创作生涯中的奇怪现象，很令人玩味。不过，作为一个老人，能得到这么多年轻有为的导演的信任，还是颇感激动的，几乎让我完全忘记了自己的年龄。

《青春万岁》是黄蜀芹的成名作，写的是一群十五六岁中学生的故事。为了熟悉这群青少年的学习、思想、兴趣甚至苦恼，我到了不少中学去观察他们的生活情况，看他们上课，参加他们的课外活动。为了了解剧中所表现的一个从小被教堂中的嬷嬷抚养长大的女孩子的思想和生活，我还和摄制组到了教堂，听他们唱赞美诗，看他们做弥撒。在演唱影片主题歌《青春》时，我特地在全市合唱团中选择了一个少年合唱团来演唱这首歌。

和石晓华合作了《最后的选择》之后，于1984年初，我和宋崇合作了《滴水观音》。这是一部惊险样式的影片，描写在我国云南边境上发生的反间谍斗争，带有浓厚的少数民族的生活色彩和风貌，甚至还出现某些异国情调。因此和一般的惊险打斗片有所不同。我写了一辈子的电影音乐，品种也不算少，有史诗性的，抒情性的，传奇性的，历史古典的，神话的，现代工业、农业等等题材的影片，就是没有写过一部惊险片。在我自己的主观感觉和人们的印象中，似乎我只能写正统戏，而写不了那种带有特殊风格的，或者叫做"野路子"的作品。这次我决心要尝试一下，做一次自我突破。破一破自己创作上的狭隘性，拓展创作路子。于是，我又从头学起。一方面通过学习、观摩、研究惊险样式的电影音乐的特点，同时还跟随摄制组到云南边境的瑞丽县去深入生活，收集音乐素材。

一般讲，惊险片的特点是通过离奇曲折的情节，使用电影综合艺术的手法造成一种紧张感，在刺激观众感官的同时，让人们接受思想的启迪。从音乐上来讲，它的主要作用是帮助烘托紧张气氛，歌颂正面人物崇高的自我牺牲精神和揭露反面人物的阴暗心理，加强矛盾冲突。所以，我们在惊险片中经常听到种那怪诞的音调，时紧时松、断断续续的节奏和那阴沉、尖锐的带刺激性的音色，在有些影片中还可以听得出作曲家有意去搜寻一些没有音高的噪音来代替真正的音乐。但对《滴水观音》这部影片，我的理解是：这是一部具有浓厚傣族民族特色的、带有一定抒情性的惊险片，影片不仅展现了谍战的故事情节，还展现了美丽的瑞丽风光和当地人民的和平生活。在这部影片中，除了应该掌握一定的惊险片音乐的特点外，还需要对傣族的生活和音乐取得进一步的理解。

我已经三次去云南了。早在1958年，我到过西双版纳；1977年，去过丽江；1981年为《蹉跎岁月》又去了昆明附近的一些农村。据说，瑞丽和西双版纳虽然同是傣族地区，却在生活方式、自然环境以及音乐风格上都很不同；于是我又第四次踏上去云南的路程。美丽富饶的瑞丽风光，果然名不虚传：宽阔的瑞丽江，江边点缀着一丛丛凤尾竹；那用铝板制成的闪闪发亮的屋顶和傣族最有特色的寺院建筑都令人神往。最使我发生兴趣的是他们的风俗。我们去时，正是他们的"赶摆"期间，每村每户都热闹非凡。去"赶摆"的人，女的穿上最鲜艳的民族服装，男的背上乐器；有的坐上卡车或拖拉机，有的骑上自行车，车后还带着女友或妻儿；有的成群结队步行，一路上熙熙攘攘……今天这一村，明天那一寨，到处去"赶摆"。在"赶摆"的广场上，有各种小吃和小贩，有放电影，有跳舞蹈，还有从邻国带进来的赌博游戏，好不热闹。在这里我听到了真正的傣族民间音乐，还看到了他们的舞蹈和宗教仪式。这些生动的场面，多彩的生活情景，风味独特的音乐永远印在了我的记忆中。

这部影片完成后，大家对我创作的惊险音乐部分认为还不错，导演说音乐达到了为影片加强紧张气氛的要求。倒是对于歌曲不够满意。这个反映使我十分意外和不安。过去我总被人们誉为写歌曲的能手，有人甚至开玩笑称我为"歌曲大王"，我也自以为写歌曲是我的擅长。而这次竟一反往常，反而歌曲创作没有达到要求。仔细一想，也并不奇怪。主要是在创作观点上我和导演及摄制组的同志有所不同。这部戏的歌曲名为《金色的故乡》，是反映傣族姑娘对家乡的热爱和思念的。虽然影片中展现的生活场景是我国边陲的风貌，其中不乏见到邻国酒吧间职业歌女的风采。但我强调歌曲要表现傣族歌女对家乡的思念情绪，因而在创作中，更多地吸收了民族的特点。为了使这首歌具有一点现代流行歌曲的色彩，我也作了不少努力，如：在伴奏中加强了节奏性，用了"通通鼓"，并且特别请了当时比较走红的流行歌手沈小岑来担任独唱。但旋律中还是更多地体现了"思乡"的感情和傣族的地方特色。而导演和摄制组的其他人对这首歌的理解角度和我不同：他们的要求是要强调和突出酒吧的特点，也就是希望写成一首纯粹的流行歌曲而不要什么地方色彩，甚至希望不要旋律性。这两种观点当然是格格不入的。所以，当时摄制组的某些人就认为"黄准就是写不出真正的现代流行歌曲"。由于这部戏的影响，在我和这个摄制组继续合作《绞索下的交易》时，矛盾似乎更加激化了。而且矛盾的开始仍然集中在歌曲上。

《绞索下的交易》仍然是一部惊险样式的电影，反映沿海特区港澳边境的海关和公安战士与走私犯斗争的故事。我之所以愿意接这部戏，主要是想继《滴水观音》之后，在惊险样式的电影音乐方面再取得进一步的经验。同时，也多少有些赌气。他们认为我写不出当时最时髦的流行歌曲和比较现代化的音乐，我就是要再试一试，看看自己到底能不能写出来。确实，在那些年，我时常感到一种无形的社会压力和舆论压力，似乎认为我们一批老的作曲家已经逐渐"过时"了、"陈旧"了，应该让青年人多承担一些责任。让青年人多承担一些创作任务这一点我完全同意，但"老"也不一定就是"老朽"、"老一套"啊！正因为这样，我想再考验一下自己。《绞索下的交易》在当时是特别"赶时髦"的片子，当然给我带来的压力也更大。

在这部影片中，导演本来设计两首歌曲。一首是主题歌，原设想在序曲和主人公受伤以后唱，是无声源的旁唱，名叫《落泪的天空》；另一首插曲，是海关人员化装为港商和走私犯在歌厅接头时，由歌厅女歌手演唱的，名叫《我从梦中惊醒》。对于这两首歌曲，导演都要求是带有迪斯科节奏的流行风格。为了写好这两首歌曲，我还特地找了上海专唱流行歌曲的歌手来试唱，帮我提意见。经过了几次修改，后来又专门唱给导演听，并得到了他的认可。这部戏的主要拍摄地点在深圳。《我从梦中惊醒》一曲决定在"海上世界"歌舞厅拍摄。由于我比摄制组来得晚，在十分仓促的情况下，既要拍摄又要录音，效果不理想。这一下本来对我不信任的同志对我意见更大了。在整个深圳外景期间，我总是看到他们飘来那种不信任的眼光，似乎每双眼睛都在说："看，说你不行吧，你偏逞强！"

有一天，一位平时非常傲慢的外请演员，居然到我的房间，公然对我宣布说："你们这批老的艺术家，虽然过去写过些好作品，但今天已经赶不上时代了！现在是80年代，要拿出最新的东西来。"还说："你们这批老同志最多只能去讲讲课，传授一点经验……"这种口气使我感到窒息。说实话，在我一生中还没有受到这样重的蔑视呢！但我都忍耐了，置之一笑而已。我表面上坦然，并不说明我内心是平静的。我一直焦虑着：我的前期歌曲不能令他们满意，后期音乐还没有写出来，甚至自己也没有十分的把握一定能写好，该怎么办呢？！那时摆在我面前只有两条路：一条是"知难而退"，在困难面前我认老服输；另一条是勇往直前，迎着困难上！我的性格决定了我选择后一条路，哪怕付出再大的代价。但话又说回来了，我现在毕竟不是青年了。年轻时候我没有任何包袱，失败了可以从头再来。而在这个"老的已经不吃香"的时代，我这次如果失败了，就可能从此在电影音乐界销声匿迹，被社会冷落。再说，个人成败事小，把电影搞糟了，将使国家经济上受到损失，至少，使电影的质量受到影响。我彷徨、苦闷，在这两条路之间徘徊，常常被一种沮丧的情绪痛苦地侵袭着，夜不能寐，日不思饮食，不断地进行着思想斗争。后来，我那倔强的性格使我克服了消沉的情绪，逐渐冷静下来。我认真地分析了自己，觉得自己的创作精力还比较强，创作思想还不那么迟钝，还没有老化到不能接受新事物的程度。于是我下决心干下去，对这部电影音乐进行新的尝试。

导演宋崇对这部戏的阐述是这样说的：这是一部多风格的电影样式，形象地说是"色香味俱全"，他把这"色香味"具体解释为：豪华的场景、新潮的服装、漂亮的演员和曲折的情节。并且是喜怒哀乐均有，既有惊险性，还有喜剧色彩的幽默感。在音乐上他要求是80年代的，要求和影片的现代风格相协调，并要求和影片中准备选择的有声源的音乐（大都用于大厅、舞厅等场景）相统一。为达到这些要求，我在深圳几乎走遍了当地的歌舞酒吧，在闪烁着强烈灯光和刺耳的音乐中观看跳迪斯科的场面。并且还请他们帮助我录了一些音乐资料。我反复琢磨这些所谓具有80年代时代感的音乐，无非有以下几个特点：一是强烈的节奏，二是新颖甚至有些怪诞的音色，三是简单和比较流畅的旋律。

任何事物当你还没有入门之前会感到神奇莫测，摸不透是怎么一回事。对于这些流行的现代音乐，虽然我分析了它们的特点，但仍然不知道这些怪声音来自什么乐器。那种迪斯科节奏组合，乍一听的时候，也似乎感到十分复杂。早就听说过国外现在已风行电声音乐，但我除了曾使用过比较简单的电子琴和小型的合成器外，还没有接触过更多性能的电子合成器。事情十分凑巧，当我从深圳回到上海之后，我组的徐景新同志正好介绍大家到上海交通大学去观看了一台比较现代的电子计算机合成器，并由该校的吴江同志向我们进行了演示。原来那些被认为非常奥妙的电声音乐都可以从这里得到。于是我又几次到交大，请吴江同志对这个合成器的性能、技巧、音色作了详细的介绍，并做了笔记和录音记录。同时还请他按照我的要求，合成出一些新的音色。在此同时，又有我组杨矛同志向我介绍说，上海科教片厂购进了一架电子琴，有非常丰富的节奏形式。我又赶到科影厂去熟悉这架电子琴的性能。在这些学习过程中，这部电影所需要的东西逐渐在我的思路中形成了。但要把这些零散的音色和节奏概念组合成一部大型的电影音乐，还不是那么容易的事，可以说它在创作上的难度要大大地超过我平时使用的常规乐队。

我写了几十年的电影音乐，过去在写总谱时，每写一个音我都非常熟悉，它们有固定的音高，一定的音色，包括他们组合以后的声音，凭我的经验，都可以一边写一边就"听"得见。但这次就不同了，为了使用那变化多端的合成器，除了需要找寻许多新的音色和演奏技巧外，还需要考虑新的乐队编制，甚至还要创造一些新的写谱方法。这时我想起了在香港召开的亚洲作曲家会议上，不少海外及港台作曲家介绍他们为写现代音乐如何去寻找传统音乐中所没有的新的特色，以及它们创造的没有音高的总谱等经验。我想，在这部电影中，导演和其他创作人员所要求的音乐风格不正好与此有共同之处吗？经过了多少次的摸索、试验，我的创作构思才逐渐成熟起来。我原来准备只用三个电子乐器，但考虑到这样做的把握性太小，万一电子乐器达不到一定效果怎么办？所以还得留有一定的保险系数。于是我在三个电子乐器的基础上，又加了一组弦乐，一支小号和一个小军鼓。弦乐用来作基础，小号用来帮助电子乐器的铜管乐部分，使其增加惊险片的紧张度。在乐队编制考虑好之后，我就根据影片情绪的需要进行分段写作。为了和有声源的音乐素材既统一又有区别，我在全片音乐中贯穿了特为这部影片写的主题音乐，它是根据主题歌《落泪的天空》改变而成的。

终于把总谱写完了。在交掉谱子等候录音的几天中，我的心情仍然十分紧张。因为过去在录音前都安排一次排练时间，通过排练听到了实际的音乐效果后心里就踏实了。不满意的地方随即可以进行修改。可是这一次，由于合成器的操作比较复杂，只能在录音现场找出一段我所需要的音色录一段音，否则再找一次又要费许多功夫，还可能从此就找不出来了。以前，即使不进行排练，通过看总谱，心里多少也有点数，但这次的总谱，除了我自己稍稍有些音响的概念外，其他人根本看不出音响效果，实际上连我自己也很难预料到这支乐队组合之后能出来的真正效果，所以心理负担一直很重。

录音的那一天总算到了。第一段序曲，排练时间特别长，因为要先把那三件电子乐器的关系调整好，然后再把乐队加上去。等到终于听到了演奏，我的心激动不已！因为它出现了我料想不到的效果：节奏鲜明，织体丰富，音乐别致，三种电子乐器各自发挥了自己的特长。弦乐队不仅能和它们发出的那种非正常的音色和特殊的演奏技巧相协调，而且起到了相辅相成的作用。这时，我心中的一块石头总算落地了。大家也一致称好，都说这次的音乐风格新颖。摄制组的同志改变了以前不信任的态度，连声称赞。我几个月的劳动算是没有白费，这时我看到的目光似乎都变得格外地亲切了。

录音工作顺利地提前完成。总结这次创作的经验，我认为首先要有敢于创新的勇气，要敢于突破自己、敢于去摸索过去自己和别人都没有用过的新东西。其次，即便是创作电子音乐，也要注意它的思想内容，要有自己的主题，否则就是一堆音响的组合，没有独立的思想价值。这部电影音乐的完成，是我创作历程中一次崭新的尝试，它使我跨进了电子音乐时代。但这还仅仅是刚刚入门，要想进一步去探索电子音乐的奥秘，还需化费许多精力。同时我也认为这种方法只是许多创作方法中的一种手段。我一向认为，一个电影音乐作曲家，应该能够胜任所有题材的创作风格。我这次所做的尝试完全是为了这部电影的需要，绝不意味着我创作路子的改变。

影片上映后究竟会得到什么样的反映，还很难预料，但我想，可能会有人喜欢，也可能会有人说我在"赶时髦"。就连导演宋崇在称赞的同时，也提醒我要有思想准备："说不定有人会说，这是你创作上的堕落！"

我想，称赞也好，批评也罢，我的宗旨是只要是影片所需要的，都应该努力去追求。也许，这就是我在和第四代导演合作中获得的勇气吧。

五、出席亚洲作曲家大会

　　1980年11月底，接到中国音乐家协会通知，要我去香港参加一个国际性会议——亚洲作曲家大会。虽然香港是我国的领土，但当时还在英国殖民统治下，因而去一次香港和出一次国的待遇没有什么两样。不仅每人发了置装费定做服装，临行前还专程到北京培训四天，学习了解有关香港形势以及这次会议的精神和注意事项等问题。准备时间很长，直到1981年3月3日才和上海的丁善德、施咏康一同出发去广州和北京的李焕之团长、著名作曲家江定仙等汇合。

　　我们一行12人，乘坐由广州到九龙的列车去香港。我一生走南闯北，几乎走遍了祖国大地，这次有机会去香港，心里很是高兴。在车上，我无心观看火车上的专线电视，而满怀着新奇的心情，眺望窗外的景色。火车在深圳停留了十几分钟，车厢里走上来一些穿着香港制服的男女乘务员，这意味着我们已经进入香港地界了。过了深圳就是香港的新界。不久到了九龙车站，我们走下火车，跟随着长长的人流，排队办理签证手续。走出车站，我看到了在那里等候多时的香港音乐界朋友和记者们，大家热情握手，交谈问候，气氛相当活跃。

　　汽车把我们送到了一家豪华的旅社——香港怡东酒店。这是一座34层的高大建筑。我和范上娥被安排在31层楼的一间房子里。窗外，可以看到层层叠叠的高楼大厦和弯弯曲曲的高速立体交叉公路。到了晚上灯火辉煌，霓虹灯千变万化。当天晚上是欢迎宴会，在晚宴上我们会见了所有参加会议的代表。出席会议的除香港外，还有菲律宾、日本、印尼、新加坡、新西兰、澳大利亚、泰国、马来西亚、斯里兰卡、韩国等十多个国家和地区共一百五十多位代表。经过主人的介绍，我们知道出席会议的代表大都是现代派的音乐家，会议的内容也主要是有关现代派音乐的研讨和交流。虽然我们初次相见，但都非常友好。特别是新加坡和马来西亚代表都能说华语，更觉得十分亲切。

自为影片《北斗》的音乐作曲之后，我总有一种饥渴感，很希望能有机会了解与学习现代派音乐，使我的创作思路更加拓宽，表现手段更加丰富。而这次的会议，对我来说犹如及时雨。所以，我非常珍惜这次机会，每天的活动都做了记录。

3月5日，上午是开幕式，地点在香港艺术中心二楼寿臣剧场内。开幕式庄重而简单，向大会致词的除香港市政府主席外，还有菲律宾女音乐活动家嘉丝勒（她是亚洲作曲家同盟的主席）和这次会议的东道主香港区会主席林乐培先生。发言都十分简短，主要内容是号召团结，增进交流，以求亚洲现代音乐的更加繁荣。接着由香港儿童合唱队上台表演童声合唱。他们穿着朴素的学生制服，表演者大都是10岁左右的男女儿童，演唱的都是比较复杂的多声部歌曲。他们和谐、优美的声音，细致、含蓄的表情，很使我吃惊。最后一首是香港作曲家采用所有参加国家的典型音调汇编而成的一首欢迎曲，使全体代表感到十分亲切，博得了热烈的掌声。

接着会议正式开始了。香港作曲家曾叶发先生首先做了《二十五年来香港现代音乐的发展》的演讲。

午餐早已由香港音乐界的几位热心朋友约好，请我们和来自台北的音乐家们赴宴。但是，直到上午的开幕式还未见台湾代表到来。我们正在等待的时候，好客的主人费明仪女士走来告诉我们说，台湾已有四位代表到达，并非常高兴地接受了宴请。宴会开始前，主人向我们介绍了台湾的音乐家，一位是亚洲作曲家同盟的发起人之一的许常惠先生，他是台湾艺术学院音乐系的教授；一位是青年作曲家温隆信先生，他的作品曾两次在国际比赛中得奖；另两位是他们的学生——应小姐和苏小姐。开始大家都不免有点拘束，但逐渐就显得随便了，因为我们都是中国人，有的还是同乡，有的是先后同学，更因为我们都是音乐工作者，音乐艺术的魅力解开了心中的隔阂，友谊就从这里开始了。

下午的会议有韩国和新西兰的代表报告他们二十五年来的音乐发展情况。晚上举行音乐会，由香港中乐团演奏各国代表作品，其中除有一首我国李焕之作曲的《汨罗江幻想曲》之外，其他大部分是香港音乐家的作品。说来也十分凑巧，正好台湾音乐家温先生坐在我旁边。我看到指挥家吴大江先生出场时，穿着一件又宽又大，长到脚背的灰色缎子长袍，不由大吃一惊。我克制不住自己惊奇的心情，低声地自语了一句："啊，怎么穿这种衣服？！"这句话被温先生听到了，他低声问我："你觉得很亲切吧？"我实在无法掩盖自己的观点，回答说："我多年没见过穿这种衣服了，觉得很不习惯。"可是他却不以为然地说："我们那里中乐团演奏也都穿长袍的。"很快，我们的注意力被精彩的演奏吸引了。李焕之的《汨罗江幻想曲》受到热烈的称赞，其他几首作品也各有特点。最引我注意的是这场音乐会上演奏的两首现代派的乐曲，一首是林乐培先生作曲的《昆虫世界》，他用现代派的音乐技巧，通过东方民族乐器的演奏，创造了许多新的音色组合和新的演奏方法，产生了一种比西方管弦乐队更新颖的效果。另一首是香港青年女作曲家林敏怡题为《层叠》的乐曲。据介绍，她是一位很有才华的作曲家，但这个作品也许是因为介绍不够的原因，却使我很难理解，因为全曲几乎找不到一句完整流畅的，被我们称之为音乐的灵魂的旋律，而都是各种各样的音色的组合——寻求新的音响效果，这可能是现代音乐家所要探求的各种尝试之一吧。

会议的第二天，听了一天的报告。美籍华裔音乐家周文中先生做了《亚洲美学与世界现代音乐》的专题报告，他在美国是一位音乐界的权威，也致力于中美友好，曾几次来上海进行文化交流。从他的报告中可以看出他对传统的亚洲音乐有很深的研究。接着还有印尼、菲律宾、斯里兰卡以及台湾省的音乐家做了演讲。从早上9点钟开始，接连五六个报告，听下来已经使人相当疲劳了。晚上又是宴会，回到旅馆还要会客接电话……休息时已将近午夜2点钟了。

大概是会议的组织者已经意识到议程安排的问题，所以第三天只安排了一个报告，是韩裔西德籍的音乐家尹伊桑先生做《新音乐与传统的源流》的演讲。看来现代派的音乐家在理论上对传统都是非常重视的。接着是林敏怡女士主讲《钢琴的新境界》。舞台上放着大小两台三角钢琴，她边讲边作示范表演，开始用手指弹，后来用手臂和拳头敲击琴键；接着她又拿出许多道具，离开琴键，在琴键后面的琴弦上大做文章：一忽儿用槌子敲打，一会儿用铁刷子扫，一会儿又用茶杯在弦上滚动，一会儿又拿一根链条在弦上刮来刮去，发出各种不同的音响。坐在我旁边的有两位对现代派音乐持不同观点的香港音乐家告诉我说，林敏怡这次的表演还是比较收敛的，她以前的表演还要比这古怪得多。据说她有一个节目是这样表演的：她穿着一件白色的衣服出场，手里举了一根蜡烛，拉着长长的一条布，围着钢琴转圈，用布把钢琴一圈圈地绕起来，布绕完，节目也结束了。还有一个节目题名为《40秒》，表演者上台后，静坐了40秒钟，就下台了，节目也就结束了。把观众搞得莫名其妙。

另外，我们还看了长笛和小提琴家用新的演奏法表演的节目。吹长笛的是一位非常出色的西德籍长笛女演奏家，当她吹奏音乐时，音色圆润而光彩；但当她表演新演奏法时，有时用手指敲笛键，有时把笛子和嘴唇拉开一定距离来吹，使笛子发出一种古怪的嘶嘶的声音。小提琴的演奏也一样，他们在琴弦上拉奏出极其优美的音色，却又不满足于此，有时用弓背敲，有时在琴码上拉……总之，为了找到新的声音，他们在各种乐器上都作了不少的尝试，甚至对东方民族乐器也发掘了许多新的演奏法。

通过这些报告和示范演奏，使我对现代派音乐逐步有了一些认识——"创新"就是他们要追求的重要目标。据说，他们的创作并不要别人听懂，指导思想就是要"走在时代的前面"，并声言他们所创

和李岚清同志交谈创作问题

在无锡招待会上和李岚清同志夫妇合影

李岚清同志为"张开银幕的翅膀"题词

在青岛第10届国际儿童电影节上，与李岚清同志的合影（前排：左二于蓝，左三李岚清夫人，左四李岚清；后排：左三陈景倣，左四青岛开发区宣传部长张文晓，左五陶玉玲，左七江平）

在"李岚清音乐讲座"上与冼星海的女儿冼妮娜（右三）、贺绿汀的女儿贺元元（右一）、黎锦晖的女儿黎明康（右四）的合影

在"李岚清音乐讲座"上与上海音乐家协会副主席余震的合影

参加香港亚洲作曲家大会的合影（右一李焕之，右四丁善德）

龚学平、金炳华、张瑞芳、秦怡、王立平等同志参加了"黄准作品音乐会"

上海老战士合唱队演唱《娘子军连歌》后合影留念

北京"童心"合唱团专场演出"庆'三八'瞿希贤、李群、黄准作品音乐会"

我的新书发布会，左起：伊华、刘丽娟、黄准、丁玉玲、魏宗彤

上海文广集团总裁薛沛建参加"黄准新书发布会"

在"黄准作品音乐会"上

中国电影音乐学会的朋友们（前排左起：肖远、瞿希贤、吕其明、黄准）

1996年北京"迎接香港回归歌曲大赛"的评委们

1994年在广州和李群（左一）、郑秋枫（右二）、瞿希贤（右一）一起担任全国儿童歌曲比赛评委

黄准、秦怡、陆春龄获上海市委宣传部颁发的"终身贡献奖"后，与市委宣传部杨振武部长合影

第一届上海国际电影节
和导演汤晓丹在一起

吴永刚百年诞辰纪念会上演唱了我和吴永刚合
作的影片《秋翁遇仙记》插曲，并展示了歌谱

在"当代中国电影
音乐庆典"活动中
获"终身成就奖"

获中国音乐家协会金钟奖"终身成就奖"

在北京青少年公益活动电影节上获"中国十大电影歌曲奖"

出席芭蕾舞《红色娘子军》40周年庆，接受中央电视台朱军的访谈

中国电影音乐学会在武当山开年会

在中国电影音乐学会联欢会上，我指挥女同志们唱《娘子军连歌》

和上海电视台主持人叶惠贤、陈辰在一起做介绍老上海的节目

在中国国际儿童电影节和陈景俶在一起

在中国电影音乐学会联欢会上，李海鹰一定
要拿着我的书合影留念

中国电影音乐学
会的朋友们（前
排左起：陈传
熙、瞿希贤，后
排左起：王立
平、李海鹰、赵
季平、杨少毅）

中国电影音乐
学会的朋友们
（左三肖远，右
三章绍同）

在中国国际儿童电
影节和于蓝在一起

在中国国际儿童电
影节和石晓华、陈
景傲、江平在一起

在中国国际儿童电影节和于洋夫妇在一起

在中国国际儿童电影节和陶玉玲在一起

与上海音乐家协会的同志合影留念(右三上海音乐家协会副主席余震,左一青年指挥家张亮)

和东方航空的空姐们在飞机上合影留念

我和上海金秋合唱团的合影（右二金秋合唱团团长胡佩卿、右四指挥郑会武）

作的作品是要在几十年，甚至上百年后才能为人们接受。然而"未来"的音乐，到底是怎样一种发展，我想今天我们都无法预料。

每次演讲中间都有10分钟的休息，以便于大家自由交谈。几天会议之后，我们和台湾的音乐家们相处下来已经比较熟悉了。当谈到创作问题时，我问温隆信先生是什么使他产生创作激情？他回答说："我要写的是我心灵深处的思想。"那么是什么思想呢？我就无法问下去了。我体会到他们要表达的大概就是"自我"吧！他还告诉我，他为了要找到能够表达自己创作意图的声音，往往感到常规乐队不够用，因而时常到处去寻觅能发出他所要的那种音响的东西，如石头、铁片，甚至孩子的玩具等等。对这点我觉得很有意思，尽管我们的创作道路和目的都不同，但这种勇于探索的创作精神还是值得我钦佩的。

3月9日的下午，是我们的首席代表李焕之同志做《二十五年来中国音乐的发展》的演讲。到会的人特别多，几乎座无虚席。除了开会的代表外，还来了不少香港报界和关心中国大陆音乐界的朋友们。

会后许多人向我们索取报告的打印件。也有许多人向我们祝贺，并称赞报告内容很精彩。正巧这天我又和温先生等几位台湾音乐家坐在一起。当听到播放我国的民间音乐时，他们激动地说："这些民歌旋律多么优美啊！""是的。"我情不自禁地带着一点自豪的口吻说，"我因为从事电影音乐创作，曾到过全国各地许多地方，我们祖国的各地方不仅有着壮丽的景色，而且到处都有丰富、动听的民间音乐，真是取之不尽的宝藏啊！"会后他告诉我，他也写过电影音乐，并且热心于收集儿童音乐素材和从事儿童音乐教育工作。温先生还要我转告李焕之先生，希望能有时间和他研讨一些创作问题。我欣然答应了他的要求。

各种学术报告会持续了六天。3月10日的晚上是香港管弦乐团的音乐会，由日本音乐家小松一彦担任指挥。全部乐曲都是亚洲各国被视为现代派音乐大师的作品。有周文中先生的《舞曲》以及香港青年音乐家罗炳良先生的《景教礼碑》等等。音乐会休息时，我和两位香港朋友到厅外休息，没想到这两位一出演奏厅就争论了起来。一个说："啊，太精彩了，听了真使我激动得要流泪！"另一位朋友却说："简直不知道演奏的是什么东西，全是一些噪音，刺激得叫人受不了！"

我没有参与这场争论。我认为作为一个音乐工作者，应该是各种流派都能听听，长长见识，这并没有什么坏处，当然我们也应该坚持自己的创作道路。

晚上，我和李焕之同志见了温先生等几位台湾作曲家，谈到了一些创作上的问题。我们还向他们赠送了礼物。分别时，已经是凌晨3点钟了。

时间总是那么无情。一星期的会议到3月11日已是最后一天了。在这一周中，我们几乎天天在旅馆、会场、宴会厅和音乐厅中度过。说实话，多么想去看看早已听人介绍过的一些香港名胜啊，但我们却没有时间去游览。晚上去参加闭幕宴会，汽车行驶了将近一个小时，几乎走了半个香港。在车上，我抓紧机会尽情观赏了香港的城市面貌。到达时已经是黑夜了。下车后，只见四下一片灯火，照得我们眼花缭乱。在黑色的夜空中，闪烁着一片灯花的世界，真像是沙漠中出现的"海市蜃楼"——这就是香港的"水上饭店"。我真感谢我们的东道主作了这样巧妙的安排，使我们在几天紧张的会议之后，让这迷人的景色驱散疲劳。

这是最后一次宴会，也是最盛大的一次。除开会的代表外，还有香港市政局负责人和其他宾客共三百余人参加。我们还没有坐下，就看到台湾省的音乐家们已经围满了一张桌子。我正想另找一席，可是温先生走来约我和他们同坐。我又约了施咏康同志前往。同席的除台湾音乐家外，还有几位香港音乐家，如费明仪女士和香港老一辈音乐家林声翕先生以及菲律宾作曲家马西达先生等。许常惠先生平时言语不多，但今天却显得特别激动，不断地喝酒，忽然他激动地说："我们都是中国人，本来就是一家嘛！"让大家感到特别的温暖和亲切。

天下没有不散的筵席。主席终于宣布会议结束了，但似乎没有人愿意很快离去。这时,温先生的女学生向我走来,她平时也很少说话,今天突然在我耳边轻轻地说:"再见了,我看到你,觉得特别亲切,真像我的母亲一样!"啊,母亲!可不是吗,我们伟大祖国像关心自己的儿女一样地关心着台湾同胞。这轻轻的话语,直到今天还在我耳边回响……

会议在亲和友好的气氛中拉下了帷幕,大家各自回到自己的祖国、自己的故乡,各自去寻找自己的灵感,重新投入到音乐创作的天地。我虽然经过了将近十天的会议,听了许多发言和音乐演奏,但是对于"现代"音乐仍然是一知半解。我的一点点感受是:"现代音乐"的创作者,他们所追求的目标是要走在时代的前面,为此他们就要去寻找全新的、非常规音乐中的各种元素,其中包括音色、节奏、甚至记谱方法都要有自己的独创性。在会议上有人提出异议说:"他们这不是'创新'使人听不懂的音乐吗?"我想可能这正是他们所追求的目标,越是别人听不懂的东西,才越显得他们是走在了时代的前面,显得他们的不平凡。不过,我还是感到这次会议让我增长了见识,开阔了音乐的想象,启发了音乐创作的手段,给我留下了难忘的记忆!

六、我的上影作曲组的同仁们

从我1951年正式调进上影厂至1987年离休，这36年中，上影厂几次分分合合，先是一分为三裂变成江南、天马、海燕三个厂，后来又合并成一个上影厂，作曲组人员也随之不断变迁。在上影作曲组这个特殊的群体——我们可以不坐班，只规定一星期到厂开一次学习会，有创作任务还可以不来，很自由。平时我们见面的机会并不多，但每次聚在一起却十分亲切，也非常活跃。尽管在个别人之间有点小矛盾，尤其是在运动中可能有些不同观点，但我们组内却从未发生过人身攻击或者诽谤别人的现象。因而在这样一个群体共事，无疑是很幸运的。

1. 前辈作曲家陈歌辛和王云阶

有人把中国导演划分成几代人，如果按这种方法，那么上影作曲也可以分为好几代。电影作曲家除聂耳、冼星海、贺绿汀等前辈外，1930年代就担任电影作曲的在我们上影厂只有两位，那就是陈歌辛和王云阶。两位电影音乐的前辈都在上影厂，但却有着完全不同的命运。陈歌辛开始电影音乐创作是在1938年，王云阶则在1939年第一次为电影《风雪太行山》作曲。他们都是在正式进上影厂之前就已经在电影音乐创作上有了贡献。我和这两位创作经历和年龄都比我老得多的前辈，一起在上影作曲组共事了很多年。他们两个都很平易近人，对我们这些年轻作曲都非常热心，若有什么问题向他们请教，他们都会热心指教。尤其是陈歌辛，在音乐创作的结构与和声配器很多业务问题上都给予我热情的指点。我还到过他家，我记得当时他住在上海的一座石库门老房子里，有一位非常贤惠美丽的夫人和4个孩子。当时他的大儿子陈钢大约才十几岁。后来陈钢成为音乐学院的高材生，他和何占豪合作的小提琴协奏曲《梁祝》已成为享誉中外的经典之作。陈歌辛的小儿子陈东，现在也是上海著名的男中音歌唱家。

陈歌辛在1930年代就是著名的流行音乐作曲家，与黎锦晖同时成为中国流行乐坛最杰出的代表。他在1945年曾被日本占领当局逮捕，3个月后释放，出狱后他写了《玫瑰玫瑰我爱你》、《凤凰于飞》、《夜上海》等流行歌曲风靡一时。可能就是因为这些问题，他到上影后，一直没有被重用，创作任务也接得不多。记得他作曲的影片有：《纺花曲》、《人民的巨掌》和《情长谊神》等；他还曾为《女篮5号》担任乐队指挥。1957年，他被戴上了"右派"帽子并送往安徽白茅岭农场劳动改造。3年后因病在农场逝世，当时还不满50岁。这样一位有才华的音乐家英年早逝，十分可惜。

王云阶是一位进步人士，20世纪三四十年代曾为白杨主演的《新闺怨》和著名电影《乌鸦与麻雀》、《三毛流浪记》等影片作曲和配曲。1949年他参加了第一次全国文代会，他创作的电影音乐《六号门》曾获文化部颁发的国产优秀影片作曲奖。1956年后他曾担任过上影乐团团长，先后为三十多部电影作曲，其中包括《林则徐》、《护士日记》等，尤其是《护士日记》中的插曲"小燕子"一曲旋律优美动人，曾风靡一时。不过就是他这位追求革命、追求进步的老作曲家，也没逃脱被批判的命运。"小燕子"一度被批判为"黄色音乐"。

"文革"后，王云阶回到上影作曲组，和我们一群晚辈在一起积极参加组里的活动，他丝毫没有长者的架子，无论政治学习或业务研究他都从不缺席。在业务讨论中，他经常把自己的电影音乐构思画成一张大图表，把音乐的主题、副主题、主题的发展都列在这张表上，让人一目了然。他有一个和睦的大家庭，我们也经常到他家去。他的大儿子王隆基就是著名电影《三毛流浪记》中三毛的扮演者，现在隆基已经六十多岁了，他的三毛形象还让人念念不忘。记得去年第10届国际儿童电影节还把他请上台，让大家见识了这位当年的"三毛"。

1980年代初成立中国电影音乐学会，大家一致推举王云阶为会长，他一直关心、参加学会的活动，直到1990年代初，因晚年体弱多病才退居二线，成为名誉会长。在晚年他最激动的一件事就是经过几十年的追求，终于成为了一名光荣的共产党员。

他还写了许多器乐作品，其中有组曲、交响曲Ⅰ、Ⅱ等等。直到1996年他逝世前，还抱病到张家界和我们一同出席了电影音乐学会的活动。

2. 解放区出身的作曲家们

葛炎、向异、高田和我都是1947年—1948年之间调入东影的。这是我们解放区第一代电影音乐人，我们几个在东影筹建了乐队和音乐组。南下后，我又在北京参加筹建了北影乐队和作曲组，直到1951年后，我们又陆续进了上影厂。

在这几个人中，葛炎进上影最早，参加筹建了上影作曲组和上影乐团的工作。从年龄上讲，他生于1922年比我大了四岁，他1936年就参加革命，是作曲组革命资历最老的。

葛炎一直担任着上影作曲组组长的工作。我们这群人整天不上班，关门在家里工作，而葛炎就领导着我们这些不太好管束的作曲家们。他的原则性很强，是一位有威信的作曲组长。他虽没进过正规音乐学院，全靠自学成材，但他的创作大胆有魄力，经过他的不懈努力，一生中完成了几十部电影音乐和独立音乐作品。他的作品可分为几大类，一类是战争片，有《南征北战》、《渡江侦察记》等。他的第一部故事片《南征北战》音乐气势很大，敌我双方主题分明，给人留下了很深的印象。另一类是具有鲜明民族特征的音乐，如《摩雅傣》、《芙蓉镇》等，这些音乐中不仅用了很浓的民族地方音调，还运用了很有特色的民族乐器。第三类是传记片，他写了《聂耳》、

《秋瑾》等影片，而最成功的是他自己参加编剧、编词、编曲的电影《阿诗玛》。参与《阿诗玛》创作的人付出了艰巨的劳动，然而许多人却在"文革"中受到了迫害，有人甚至为此献出了生命。但由葛炎、罗宗贤作曲的影片插曲《马铃响来玉鸟儿唱》流传至今，成为歌唱家非常喜爱上台演唱的节目。葛炎的这种精神常常让我自愧不如。我虽然也非常向往写音乐片，但总等待有现成的剧本、现成的歌词、现成的班底，所以我永远处于被动。虽说《北斗》算是音乐片，但因编导对音乐的不够熟悉，而不能产生令人满意的效果。而葛炎则靠着自己的毅力完成了这部音乐片，让我钦佩。

尤其让我佩服的是，葛炎这一生是在不断地与疾病进行斗争而生存下来的。他常和我们说，他从小一身是病，为什么叫葛炎，就是浑身都是"炎"，得过脑炎、肺炎、肝炎等等。所以他一直觉得自己能够活下来已经很不容易了。但他创造了生命的奇迹，直到81岁时他的肺部已经完全衰竭，才最后放弃了生命。他面对自己的事业成就，面对自己的妻子儿女，满足地走了。

向异，1939年参加部队宣传队，1942年进八路军总政治部音乐干部室训练班学习，1945年在延安电影团工作，1947年在东影参加筹建音乐组工作，1948年到东影作曲组，曾为纪录片《民主东北》、《解放天津》等片写过音乐。他前期创作的纪录片《一定要把淮河修好》中的主题歌《淮河两岸鲜花开》曾经获得全国歌曲评奖中的二等奖，尤其是电影《李双双》的插曲《小扁担，三尺三》曾被评为最受欢迎的歌曲之一。

向异和我同岁，比我只小了几个月。在作曲组他是一个个性特别强的人，他热衷于参加政治运动，而且极有自己的主见，从不隐瞒或随声附和。在"文革"中，造反派整他，他就是不低头，关起来又逃走，一直逃到东北。造反派竟拿他没办法。他不服的就是不服！

他的个性不仅表现在政治运动上，也表现在他的创作上。他的作品极具个人特色，有他独到之处。如《小扁担》在旋律进行和节奏上都具有独特的风格。他的钻研精神非常可贵，曾写过许多文章。他的体魄健壮，尤其到了晚年，他常常自豪地说自己是作曲组最健康和幸福的人。他曾一度得过哮喘病，但奇迹般地痊愈了，直到现在已年过八十，还能跑步运动。最让他有幸福感的是，他有一位年轻温顺的妻子。她一个南方姑娘，为了向异是山西人爱吃面食，竟学会了做面食的一手绝活；她现在是一位保健医生，对向异的照顾更是无微不至。

高田也来自延安，曾在延安部队艺术干部学校学习。1948年进入东影任作曲，1952年在北京新闻片厂任作曲，1955年到上影。他创作的《天罗地网》和《巴山夜雨》给人印象很深，尤其是《巴山夜雨》获得了第一届金鸡奖的音乐奖。

高田和向异虽差不多同时到上影，同在作曲组，又都是延安来的老干部，但两人的性格完全不同。高田很内向，不愿多说话，不是那种一看就是热情洋溢的人。他晚年身体比较弱，所以不经常出席活动。

3. 小老弟吕其明

在我们这一代中，最年轻也是最有成就的一位就是吕其明。他比我还小4岁，今年刚进入八十。1940年他才10岁，就跟着父母参加了新四军，并被分配在新四军二师的抗敌剧团当文工团员。作曲家朱践耳和指挥家曹鹏以及演员铁牛、孙永平、杨梦昶等人当时也在这个文工团里。小小的吕其明在文工团里演戏、唱歌，还打过仗；他酷爱音乐，喜欢摆弄乐器，进文工团之后便学会了拉二胡和小提琴。

1945年，他的父亲——当时新四军七师的行政公署主任吕惠生因被叛徒出卖而被敌人杀害，他成为烈士的后代。就在同年，15岁的他参加了中国共产党成了一名真正的共产主义战士。1949年解放后，他和一大批新四军南下干部被调进了上影厂，担任乐队员工作。后因上影当时没有戏可拍，便调到了北影厂；1955年再次调回上影厂时，由于他对作曲的特别爱好和才华，正式调到上影作曲组，分厂时我们一同分到了天马厂，并且成为了好朋友。

1956年，我们第一部合作的电影是故事片《家》，接着我们又一起合作为老导演杨小仲的儿童电影《兰兰和冬冬》作曲。

　　1982年我刚完成《北斗》回沪，又接了谢晋的《牧马人》；这时，长影导演周瑜又来找我合作他的古装片《杜十娘》，但因我忙于《牧马人》的工作，于是又找到吕其明和我一起合作这部《杜十娘》。这是一部音乐性很强的故事片，片中用五六段不同情绪的大块唱段来抒发杜十娘的内心世界，写得非常地过瘾。写好后由当时的当红女高音歌唱家朱逢博演唱全部的唱段，我想她也一定唱得非常的过瘾。

　　就在同一年，长影导演林农也来找我，要我为他的新片《奇异的婚配》作曲。林农可是老熟人了，我们一起经过生生死死，共过患难； 1945年我们一同到东北，后来又一同进了东影厂。他现在已经是拍了许多好戏的名导演了，《边塞烽火》、《党的女儿》、《甲午风云》、《兵临城下》等都是他独立导演的作品。他能找到我，我怎么能拒绝呢？但我实在是分身乏术啊！只能又和吕其明商量，他竟一口答应，于是我们又合作了第四部电影。后来我们又合作写了电视剧《向警予》和《中国姑娘》。他在我困难时总能出手相救，让我感激不尽，从而也更加深了我们的友谊。

　　吕其明虽然比我们几个人稍晚一点进入作曲队伍，不过这位后起之秀，进厂后就表现出了他的过人才智。虽然他比我年轻，但他在各方面都显得比较成熟。尤其是在政治上，他从不轻易发表自己的见解。但一旦发言，总经过深思熟虑，有条有理。所以我总觉得他是一位很好的领导人才。他担任过乐团团长，当过上海电影局的革委会副主任，后来又担任过上海文联副主席。

　　建国初期，国家要选派年轻人留苏学习音乐，我已成家自然不在考虑之列，而吕其明是在候选名单中的，但他觉得自己应该先打好扎实的基础再出国深造，所以第一批就没去。谁料他的谦让却从此失去了机会，因为那以后就不再选派留学生了。但他仍醉心于作曲事业，为此他坚持在上海音乐学院脱产学习了4年。这一点我就比他差了许多，为了创作任务我没能坚持在学校学完最后的课程，最后不得不放弃。而他宁愿放弃工作硬是学完了3年的课程。所以他虽然是战地文工团出身，从拉二胡开始学习音乐，但经过不懈的努力，他在电影音乐创作方面展示出了才华。至今他已完成了几十部电影音乐作品，其中突出的有《铁道游击队》、《红日》（合作）、《城南旧事》、《庐山恋》、《白求恩》等电影音乐。他的《城南旧事》曾获第三届金鸡奖的电影音乐奖。他创作的《庐山恋》音乐优美动人，其中歌曲《啊，故乡》曾获全国优秀歌曲奖。尤其是他的《铁道游击队》中的插曲《弹起我心爱的土琵琶》在全国广泛流传，据说还作为优秀歌曲之一被宇宙飞船带向太空。值得我学习的是，他不仅写了许多优秀的电影音乐，他还把自己的作品改编成独立的交响音乐，如管弦乐组曲《白求恩在晋察冀》、交响诗《铁道游击队》等，都相当成功。而他最大的贡献就是《红旗颂》。这部《红旗颂》，包括管弦乐曲和合唱曲，经过他无数次的修改，更显庄严宏伟，具有中国民族气魄，现在已成为国家重大场合、重大会议开始前都必演奏的庆典音乐。

在上影作曲组，我们的关系比较密切。到了晚年，我们虽然互相走动得不多，但我们相见的机会还是很多的，那就是在各种场合的会议上。我们同是上影的离休干部，所以在离休干部的学习会或外出旅游时，我们就会见面。我们经常一同出席电影家协会的会议或庆祝活动，我们会在每年的上海国际电影节的开闭幕仪式上见面，而且每次走红地毯，我们两人都分在一个组。记得有一次，红地毯走了很长一段，我们不是演员，不会做秀，两个人本来一起走上红地毯，谁知他走得太快，我只好跟在他后面一路小跑。回家后，家里阿姨说，我是所有走红地毯的人中，走得最难看的一个，不是走，而是在跑步了。我把这事告诉了吕其明，大家哈哈大笑，他说今后一定会走慢一点。果然，过了一年，再参加电影节时，他就留心等我一起走了。

吕其明有着一个幸福的家庭。他有一个女儿也叫小薇（和我女儿同名），现在美国；上海就他们老两口一起生活。在一个成功男人背后有一个支持他的女人，这就是他的夫人李凌云。因为李凌云对他照顾得太好，所以让吕其明成了一个"生活能力很低的大孩子"。记得我们一同出外景到广州，他看我买了鞋子之类的许多东西，于是也想买点什么送给他的夫人，后来我帮他选了一双鞋，谁知回家就挨了一顿剋——他的夫人并不喜欢！从此我们一同出去，他什么也不敢买了。

吕其明工作时特别认真，当领导时也很严肃，但在我们朋友之间却十分随和。他见了我总说："看你怎么不老，连一根'黑'头发也没有！"回头一想，他总是把这话说倒了，不免又大笑一场，他的笑声还特别响亮。

近年来，他和他的夫人李凌云身体都不太好，吕其明几乎每年都要因哮喘住院，而且夫妇二人都得了腰椎病动过手术。他们两个人数十年如一日，互相支持互相帮助，感情非常好。为了自己的老伴，吕其明现在宁愿放弃外出，也不愿把老伴一个人丢在家里，他说："我们俩是相依为命了。"

4. 作曲组里的年轻人

1958年，全国各条战线都在大跃进，我们电影战线也不例外，除了上影、长影、北影几个大厂之外，全国各地也纷纷筹建电影厂。因为无论硬件软件的条件都还不成熟，所以决定从各新建厂派出各种创作人员到老厂去学习。我们作曲组也来了好几个年轻的作曲。其中有浙影的沈铁侯，福影的肖培珩和即将调往广州的杨庶正。他们学习的主要方式就是跟着我们一起搞创作，熟悉我们创作电影音乐的一系列工作程序。派给我的是浙江的沈铁侯，他本是浙江歌舞团的创作人员，到上影后被指定给我当副手。我们的学习方式就是一起搞电影创作，正好当时我接了《燎原》的创作任务，他就跟我一起下去体验生活，一起研究剧本，写了音乐后互相研究，直到影片完成。《燎原》完成不久，他因浙影有任务就回去了。

来学习的还有杨庶正，他在和吕其明、肖珩一起合作完《红日》

之后，离开了上影。唯有肖珩（原名肖培珩）经过多方面的努力，留在了上影厂，成为上影作曲组的一员。

肖珩1946年参军，1948年在军区文工团任小提琴手，1951年进中央音乐学院作曲系学习了整整四年，所以有着比较扎实的基础。他热爱电影音乐创作，到上影后便和吕其明、杨庶正一起合作了《红日》，还和我一起合作了《香飘万里》。我们一起到了云南西双版纳，一起经历了一次艰险而又多彩的生活。后来他又和我一起合作过珠影厂出品的影片《雾都茫茫》。经过几部片子的合作之后，他就开始了独立创作。他后来创作的《苦菜花》、《咱们的牛百岁》获得一致的好评。他的风格纯朴而热情，让人听了有一种亲切感，特别是对他的山东家乡音乐语言的运用上可说是淋漓尽致，风格性特强。他有着很强的追求精神，热情奔放，后来曾和吕其明一同合作写交响乐，还写了不少有关电影音乐创作的理论文章。他为人十分豪爽，说着一口胶东话，到了上海一点也不改。经人介绍他和上海资料馆的隋桂芳结婚并有一女，女儿后来出国留学，现在是一位颇有成就的小提琴家。遗憾的是肖珩抽烟实在太厉害，劝他少抽一点，他完全不当回事。最后终于在他55岁，还正当壮年的时期，就因肺癌离开了人世。

直到"文革"前，上影作曲组是清一色的老作曲家，除王云阶外，都是来自解放区的老干部，都有较长的革命资历，而且从延安来的老干部又占了绝大多数，这种比例在全上海也是少有的。因为作曲是独立创作，不带助手，所以一般没有创作经验的人是不可能进来的。直到"文化大革命"，上影作曲组分配来了第一批上海音乐学院作曲系的毕业生，其中有徐景新、杨矛、杨绍榈、刘雁西等。

徐景新是第一批从音乐学院分到上影的毕业生，他进厂时正好是"文革"最激烈的一年，也是我们这一群"黑线下的红人"挨批最厉害的一年。当时我在《赤脚医生》（后改名为《春苗》）剧组已经被批得完全丧失了创作激情，坚决不想再干，但他们又不批准我离开剧组，于是答应给我调来一个帮手，他就是才进厂不久的徐景新，我很乐意。因为我不仅知道他业务能力不错，而且听说他还有着很硬的社会背景，他是当时掌管着上海大权的徐景贤的堂弟。实际上这只是人们的猜度，他本人可能根本没有意识到这一点。但舆论是这样，对我来说就好像吃了一颗定心丸，便把电影《春苗》的作曲工作继续下去了。果然，因为有了新生力量的介入，我们的创作活动一帆风顺，很顺利地完成了任务。合作中我发现这位年轻人在创作上确实有朝气、有创意，他写的旋律优美，和声配器干净但很有效果，是一位很有才气的青年作曲家。他后来独立创作了许多电影，如《苦恼人的笑》、《小街》、《日出》等，都得到一致的好评。后来他又担任上影乐团团长和上海音乐家协会副主席。他为人处事都显得比较稳重成熟，讲话很有条理，这大概也是选他担任领导的原因吧。在他离开电影音乐创作岗位后，虽然担任领导工作，却仍然创作勤奋，写了许多作品，尤其是他写的大型声乐合唱曲十分成功，曾获得全国交响合唱的大奖。

和徐景新同一时期进厂的还有一位杨矛。杨矛是一位非常聪明、有才气的青年作曲家，和徐景新同时毕业于上海音乐学院作曲系。他从小学习音乐，是从上音附中升入大学的学生，所以他的音乐基础，包括钢琴和音乐理论基础都非常扎实。他进厂不久就在音乐创作中显露了他的才华，他创作的《开天辟地》、《人·鬼·情》赢得普遍的好评，尤其是他的《庭院深深》获得1990年第七届金鸡奖最佳音乐奖。他的儿童片《童年的朋友》获得首届童牛奖儿童故事片音乐奖。

他不太喜欢讲话，不好出人头地，为人谦和，整天埋头在自己的音乐天地里，音乐就是他的一切。但他对人却非常热情，见我一度工作忙、任务重，家中又有一个病人，于是主动帮助我完成任务。开始他先帮我做点配器的工作，后来在我创作电影《大泽龙蛇》时，索性就把重要的音乐段落也交给了他。因为他对音乐特别富有钻研精神，所以我也非常信任他。记得在和宋崇导演合作《绞索下的交易》时，为了探索新的合成器，我就找他和我一同研究尝试，终于获得了令人满意的效果。我一直记得我们的合作和我们的创作友谊。令人遗憾的是他从小就体弱多病，为此他一直是独身一人，一直过着与音乐相伴的生活。

杨绍榈和刘雁西比徐景新、杨矛晚一年进厂，但他们在电影创作上同样作出了很大的贡献。

杨绍榈是苗族人，也是我们作曲组唯一一个少数民族。他的创作民族风味浓，很有特色。他写的电影《喜盈门》曾获第二届中国电影金鸡奖电影音乐奖。1980年代后期我们老一辈老的老，退的退，走的走，完全处于分散状态，而热心于公共事业的杨绍榈，就积极做些联络工作，后来他被选为中国电影学会的副秘书长，一直和北京中国电影音乐学会保持联络。2005年在新会长赵季平主持下，我们电影学会办了迄今为止最后一次上武当山开会的活动，因为山高路远，经费又紧张，上海只有杨绍榈陪同我一起参加，当时我已经年近八十了，能够上得武当山去，感到非常幸运，多亏杨绍榈一路照料。他除了经常写写电视剧音乐之外，还参加一些少数民族的社会活动，虽然也七十上下了，但仍十分活跃。

刘雁西是除我之外上影厂的第二个女性作曲，她性格开朗随和，理解力强，好合作。所以进上影厂不久就成为很多导演愿意选择的作曲家。她进厂不久就为电影《泉水叮咚》作曲并获得好评，接着又创作了《我和我的同学们》，所以她在上影厂是以儿童片取得开拓成绩的，后来创作上又有了很大的发展。尤其在我们这批老的退休之后，她一直是作曲组的主要创作力量，从数量上讲她写作的电影音乐都大大地超过了我们。她在1980年代作曲的影片《黑蜻蜓》还获得上影厂1984年度的小百花奖。

在老一辈作曲家中已经去世的还有两位，一是寄明，一是张林漪。张林漪在东北就参加了电影工作。由于他身体一直不好和少言寡语的性格，和大家接触不是太多，故事片《南岛风云》是他的代表作。他于1989年在上海逝世，享年77岁。

寄明于1939年到延安鲁艺，是鲁艺的研究生。因为她弹得一手好钢琴，所以一到延安弹琴就成了她的工作任务，经常在延安参加演出。当时，鲁艺唯一的一架钢琴只有她和瞿维两人可以弹。瞿维在延安参加了歌剧《白毛女》的创作，直到解放后星海老师已不在人世，他不仅整理了歌剧《白毛女》的总谱，还为冼星海整理了《星海全集》，他创作的《人民英雄纪念碑》是解放后重要的管弦乐曲。寄明解放后曾担任过东北鲁艺的副校长等职，但她长期来热衷于电影音乐的创作，于1955年进上影工作，开始分在江南厂，后来合并到上影厂。她擅长于儿童作品，她的《英雄小八路》的主题歌后来成为《中国少年先锋队队歌》。另外，她创作的儿童歌曲《我爱我们的班级》和《少年，少年，祖国的春天》都曾获得全国少儿优秀歌曲奖。她的个性和事业心都特别强，可她却有着一位性格特别温顺的丈夫，那就是在延安鲁艺就和她在一起的瞿维，瞿维对她忠心耿耿，无微不至。寄明后来得了脑萎缩症，从生病到逝世持续了近十年的时间，全靠瞿维悉心照料。瞿维对她的照顾使周围邻居都十分感动。不过瞿维也有他自己的生活习惯，就是在创作和工作时怕人打扰，一个人在家总要把房门锁上，埋头工作。家里连电视机都不买一个。就是因为这个习惯，当他在常熟老家关门写作时，突然发病，由于他紧锁房门，等到被人发觉，把门砸开，已经来不及抢救了。

以上介绍的是我们上影厂作曲组全部人员的情况，无论是老一代或年轻一代，个个在事业上勤奋努力，每个人都在电影音乐创作中，为上影厂和电影事业做出了贡献。

第八章　难忘的情怀，难忘的歌

人生总有许多难忘，总有许多不了情。在事业有成，退休离岗以后，其实我的心并未退役。位卑未敢忘忧国，老骥伏枥志千里。

一、音乐片，我的不了梦

作为一个电影作曲者，怎能不希望写上一两部音乐片，以展风采呢。这个梦，我在和谢晋合作《舞台姐妹》时就做了。1978年2月，我接到了长影厂寄来的剧本《北斗》，他们想邀请我担任该片的作曲。当我知道这是一部反映陕北生活的音乐片时，欣然接受了这个任务。音乐片，这是多么的吸引我啊！

再说，延安是我的第二故乡啊！我在那里长大成人，度过了我的青少年时代，对她有着特殊的感情。早就有为延安写点什么的愿望，但一直没能实现。还有，我虽然解放战争时期曾在东北工作过多年，但一直未到过长春，那里有我的许多老同学、老战友。我非常想念他们，其中也包括该片的编剧胡苏同志。于是我怀着急切的心情到了长影厂。

没想到这部片子一接手就化去了我差不多两年的时间。因为它是一部上、下两集的大片，又是一部歌唱片，前期和后期的事情非常多，而我又不能耽误上影厂的任务。所以在1979和1980这两年中，我不得不在上海——长春、长春——上海这两地奔走（这时期在上海完成了《特殊任务》、《见面礼》、《楚天风云》、《爱情啊，你姓什么》等影片的作曲任务）。

到了长影，当我冷静下来仔细阅读了文学剧本之后，却惘然若失了。这能叫做音乐片吗？我看过的音乐片不多，早年看过一些大都遗忘了，据我理解，音乐片不外乎有这么几种：

一种是音乐家传记片，如：写贝多芬的《不朽的情侣》，写圆舞曲之王约翰·施特劳斯光辉的一生的《翠堤春晓》；还有许多伟大的音乐家，如肖邦、柴科夫斯基、格林卡等人的传记片；以及我国在1960年代曾拍摄的《聂耳》，1970年代拍摄过的《二泉映月》等。通过影片，不仅让观众了解这些伟大音乐家的生平，而且也让观众再次欣赏了他们不朽的音乐作品。

另一种是歌剧片。这种影片大都是把曾经在舞台上演出并取得成功的歌剧搬上银幕。如我国早期拍摄的《白毛女》、《小二黑结婚》、《刘三姐》，以及后来的《洪湖赤卫队》、《江姐》等。这些影片实际上应称为歌剧纪录片。因为它们的原始构思是从舞台效果出发的，音乐和故事情节的编排并没有考虑到电影综合艺术的特点，拍摄影片时，只是运用了电影技巧罢了。

我认为真正的音乐片分两类：

一类是以声乐创作为主体的。这一类也叫歌唱片，如我国的《阿诗玛》，美国的《音乐之声》等。它们的特点是在最初进行文学构思时，就首先考虑到在完整的音乐结构中，把歌唱形式严密地组织在影片里，为剧中主要人物设计大段的有完整曲式结构的唱腔。

另一类是以乐器作为主体的，如日本电影《砂器》，我国电影《生活的颤音》等。这类音乐片中大都有一首完整的大型器乐作品贯穿全片。如《砂器》，实际上把一曲生命交响乐形象地展示在银幕上。

这两类影片的共同点是：所有故事情节，以及人物命运的戏剧性展开，都围绕着音乐这一核心。也可以说音乐是全片的主宰。因此，这类影片中的主人翁常常是作曲家、演奏家或歌唱家。如《砂器》的主角是作曲家，《生活得颤音》中的主角是小提琴演奏家，《音乐之声》的女主角是女歌唱家。《阿诗玛》虽不是歌唱家，但她是能歌善舞的撒尼姑娘的代表，是一位诗化、神化了的女性，因此作曲者用歌唱片的形式来体现是非常恰当的。

那么《北斗》呢？它应该归为哪类音乐片呢？显然不应归为音乐传记片。因为剧中人物是虚构的，文学构思中也没有完整的、比较附合音乐规律的声乐结构。甚至没有给作曲留有发挥的余地。尽管男女主角都是民间歌手，但一会儿是《信天游》，一会儿是《东方红》，一会儿是《蓝花花》、《天心顺》、《刘志丹》……几乎把剧作者所熟悉的全部陕北民歌都选了进去。简直是全本的民歌联唱。这一点，我体谅编剧胡苏同志，正因为他对陕北的民间音乐有着深厚的感情，才产生了写剧本的创作冲动。但我是一个作曲者，总要有些新的创作呀。在电影里采用陕北民歌，并加工成为民歌联唱式的东西，早已有人做过了。我再去做岂不成了"蠢才"了吗？于是我没有考虑40年未见过面的老战友胡苏和从未见过面的新朋友周予导演将会作出什么反应，就不客气地提出了爆炸性的意见。我的意见是，除了剧情需要而必须保留的、由剧中人自己演唱的少数民歌作为插曲处理之外，作曲者应为影片创作新的主题歌和主题音乐。并应有较为完整的音乐结构来体现影片的主题，来展开人物思想情感和人物的命运。同时，我认为这部戏中男女主人公都是歌手，因而声乐创作将成为这部音乐片的主要手段。经过多次的研究，大家取得了一致的看法，于是我们进一步讨论了全片的音乐结构。

我们把全片音乐主题分为正副两条线进行。正主题是体现全片主题思想的一条线，副主题是表现剧中主要人物谢桂兰的成长和爱情的另一条线。从本片内容及风格样式的需要出发，这两条线都可以用声乐形式来完成。

这部影片的主题思想是通过两个民歌手的悲惨遭遇，使他们认识到只有找到中国共产党——在影片中被形象为"北斗"——才有活路。影片通过他们的爱情生活的悲欢离合，体现了中国贫苦农民走上革命道路的艰辛历程。这些复杂的情节，不太容易在一首歌曲中完全表现出来。于是我们又根据情节发展加上多段的旁唱，以表现陕北人民的心声，等等。我们呕心沥血地花费了好几十天的研讨，终于对剧本进行了较大的改动。之后，我便全力抓了三件事：一是下延安体验生活，二是抓歌词的修改，三是进入全片音乐创作。

这是我第三次回延安，虽然距离"文革"中我和葛炎由工宣队"押解"去劳动改造仅仅四五年的时间，在物质生活方面改善并不太多，但精神状态却大不一样了。记得那年去时，尽管老乡对我们亲如一家，但在劳动中却听不到欢声笑语，更听不到从前在延安时，无论山坡顶上或是山沟沟中，随处都能听到的"信天游"等歌声。为此我和葛炎曾冒着回去挨批斗的危险，走访了住在我们山背后的一位当年的民歌手，请他为我们再唱一点陕北民歌。可是谁知他说什么也不肯答应。尽管我们再三恳求，他始终耷拉着脑袋，一声不吭。最后还是他的妻子，用祈求的口气对我们说："别难为他了，为了唱民歌，他已经被扣上了'宣传黄色小调'、'宣传迷信'的黑帽子，不知挨了多少次批斗了！"她这一提醒使我们回到了当时严酷的现实。是啊，唱民歌"有罪"，那就只能沉默了。

可是这次，人们的心情和整个环境气氛，都大不一样了。不仅在生活中，老乡们尽情地唱起了民歌，而且许多过去挨过批斗的民间艺人也重新活跃起来，他们在街上、在舞台上演出，都深受群众喜爱。为了电影的需要，我们找到了说唱艺人韩起祥，他热情地为我们弹唱了好几次。这次还有机会听到许多年来没有看过、听过的秦腔、碗碗腔、郿鄠等陕北传统戏曲，真是一大丰收。

这次我还到了黄河壶口，那汹涌澎湃、气势磅礴的瀑布，令人叹为观止。我们还到了从前在延安时根本不可能到的榆林。抗日战争时期，榆林被称之谓"白区"，是国民党统治区，所以我们闹秧歌闹了整个边区，但一到榆林边就不能去了。这次有缘能去，使我十分高兴。榆林是一个小县城，但在陕北也算是一个颇为繁华的小都市了，有比较宽的街道和较大的商店，也有学校、工厂，而且演出团体也比较多，我们在这里看了不少演出。

我们从榆林直接返回西安，乘的是一架只能载客25人的小飞机，飞行高度只有300米。虽然那飞机发出的轰鸣声，使人震耳欲聋，但我们一路上通过机舱的窗口看到了千变万化的景色：开始是一片沙漠，榆林城像是沙漠中的绿色翡翠，再往前飞行，便看到那高低不平的黄土高原，除了在山坡上种的一些庄稼呈现绿色外，几乎全是黄色。当接近西安时，绿色才逐渐增多，地面上汽车、自行车、行人也能看得一清二楚了。

在西安我们又跑了许多文艺团体去收集素材，找到了不少过去没有听到过、看到过的音响资料和曲调。这一路下来，在我的脑海中，几乎装满了陕北音调，从创作的竞技状态来讲，我的头脑就像水龙头一样，只要一打开就会源源不断地流出那富有陕北风味的旋律来。

下一步工作便是我所关心的歌词的创作。歌词是歌曲创作的前提和基础。一首好的歌词，它能激发作曲家丰富的音乐想象，赋予作曲家音乐的灵感。同时，歌词又是一种听觉艺术，为了让人听得更真切，这就需要用浅显的语言来表现其深刻的思想内容，要让人们在有限的时空中得到领悟，同时它又是一种音乐的语言，必须和音乐结合之后才算完成。

胡苏同志不仅是一位成熟的剧作家，而且也是一位诗人。但他毕竟不是一位专业的词作家，对歌词创作的规律还不够熟悉。于是我们进行了密切的合作。为了完成电影中的一大批歌词，而且要让这些歌词都能够让作曲者顺利、流畅地谱曲，身体不好的胡苏住在医院病房里坚持工作。想不到我也因血压偏高住进了医院。我们两个"病号"就在医院里他写一首我看一首，提了意见再修改，一遍一遍，直到我满意为止。胡苏同志不厌其烦地听取意见，我十分钦佩他的创作效率和耐心。

《北斗》全片包括十余首歌曲和几十段音乐，工作量实在太大了。经过两年的奋斗，我终于完成了全片创作。在前期录音之后，我听到了长影同志一片赞美声。此后，我们全摄制组怀着陶醉的心情，全力以赴地开始影片的拍摄，并尽心尽力地追求那陕北的土味。影片拍摄完毕，我们将样片送往北京审查，意想不到的是反应并不强烈，审查意见褒贬不一。这是为什么？开始我一直想不通，经过再三的思索终于弄明白了一点道理：两年了，两年的时间在人的一生中是十分短暂的，但这个时期却不同寻常。由于政治经济形势的迅速发展变化，人们已经进入了另一个时代，进入了1980年代。也就是说当我们摄制组正陶醉于一味地追求乡土风味的时候，而北京、上海等大城市，特别是年轻的人们已经开始热衷于港台的轻音乐了。那带刺激性的强烈节奏和那柔软的气声唱法，以及新颖的电子琴已风靡一时，和我们在《北斗》中所追求的越土越好的做法恰恰形成鲜明的对比。

　　1979年底，我趁第一集已经完成，第二集远没有开始的创作空隙，回到上海一段时间，这时有两件事使我受到很大的刺激。一件是当我沾沾自喜地把《北斗》中的歌曲放给家人听时，我的孩子还没听完一首曲子，就不耐烦了，他说："这么土的陕北腔，谁要听啊！"说完，就不客气地走了出去。要是在过去，我也许会因此训斥他一顿，但这次却引起了我的深思，因为我听到的不是他一个青年人的反应，而是代表了他们一些同代人的观点。另外一件事是，我去听了一次专场轻音乐会，一进场，我就觉得自己和当时的气氛是多么地不协调：场内青年人那种狂热的情绪，那嘈杂带有刺激性的音乐节奏和人的呼叫甚至跺脚声混成一片，让我难以接受，甚至感到窒息。于是我不得不中途退场了。之后，足足有个把星期，我陷入了一种痛苦与迷惘之中。我一时还判断不出是我落后于时代了，还是他们走得太远了？是我太古板，还是他们太时髦了？后来我又多次听到有人谈起"80年代音乐"问题。我仍然不解，究竟什么是80年代音乐？又如何理解用80年代的精神来创作历史题材？一系列的问题在缠绕着我。我不甘心做一个落后于时代的人，但在这部影片中，而且是在基本上大局已定的情况下，想要改变原来的创作构思，又谈何容易？如何是好呢？是沿着这条路走下去。还是尽力去迎合一下所谓的"时代精神"呢？我被折腾得精神恍惚，举棋不定。

　　正好在我再次回到长影厂进行下集的音乐创作时，听说长影乐团刚刚进了一架电子琴，它似乎给我带来了一丝希望。我在考虑是否可以借电子琴的音色，使影片情节中带有梦幻色彩的部分涂上一点现代化的颜色呢？我花了不少时间去熟悉电子琴的各种音色和它的性能，并进行了尝试，其结果却是"画蛇添足"，使这部电影音乐不三不四，风格上很不协调。事后，我自己也感到十分懊悔。

因为欣赏趣味和审美观点的不同，任何艺术作品总会遭受这部分人不喜欢，却有另一部分人喜欢的境遇。本来，《北斗》吸收了丰富的素材而创作的陕北音调，具有浓郁的乡土气息，它是美的、动人的，尽管我孩子所代表的那一部分青年人不喜欢，但作为一个艺术家，我应该坚信，带有浓郁乡土味儿的民歌，它的芳香是永远不败的！后来，影片在陕西省放映时，就有许多人非常爱听、爱唱，其中也包括许多大城市中的一些人。而我却没有能坚信自己在这部影片中已经走出的一大步，由于一些段落风格的不统一，以致给影片造成了一定的损失。

《北斗》圆了我要做一部音乐片的梦，却也给了我深刻的教训：作为一个艺术创作者，随时接受新事物是必要的，但对于不同的影片应有不同的表现方法，需要有正确的判断。艺术追求是一种执着，认准了是对的，就要坚持走下去，决不能人云亦云，扰乱了自己的创作步伐。

二、一支难忘的歌

上世纪的70年代末到80年代初，我从电视中看到了一个新的艺术样式——电视连续剧。印象比较深刻的是《上海滩》和《虾球传》。《上海滩》情节引人，动作性强，今天看过一集，明天非接下去看不可，年轻潇洒、风流倜傥的周润发一时倾倒了许多人。而对于《虾球传》我则是被它的主题歌所吸引，每天看，每天听，不由得产生了羡慕的情绪。心想，如果我也能在这些连续剧中写上一首主题歌该有多好啊！观众每天听一遍，很容易学会，很快可以流传。这比看电影方便得多了，不必特地大老远的跑到电影院去看。再说，一部电影中主题歌最多唱个两三遍，哪像看电视，只等时间一到，打开电源，画面、音乐就出来了。这是多么好，多么方便的享受啊！可是，我和电视台没有关系，手头的电影创作任务又很多，想想也就过去了。

1. 第一次为电视剧作曲

1982年4月，我接到北京电视台打来的一个长途电话，说想请我为一部电视连续剧作曲，问我有没有时间，愿不愿意写。这太意外了，真像是天上掉下来的机会！我不是正想为电视连续剧作曲吗，怎么机会居然这么快就来了？那还有什么不愿意的呢，再忙我也要挤出时间来写啊。二话不说，在电话中就一口答应了下来。甚至没有问什么题材，什么内容，我只提出一个条件：就是剧中必须有一首主题歌。对这个条件，摄制组当然乐意接受，说不定这也正是他们要请我作曲的主要原因。我们在电话中就拍了板。联系人王益平告诉我，剧本还不能马上寄到，要我找《收获》杂志第四期中的一篇小说《蹉跎岁月》先看起来，有什么想法再联系。正好我家里订有《收获》杂志，于是我迫不及待地翻看起来。

这是一部知青题材的小说，生动真实，而且很感人。它描写一群在贵州插队的知识青年在插队落户过程中的生活与纠葛："反革命"子弟柯碧舟，却富有事业心、正义感和远大理想；干部子弟杜见春怀着一颗红心，献身于革命事业，主动要求上山下乡，却经历了由"红"变"黑"、由"黑"而平反的曲折遭遇；还有善良的贫下中农的女儿邵玉蓉、花花公子式的苏道诚等形形色色的青年人……小说形象地表现了这群青年人的远大理想，写了他们在劳动创造中得到的欢乐与激动，也写了当他们在受到凌辱歧视时的苦恼、悲哀和绝望，同时，也描写了他们坎坷的爱情以及和当地贫下中农的关系等等。

看完小说，不由得回想起在十年动乱中我曾因为担任纪录片《广阔天地，大有作为》的作曲，到过上海郊县、安徽、江西等地知青插队的农村和农场知青点去体验过生活，感触很深。当时曾和不少知青一起劳动并且交谈过，他们曾把自己生活中的许多感受，包括苦恼、欢乐、理想都毫无保留地告诉我。所以当我看了小说之后，柯碧舟、杜见春、邵玉蓉等青年人的形象很快地就在我脑中复活了。特别是我的第二个孩子吴音儿就是杜见春式的女青年。她1968年也就是17岁的时候，响应国家支援边疆的号召，从北京到了云南建设兵团，为献出一颗红心，把自己的名字也改成了"卫红"。小小的年纪一个人离家到了遥远的云南思茅地区，生活非常艰苦，住的是自己盖的竹棚，喝的是山上的溪水，经常没有菜吃，就用盐汤来代替。刚去时因为年纪太小，常常为想家，为感到艰苦而哭泣。后来，她当了赤脚医生，也尝过爱情的欢乐与苦恼，在云南整整待了11年，回城的时候已是28岁的大龄青年了。在1976年3月，我为创作《阿夏河的秘密》从丽江地区返沪，路过昆明时曾去看过她一次。那时，她虽然已从思茅调到昆明附近，但生活仍然十分艰苦。当我看到她已失去了过去的天真无邪、活泼纯真，变得成熟却又有点木然的表情时，我的心很酸很酸。再说我自己12岁离家，一个人到了遥远而艰苦的陕甘宁边区，不也一样吗？这些生活使我对剧本产生了共鸣，产生了信心。

2. 仓促上阵和囊中取物

出于对知青的感情，出于对这种新的艺术样式的新鲜感，我几乎压制不住自己的冲动，迫不及待地想赶快进行创作。但遗憾的是还没有歌词，怎么办？没有来得及和摄制组商量，我就自己在上海请一位诗人写了一首词，并且抽空为它谱了曲。结果并不理想。歌词没有深度，曲子也同样的没有特色，没有激情。我没敢拿给摄制组看，就自我否定了。这后果是应该想象得到的，作词者没有这种生活体会，我自己也根本没看过剧本，匆匆忙忙就动手写，怎么可能出来好作品呢？现在想想真有点可笑，我干嘛这么着急要写呢？何不再耐心地等待一下呢？

这时，导演蔡晓晴从云南打来了长途电话，她首先表示欢迎我参加这个摄制组，同时告诉我《蹉》剧的外景地已从贵州改到云南，还告诉我编剧叶辛也在外景地，希望我能过去一下。我是多么想去啊！那样就可以和导演好好谈谈，研究一下剧本，听听她对音乐的要求。同时我也想见见叶辛，相信他会告诉我许多创作的体会，会给我许多启发。可是，我那时确实很忙，手头的许多任务都必须交叉进行，实在无法离开上海。而我对这部电视剧又情有独钟，创作激情特高。就在这去或不去的激烈思想斗争中，我忽然灵机一动，请导演赶快趁叶辛在外景地的机会，让他为这部戏写一首歌。歌词是一种特有的艺术形式，它既不是小说散文，也不同于普通的诗歌，它有它的规律，因而并不是所有的编剧都自己能写的。提出要编剧叶辛写，主要是我认为剧作者对自己的剧本最熟悉，理解最深，这是任何别人所不能替代的。蔡导很赞成我的提议，答应一定让叶辛在云南外景期间赶写一首歌词。只要歌词写好，即使一时抽不出身到外景地去，也可以先行酝酿起来。

　　过了三四天的时间，那天我外出工作回家，我那因中风而半身瘫痪的丈夫吕蒙兴奋地告诉我说，云南来了长途电话，并告诉我他已在电话中帮我把歌词记录下来了。透过他那歪歪扭扭，行不成行，字迹不清的记录，我看到了令人激动的词句："青春的岁月像条河，岁月的河啊汇成歌……"啊，多么美，多么生动，多么好的形象啊！仅开始这两句就一下子勾起了我无穷的创作想象，给了我朦胧的，但十分丰富的音乐的感受：那是一条悠长清澈的，但不平静的河，那是在一个不平常的年代产生的歌。这词句撞击着人们的心灵，也撞击着我的心灵，我将要为它谱出一支能够撞击人们心灵的歌！

　　然而，创作仅仅依靠一时的冲动（当然这也是十分必要的）是不够的。我已经有了一次失败的教训，这次我必须要慎而又慎。首先我要把这些虽然很精彩，但还没有组成为完整歌词的诗句结构起来，使它成为一首有完美音乐结构的歌词。作曲前对词作者的原始歌词稿进行一些整理和加工，是我的创作规律。而这一首，我根本没有见过作者原稿，只是被吕蒙用左手歪歪斜斜记录下来的歌词，就更需要我动些手术了。在做这步工作之前，我必须以冷静的态度对歌词的内容进行一些理性的研究整理，然后才能考虑采用什么样的音乐语言。从长途电话中记录下来的歌词大概是这样的：

　　　　青春的岁月像条河，
　　　　岁月的河啊汇成歌。
　　　　一支歌，一支消沉的歌，
　　　　一支汗水和眼泪凝成的歌，
　　　　忧郁和颓丧是那么多。
　　　　一支歌，一支振作的歌，
　　　　一支蹉跎岁月里追求的歌，
　　　　憧憬和向往是那么多。

一支歌，一支奋进的歌，

一支高亢的旋律谱成的歌，

希望和理想是那么多。

　　初看到这首歌词时的确令我非常激动，而最最打动我，使我浮想联翩的还是前两句，因此我必须抓住这两句最精彩的句子，创造出能够与之匹配，而且比它更为动人的音乐旋律。因为我自信已有这方面的生活积累，加上时间紧迫，我想我不需要再像往常那样从体验生活做起，而应花更多的精力去找到能够表现这部戏的生活内容和这首主题歌的音乐语言和素材。

　　我觉得蔡晓晴导演把这部戏的拍摄景点由原作中的贵州改到了云南，这是一个十分英明的举措。从画面上讲云南的环境要比贵州更加美丽广阔，而从音乐上讲也更美、更丰富，选择的余地更大。在这部戏之前，我曾两次到过云南，对云南的音乐已相当熟悉。这部戏的人物大部分是上海去的知青，本地的农民也是汉族，所以，我就把收集和研究的范围集中在云南汉族民间音乐方面。过去在五六十年代，黄虹的云南汉族民歌曾风行全国，其中《小河淌水》、《猜调》等我都非常地喜爱。我又重新把它们找出来反复地哼唱分析。在这同时，我不知在哪里找到了一盘云南民歌的音响资料，在这盘磁带中有几首民歌我几乎从未听到过，但却从中发现了特别有价值的资料。我这时，就像得到了上天赐予的珍宝一样兴奋！尤其是在其中的一首民歌中，我发现了一种进行非常特别，但同时又具有浓厚云南风味的音调，我被它深深地吸引着，一遍遍反反复复地听，并且记录下来进行解剖分析。这首民歌的进行有着非常大胆的跳跃，在一般民歌中几乎绝少听到，实在是太有味道了。我觉得这种特别又大胆的进行非常适合于表现《蹉》剧中那种激荡、不平静的生活，我一定要把它吸收到我的创作中来。另外，我也研究了不少其他民歌，发现在云南民歌中羽调式比较普遍，这个调式的特点是柔和抒情，同时也可能产生一种沧桑悲凉的情调，所以我决定用羽调式作为我创作这部音乐作品的基本调式，必要时再用其他调式作为补充。我还特别考虑，这首主题歌的节奏处理，绝对不能平铺直叙，一板一眼，而必须用长短节奏相对比和相结合的办法，使它有长有短，有张有弛，才能表现生活中的不平静感。

在做好了上述的理性分析和得到了极好的音乐素材之后，我便丢下了所有的其他工作，全身心地投入到这首歌曲的创作中。"青春的岁月像条河，岁月的河啊汇成歌……"无论走在路上还是在写字台边，这两句词都不断地在我脑子里转，甚至在床头柜上都放着纸笔。说真的，有不少次我是在半夜，或者是在睡梦中得到的旋律，这时我必须立刻开灯，把旋律记录下来。否则到第二天就忘了，再怎么想也想不起来，心里面会若有所失似的难受好几天。而且，有时记下的这些句子还真是很精彩的啊！

3. 精雕细琢，淋漓尽致

在经过了多少个日日夜夜的思索之后，突然间一个音调在我脑中生成了：这是一个羽调式，长短节奏有机结合，有着一种悠长而不平静的情绪和青春亮丽的旋律。于是我一口气把它写了下来。当写到"汇成歌"一句时，我觉得结束得太快，不满足。为了加强情绪，同时也为了让曲调得到充分的发挥，我又加了两句'汇成歌'的补句，以便和后面的长句形成鲜明的对比，也为A段的结束做更好的铺垫和烘托。

我已经把我收集到的最精彩的一句用在了最后一个"汇成歌"的乐句中了，为了使这个充满深情的乐句能更好地起到表现剧中所写的知青们的生活感情，我给它安排了十分突出的位置：前面用两个短句已做了铺垫，又在原来的旋律前面再加了3·5两个音，这就造成了更大的十一度的跳跃，几乎是把全曲音域的两个极端音都集中到了这短短的一个乐句中。我觉得如果不以这种夸张的手法（节奏对比的夸张和音调跳跃的夸张），就难以有深度地来表现这群知青饱尝酸甜苦辣和十分复杂的思想感情。同时它的重要性还在于它是A段的结束句，它将在全曲中多次的出现，并给人们留下深刻的印象。

A段的创作我有着良好的自我感觉。下面B段该怎么写呢？从歌曲的创作规律来讲，A段和B段在音乐形象的处理上应有比较鲜明的对比性，我考虑了以下几种对比的手段：第一，在风格形象上，A段属于民歌体，我想在B段中更多地运用现代歌曲的创作手法；第二，在节奏上A段属散性，节奏长短不一，而在B段我则考虑要用比较规律的节奏，并且节拍也从四四拍调整为二四拍，二四拍的节拍比四四拍更活跃一些；第三是在调性上，A段是小调性，B段为了使曲调更加明朗将改成大调。这几点是我从理性处理上所作的安排，但当落实到音乐创作时，就发现了一个十分棘手的问题。叶辛的歌词是根据剧中人物感情的变化和发展来叙述的，从"消沉"写起，到"振作"，再到"奋进"，这样写符合剧情的需要。但我从另一角度考虑，却觉得作为一个电视剧的片头主题歌，应有它一定的独立性。如果唱到中段就消沉起来，一旦歌曲有可能流传开来，那不是会出现很消极的社会效果吗？但如果把振作或奋进提前作为一段，显然也不适合，主要是太具体太实，我想象中的应该是比较抽象、概括的情绪描写。

这时我正好抽空到了云南，见到了蔡晓晴导演。我们虽然是初次见面，却大有一见如故的感觉，似乎我们早就非常熟悉了。在交谈中我发现她是一个事业心很强，很勤奋，吃得起苦，工作果断但又十分谦和的女性。我和她一起研究了剧本，又一起讨论了歌词。

在外景地期间，我顺利地完成了这首歌曲的创作，实际上在外景之前我已经考虑成熟了，只不过是在改过的歌词上再作一些加工。如在B段曲调的处理上，为了突出题材的现代感，为了和A段有更大的反差，也为了从多方面去表现人物性格和情绪，使他们更为立体化，所以，我在B段的一开始就用了不常规的切分法把旋律切了进去，同时结合歌词的情绪向前推进的特点，我也把旋律从低音区开始往上发展推进，以使旋律一句比一句更加扣人心弦。也是为了曲调更加完整和情绪的抒发，我在"拨动人们心弦的歌"和"希望和理想是那么多"的两句词中间，又补充了一句"一支歌，一支深情的歌"，这样B段的歌词就成为：

一支歌，

一支深情的歌，

一支拨动人们心弦的歌；

一支歌，

一支深情的歌，

希望和理想是那么多。

然而，就这样我仍觉得情绪还没有得到充分的发挥，于是，我又在唱完了"希望和理想是那么多"之后，再推出三句"啊"的曲调，在第三句"啊"唱完之后B段才正式结束。这时，我感到我的情绪已发展到了饱和点，得到了充分的展开，知青那唱不尽的酸甜苦辣和复杂的感情全都用"啊"字抒发了出来。

写到最后，又遇到了一个难题，那就是在叶辛的原词中最后还有一句总结性的词句："一支歌，一支难以忘怀的歌"，这句词非常重要，是点题的句子，不能丢掉它。但用在哪里呢？A段是绝对用不进的，B段也已经够了，再加一句就变成累赘多余了。又经过较长的思考，终于想到了一个办法。我想，它既然是带总结性又是点题的句子，那我就把它安排一个重要的位子。即在唱完A段和B段，再唱完A段后，接这一句把它作为全曲的结束句。我把这一句的曲调用原B段的素材加以改变，整个的曲式变成了A+B+A+B2的复式曲式。为了突出它的重要位子，也为了B2作为一个完整的乐段不至于因太短而与其他乐段不相称，为此我把这句词连唱两遍，随着节奏的不断加快，音调的不断上升（全曲的音域达到了两个八度），使全曲在高潮中结束。

曲子创作完成之后，我即刻唱给摄制组人员听，导演及其他创作人员都表示满意。为了拍摄需要，在拍外景时我便抽空教会了他们。工作结束，我一回上海，就迫不及待地向吕蒙（他历来都是我的第一位听众）汇报我的工作成果，把写好的歌曲唱给他听。没有想到，唱的和听的都激动得热泪盈眶，我几乎都快唱不成调了。这首歌的确感动了我自己，使我难以忘怀！为了它，我投入了多少个日日夜夜，又花费了多少精力啊！

4. 求之东隅，收之桑梓

主题歌完成之后，我还要为它的4集剧集写音乐。这是我第一次为电视连续剧作曲，虽然它的音乐创作规律有许多和电影相同，但也略有区别，我还需摸索学习。在这次工作中，我得到了上影厂作曲组的同仁杨矛同志的大力帮助。杨矛是音乐学院的毕业生，有很高的专业修养和很好的作曲天分，他为人谦虚勤奋、热心助人，作为同事我们建立了很好的创作友谊。这时他见我手头工作太忙，家里又有病人，便热心地帮我做一些配器的工作，只要我需要他从不推辞，帮我做了工作还说是相互学习，从不计较报酬，从不计名利，这种精神真使人感动。可惜的是他的身体不太好，没有能充分地发挥自己的创作才智，写的作品不是太多。正是在他的帮助下，我顺利地完成了4集连续剧的配乐工作。

在主题歌的演唱问题上，我和导演一致认为请关牧村演唱最适合。她的嗓音浑厚，音色圆润，在唱法上既不是那种纯西洋的美声发声法，又不是直着嗓子唱的民歌唱法，也不是纯粹的流行歌唱法，而有她自己独特的风格特色，可以说这三者她都有，而又都没有，她就是自成一格的关牧村。录音前我请摄制组找到了她，几乎没有经过太多的排练，就在大家都很满意的情况下完成了主题歌的录音工作。

关牧村的演唱为我这首歌增添了光彩，她在很多音的转换以及感情的变化上都作了发挥，有不少细微的小装饰音是别人学也学不到的。这首歌，后来也成为她舞台演出的保留节目之一。

但是，观众会喜欢这首歌吗？这首歌能流传吗？我没有考虑，至少在创作过程中我没有考虑过这个问题。在这个时期我的创作很多，压力也特别大，有不少摄制组邀请我为电影作曲时，都会不约而同地提出一个要求：一定要我在新拍的电影中写出一首像《娘子军连歌》那样流行的歌。在这个时期我相继为《北斗》、《爱情啊你姓什么》、《楚天风云》、《杜十娘》、《见面礼》、《青春万岁》及《牧马人》等电影作曲。在这些创作中我都非常认真努力，而且按照摄制组的要求，尽力去探索使歌曲能够"流行"的元素。应该说其中有些歌确实写得并不坏，如影片《爱情啊你姓什么》中的同名主题歌，《楚天风云》中的《山茶花》（以上两首歌都请了著名歌唱家吴雁泽来演唱），《见面礼》中的《美呀生活》，《青春万岁》中的《青春》，《北斗》中的《轻歌俏唱》以及《杜十娘》中的6首插曲（全部由歌唱家朱逢博演唱），这些歌都各有特色，当时的反映也都认为写得不错，但都没有能像《娘子军连歌》那样地广泛流传。实际上，一首歌曲的流行与否，尤其是一首影视歌曲的流传不流传，要受到许多客观因素的制约。首先，你这部电影或者电视剧是观众喜欢的，如果是一部不受欢迎的戏，就是歌曲再好也难以流传。因此，我觉得评定歌曲的好与不好，首先应该看它是否与影视的内容、风格相吻合，是否对这部影视作品起了烘托与渲染作用。比如《牧马人》的插曲，导演并没有提出要流传的要求，只要求能够用它来象征我们古老的民族，渲染大漠的情调。我想这首歌起到了这个作用，便应该是首好歌，而不能一味去追求流行。但很多摄制组不是这样考虑。所以在这个时期中，我在创作上一直有点茫然，有一点消沉和苦恼。在写《蹉跎岁月》的这首歌曲时，我不想再去追求流行不流行了，而只想怎样用心把这首歌写好，所幸导演蔡晓晴也没向我提出过这种要求。没有想到"无心插柳柳成荫"，居然出现了意想不到的奇迹。

一天我收到了在浙江美院学习的孩子徐小萌的来信。信中说："这几天在我们学校的寝室、饭厅、校园以及在路上，同学们到处都在传唱着《一支难忘的歌》，大家都非常喜欢它。"对于儿子所说的，我简直不敢相信。这怎么可能呢？这首歌难度这么大，而且音域很广，达到了两个八度，这比《娘子军连歌》九度的音域不知要宽了多少，一般群众很难达到这样的音域。这是一首难度很高的艺术歌曲，最多也只能期望在少数音乐专业的人中传唱一下。而那些没有受过音乐训练的美术学院的学生，他们怎么会喜欢唱这首歌呢？我简直弄不懂了。过去，我一心想追求流行，却不流行，这次我连做梦也没有想要它流行，倒居然流行了。我又想，这或许是因为美术学院也是艺术院校的缘故吧，他们对艺术的爱好与追求和一般群众有些不同。所以我根本没有去理会儿子给我的这个信息。

但是后来，我陆续收到了不少群众来信，有的表示喜欢这首歌，有的来索要歌片。而特别使我感动的是那些在十年动乱中上山下乡插过队的知青们的信，他们这样写道："这些日子，电台教唱由您谱曲的《蹉跎岁月》主题歌，我们一遍一遍地收听，学唱，禁不住热泪盈眶……黄老师，我们不懂作曲艺术，但我们感到《一支难忘的歌》是一首好歌，从旋律中我们听到了当年的愤怒的心声，痛苦的呻吟，还有失望、彷徨，以及最后的希望和理想。黄老师，您太了解我们了。您为我们当年的插队知青写歌，我们深深地感谢您，牢牢地记住您，同时，还盼望您今后继续为我们写歌……"读了这些信，使我深深地感动，正是这群可爱的青年人（当然也包括了我自己的孩子）给了我创作的灵感，是丰富美丽的云南民间音乐给了我创作的源泉，离开了这两点是很难写出这首作品来的。当然，也并不是只要有了生活，有了素材，好作品就会随之而来的，还要靠艺术家的敏感，善于发现，善于使用。即使是最珍贵的宝藏，也要努力开采才能得到！

使我更想不到的是，这首歌不仅得到群众的喜爱，而且也被专家们所肯定，居然在全国性的创作歌曲评选中获得了五六次得奖的机会。不少报刊杂志发表了对这首歌的评论分析，有人评论说这是我一生创作中的第二个飞跃（第一个飞跃是《娘子军连歌》）。他们对歌曲的音乐语言、音乐结构都作了专题分析，几乎全国所有的歌刊都刊登了这首歌。就在这个电视剧播出后不久，我参加了全国文代会，后在音代会上我以较高的票数当选为中国音乐家协会的常务理事；回沪后，又当选为上海市文联委员。

我并没有把这些荣誉看得比写一部好作品更为重要。倒是后来又发生了一件事情令我十分感动。在一个夜晚，我突然接到北京一个陌生人打来的长途电话，她说她是北京"童心"合唱团的团员。这是一个业余合唱团，团员几乎全部是当年的老知青，现在都已是四五十岁的人了。过去他们是一个电台的少年合唱团，经常在一起排练演出，经过了几十年的变迁，因为上山下乡及其他运动的客观原因解散了，现在因为对音乐的共同爱好又聚在一起恢复了这个合唱团。他们为合唱团取名为"童心"，就是童心未泯的意思。她告诉我，他们所有的团员都非常喜欢《一支难忘的歌》，而且大家都希望能唱这首歌，因此她代表"童心"合唱团全体团员要求我把这首独唱曲改编为合唱，以便他们作为该团的合唱保留节目，可以经常演唱。对于这么热情的要求，我怎么能拒绝呢？当初我在构思这首歌的时候是一首独唱曲，要改为合唱有相当大的难度。但我既然答应了就一定要兑现。差不多花了两三个月的时间，考虑了许多方案，最后终于改编完成了一首合唱歌曲。后来，这个合唱团在经过了一段较长时间的筹划和排练之后，在北京音乐厅举办了"瞿希贤、李群、黄准3位女作曲家作品音乐会"。他们说："我们是唱着这些歌长大的，我们从少年到青年，现在已经接近老年了，我们还要唱下去！"多么感人的语言啊！在演出前，我两次到他们团里去听排练，虽然他们只是一个业余团体，多数人没有受过严格的声乐训练，但他们演唱时态度认真，感情投入，和专业团体的作风很不相同。在排练休息时，他们几乎把我包围了起来，热情地告诉我，他们怎样地被这首歌感动，说大家每当唱起这支歌的时候都禁不住会流下激动地眼泪……我的确好感动，好感动。这时，我情不自禁地回想起为创作这首歌而苦思冥想的日日夜夜，回想起当年和知青们在一起生活劳动的情景，想到了我那17岁就投身到边疆建设的女儿，想到了摄制组在云南拍摄外景的一幕幕，甚至想到了在录音棚里关牧村的演唱……这一切的一切对我来说不也是难忘的吗？我常常会感到自己的渺小，自己的微不足道，不是吗？任何一个伟大的人，当你离开了客观世界，离开了群体会有所作为吗？

"生活是创作源泉"，这句话对于我来说，是刻骨铭心的！确实是这样。我总觉得没有那些丰富多彩的生活感受，就不可能有我创作出的那些旋律。这些绚丽多彩的生活经历，是我的骄傲，是我的资本。它们使我品尝了各种生活的滋味，领略了各种生活的甘苦，增添了许多知识，是它们使我感到充实，是它们使我在思维中产生丰富的、源源不断的多彩的旋律。电视连续剧《蹉跎岁月》主题歌《一支难忘的歌》创作的意外成功更加证实了这一点，使我再次增添了创作信心。

三、李岚清同志的歌

　　一天，接到上影厂办公室通知，要我第二天到上海音乐学院去参加一个会议，说会上李岚清同志将会见上海部分音乐家，并进行座谈。我喜出望外，因为早就听说李岚清同志学识渊博，酷爱文艺，尤其是对音乐特别关心，研究过中外音乐史，并有专著，能得到他的接见，亲自聆听他的讲话，感到十分兴奋。

　　参加会议的人数并不多，除学校领导外，还有周小燕、朱践耳、陈钢等及学校的一些老师们，电影界则只有吕其明和我。

　　会上气氛热烈，发言踊跃；会后，许多音乐家还相继给岚清同志送上了自己的著作或音乐作品光盘。

　　我记得我没有发言，因为这种场合，我往往都是向后退缩的。我觉得自己水平不高，没有什么新作品，也没有什么成就，更没有什么新的观点好谈。

　　会议过去了几个月，没想到我又接到岚清同志第二次接见的电话。我想，这次他大概是想了解一点电影音乐的情况吧。接见的地点改在浦东金茂大厦，陆续来的有张瑞芳、秦怡、周小燕等。

　　岚清同志说明了会议中心内容主要想谈谈上世纪30年代的音乐，特别请大家谈一下流行音乐的鼻祖黎锦晖的歌曲与看法。因为人数较少，张瑞芳、周小燕、秦怡三位大明星又说又唱，把这个本来有点拘束的会场搞得十分活跃。会议平静下来之后，我实在觉得再不发言太不好意思了。于是我介绍了延安鲁艺的情况，并介绍当时的鲁艺对黎锦晖的流行歌曲是绝对的排斥，并批判为黄色歌曲靡靡之音等情况。

在大家去就餐的路上，正巧和岚清同志同路。这时，我觉得轻松了许多，闲聊之间他好像突然想起似地说："我为瞎子阿炳写了一首词名叫《二泉》，想请你看看能不能作曲？"对《二泉》这首二胡曲，我印象太深了，它的旋律优美而富于激情，非常完美地诉说了阿炳一生的悲惨遭遇和他的反抗精神，它是中国民族音乐的精华。但对阿炳这个人的故事，我没有进行过研究，同时也还没有看到岚清同志写的是一首怎样的词，所以当时只敢说："我想试试。"说完过后，我的心里一直处于紧张的状态，试不好怎么办？不久，由上海市委办公厅转给了我这首歌词，还有一些有关的资料。歌词不长，是比较工整的七字句，极其简练地叙述了阿炳的遭遇和他的代表作品《二泉》的诞生，词虽短，却简明地概括了阿炳的一生——说到他的出身，说到他的抗争，说到他的辉煌。

我再次研究了"二泉"的音乐，也找了一些有关阿炳生平的资料，开始酝酿创作，我不想时间拖得太长，希望一鼓作气地写出来。

按习惯，我研究了歌词，渐渐进入音乐的境界之后，我总会把歌词写出多种可能性，然后选择比较满意的方案，等待自己的自信，在酝酿到自己确实认为还不错的时候，才最后动笔写成初稿并加工、润色完善它们。这个酝酿阶段时间比较长，少则几天，多则几个星期甚至一两个月，当然也要看任务的紧迫与否，如实在来不及，我也会在限定时间之内完成。岚清同志并没有限定时间，我不用赶，但我也不想拖延，因为毕竟是一项任务，任务的担子压在身上，总是有负重感的。

在我认为已经不可能再写出更好的方案的时候，我最后选择了两个方案。一个方案比较有江南民间特色，音调委婉曲折；而另一方案则比较简单，显得单纯朴素些。写好后我寄给了岚清办公室，请领导考虑。不久传来了修改意见，说他们认为第一方案更好一些，但后半部分不够顺，要求我进行修改。我非常高兴，只要肯定了基础，再加工就有比较有把握了。经过再次修改润色，歌曲是写好了，但总感到有些不足，觉得既然名为"二泉"，应该和阿炳"二泉"中的旋律有所联系才更有意义。但若把阿炳"二泉"的旋律吸收在歌曲旋律中显然是不可取的，那就是"改编"而不是创作了，而且原曲和歌词根本就是两种已经艺术化的作品，无法配合。带着这个问题，又搁笔思考了一段时间。一天，突然灵感降临：啊，可以把阿炳"二泉"的曲调用在歌曲的前奏和间奏之间，互相呼应。于是，我选择了阿炳"二泉"中给人印象最深的乐句，插入在我的歌曲中，再用二胡作为主配器。太好了！简直是天衣无缝，如出一曲。就这样我满怀信心。

正巧2005年12月28日，我去北京人民大会堂参加庆祝中国电影诞生100周年的"电影百年纪念大会"，其间我联络了"岚办"，要把"二泉"面交岚清同志，他们派车把我接到了中南海的一个会议室。这里没有钢琴，我就清唱吧。没想到的是，没唱两遍，岚清同志拿着谱子就和我一起唱了。歌曲顺利通过，并得到在场的其他同志一致的好评。

歌曲于2007年5月5日在无锡生活艺术中心由江苏省演艺团试演并录制了光盘，李岚清同志和陈至立同志出席观看了演出，无论是演出者或观众都反映很好。歌曲得到了肯定，我的一颗心放下来了。

2006年春节刚过不久，北京儿童电影学会会长陈锦俶来上海看我，她告诉我当年10月要在宁波举办第九届国际儿童电影节的开幕式，想要求我为他们作曲，并希望我能帮助她们邀请李岚清同志作歌词。我答应帮她们联系，但不知道李岚清同志愿不愿意写。我给"岚办"打了电话，随后由学会直接协商。没想到打过电话后没几天，我就发烧患肺炎住进了医院，更没想到的是，刚住进医院没几天，学会的同志就兴冲冲地跑到医院来告诉我说，李岚清同志已把歌词写好了。在短短的几天里，岚清同志就写出了非常完美的歌词，它用艺术的语言，非常生动也非常贴切，形象地描叙了电影的特殊功能，同时也唱出了儿童对电影的热爱。我认为非常精彩。但这首节歌，内容丰富，篇幅较长，对我来说不是几天或一两个星期就能完成的，而这时我还住在医院，发着高烧，咳嗽不停。但节日即将来临，时间紧迫容不得拖延。也许我就是这样的性格，只要接受了任务就放不下，而且这首歌词，一下就把我带到了创作的境界，我就更放不下了。就这样，我在医院里开始了创作，华山医院的医生护士都十分支持我的创作，竟然把医生办公室借给我当作创作室。

第一稿写好了，我希望听取岚清同志的意见，因为这毕竟是一首节歌，不能仅仅作为我个人的创作，也是一个光荣的任务。岚清同志对这首节歌也十分重视。"岚办"约我5月份到镇江去和岚清同志面谈，听取他的意见之后我作了修改并配了合唱，为了配合开幕式的歌舞，在歌曲的副歌部分我特别在童声合唱的基础上加上了一个花腔女高音华彩声部，我认为这样可以让歌声更好地和舞蹈的色彩相呼应，让歌唱更加华丽灿烂。节歌如期在宁波举行的开幕、闭幕式上演出了，开幕式上由童声演唱，显得天真烂漫，活泼清新；闭幕式上则配合歌舞，更显得华丽灿烂，色彩鲜艳。演出后，得到宁波当地的观众和中外各地嘉宾一致的好评。

"谁让地球越变越小，……"歌声在宁波市迅速传播，有人甚至把歌曲制作在自己的手机上进行传播。我希望国际儿童电影节能一直举办下去，也希望这首歌能永久流传。

四、张瑞芳和《百岁不用愁》

瑞芳老师是我们电影界的一位德高望重的前辈，上世纪30年代她就是左翼文艺界的先锋人物。记得我12岁在重庆的时候，就特别喜爱《放下你的鞭子》这出戏，还听人说这戏当时在北平演出时，看的人成千上万，许多人被感动得热泪盈眶，就连被国民党派来驱散观众的宪兵也被感动得放下了枪挤在人群中一边看一边流泪。但当时并不知道《放下你的鞭子》首演者正是这位著名演员张瑞芳。想不到解放后，我们在上海电影制片厂成了同事。

多年来，张瑞芳一直担任上影演员剧团团长的职务。她为人坦诚，办事公正，有话就说，不骄不躁，所以在剧团中有着极高的威望。后来她担任上海市政协副主席一职。2007年的上海国际电影节授予她"终身成就奖"，在她上台领奖的那一刻，下面掌声不息，足有10分钟之久，全体观众一致起立向她致敬。当时我正在台下，亲身体会了这激动人心的场面。这些荣誉，是社会和人民对她在电影演艺事业中所作的贡献给以充分的肯定；这动人的情景，也让人看到了她在群众中的形象是多么的可亲可敬。

我1953年调进上影厂，直到1956年我才有机会和她同在一个摄制组工作，她在影片《家》中担任瑞珏一角，我担任作曲，但虽在同一剧组，却没见过面。该剧组中还有孙道临扮演觉新、黄宗英扮演梅表姐，还有魏鹤龄扮演老爷子和张辉扮演觉慧……等等，因为当时没到拍摄现场，所以也都是十分地陌生。

我真正近距离接触张瑞芳，是在我丈夫吕蒙去世后的《吕蒙画展》上。那天她和当时的市委常委、宣传部长金炳华同志一同出席了画展的开幕式。然后，我陪同他们一同参观画展，并介绍吕蒙当年作画的情况。从此以后，凡是我要举办大型的活动都会请他出席，而她也总是热情到场。给我印象最深的是我的两次音乐会，第一次是1998年举办的"黄准作品音乐会"，我看到她精神极为专注地听着，她的情绪随着音乐的变化而变化着。当最后听到《娘子军连歌》时，她不仅带头起立鼓掌，而且跟着节拍一起唱了起来，这种热烈的场面，令我终身难忘。另一次是2000年上海电视台为我举办了"黄准少儿作品音乐会"，这次我没上台，就坐在她身旁陪伴着她，这让我更清楚地观察到她在听歌时的表情。她的确非常喜欢音乐，对音乐的反应也特别敏锐，她会随着音乐的节奏拍手欢笑。我记得当台上演出我的一首幼儿歌曲《小鸭子》时，孩子们穿着小鸭子形状的服装，和着音乐节拍屁股一扭一扭地跳上舞台时，她看着开心地又是拍手又是欢笑，好像她也要随着音乐的节拍跳起来、飞起来一样。她的热情，就像阳光照在脸上，我坐在她身旁，时刻感到一股热流在血管里流淌。是啊，当自己的作品能带给人由衷的快乐时，作为一个作者，自然会产生一种甜蜜的幸福感。

从这两次音乐会之后，她只要遇到我，就会重复说一句话："你们搞音乐真好，一首好歌，会有这么多人唱，而且这么长的时间里让人不会忘记。"我发现，她虽然是位名演员，但同时对音乐也有着特别的接受和记忆能力。我不止一次地发现她可以把自己喜爱的歌曲连词带曲一字不差、一音不漏地全部背诵下来。记得在2004年李岚清同志来上海，请了几位艺术家座谈上世纪30年代的音乐情况，她在座谈时谈起当年她唱过的流行歌曲，提起一首歌名就能唱一曲，不仅准确，而且能把整首歌曲都背下来。还有一次在"爱晚亭"过中秋，她和狄凡（刘琼的夫人）一起表演节目，唱英文歌，也是唱了一首又一首。真正了不起啊！相比之下，我的记忆能力差得太远了，尤其是背词的能力特差，经常和大家一起唱歌时，唱上两句后面的词就忘记了，只能跟着大家哼曲调，实在太差劲了。

就这样我们慢慢熟悉起来。有时电影家协会或者是文广集团开会，因为我们住得比较近，她都会主动让我坐她的车，送我回家。这样接触多了，我们也更加熟悉了。有一天，我正巧外出开会，回家后，阿姨告诉我说张瑞芳老师来了几次电话找我，我想她一定有什么急事，于是急忙回电话给她；她告诉我，她们为养老院写了一首院歌，想请我为院歌谱个曲。我早听说她和她的亲家顾老师投进了自己所有的积蓄，办了一家名叫"爱晚亭"的养老院，但却从来没有去过。既然要写歌，我就必须去参观一下，感受一下养老院的环境和生活气氛。那天，瑞芳老师派了车，亲自把我接到"爱晚亭"养老院。这是一幢三层楼的楼房，大约共有20来个房间，开间不大，却十分整洁。午饭时她们留我吃午饭，我才看到为数不多的老人们纷纷到餐厅用餐，午餐做得非常精致，味道也不错。听说这里每天的伙食都由顾老师亲自去操办，所以相比之下，这里的伙食是很不错的。因为时间不长，我没有和其他老人更多地接触。休息时，瑞芳老师拿出歌词的初稿："岁月像美酒，越醇越香透；人生大舞台，你我都风流；心中有太阳，春天不会走；快乐每一天……"歌词很短，我觉得写得很生动，决定拿回去思考酝酿。

因为一直习惯于个人创作，所以我的生活圈子比较狭，接触最多的就是我们上影集团的离休老干部。和大家在一起，我自以为虽然已经进入老年，但还不显老，凡是和我有过接触的人都夸我心态好，人显得年轻。我充满了乐观，但不知怎的，一进入创作，一写到老年题材的作品时，首先想到的是老成，有些沉重压抑，甚至是暮气。在这样的思想意识指导下，我写了院歌的第一稿。写好后，我对它没有自信，想先听听别人的感觉再说。我当然首先唱给瑞芳老师听，她半晌没有讲话，过了好一会儿，她才不客气地说："这歌很抒情，曲调也很好听，就是情绪不够开朗。"她为人直爽，从来不讲假话，从不转弯抹角，显然，这不是她所要的，也不是她想象中的院歌。

她接着说："我想的这首歌，要明朗、活跃、有朝气。人老了，精神要年轻。"她的话给了我很大的启发，我想大概这也是她的生活态度吧！人老了么，如果再暮气沉沉，那岂不是生活得太累了吗？人越老心就越是要年轻，要像青年人一样有一种积极向上的心境。我想她的意见不仅是对我所写的这首歌曲的要求，也是对每个老年人应如何对待生活的启迪。于是我心甘情愿地推翻重来，改用明朗欢畅的情绪来写。因为有了全新的认识，很快，一首新的歌曲完成了。我再次唱给瑞芳老师听，并再次到了养老院唱给老人们听，他们都表示非常喜欢，再也没有提出修改意见，我很欣慰我的任务完成了。谁知过了一段时间，又接到她的电话，听口气，她有点激动，她告诉我她把歌词的最后一句改了，改成为"百岁不用愁"，问我觉得好不好。"太好了！"我马上表态。多么豪迈的语言啊，又多么符合时代精神啊。于是我把歌稿又重新作了调整。

2005年，上海电影家协会和"爱晚亭"养老院联合举办一次活动，决定演唱这首歌。因为养老院能唱的老人太少了，决定由上影厂离休干部合唱队参加一起唱，演出时，张瑞芳亲自担任朗诵，我担任指挥。没想到这首简简单单，仅有一架手风琴伴奏的小歌，竟然得到了一致的好评，尤其是老干部合唱队的同志表示了极大的兴趣。

一天，上影厂老干部合唱队把我请到合唱队的排练厅，要我去听他们重新排练后的演唱。休息时，大家七嘴八舌地讨论起来，他们认为这首歌非常流畅，情绪饱满，应该是给所有老年人唱的歌；再说歌词中并没有写到过"爱晚亭"三个字，因此他们认为这首歌不要局限于"爱晚亭"养老院，于是当即有人提议把歌名改成"百岁不用愁"。这个意见得到了在场同志的一致赞成，但这毕竟是我受瑞芳老师之请写的 "院歌"，不能擅自修改。于是我专程找到她，把合唱队的意见反映给她，没想到她立刻表示同意，并表示"艺术本来就是大众的"，喜欢唱的人越多，作为一个作者应该越高兴。后来我又应合唱团的要求，编配了合唱，作为他们的表演节目；再后来，这首歌不仅上海的合唱团唱，而且传到了北京，外地的许多老年合唱队也在唱。一时间，这首歌成了老人们爱唱的歌了。

使我十分欣慰的是，张瑞芳本人对这首歌更有着特别的感情，她不论在什么场合，只要有机会，都会把这首歌唱给人家听。她认为这首歌感情很纯真，曲调很朴素，所以特别喜欢唱。尤其当我和她一起参加活动时，她一定会把我叫到跟前，和她合唱这首"百岁不用愁"。记得在2008年6月18日那天，国家电影局副局长赵实和儿影厂厂长江平等同志来上海参加上海国际电影节开幕式，开幕式之前，他们特地在国际会议中心举办了一次宴会，为张瑞芳庆祝90岁生日，宴会结束后，离开幕式还有一些时间，大家闲聊起来，这时张瑞芳把我叫到她身边，要我陪她一起来唱这首《百岁不用愁》，于是我们两人越唱越有劲，竟一口气唱了四遍，在场的人一致认为这首歌很好。后来赵实同志知道了这首歌因为没有经费，所以没有做过一个像样的伴奏带的情况，于是请上海文广集团总裁薛沛建同志特批了一万元，作录制费用。薛沛建同志高兴地说："为了让老年人有自己的歌，也为了祝贺张瑞芳的90岁生日，我愿意出这笔钱！"

我住院期间，和瑞芳老师同住华东医院。听院长俞卓伟告诉我说，张瑞芳始终没有忘掉这首歌，只要有人来看望她，一高兴，就会唱起这首歌。啊，我衷心祝愿瑞芳老师健康快乐，长命百岁！

五、电影音乐人的沙龙

1981年12月28日，在文化部副部长陈荒煤的支持下，第一届中国电影音乐学会在北京成立。作为中国电影界的老领导，陈荒煤一直对电影音乐非常关心。为此，他还写过《认真重视电影音乐》等文章以引起各领导部门共同来关心电影音乐。在延安鲁艺时他就是我的老师，解放后因我的工作单位在上海，平时不经常能见到他，但他只要到上海来指导工作，见我的时候总还是像延安一样热情地称我"小黄"。在这位长辈面前我也一点没有拘束的感觉。他还热情地为我的《黄准歌曲集》写过一篇篇幅相当长的序言，序言中虽然谦虚地说自己不懂音乐，但他却对我的创作进行了精辟的分析。正是因为学会是在文化部关心下成立的，所以这次成立会开得相当隆重，除全国各地的电影音乐工作者之外，出席会议的领导还有：中国音乐家协会主席李焕之，电影局长钱筱章，影评协会的领导钟惦棐以及北影厂厂长汪洋等人。成立会由筹备组负责人肖远主持。肖远原是新闻电影厂音乐组的负责人，她热心于电影音乐事业，在她的努力下，不仅培养了一批像王立平那样很有成就的电影音乐作曲家，还策划筹备了电影音乐学会。我们都念念不忘她的功绩。

第一届学会选出的领导人是：会长王云阶，副会长是葛炎和雷振邦等人，我和吕其明以及王立平都是常务理事，而肖远则永远只肯担当秘书长的职务，她说这样便于为大家办事。随着形势的发展和工作需要，学会逐步增加了副会长的名额，我和吕其明、王立平都成为了副会长；后来因王云阶年事已高、体弱多病，学会改选王立平为会长；再后来因王立平公务繁忙，又由作曲家赵季平担任会长至今。

记得第一次会议是在十分融洽的气氛下进行的，不像以前开会的气氛总是那么令人紧张，更没有"文革"中那种动不动就批评斗争的火药味，有的是友好亲切的学术交流。尤其让大家感到高兴的是，我们这些分散在全国各地的各厂音乐工作者很少有机会见面，会议给大家创造了相聚的机会。所以我们每个电影音乐人都十分爱护关心这个组织，大家都感到这是我们自己的组织。

学会的机构常驻北京，在京的作曲家作为学会的代表为电影音乐界做了不少工作，要为在京作曲家组织观摩新片，要帮助金鸡奖作曲奖项提名者提供咨询，还要组织进行一些电影音乐方面的学术交流等。而我们这些不在北京的电影音乐人很难有做这样工作的机会，就只能参加全国性的会议，正是这一至两年开一次的全国电影音乐学会给大家留下了极深的印象。

1. 能办大事的王立平

第一任会长王云阶由于年事已高，又远在上海不便领导，改选时就由副会长王立平担任会长职务。在学会的工作中让我看到了这位精明能干才华惊人的后起之秀，也可以说他是我们电影音乐界的骄傲。他不仅在音乐上有着非凡的才能，而且他还是个办大事的人。王立平1941年出生在东北长春，是满族人。我最早熟悉他的作品是抒情女高音歌唱家郑绪岚演唱的《太阳岛上》那首插曲《大海啊，故乡》，曲调抒情而清新，在国内广泛流传。后来他为电影《戴手铐的旅客》作的主题歌《驼铃》，深沉而悲凉，我非常喜欢这首歌，可以说是一听就被深深吸引住了。另外，电影《少林寺》中的主题歌《少林，少林》简练有力，插曲《牧羊曲》委婉动听。他为电视连续剧《红楼梦》所创作的音乐，更是情深意切，缠绵细腻，简直令我钦佩。我常常想，他一个高大粗壮的男子汉，怎么会写出如此柔软而委婉的旋律呢？！他也非常健谈，尤其在谈到他的创作时更是热情洋溢，眉飞色舞，常常是连说带唱，唱得特别有感情，特别有味道。

记得学会在武当山开会时，一次宴请开席之前，大家自然而然地谈起了音乐创作，他边唱边说，谈他如何创作自己的电影歌曲，听得大家竟忘掉了这是在饭桌上。他的激情激发了同来参加会议的导演李前宽的绘画热情。李前宽一时兴起，向服务员要了两个盆子，在果盆上即兴为王立平和我各画了一幅肖像画，大家看到后一致叫好。这情形让我感到比满桌的佳肴更加美味可口。尤其让我难忘的一次是在张家港的会议期间，一天开会，在大厅中央正好有一台质地非常优良的三角大钢琴，被这架钢琴吸引，王立平竟情不自禁地坐到钢琴边上，自弹自唱起来，从"大海"到"少林"，从"驼铃"到"红楼梦"，把他的作品唱了个遍，唱得声情并茂，十分动听，让这本来叽叽喳喳嘈杂的大厅一下变得鸦雀无声，让所有听众和他一起陶醉在歌声中。

现在看来音乐创作只是他事业的一部分，他的更大的成就则是他的领导工作。电影音乐学会在他操办下搞得红红火火，可以说他担任会长的那几年，是学会的鼎盛时期。更为功德无量的是，他积极创办维护全国的音乐人、特别是词曲作者合法权益的"中国音乐著作权协会"。在这个协会成立之前的状况是，演唱者特别是流行歌手在每场演唱时都可拿到高额的报酬，而创作这些歌曲的人却什么都拿不到，这不合理的状况，引起了许多人的不平，但却无法合理地解决。王立平敢于吸收国外的经验，在我国创办"音乐著作权协会"，从无到有，现在它已经是一个国际化、现代化的大机构了。我们这些词曲作者也从中得到了实际的利益。这个机构办得不仅科学化而且人性化。我有幸作为协会的理事，除每年能拿到一定的版税外，逢年过节还会收到祝贺的短信，每到中秋协会都会从北京寄来一盒月饼，让人感到十分温馨。

在全国的电影作曲家中，王立平还是领导级别最高的一位，他是全国政协的常务委员和中国民主促进会的中央常务副主席，享受着中央领导级的政治待遇。记得在武当山学会会议上，所有参加会议的二十来个人，因为有他的出席，都跟他一起享受了中央领导级的待遇，每次出去开会不但有车接送，还都有警车开道，后面跟着大大小小好几辆汽车，浩浩荡荡，好不威风。

　　武当山是道教的发祥地。"武当山"这个名字我是在金庸小说中对它熟悉起来的。道教首领张三丰这位大英雄，一直让我有一种神秘感，在我年过七旬之际，能亲身登上这座名山，感到特别的幸运。这里山色秀丽，层峦叠嶂，青山绿水，郁郁葱葱，空气特别清新，阳光特别明媚。武当山从唐代开始就受到帝王的重视，特别是明朝皇帝更是把这里视为皇室家庙，大兴土木修建了富丽堂皇、壮观雄伟的宫殿古刹。这些建筑大都建在半山或山顶，要爬上高山才能到达。前几年我的左膝做过人工关节手术，走平路还可以，但爬山走坡是医生不允许的，所以我常常只能在半山上停留下来，等着其他同志返回时再跟上。有时接待方也会给少数几位年高体弱的同志准备几乘轿子。有一次我们要参观位于天柱峰顶的"金殿"，因为这座庙在山的最高点，因而也叫"金顶"，据说当时建造时庙的外墙是用金子和泥土混合后涂抹而成的，所以称为"金殿"。但要上金顶却特别不易，有的地方根本没有路，一个人走还要侧着身子往上爬，轿子则根本不能通行。我自知无力爬上山顶，只能知难而退，在半山上找个地方休息，谁知当地领导和陪同人员都说："到了武当，金殿非去不可！"不容我拒绝，来了两个小伙子，把我背在背上就往山上爬。这让人背的滋味，还是在我十几岁时过延河的时候尝过，而现在已经是七十多岁的人了还让人背，真觉得不是味道。还好我个子瘦小，分量不重，不一会儿就把我背上了"金顶"。果然，这金殿虽然不大，却真的是金碧辉煌，尤其是这里的山势特别壮丽，空气也特别的清新，举目远望，美不胜收！虽然我因为不是用自己的双腿爬上来的，心中隐隐地感到羞愧，但仍为自己有幸能登上这高山之巅而感到特别幸运。这里也是我一生难忘的地方。

　　因为有了王立平这位中央级的领导出席，我们还享受了武当山道教的最高礼遇，在山上他们不仅专为我们表演了精彩的武术，还特为我们安排了道教的隆重典礼，为我们这一行人单独做了一场"法事"，并为我们举行了祝福礼。随着悠扬庄严的乐声，道士们披着金丝银线绣成的道袍，吟诵着古雅的道教经文，翩翩起舞，我听着就觉得那吟诵简直是非常优美流畅的歌声，让我感到是在欣赏一场丰富多彩的古典音乐会。

2. 难忘的黄岩会议

武当山会议后，一晃过了5年，因为学会不再开会，我们这些电影音乐人见面机会就很少了。去年10月31日在北京共青团举办的"青少年最喜爱的电影"颁奖活动上，我因《娘子军连歌》、王立平因《大海啊故乡》同时获得"中国青少年公益电影音乐奖"，我们又在北京相遇了。多年不见，我们显得格外亲切，好像有许多话要讲，但因时间实在太紧，人又太多，不断有人来打招呼，我们俩只能挤在一张小沙发上匆匆地问个好，相互谈了一点情况。

在匆忙中我最关心的还是想了解已经十余年没见面的肖远的情况。长期以来，王立平和肖远的关系非常密切。原先肖远慧眼识英雄培养了王立平这位杰出的人才，而在后来肖远年迈多病，她儿子陈其钢又远在国外，王立平则像自己家人一样地照顾着她。本以为可以从王立平口中听到不少关于肖远的近况，谁知我听到的消息却令人沮丧，他只简单地回答了一句"她身体不好"，就没再说下去。不久就传来了肖远逝世的噩耗。让我十分地悲痛。我想我们所有的电影音乐人都不会忘记这位学会的创始人，这位永远只肯在幕后操办而不肯露面的无名英雄。她为我们的学会操尽了心。

记得在1995年张家港会议之后，直到1997年已经有两年了，就因为经费原因开不起会，让大家十分焦急。说来也巧，平时我和肖远一个北京一个上海，很少有机会见面，没想到1996年12月18日，我们竟然在黄岩文化局的宴请席上巧遇了。原来她的画家丈夫陈叔亮是黄岩人，这次她根据陈老的遗嘱，把他的画作全部捐献给了家乡，黄岩也为他修建了"陈叔亮纪念馆"。这次她就是为纪念馆开馆而从北京专程来的。我正好是黄岩文联和音乐家协会请我来办讲座，没想到这么凑巧我们会在告别宴会上相见。大家非常高兴，虽然我和肖远在不久前都先后失去了自己的亲人，都有些伤感，但我们最关心的话题，仍然是有关学会的情况。长期以来，我一直为自己作为学会的副会长，却无力促成上影厂出资邀大家来上海开会而感到羞愧，所以，特别想为协会出把力。在宴席间，我们见黄岩宣传部杨部长对电影特别关心，不约而同地想到何不请黄岩筹资在黄岩召开一次电影音乐学会呢？于是我们向在座的黄岩的领导同志你一言我一句地介绍起电影音乐学会，竭力说服他们能筹资在黄岩举办一次中国电影音乐会议。没想到在我们左右夹攻下，这位宣传部长和其他领导同志竟答应了我们的请求，并且果真于1997年5月7日至14日在黄岩举办了一次别开生面的、空前的电影音乐晚会。

因为黄岩是我的老家，我又是发起人之一，所以我提早两天先到了黄岩，后来我又亲自到机场，陪着黄岩接待处的同志，一个一个地把这些音乐家们接到了阳光大酒店。我的心一直激动着，虽然这次会议因经费有限，请来开会的人数不多，但却个个都是著名的作曲家。其中王立平、赵季平、徐沛东、雷蕾、李海鹰等都来了，老一辈的作曲家瞿希贤也来了。会议的时间十分紧凑，在开幕式之后，只用了一天半的时间开研讨会，虽然因为已经有两年多的时间没有开会，大家想说的话很多，但时间限制，只能把想说的话尽量压缩得很短，我们互相交流了创作情况，也讨论了当时电影音乐中存在的情况；紧接着第二天的晚上就开办了用很短时间筹备起来的"电影音乐会"。这次音乐会不仅让黄岩人民大开眼界，就是对我们这些算得上见多识广的电影音乐人来说，也是绝无仅有的。这些一直处于银幕后面，只见姓名不见面孔的作曲家们，个个都出头露面，登上了舞台。我觉得他们在舞台上的出色表现，并不亚于那些专业歌唱家，他们声情并茂，充满激情地演唱了自己创作中最得意，也是观众最喜爱的电影歌曲，如雷蕾唱了"少年壮志不言愁"，赵季平唱了"妹妹你大胆地往前走"。没想到赵季平如此一个英俊儒雅的白面书生，在台上唱得却非常地粗壮豪爽，而王立平的"大海"和"红楼梦"又唱得这样地柔软细腻。

音乐会上给我印象最深刻的是徐沛东。当时我对徐沛东还不太熟悉，只是知道他曾为不少电视剧写过音乐，而且这些作品我记得很牢，如电视剧《篱笆，女人和狗》的音乐，简练、干净，结构严谨而且有个性，从这些音乐中让我感觉到了他在创作上的非凡天分和在音乐中的独特风格。他创作的歌曲《十五的月亮十六圆》、《亚洲雄风》都是让人一听就难忘的歌，他不仅在国内获得过许多音乐奖，在国际乐坛上也频频获奖。黄岩会议上，我是初次认识徐沛东，他圆圆的面庞，中等身材，初见就觉得他这人忠厚老实。其实他和李海鹰年龄相同，当时刚过40岁，但觉得他非常成熟，为人中肯热忱。音乐会上他的引吭高歌更让我惊喜，他不仅写得好，唱得也十分精彩，他的歌唱有声有色有感情，完全不逊于当前的著名歌手，听得场下观众如痴如醉，掌声如雷，唱完一曲，还要再来一次！

徐沛东后来担任中国音乐家协会的党组书记，为中国音乐界做了许多工作。在2008年的"青年歌手大赛"中，由他和余秋雨担任主要点评人，他的点评非常精彩，看得出他不仅是位天才作曲家，还是一位有着丰厚文化底蕴的音乐评论家。去年在广州举办的第七届金钟奖颁奖晚会上，我又一次见到他，他对我们几位获"终身成就奖"的老音乐家的热情照顾，让人感动。他勤勤恳恳的工作精神和他的平易近人的待人处事，竟让人难以相信他是一个曾创作过那么多精彩音乐，获得过那么多国际、国内奖项的青年天才作曲家和艺术家。

来参加黄岩会议的还有我们学会的顾问瞿希贤，她虽然比我们年长不少，但自学会聘她为顾问之后，她就热心地参加学会活动，她是中国音乐家协会的副主席，也是我国为数不多的著名女作曲家之一。她虽然是位女性，但她的作品却十分有气魄，如她的《红军根据地大合唱》、《全世界人民一条心》都是以气势磅礴而获得好评。她的电影音乐创作《骆驼祥子》和《青春之歌》、《红旗谱》都曾引起强烈的反响。她这次虽然没有上台演唱，但黄岩的少年儿童演唱了她的《听妈妈讲那过去的故事》，深深地打动了台下的观众。

这是我们电影音乐学会第一次为会议当地举办专场音乐会，这别开生面的音乐会，取得了轰动的效应，不仅激动着观众，而且让我们这些操办人也激动不已。平时从不曾露面的肖远，也激动地上台发表了热情洋溢的讲话。晚会上自始至终掌声不停，直至晚会结束，那挤满在剧场中的观众还迟迟不肯离去，都想再听听、再看看这些难得一见的音乐家——这些中国音乐界的顶级人物。15年后的今天，当我写上这些名字时就更令我吃惊了！赵季平、王立平、徐沛东、李海鹰、雷蕾竟然无一不是中国音乐家协会的领导人——主席和副主席。我为能参与操办这次音乐会而感到自豪。我也为生长在这个小小县城里的黄岩人能有机会看到这别开生面的音乐会而感到幸运。会议结束后，大家还兴致勃勃地参观了黄岩市容，并游览了浙江名胜雁荡山，登上了观音洞，参观了大龙湫、小龙湫。尽管因天气干旱，没有看到瀑布飞泻的美景，但一天的游览仍使大家兴奋不已，在返回黄岩的三个多小时的路途中，我们这一群亲密的朋友又说又笑又唱，一直到深夜才回到阳光大酒店。写到这里，让我更加思念我们的老大姐肖远，没有她的创意和努力，我们不会有这样的机会和欢乐！

3. 音乐奇才赵季平

在我们这为数不多的作曲家队伍中，竟然有两位担任过电影制片厂厂长的职务。一位是广西电影制片厂厂长杨少毅，他曾担任过电影《春晖》和《流浪汉和天鹅》的作曲，并得到一致的好评。另一位就是福建电影制片厂厂长章绍同，他创作的《苦涩的恋情》的音乐曾获得过第十届非洲、亚洲、拉丁美洲电影节的最佳音乐单项奖。这两位作曲家厂长，工作能力强，各自把电影厂的工作管理得非常好，但也没忘记自己的本行，不仅为电影写了不少音乐作品，还为提高音乐质量，几次促成电影音乐学会的全国性会议。

每开一次电影音乐会议都会见到一两个新的面孔，他们便是我们电影音乐学会的后起之秀。记得1980年代在广州开会时就来了一位青年作曲家施万春，他写的电影音乐《孙中山》很有气势，得到大家的赞扬。后来我又认识了著名的流行音乐人三毛，直到最后一次会上认识赵麟、王小锋等青年作曲家。其实在认识他们之前，他们的作品都曾引起过我的注意，只是我经常闭门在家，又远在上海，所以直到开音乐学会会议才有缘相见。

给我印象极深的是1992年在福州开会时，我认识了两位非常活跃的年轻人，一位是从广州来的李海鹰，另一位是西安来的赵季平。赵季平当时四十多岁，而海鹰则还是一个三十多岁的小伙子。

海鹰生性活跃，喜欢搞笑，经常如孩童般的顽皮。那次在武夷山开会相遇时，我的膝关节不好，走路不便，他就一定要让我坐着轮椅，推我行走。这年我的《黄准歌曲选》刚出版不久，当我把书送给他们时，他顽皮地一定要拉着赵季平捧着书跟我一起合影。当时，海鹰是我们当中最年轻的一位，他的作品虽趋向于当时的通俗音乐风格，但又不同于一般的流行歌曲，他在现代风格中创造了很美的旋律，如《弯弯的月亮》，不仅受到现代青年的欢迎，就是我们这些老一辈的也非常喜欢。他创作的《七子之歌》曾轰动一时。他还是一个音乐活动家，在1989—1998年间，担任过中央电视台春节晚会的音乐指导和音乐统筹，还多次担任"青歌赛"的评委，曾入选ABI国际杰出人物录。

而赵季平虽然和大伙在一起也说说笑笑十分健谈，但透过他那清瘦并略显苍白的面容，会让人感到蕴藏着一种聪明才智和深刻的涵养。著名导演张艺谋就说过："从他身上会感到一股灵气。"陈凯歌则说："赵季平是音乐奇才。"的确，这位音乐界的奇才，创作了数不清的影视作品和独立作品，而且获得过国际国内大大小小的许多的奖项。

早在1980年代，赵季平先后为电影《黄土地》、《红高粱》作曲，一首《妹妹你大胆地往前走》风靡一时，到处传唱。可是我却一直没能认识他。直到这次福建会议才见到了这位才气横溢的青年作曲家。我们虽然是初次见面，却并不陌生，或许是我对他的作品的欣赏，或许是他来自陕西的缘故。因我从小在延安长大，对西北有着特别的感情，尤其是听到他讲话时那略带西北风味的口音时，更让我有一种亲切的感觉。他出身于艺术世家，当他告诉我说他的父亲赵望云也是一位画家，还是长安画派的创始人时，好像我们又多了一层共同语言。

记得1995年我们在张家港的会议结束后，我和赵季平同路去北京。在飞机上的两个多小时的时间中，他向我介绍了他的许多情况，谈到他的创作，他和导演的合作关系，以及多次出国访问和参加国外举办的电影节的盛况等等。让我感觉到他们这些成长在新中国的新一代作曲家是多么的幸运，相比我们在战争时代、山沟沟里长大的老一辈真不知要优越多少倍；更让我想起我的老师——伟大的作曲家冼星海，他为了写出一部纪录片到苏联去工作，正好赶上苏德战争，在国外无法安身，贫病交加竟客死他乡，年仅40岁。这是多么悲惨的境况啊！由此我感到我们今天生活在新的时期，国家繁荣昌盛，艺术家在国外受到特别优厚的待遇和尊重，是何等的幸运。我想经常出国的人一定会有更深的感受，也将更加热爱自己的祖国。

交谈中，赵季平还介绍了他的家庭。他的儿子赵麟也是一位很有才华的青年作曲家。早在数年前我就关注过赵麟为电视剧《铿锵玫瑰》写的音乐，那明快清新具有青春活力的音乐风格让我非常喜欢，给我留下了很深的印象。但当时我并不知道他是赵季平的儿子。后来我又看到他们父子合作的影视作品，我为赵季平培养了如此优秀的接班人而感到高兴。当他谈起自己的夫人孙玲时，我们虽然在飞机上并排坐着，看不到他脸部的表情，但从他的声音中让我感到了他的家庭生活的甜蜜和幸福。他告诉我孙玲是一位优秀的大提琴手，对他的事业特别是音乐创作非常的理解，两人的感情特别的深厚。

当我写到这里的时候，我只要一想起他的夫人孙玲，就会产生一种内疚，甚至痛心的感觉。那是在2002年的春季，上海美术馆要在北京美术展览馆为吕蒙举办《吕蒙遗作展》，出于对赵季平的友谊和尊重，我非常希望他能以学会会长的身份作为嘉宾来出席这次画展的开幕式。当时我虽然听说他的夫人病在医院，但并不知道具体的病情，所以还是热情地向他发出了邀请。如果当时他如实地告诉我，我想我肯定不会这样不近人情。但是，让我意外的是在画展开幕式之前，他果真到场了！尽管我看到了他那疲惫的神态，但我却只顾着自己的激动而没考虑到他的夫人孙玲在最需要他的时候，是我把她的亲人拉到了路途很遥远的美术馆。每想到这里，我就很心痛，尤其是在几个月后听到了她不幸逝世的消息，更让我觉得对不起他们，并深深谴责自己太自私了。一年后，我到西安大儿子吴卫平家过春节，专程去了赵季平家探望，当看到他冷清清、孤单单一个人守着一所空房，想到他失去了自己的当家主妇之后，生活上、精神上有多少痛苦与不便，就更加深了我内心的歉疚！好在后来我听说他又重建了家庭，我衷心祝愿他幸福美满！

自2006年开完武当山会议之后，我就一直没有机会再见到赵季平。本以为去年年底前在广州的第七届金鸡奖颁奖晚会上一定会见到，谁知没等到颁奖晚会开始他就先行离开了。不过，在晚会上听了他的《乔家大院》交响组曲的演出，觉得非常成功，音乐形象生动，色彩鲜明，结构完整而简练，丝毫没有那种从电视音乐改编而成的感觉。不久前，又在报纸上看到他当选为新一届中国音乐家协会主席的消息，感到非常高兴。我觉得他当之无愧。我觉得他的成功主要来自于他的天才，和他对民族音乐的深厚功底，以及对西洋技巧精湛的运用，还有他充分地发挥了他的音乐资源。他把他的影视音乐作品成功地改编为各种形式的独立音乐作品，像《"黄土地"组曲》、《"大红灯笼高高挂"组曲》等，都获得了成功。音乐是他的生命的最高境界。我想象得到，只要他坐在琴前，让自己沉浸在那多姿多彩、色彩斑斓的音乐中的时候，这是他最幸福的时光！

六、"家"的温暖

上海电影家协会，这是唯一一个至今仍能保持经常活动的、我们电影人自己的组织。它不仅一直保留着每月给会员观摩一次电影的传统，而且每逢过年过节都要举行一些会员活动，让会员聚会一下，发一点纪念品，搞一些抽奖助大家的兴；它还经常为会员祝贺生日，为会员们做身体检查。如果有人进了医院，协会更是问寒问暖，关心他们的病情，让会员们特别有一种温馨的感觉。

我和影协建立比较密切的关系是因筹备"黄准作品音乐会"开始的。1998年，伊华、魏宗彤为我筹备"黄准作品音乐会"，当时他们一方面忙于为我的音乐会筹款，一方面也建议我争取获得组织的支持；我向当时的领导叶志康汇报后，他便指派了当时的上海影协秘书长丁玉玲来协助举办音乐会。

我是一个非常知趣，用上海话讲是一个"识相"的人，所以当我为开这个音乐会邀请嘉宾时，我并没有邀请龚学平同志。他是市委书记，虽然很关心我们电影工作，但我还是不敢邀请，也没有敢奢望他能来出席。但让我意外的是，音乐会当天的下午，忽然有一位同志给我送来了一件大幅题词，上面写着"德艺双馨"四个大字，下面署名是龚学平。呵，这真让我有点受宠若惊啊！

到了晚上，龚学平同志还出席了我的音乐会。当我站在台上看到下面坐着的龚学平、金炳华等领导，以及在他们身旁的张瑞芳、秦怡、王立平、吕其明等艺术家那热情的表情时，一股幸福的暖流在我心中涌动。

音乐会过后不久，丁玉玲就退休了，由葛燕萍来接替秘书长的工作。将近十年的接触中，葛燕萍给我留下了热情、肯干，办事能力强并且有创意的印象。由她主持日常工作的影协，平时其实只有四五个工作人员，但在这些年里他们却做了许多让人难忘的工作。

记得2003年的11月份举行巴金100周年纪念会，影协把参加当年拍摄电影《家》的在上海的摄制人员全都请去，让大家来回顾当年的情景。同年的11月份又为谢晋举行了他八十寿辰的庆祝活动，这次活动举办得特别热闹，几乎和谢晋合作过的朋友都来参加了。

为庆祝中国电影100周年，影协举办了丰富多彩的纪念活动。我记得，纪念会上由陈传熙指挥了我的儿童歌曲《劳动最光荣》，当时他已经是一位90岁的老人了；还邀请我上台指挥了全场演唱《歌唱祖国》。平时，影协还组织我们去参加一些社会活动，记得一次在党的"二大"会址和当时参观的群众见面，还让我上台去指挥这些参观群众演唱了《娘子军连歌》。

这近十年中，影协的活动既频繁又生动，其实我所参加的活动只是其中的一小部分，除了上面说的一些，还有几次给我留下了极深的印象。

有一次影协工作人员打电话来通知我参加电影导演费穆的"电影观摩"活动，当时我想，我又不是导演，对费穆并不了解，不是很想出席。但当他们告诉我费穆的女儿费明仪将专程来沪参加，并要我和秦怡同明仪三人一同演唱《天伦歌》时，我立刻热情地答应了。一则是因为费明仪在我1980年到香港开会时就曾热情地接待过我，我始终没忘记她的这片情；二是也因为我对《天伦歌》的热爱，在延安时我们鲁艺音乐系学生就唱过这首歌，这也是我最喜爱的歌曲之一，现在有机会来演唱我觉得十分荣幸。怕我们一时背不下这首长长的歌词，葛燕萍他们花了许多时间找到了歌谱并给我们每人复印了一份；有了歌谱，我们三人在台上演唱时唱得十分动情，并取得了很好的效果。

还有一次是纪念导演吴永刚诞辰100周年的纪念会。因他们知道我

我和上海市委宣传部部长杨振武合影

我和上海市委宣传部副部长陈东合影

我和作曲家瞿维
（右）、朱践耳（中）

我和歌唱家周小燕

我和作曲家吕其明

我和作曲家徐沛东

我和作曲家王立平

我和作曲家赵季平

我和作曲家傅庚辰

我和歌唱家吴雁泽

我和作曲家吴祖强

我和作曲家陆在易（左）、诗人王道诚（右）

我和香港歌唱家费明仪（中）

我和导演谢晋

我和导演吴贻弓

我和秦怡、卢燕的合影

我和秦怡、葛燕萍
（上海电影家协会秘
书长）的合影

我和演员孙道临（右六）、刘子枫（左二）等人的合影

我和导演黄蜀芹（右一）、石晓华
（右三）、演员吴竞的合影

我和上海福寿园集团总经理王计生

我和上海福寿园集团副总经理伊华

我和好莱坞巨星里维斯的合影

我和主持人朱军

我和演员潘虹

我和主持人董卿的合影

我和作曲家刘炽

我和歌唱家朱逢博（右二）、导演颜碧丽（右三）等人在研究影片插曲

我和歌唱家关牧村（左一）、作曲家雷蕾（右一）

我和国家电影局
局长张丕民

我和上海文广集
团总裁薛沛建
（左一）

我和上影集团总
裁任仲伦

1962年我和黄宗英（右二）因梦想合作一部歌舞片《翠衣鸟》，一同到她的家乡温州去体验生活，并和当地老乡合影留念。此后我俩各奔东西，直到2008年在上海华东医院再相会，这一别就是46年！

1991年为拍电视剧《特殊战斗》我和张瑞芳一同到了西安，这是在武则天墓园内的留影

2008年我和黄宗英、张瑞芳都在上海华东医院养病，我们仨在华东医院南花园合影留念

住院期间和上海华东医院院长俞卓伟（中）及医护人员的合影

和外科病房的医生、护士们的合影

和吴永刚曾有过亲密的合作关系，于是准备在会上演出我和吴小刚合作的影片《秋翁遇仙记》里的插曲《月夜仙踪》。为了取得较好的演唱效果，他们还事先把演唱者钱子莲和我约到一起排练，然后再上台正式演唱，这种认真的精神让我感动。

印象极其深刻的一次是影协为吕其明举办八十寿辰的庆寿活动，这次活动在徐家汇"天天渔港"举行。"天天渔港"和我们影协有着极密切的合作关系，对我们电影人支持非常大。这是一次有近百人参加的大活动，会上大家作了热情的发言，还演唱了他的几首著名的歌曲，我也被邀请上台唱了《铁道游击队》的插曲。另外，还把他的代表作《红旗颂》制成了MV光盘在现场放映。在活动即将结束时，我们惊喜地看到几个美丽的小女孩推着一个生日大蛋糕向吕其明缓缓走来，还给他送了贺匾。这一个惊喜接着一个惊喜，我看到吕其明的热泪止不住地掉下来，大家请他讲话时已经是泣不成声了。这情景、这场面让所有在场的朋友无不为之动情！

音乐家协会是让我以及许多许多音乐家们恋着的又一个"家"。

我曾是中国音协的常务理事和上海音协的理事，所以只要协会工作需要，无论是北京中国音协或者上海音协一声召唤，我都会积极热情参加。回忆几十年来，我参加的音协活动主要有以下几种：一是参加由音协组织的各种会议，二是参加由音协组织的创作活动，三是在音协组织的比赛中担任评委。

我记得除了一些换届等例会之外，我参加的最大型的一次会议是由中国音协组织的《星海百年诞辰纪念和研讨会》，会议在北京召开，我在会上作为星海的学生代表发了言。另外还参加了由中国音协组织的赴香港参加"亚洲现代作曲家大会"等项活动。

上世纪五六十年代，我参加上海音协组织的创作活动比较多，音协经常会把我们这些词曲作者集中起来，为一些特定主题而创作。如1959年，音协组织了为庆祝中华人民共和国成立10周年的创作歌曲活动，我写了《欢度快乐时光》一曲；又如，为纪念"八一建军节"我又写了《歌唱八一军旗》一曲，歌唱南湖"一大会址"我写了《南湖莲花曲》。我印象最深的是在1961年当全国掀起声援古巴反对侵略的活动中，我满怀激情地写了一首名为《塞外寒风呼啸》的女声合唱，这首歌后来在上海声援古巴的晚会上演出，效果很不错，相当感人。在活动中我还创作了不少儿童歌曲和校园歌曲，如《可爱的学校》、《在老师身边》、《队鼓咚咚向前进》、《我的心儿向着党》等等，其中《在老师身边》一曲还在中国第2届文艺作品评奖中获得一等奖。为迎接香港回归我写了《紫荆谣》，以及为响应当时国家上山下乡的号召写了《长大要把农民当》等歌曲，都受到了较好的评价。

我参加音协的另一种活动，就是担任各种音乐比赛的评委。这是一件既有意义又有趣味的活动，因为通过担任评委的机会可以听到新的作品，也帮助我们了解了上海的歌咏水平，发现新的人才。尽管在评选过程中我们这些评委紧张得连上厕所的时间都没有，但每当最后评选出了高水平的合唱队或好的作品时，会让你和得奖人一样的感到兴奋无比。

我在外地担任评委的机会不是很多，但有两次出任外地的评委给我留下了很深的印象。一次是由广东音乐家协会邀请的全国儿童歌曲创作比赛，这次之所以给我印象如此之深，不仅是因为我们评选出了好几首很好的儿童歌曲，还由于我的最要好朋友李群也是评委之一，我们能在遥远的广州，一同生活、工作在一起，大家非常开心。评委中还有热情的瞿希贤，和对我们殷勤接待的广东省作曲家郑秋枫。另一次是在1996年为迎接香港回归参加由中国音协组织的有关歌颂香港的音乐作品评选工作。因为香港回归这是中国历史上一件了不起的大事，所以评委的规格也很高，中国音协主席李焕之亲自主持，担任评委的也都是中国响当当的词曲作家。有老作曲家瞿希贤，中青年作曲家中的佼佼者赵季平、王立平、陆在易，还有香港来的费明仪等人。评选过程中大家非常认真，不仅看了作品的原谱，还听了作品的录音带，最后以不记名方式投票从数百首歌曲中选出了十来首好歌，让评委们非常兴奋。几天的辛苦，换来的是这些优秀歌曲的问世，让这些深藏着的宝石显露了出来。

随着年龄的增长，我的活动也逐渐减少，但是上海音乐家协会举办的春节联欢会，是上海会员们最为期盼的、也是我积极参加的一个活动。多少年来上海音协坚持每逢春节要举办一次盛大的、由全体会员参加的联欢活动。这天，每个会员都要精心打扮一下，把自己收拾得整整齐齐、漂漂亮亮，来到上海延安西路200号文艺会堂。又一年过去了，多少平时难得一见的老朋友，老同事今天聚集在一起共享欢乐，所以这个活动吸引了许多上海音乐家同仁。老朋友相见有的热情地握手，有的紧紧地拥抱，场面非常感人。

这个活动尤其吸引了不少老音乐家们，像原音协主席朱践耳，老作曲家孟波，歌唱家周小燕等等，他们大都已90岁以上高龄，但到了这天，仍会高高兴兴地参加活动。这一天将会有精彩的文艺节目让你一饱眼福，还有非常吸引人的抽奖活动。只要一进文艺会堂大厅你就可以看到台上的一角放满了各式礼品，小到两块毛巾，大到一辆摩托车或一台大电视机之类的东西。虽然参加这个联欢会的大都已是年过半百的各个单位的老音乐家们，但大家都还怀着一颗童心，把入场券的票根稳妥地保管着，一旦对上自己的号不论是末奖还是头奖都会高兴得跳了起来。可惜我这个人运气从来不好，永远对不着奖。这一天你可以无拘无束地开怀大笑，会场的热闹气氛简直就像欢乐的海洋，以至于当音协主席陆在易上台致"新春祝词"时，还不得不接连好几遍地大声喊着"安静，安静"，才能让会场气氛逐渐地平息下来；然后是副主席余震宣布"晚会节目开始"，这时大家又沉浸在那优美节目的美好享受中……这一年一度的联欢给我们带来了"家"一样的温馨与欢乐。

第九章　吕蒙把我带进美术天地

我的丈夫吕蒙过世后，我把吕蒙本人的一百余幅作品及我们家收藏的名人字画一并捐给了国家。若论这些字画的收藏价值，自有定论；若计它们的市场价值，自然十分可观；但是，若论和这些大师们的友情，那才是真正的无价呢！

一、庐山上初识刘海粟

我从小喜欢唱歌，喜欢看戏，喜欢看小说，但从未喜欢过绘画，即便书中有插图，我也总是一翻而过，并不喜欢。在延安鲁艺时我相继进过戏剧系和音乐系，虽没进过文学系，但在文学系却有我的好朋友冯牧、黄纲等人。而在美术系里，我只认识两个人，一个是钟敬之老师，那是因为他曾背着我趟过延河；一个是古元，是因为他后来成为我们音乐系同学蒋玉衡的丈夫。奇怪的是，1950年代我到了上海，竟会和美术结缘，画家吕蒙偏偏选中了我，硬是把我带进了他的美术天地。在我们婚后，他的第一步就是让我读美术书，看画册，跟我讲中外美术家的故事，让我逐渐了解了诸如中国的齐白石、徐悲鸿、黄宾虹，清代的八大山人，以及外国的凡高、高更、马蒂斯等人的艺术成就。再就是经常领着我去拜访一些老画家。

我第一位认识的大画家是刘海粟。1954年我们结婚不久，正值八月酷暑的天气，于是借着婚假到庐山避暑，凑巧在山上和刘海粟先生夫妇同住在一栋欧式小洋房里。将近有半个月的时间，我们朝夕相处逐渐熟悉起来。白天我们一同畅游，尽情地欣赏庐山美好风光；晚饭后，我们就坐在门口的小院子里，说话聊天。我和吕蒙都不太善于言表，他的夫人夏伊乔话也不多，就是刘海粟海阔天空十分健谈。他讲他的过去，他的经历，他的绘画，他的挫折和荣誉；在他的言语中总让我感到一种侠气，一种豪放，让我们听得非常入神。

刘海粟生于1896年，比我整整年长30岁，所以听他讲他的过去比听故事还要精彩。他14岁开始学画，不到18岁就创办了中国第一所美术学校——上海国画美术院，并任校长。大画家徐悲鸿就是这所学校的第一届学生。在当时，他冲破封建束缚大胆地开创了使用人体模特的先例。他也讲到了他的女学生潘玉良如何冲破封建势力的束缚，毅然离开自己的丈夫和家庭，出来学画，后又旅居法国，成为著名女画家的故事。原来在美术界也有如此充满戏剧性的故事。潘玉良的精彩人生后来被导演黄蜀芹拍摄成了故事片《画魂》，引起不小的反响。

因为我们在庐山相处得很好，回沪后就经常来往了。他的夫人夏伊乔漂亮、有风度，因为喜欢绘画，由崇拜而相爱，嫁给了比她年长二十多岁的刘海粟先生。她是他的好伴侣，直到刘海粟98岁逝世，无论是富有、荣耀或者被批斗被抄家，在各种生活境况下她都与他为伴，不离不弃，令人感动。我和吕蒙去探望时，她总是盛情招待，端茶送水果，有时还硬是要留住吃饭。

由于刘海粟先生这种非同寻常的经历，在"文革"中当然是首当其冲的革命对象。他被列为头号的反动权威，经过了多少次的批斗、抄家。吕蒙也因为"文革"前和这些老画家关系密切，时刻关心他们的缘故，而被称为"大红伞"一起拉去批斗。有一天傍晚吕蒙回来很晚，我看他精神疲惫，再一看他浑身沾满了墨迹，原来是造反派在批斗"牛鬼蛇神"时拉他做了陪斗。批斗时造反派把准备好的墨汁全泼在他们的头上身上，以示其"黑"。"文革"结束不久，我陪吕蒙去探望刘先生，只见他的家被造反派糟蹋得不成样子，门窗坏了，桌椅垮了，地板也不再亮了；在这样的境况下，他见我们前来拜访显得非常的高兴，一定要买点心来招待我们。在我们临走时，刘海粟打开那已被砸过的画库，指着一幅面积很大的山水油画，说要送给我们。我们当然不能接受如此贵重的赠与，就推说家里放不下不肯接受，在再三推让之后，才收下他的一幅较小的山水水墨画。

"文革"终于过去，大家心情无比欢畅。1979年5月1日，我们请刘海粟夫妇到我家共进晚餐，我不会烧菜，也不善于张罗，所以只是一顿极其简单的便饭，不过我们给他准备了一瓶好酒。海老特别兴奋，饭还没吃好，就要我们在画桌上铺好纸墨，他拿起毛笔当场挥毫，没多少时间就画好了一幅山水画，并在画上赋诗一首：

肯使虎头称画圣，

不容摩诘老诗坛，

驰毫岂有愚公力，

万壑千岩纸上看。

诗后面又写道："于饮酒酣泼墨，一挥而成然画，狼藉有如三尺之童。刘海粟年方八四。"

又是"顽童"又是"年方八四"，这样的心态让我又钦佩又感叹。我这刚过50岁的人，就经常会感觉到老之将至，而他已经84岁了，竟然是"年方八四"。他曾豪迈地说："我活到一百岁还要作画！"果然在他年近九十岁的时候还十上黄山写生。正是他的这种气魄，他的这种豪情，造就了他不平凡的一生。

二、和程十发先生的交往

"吕蒙同志将出版新的画册，他的夫人黄准同志嘱我写序，我是深感荣幸的。"

"吕蒙同志是我革命的领路人。是吕蒙同志安排我进入华东人民美术出版社工作，'文革'后吕蒙同志又担任上海中国画院院长，又成为我的领导，我一直对他怀着崇敬的心情。"

"吕蒙同志在新四军就创作了大量的战地版画，用黑白木刻作武器，号召民众抗日，从小小的版画中涌动着巨大的战斗力。解放后在繁忙的行政领导工作之余，不忘自己的老本行，仍用画笔来反映祖国的新时代，描写人民的新生活……"

"吕蒙同志的国画作品在继承传统笔墨的基础上，大胆采用西画的构图，使国画花鸟和山水画具有一种版画的装饰效果，颇具现代感……"

"在吕蒙同志病逝后，黄准同志将吕蒙同志一生的作品和收藏的名家字画无私捐赠给国家，高风亮节令人敬重，今又将这批画出版成册，使广大读者能见识到这些艺术珍品。我们在重读这些作品时，怀念之情油然而生。可敬可爱的老同志吕蒙，将和他的艺术作品永存于世。"

以上摘录的是程十发先生为吕蒙画册写的序言。

只要提起往事，程十发总不忘记当年吕蒙把他从一个闲散在家的画师，请到人民美术出版社来从事连环画和插图创作的这一件事。依靠领导的大力培养和自己的努力，程十发成为了当代大画家之一。后来，吕蒙病后由他接任了上海中国画院院长一职，在领导岗位上成为吕蒙的接班人。

因为我的创作工作很忙，所以和吕蒙的这些画家朋友的接触都不很多。但和吕蒙关系较好的几位画家中，我还是随着吕蒙去拜访过几位。其中程十发先生的家中我就曾经去过。我还见过他的夫人和孩子。他的夫人病逝后，我还出席了告别仪式。

另外，我也在画册和画展上看到程十发先生的不少作品，我很喜欢他画的人物和花鸟。一次我出去开会回来，公交车正好停靠在他家附近，下车后路过他家门口，看到大门并没有关闭，我就不经意地走了进去。上楼一看，程先生正在专心作画，画的是一幅非常精致的花鸟画。我仿佛从画中听到了那小鸟美妙而动听的歌声，我像听音乐一般欣赏了半天，爱不释手。最后才不由自主地说了一句："能不能给我也画一张？"说完之后，我就很懊悔，很难为情，我怎么好开口向人要画呢？没想到的是，程先生不但没有拒绝，反倒非常热情地说："好啊，你喜欢我就给你画一套！"果真没过多久，他亲自给我送来了一套四张栩栩如生、色彩华丽的花鸟画，我非常珍惜。虽然画上落款写的是"黄准"的名字，但我想这样贵重的赠与，实际上完全是他出于对吕蒙的一片真情厚意。

三、吕蒙年轻时的密友赖少其

　　吕蒙年轻时有两位最亲密的朋友，也可以说是患难之交，一位是作家肖殷，一位是画家赖少其。他们是广州市立美术学校的同学，在学校他们接触了新兴版画运动，参加了由李桦创办的现代版画研究会。1935年受新思想的影响，他们离开学校来到上海，在上海三人合住一个亭子间，过着连买一碗阳春面的钱都没有的贫困生活。但他们并没有被困苦的生活所压倒，努力从事着新兴版画运动。他们和自己所崇拜的鲁迅先生见过面，并参加了鲁迅先生的葬礼。1938年，他们参加了新四军，在新四军从事美术领导工作。后来吕蒙在解放区一面担任文艺科长，一面用版画作武器，创作了大量反映解放区生活的木刻作品，尤其是他和莫朴、亚君合作的《铁佛寺》连环木刻画在整个新四军解放区起到了巨大的影响。

　　赖少其到新四军之后，不幸在皖南事变中被捕，被关押进了上饶集中营，但他英勇不屈，在朋友的帮助下越狱成功。解放后，他在上海担任华东文联和上海美协的领导工作。1956年他调到安徽担任宣传部副部长和省文联主席的职务。后来因他们夫妇都是广东人，又被调回到广州工作。我们工作在两地，见面机会并不多。所以每次相处都格外珍惜。

　　1981年吕蒙病后不久，我因要去香港出席亚洲作曲家会议，不放心把他一个人丢在家里，便设法带着他一同去了广州，并通过老赖和肖殷的关系把他安排到从化温泉疗养院去疗养。遗憾的是，肖殷的身体也非常不好，此后不多久就听说他病逝了。我和吕蒙很少有机会到广州去，和老赖见面的机会也不多，大都是他到上海时，偶而见上一面。最使我感动的一幕是在1995年，那时吕蒙病在华东医院，老赖的身体也很不好，可是他借着到上海看病的机会，一定要让他的家人用轮椅推着他来探望吕蒙。当我看到这两位老战友、老朋友坐在轮椅上伸长了手臂，想握手却又够不到时，他们那激动的神情，令我这个旁观者都感动得眼泪止不住地要往下掉。此时两位老友、两位病人的语言表达能力都很差，能把双手紧紧地握在一起，这已经是他们最亲密的表达方式了。让我们这些旁观的人感到好心酸好心酸！

老赖是一位杰出的画家、书法家，也是一位勤奋的艺术家。他的作品多得无以计数，他的画风苍劲而厚重，直到晚年仍青春焕发，不停地作画；他病在医院的半年中，甚至在神智已经不十分清醒的情况下，仍奋力画画不肯停笔，实在让人钦佩。

老赖的夫人曾菲也是新四军的老干部，是老赖和吕蒙的老战友。她和老赖相知相依数十年如一日，在生活上照顾他，在工作中支持他，一直是老赖的好帮手。她热心助人，工作能力和活动能力特别强。老赖去世后，她为广州和安徽两地的"赖少其美术馆"的建立和完善做了很多努力，并且无私地把老赖的画捐赠给了国家。因为吕蒙的关系，她对我也特别好，可我们难得见面，只能在电话里互相问问好。2009年11月底，我被通知到广州去接受中国音乐家协会为我颁发的"金钟奖·终身成就奖"。我不仅为我的获奖感到兴奋，也为能去广州而感到高兴，心想这次一定要抽时间去看看老朋友曾菲，还特为她准备好了我刚出版的歌曲集。可谁想到，到了广州一打电话，她的女儿告诉我说妈妈因突发脑血栓正在医院抢救，不仅神志不清，医院还发了病危通知，外人一律不准探望。我感到非常失望，也非常不安。最近又打电话去问候，得知她目前病情稳定，但神志仍未恢复。我遥祝她早日康复。

四、含蓄随和的沈柔坚

吕蒙在新四军的老干部中，还有一位老同事、老战友——沈柔坚。相比起其他画家朋友来说，我和他略显生疏些。他和吕蒙虽曾一同在新四军从事美术领导工作，但他们之间不像和老赖那样有过同甘苦、共患难的历史渊源，又各自忙于工作不像那些画家朋友那么悠闲。所以多年来，沈柔坚虽和吕蒙关系密切，可我和他的接触不是那么多。

在印象中，他是一个非常完美的人。在工作岗位上，他一直兢兢业业担任着上海美术界的领导。在待人处事上，他要为完成任务上下沟通，还要和全国的各路画家相知相交、切磋画艺。同时，在工作之余他自己的绘画业务也丝毫没有放松。在"文革"中，不少人都因挨批挨斗产生悲观情绪，甚至再也不愿与文艺沾边而情绪沉沦荒废了业务；而他，却偷偷地把自己关在家中画画。他的这种敬业精神，对自己专业的痴迷，让我自叹弗如，深感差距甚远。

我还感到他是一个非常含蓄的人。他身上那团火焰似乎只在他的内心燃烧，而在外表上看起来总是那么平静或者说有点严肃。其实真正接触下来，他却是一个非常随和的人。吕蒙去世不久，福寿园在落葬典礼时，要为吕蒙举办一个小型画展，为此，我到他家中想请他写一张《吕蒙画展》的横幅；他一口答应，第二天就送交给我了。从这里也让我看到了他和吕蒙不一般的友谊。

过去我和他的夫人王慕兰接触也不是很多，倒是在两位画家相继逝世之后，才逐渐熟悉起来。

记得在2006年"沈柔坚作品陈列展"的开幕式之前,我正好到美术馆办事,顺便看了看画展。没想到正好被他们的女儿小兰看到,把我拉进了贵宾室,后来又硬把我作为嘉宾推到了台上。我当时有点发窘,我想我既不是领导,又不是画家,让我和他们一起站在台上,名不正言不顺,很不自在。再一次是在他们的儿子沈刚的画展上,画展后王慕兰一定要拉我参加展后宴会,并拉我坐在她的旁边。我看得出她内心的那种喜悦兴奋之情,也特别替她高兴,为她和沈柔坚后继有人,培养了这么一位优秀的接班人而高兴。

　　前两年听说王慕兰身体不太好,在住院治疗。我有点担心。可是没过多少时间,我就收到了她送我的一本书《那些人那些事》;后来又接到了她的另一部书《随风云掠过》。这两本书我读了不止一遍,我喜欢她清新流畅的文笔,更欣赏书中她对画家生动的描写和对他们作品的理解和分析。往往只有寥寥数笔,就把一个画家生动地勾勒出来,把一幅画说得淋漓尽致。这让我感到十分惭愧。同样是画家的妻子,我直到现在只会欣赏不懂评论,说不出个所以然。而王慕兰却不愧是行家,令人信服。我希望她今后不断地有新的著作问世,以供读者们欣赏学习。

五、别样风范的唐云和应野平

　　画家唐云性格豪放，不拘小节，声音洪亮，体形高大略显肥胖。但与他朴素的外表不相称的是他的兴趣犹如顽童，他不仅喜欢花鸟，还喜欢养昆虫和蟋蟀，尤其喜欢各种紫砂茶壶。为此，他曾特地把我和吕蒙请到他家中参观这些藏品。当时他家住在武定路附近的一所老房子里，楼梯很窄，楼道里又黑又暗，非常难走。我们乘惯了电梯已经不习惯走这样的楼梯了，所以只能小心翼翼地扶着把手，一阶一阶地慢慢往上爬。但别看唐云他那么大的个子，爬起这样的楼梯却行走自如，丝毫没有不便的模样。他收藏的那些形状各异的紫砂壶就分布在楼道周边的木柜里，果然一个个精雕细刻、小巧玲珑，非常美观和珍贵。

　　他也是吕蒙最喜欢和最敬重的老画家之一。吕蒙不仅喜欢他的作品，也喜欢他的为人。他的画飘逸潇洒，无拘无束；他的为人更是洒脱爽朗。他是画家中最大方的一个人，对自己的作品最不吝啬，只要别人说声喜欢，他就会非常爽快地说："你喜欢就拿去吧！"他是一个学问高深的人，和他在一起会让人产生一种超凡脱俗、远离尘世的感觉，还让我有一种仿佛走近了古代文人雅士的感觉。他曾请我和吕蒙到龙华寺去吃过一次素斋。据说这是他常去的地方，去和这里的方丈谈古论今，切磋画艺和人生哲理。但这却是我生平头一次走进寺庙，更是我第一次吃素斋；餐桌上没有荤腥，但"鸡鸭鱼肉"样样俱全，与其说是吃饭，还不如说是在欣赏一幅幅艺术作品。饭后，他带我们参观了寺院，但见寺院建筑宏伟壮观，金色的琉璃配着红色的院墙更显得光彩夺目。大雄宝殿的释迦牟尼和背后的送子观音，以及十八罗汉、四大金刚等一尊尊高大的塑像，让你觉得自己是那么渺小。我很喜欢庙中这种庄严肃穆、香烟缭绕的氛围。我也喜欢看到香客们举着香烛那种虔诚恭敬的神情，似乎在此时此刻，人们的思想都会变得圣洁而单纯了。而且从此以后，我每次外出，只要有机会，就会走进庙宇里去观光一下，有时也会烧上几炷香以寻求精神上的自我安慰。

在老画家中还有一位应野平先生和我们也比较亲近。他和唐云先生虽然同是画家，出生年代也不相上下，但无论是气质还是个性都很不相同。唐云外表高大粗犷；而应野平却瘦弱纤细、温文尔雅，连说话声音都显得柔和细致。

应野平擅长山水，特别喜欢画黄山，曾四上黄山观察体验，所以人称他为"新黄山派"。我至今不懂画，但我在欣赏他的作品时，感到他画的山水和其他画家所画山水同样有着壮观宏伟的特点之外，还蕴藏着一种应野平特有的细腻和精致，粗中有细，刚中带柔。早年他在人民美术出版社工作时曾是吕蒙的部下，所以对我家有一种更加亲近的感觉。他经常来我家坐坐，对吕蒙的身体也很关心。记得我儿子小萌结婚时，因当时条件所限，婚礼办得非常简单，除请了两家的几位亲属之外，其他人都没有通知。可他不知从哪里得到消息，在婚礼开始前竟然不请自来，并带来一幅画作为礼品，让我们——特别是小萌，受宠若惊，感到特别的荣幸。

他也请我们吃过一次素斋，而他选择的不是宏伟的龙华寺，而是精致的玉佛寺。我们先参拜了晶莹剔透、圣洁无瑕的玉佛。同样的佛门所在，同样的佛教圣地，但这两座寺庙却显示出不一样的特点。一如应野平先生和唐云先生完全不同的个性爱好和绘画风格各有风范。

六、客串美协的活动

　　有一年吕蒙带着我和孩子一同参加美协组织的写生活动，同去的画家中韩美林给我留下很深的印象。当时他还是一位青年画家，性格开朗，能言善语，非常活跃。他特别喜欢画那种人性化了的小动物，形象非常可爱。而且他也非常大方，不仅给我画了一张绒毛长长的小狗，还给孩子也画了一张。

　　2008年1月份，上海电视台在大剧院举办了一次盛大的"星光奖"颁奖晚会，从全国请了许多艺术家来担任嘉宾为获奖者颁奖。有周小燕、谢晋、吕其明等人，还有北京的乔羽、阎肃等前来参加。我正巧和韩美林坐在一起，老朋友多年不见，难得见上一面感到非常兴奋，就在这大庭广众之中，他竟然忘乎所以和我热烈拥抱，一次还不够再来第二次。当时我什么也没想，可后来回忆起来，我想一定会把周围的人看得目瞪口呆吧！谢晋逝世之后，他为谢晋作了一尊雕像，我参加了落成典礼，本希望能借此机会再见见老朋友，可是他没来参加，让我感到非常遗憾。

　　还有一次在美协活动中，我遇到了漫画家华君武。他也是我鲁艺时的老同学。当我还是一个"小鬼"的时候，他在延安，甚至是整个解放区就已经是一个小有名气的漫画家了。他是一位杰出的艺术家。他的杰出，在于他那敏锐的思维和眼光。当我们对社会上存在的问题，或者没有看到，或者熟视无睹，最多发发牢骚的时候，他却能抓住这些问题的要害，用他那支幽默的笔，或者是尖刻地批评，或者是表扬，让人信服。所以，他总是走在时代的前面。解放后，他一直在北京担任美术界的领导，我们见面机会不多。吕蒙去世后，上海美术馆为他举办《吕蒙遗作展》我请华老担任嘉宾。这时他已经八十多岁了，但仍保持着青年时那种英俊而精神焕发的姿态。又过去了十多年，他的夫人早已故去，而他仍乐观地活着。他的豁达、风趣、幽默，让他战胜了一切生活中的不快，直到最近我才突然在报纸上看到他逝世的消息。他光辉的一生画上了句号。

七、吕蒙的老师、战友和同事

关良是吕蒙在广州美术学校学习时的老师。吕蒙对他非常敬重。他年轻时不仅喜爱西洋浪漫的马蒂斯，还喜欢中国的京剧，所以画的戏剧人物特精彩生动，不仅能画出各种人物之外形，而且每幅画中都包含着戏剧的情节。我曾随吕蒙去探望过他一次，这时他身体已比较虚弱，显得瘦削苍老，似乎说话也细声细气，很没有精神呢。看到这样的情况，我很难把他年轻时那风流潇洒的形象联结起来。

另外还有老画家张乐平，因为我们两家住得很近，所以我们曾经带着孩子们去他家看他画"三毛"，他对孩子们十分和蔼。

吕蒙有不少版画界的朋友，如版画家杨可扬。他早年从事版画，后来也画油画，是上海美术界的权威人物之一。他在吕蒙调离之后就一直在人民美术出版社工作，并任编辑部主任，可以说是人美社的元老。直到为纪念吕蒙要出吕蒙画册和纪念文集，我还曾请他写文章，帮忙联系出版事宜。在吕蒙画展的研讨会上他作了热情洋溢的发言，可谁知仅仅一年的时间他就与世长辞了，享年96岁。

版画界还有一位董连宝，他比较年轻，是版画界的后起之秀。他经常来看吕蒙，并在一起切磋版画艺术，所以他对吕蒙的创作风格比较熟悉。吕蒙中风之后，右手虽然无力，但仍不肯放弃版画创作；我们从广州温泉疗养院回来之后，他的创作欲望很高，想把他在疗养时写生的一幅《墙外》刻成木板，但无奈力不从心。我又是一个外行，帮他做点杂事还可以，在创作上却无能为力。这时董连宝自告奋勇，帮他印刷、完成了《墙外》这幅木刻套色作品。

在出版社工作过的黎鲁，对吕蒙也特别关心，曾写过数篇文章回忆吕蒙，从文章中看出他对吕蒙有着很深的感情。还有杨涵也是吕蒙的老朋友。

在抗战时期曾风靡一时的木刻连环画《铁佛寺》，作者除了吕蒙、亚君还有一位就是解放后一直担任浙江中国美院院长的莫朴。"文革"后他离休，从领导位置上退了下来，由肖锋接任院长职位。肖锋刚上任不久，便和浙江当时的人大副主任余纪一还有莫朴三人联合出面把吕蒙和我一同请到杭州去疗养做客。我们就住在莫朴家中。

莫朴的夫人孙铮原是我在延安鲁艺戏剧系的同学，1946年我们又在大连鲁艺文工团一起工作，并同台演过戏。我们相当熟悉。记得我们演过一出名叫《小姑贤》的小歌舞剧，她演凶狠的婆婆，我演受气的小媳妇。

孙铮爽直泼辣，想说什么就说什么，没有一点遮掩。而莫朴的身体不很健康，比较内向；我感觉他和孙铮正好是两种不同性格的人。我和莫朴不熟，对他的作品更加不熟悉。在他的家中，楼上、楼下以及楼梯过道中都挂着许多油画，有人物、有风景，画风细腻，我想这一定是他的作品。可是我们住在他家期间，并没有见他作画，可能是我们打扰了他的灵感。当时孙铮在北京电影学院担任教师，两人常年两地分居，逢年过节才得团聚一次。这次我们到杭州不知是她特意为我们而来，还是正好探亲回家。总之，因为有了孙铮在，我们这次疗养就方便得多了。他们还多次领我们游西湖，逛龙井，上玉皇山。吕蒙腿不好，上不得高山，他们还特地找人在山下陪着他，让我们借这个机会尽情地饱览了一次杭州的美景。我和吕蒙在杭州疗养期间过得非常愉快。吕蒙的病情也逐渐好转。

八、老友笔端说吕蒙

　　肖锋是当代中国美术界的领军人物、权威人士，曾担任过中国美协主席和中国美术学院院长。他年龄比我小五六岁，也比我晚几年参加革命。虽然一南一北，但他的经历却和我有点相似。他也是年仅十一岁就到了抗日根据地学习，后来经友人介绍步行到苏北盐阜区参加了新安旅行团，在文工团内当了一名小演员；他从小喜欢绘画，到了根据地之后，在一次"新四军美术展览会"上看到了吕蒙、沈柔坚、赖少其等画家的绘画作品，由敬佩而萌发了学习美术的愿望，并从此开始了他的美术生涯。解放后，他被保送到杭州国立艺专学习美术，后来又被国家派到苏联学习美术。优越的学习条件和个人的勤奋使他成为后来居上的教育家、画家。他对吕蒙有着特别深厚的感情。当年在解放区时，吕蒙的待人处事，吕蒙的先人后己、不计个人得失的精神给他留下了极深的印象。2009年上海美术馆为吕蒙举办"刀笔之魂——吕蒙画展"时，我特地请他来出席座谈会和画展，在会上他热情洋溢的发言充满激情令人感动。这段情景后来还在上海的艺术人文频道方雨桦女士担任编辑的"人格与画格"节目中播出了。在《刀笔之魂》吕蒙文集中，他又写了万余字的文章叙述并颂扬了吕蒙在美术领域中的感人事迹和创作成就，他介绍说鲁迅曾写信给吕蒙和赖少其，希望他们成为"木刻的中兴和希望"。文章中他称吕蒙为"中国美术的奠基者之一"，他说"吕蒙的为人在美术界是有口皆碑的，他是许多老画家的知心人"；并富有深情地写道："抚今追昔，我们总忘不了前辈们前赴后继的历史功勋。我们这些后来人一定要饮水思源，学习他们艰苦创业的精神。继续开拓前进，追根溯源，在回顾铁军建军70年文艺工作时，最令人难以忘怀的应该是我们新四军的首任文艺科长，杰出的文艺战士、著名美术家吕蒙同志。"

吕蒙还有一位年轻的朋友就是原中国连环画出版社社长兼总编姜维朴，他现在也年过七十，已从工作岗位上退下来了，但在新四军时却还是一个二十来岁的小青年。解放前后他都在吕蒙领导下的《华东画报》社工作。吕蒙的工作责任心以及克己奉公的精神给他留下了极深的印象，对吕蒙有着非同一般的深厚感情。后来他虽调到北京工作，但和吕蒙却一直保持联系，尤其在吕蒙病后，他经常来信来电，问寒问暖，让我们感到十分的亲切。我们难得去一次北京，他总带着夫人前来探望。吕蒙逝世后，他悲痛得竟失声痛哭。

出版吕蒙文集时，和肖锋一样，姜维朴也写了万字以上的的长文来称颂吕蒙。他以《筚路蓝缕启山林》为题，评价吕蒙为美术事业奋斗一生的经历。他在文章中写道："'筚路蓝缕，以启山林'，用这古代名言来评价吕蒙为美术事业而奋斗的一生是再适合不过了。他在革命生涯中，常常于重要的历史关头，为了革命的需要，义无反顾地去披荆斩棘，开辟新征；或是率领集体去战胜困难，艰苦创业……"他以一片深情，叙述了他心目中所崇敬的吕蒙的工作、为人和创作情景。最后他说："是人老了，以致感情更加脆弱了，还是对年轻时的友谊更多悲惜之情？当我抑制着悲痛，陆陆续续边忆边写这篇缅怀的文章时，常常不得不停笔拭泪，甚至失声痛哭。一位平凡而又伟大的革命前辈和战友永远离我而去了。但愿我这片断缅怀之言，不仅能激励自己和我的战友们化悲痛为力量，也能使后来者知道前人为了革命事业，是如何披荆斩棘，奉献出一生。从而领会继承和发扬这些优良传统。这具有多么重要的意义！"

他对吕蒙的深情厚意令我难忘。举办"吕蒙画展"时，我曾一再邀请他前来上海出席。可无奈的是，他的夫人，他一生中的伴侣王素就在画展开幕前数月，因编辑出版一本《新中国连环画60年》而中风病倒。他们夫妻数十年相濡以沫，感情特别深厚。尽管我一再邀请，但为了照顾妻子，他还是没能来出席。我在失望之余，祝福王素同志早日康复，我也感激他俩对吕蒙的这份深情厚意！

九、促进吕蒙艺术新生的旅美画家

　　对于年近八十且又因病致残行动不便的吕蒙来说，要想出国，这本身就是一件难以想象的事。可是我们不仅去了，还办成了画展，规模虽然不大，但反响还不算小。而这一切全都靠着吕蒙在国外的朋友的帮助，让我们一直铭记在心。

　　1992年吕蒙已经77岁了，而且生活基本不能自理，就是平时出一趟家门也要兴师动众，更何况要出国门，确实困难重重。好在我们已经有了去英国的经验，了解了中外社会各界对老弱病残的多方照顾，于是鼓起勇气又登上了旅美的征途。这次出国的第一站是旧金山，第一个帮助我们的人是旅美画家郑通校。

　　郑通校在出国之前和吕蒙有着相当亲密的关系，他经常到我家来，并经常拿一些自己的作品来请吕蒙看，并互相研讨。后来他到了美国，生活得相当不错。这次得知我们要到美国纽约探亲，他便热情地邀请我们到纽约之前，先到旧金山停留几天。我们非常高兴，这样既免去了我们中转时的许多麻烦，也可以饱览一下这个令人心驰神往、充满传奇色彩的美国西部的著名城市的风光。

　　我们一下飞机，郑通校就已经推了轮椅在机场等候。在旧金山将近10天的时间里，他放下了自己的创作，专程陪我们游览、参观。不仅让我们品尝了旧金山的中西佳肴，而且游览了旧金山的城市风光和郊外的公园名胜，更重要的是让我们参观了许多画廊与美术馆、博物馆，增加了许多知识。尤其是吕蒙，在他生命的垂暮之年，在行动极度不便的条件下能得到这样的机会，看到了许多过去只能在画册或书本上看到的东西，让他非常的开心，在这十来天的时间里始终处于激动兴奋的状态。郑通校更是无微不至、朝夕相伴，即使在休息时间他也总是陪伴着我们，问寒问暖，让我们在这段日子里过得非常的温馨和快活！直到把我们送上去纽约的飞机。此行唯一让我感到遗憾的事，就是没能去成我最最向往的地方——电影城洛杉矶。我作为一个电影人，从事电影音乐数十年，如今已经到了这让我魂牵梦萦的城市旁边，却不得而入，我感到有一种失落感。但想到吕蒙毕竟是个病人，我们也不好意思给主人再添许多麻烦，再说这是在外国，要去另一个城市并不那么容易。我想我的这个梦想，这个遗憾，总有一天能实现。

在旧金山10天后，我们终于到达目的地纽约。在纽约我们曾不止一次会到过画家陈逸飞，他知道我们初到国外，生活不太习惯，所以常邀请我们出去吃中餐。我们也不止一次到他的画室中看他画画。在画室中看到他堆积如山的一幅幅油画作品，以及他那细致又浪漫，写实中又充满艺术情趣的画风，真是一种美的享受。同时我们也看到了他成功的必然性——任何艺术家的成功，都来之不易，都同样地要付出艰巨的劳动。

让吕蒙最有成就感的是，终于能在美国纽约办成了一次《吕蒙画展》。因为路途遥远，我们两个人能安全到达已经是十分的不易，所以随身仅仅只带了二十多幅作品，只能办一个小型的画展。帮助吕蒙办这这个画展的人，就是曾在上海美协和吕蒙一起工作过，后来旅居美国的瞿谷量先生。我们这次到纽约就是他以"中华艺术研究会"要为吕蒙举办个人画展的名义发出的邀请函，在他的帮助下，我们不仅顺利地到了美国，成功地办了画展，还帮助吕蒙出了一本画册。我觉得这是吕蒙画册中色彩最鲜艳的一本，作品虽少，但却极为精致。这都要感谢瞿谷量为我们所付出的一切。瞿谷量先生本人也是一位出色的画家，他的国画画得非常精彩，我想这也是他帮吕蒙做的画册质量如此之好的缘故吧。

正是在这些朋友们的鼓舞帮助和激励下，吕蒙在这次出国旅行回到家之后，更增添了创作的信心。在后来的几年中，他用左手发奋创作，与这次旅美过程中所得到的鼓舞有着相当大的关联。每当看到这些作品，都会让我想起这些帮助过吕蒙的人：郑通校先生、陈逸飞先生和瞿谷量先生。

第十章　此情最相思

1996年8月，是我最悲痛的日子。这些天本该是我丈夫最最高兴的时候，上海美术馆已在筹办"吕蒙画展"只等揭幕，而他却在8月15日突然撒手归天。诸如这样的隐痛，还有我对母亲、姐姐的怀念，以及对画家林风眠先生的回忆……

一、悼念吕蒙

1996年8月15日，是我最最悲痛的一天。这一天，我的丈夫吕蒙离我而去了！……

1. 喜事和丧事接踵而至

此前的7月下旬，上海美术馆正式通知我们将于一个月之后举办吕蒙个人画展。《新民晚报》文艺版李坚同志为此进行了采访，并写了文章专题报道了此事，在社会上引起了强烈的反响。吕蒙虽因病住进华东医院已近两年，但当报上发表了这消息后，许多朋友专程来向他祝贺，包括医院里的医生、护士，甚至连护工、打扫清洁卫生和送饭的工人同志们，也都纷纷热情地为他祝贺，为他高兴。这时的吕蒙，语言表达能力已经很差，但从他的表情中可以看出，他的内心似乎也处于一种兴奋状态。

这时，我当然很忙，要为他准备并选择画稿，要接待报社和电视台的采访，要请人写前言等等，一切事情都需由我来操办，所以在这之前的两天，我实在抽不出一点时间去看他。谁知，就在15日凌晨的3点左右，我突然惊醒，心中似乎隐隐有一种不安的感觉，当我冷静下来准备再次进入梦乡的时候，电话铃响了。从来没有接到过这么早的电话！我紧张地急忙抓起电话，听到的是医院护士小陶的声音，只听她慌乱地说了一句："吕老不太好，您赶快到医院来一趟！"我当时虽有一种不祥的预感，但还没有意识到事情的严重程度，慌忙起来后由孙女陪同一起赶往华东医院。一进病房，我呆了，傻了，病房中灯火通明，满屋是人，医生、护士正在紧张地对吕蒙做最后的努力。尽管一切都已无效，我仍恳求着医生们尽力、再尽力地抢救，然而这时，药液已推不进他的血管，起搏器再用力也无法使他的心脏再跳动起来，不管我一次一次地呼唤，他的双眼再也不能再睁开看我一眼！……我无法面对这个现实，但吕蒙确确实实是走了！离我而去了！我陷入了极度的悲痛之中。

在那几天里，我整天浑浑噩噩、懵懵懂懂，茶不思，饭不想，我不知道自己该怎么办？我悲痛，失落，脑子里是空白一片。家里来了许多吊唁的客人，都由我的儿女去接待，我独自一人关在房内，躺在床上。我太累了，我的身体累了，我的心更累。我似睡非睡、似梦非梦，冥冥之中在我耳际响起了音乐之声，那音乐崇高、飘逸而朦胧，又那么优美、柔和；她好像在抚慰我那过于悲痛的心，那不是一般的音乐，是仙乐？是赞美诗？啊，那是来自天堂里的声音。这时，我似乎觉得自己轻了许多，好像飞了起来，随着那音乐飘过去，飘过去。我又好像被万道霞光迷住了眼睛，在朦胧中我看到一座被万丈光芒笼罩着的金色宫殿，它在向我召唤，我继续向前飘去，飘去。当我要跨进宫殿之门的时候，音乐戛然而止，我仿佛被一股力量推了一下，猛然从床上坐起，睁开眼睛，窗外阳光明媚，树木郁郁葱葱。原来是南柯一梦！这时，我醒了，完完全全地清醒了！我觉得饿了，觉得渴了；我恢复了正常，开始有了一种紧迫感；我回到了现实之中，知道了自己必须振作！

是天堂里的歌声让我重又振作起来！有那么多的事情需要我去处理，我又怎能让自己沉浸在悲痛中而不能自拔呢？画展是吕蒙生前多少年来的愿望，每一幅都渗透着他的汗水和辛劳，我一定要让它们和世人见面。于是，我忍着悲痛，咽下了泪水，强打起精神，为他办好喜、丧两件大事：一面准备画展的请柬，一面给亲朋好友寄发讣告；一面整理他的画稿，一面书写他的生平。因为子女都从国外赶来，时间不能拖延，我筋疲力尽、心力交瘁地为办好了这两件事：8月22日，如期举办了《吕蒙画展》；8月23日，为他举行了告别仪式。

一段时间里，吕蒙在举办自己画展前突然逝世的消息，成为上海的新闻热点，几乎天天都会看到关于画家吕蒙的报道：刚发表了吕蒙将举办画展的消息，没过两天，就突然看到了他不幸逝世的新闻；接着是今天报道画展揭幕，明天又是告别仪式，真忙坏了新闻界。

吕蒙生前一直默默无闻，埋头苦干，没想到，他的逝世却引起了各界人士的震惊，差不多全市各报纸都报道了他的消息，有许多报纸都刊登了悼念他的文章，称赞他的为人。

记得在他去世不久，电视剧《滑稽春秋》的导演于杰同志来找我，邀我为该剧作曲，我当时还沉浸在十分悲痛之中，没有马上接受下来。这种拒绝别人的情况对我来说是从未有过的事，实在因为我无法排解对吕蒙的思念、排解对往事的回眸……

2. 伴侣、兄长和诤友

自从1952年我与吴梦滨离婚，女儿又被他擅自带走之后，在上海我无亲无友，孤身一人。这样的状况，工作的时候倒不感到孤独，而在工作之余，一静下来回到单人宿舍，就像被抛到地球之外那样与任何人失去了联系，冷冷清清、孤孤单单。我从小过惯了集体生活，独立生活能力很差，这时我一个人生活在这个大城市，感到困难很多。后来，经人介绍认识了吕蒙，通过接触，我觉得他知识丰富，读过很多书，虽专业从事美术工作，但文笔流畅，并写得一手好字。记得他曾用毛笔给我写过一些信，潇洒的字迹笔韵，让我十分欣赏。字如其人，从他这手好字中，我感到了他的可亲。

上世纪80年代，上海成立书法家协会，曾有人来我家请他担任书协主席，他出于谦虚说什么也不肯当。当时还不断有人来求字，但他一心扑在绘画上，几乎没有留下书法作品，为此我一直感到十分遗憾。

经过和他一段时间的接触，在他身上我感到了一种高品位、有风度的文化人的气质。另外，他有一个温暖的家，除了父母，还有5个弟妹——大妹妹徐以华（吕蒙去解放区之后，这个家主要由她来照顾）、二妹徐以兰、小妹妹徐以霜、大弟弟徐京昌、小弟弟徐京安。这时，吕蒙和父母、妹妹住在一起。这种家庭的温馨气氛是我12岁离开贵阳，离开妈妈姐姐之后，许久许久所没有感受过的。他的年龄比我大了整整11岁，也有过失败的婚姻。同病相怜彼此都害怕感情生活孤独的我们，终于由于他的热烈追求，我们于1954年结了婚。那时新中国虽然已经成立了五六年，但结婚形式却仍然十分简朴。我记得我们只是一同去领了两张结婚证书，然后在他工作的人民美术出版社的小礼堂里，准备了一些糖果，请亲朋好友（都是他的，我在上海没有任何亲戚朋友，虽有厂里的同事，但都还很不熟悉）跳跳舞、喝喝茶，仪式便算完成。婚后，我们的感情一直很不错，他确实像一位兄长一样地关心我呵护我，甚至有时还忍让着我，使我感受到了生活和家庭的依靠，有了安全感，使我能够毫无精神负担地全身心投入到我的创作中。有时我出外景，一去就是个把月，甚至几个月，他也毫无怨言，待我回家之后总给我带来很多的温暖。在这四十多年的岁月中，我们在事业上相辅相佐，互相支持。我们不仅是生活中的伴侣，又是事业上的忠实伙伴。虽然我们从事的不是一个行当，他搞绘画，我搞作曲，但都是属于艺术的范畴。每当我写好一支新歌，他便是我第一个听众，第一个评论家。好和不好，都无需转弯抹角。而我当然也是他的每幅新作的第一个观赏者。我们先后有了两个孩子，男孩徐小萌、女孩徐小薇都已成家侨居国外，女儿在英国，儿子在美国。在上世纪50年代到60年代，我们的家庭担子很重，有两个孩子，还有他年迈的双亲和弟妹都需要照顾，但是在家庭和事业相矛盾时，他总是想方设法减轻我的负担，让我很好地投入创作，尽量给我更多的支持与帮助。在不影响自己事业和工作的情况下，从不和我争时间。"支持就是力量"这句话千真万确。我今天所取得的每一个成就，与他的支持和帮助是分不开的，我非常非常地感激他。如果说"每一个成功的男人背后，都有一个伟大的女性"，那么反过来，也是一样。

　　然而，几十年来，由于政治大气候的影响，我们婚后的道路也不十分平坦，并不总是春天。

在我们结婚的时候，他是上海人民美术出版社社长兼总编，也可以说是上海美术界的主要领导人。他为了在上海建设一支强大的美术队伍，花费了许多精力，几乎牺牲了所有的创作时间，到处去发现挖掘人才，为他们安排工作，创造创作条件。这些画家中有老画家刘海粟、林风眠，和当时还年轻的程十发等人。他总是先人后己，宽厚待人，从不计较个人得失。提高工资时，他主动把名额让给别人；有了出国的机会，他还是让给他人。直到他去世之后的座谈会上，还有许多同志含着眼泪谈起他们在过去是怎样得到了吕蒙的帮助和关爱。他为人正直、性格直率，从不弄虚作假，心直口快，有什么说什么，特别对一些不正之风和不良现象，往往不管场合，不看对象就直言出来。1957年，反右派时，差一点就把他划为右派。还是市里不少了解他性格和为人的领导同志把他保了下来。虽然没有戴上右派的帽子，但还是扣上了一顶"右倾"的帽子，并受到党内和行政的处分，下放到农村去"改造"。当时我们的孩子都很小，我又不断地接到电影音乐创作的任务。所以在他到农村的一段时间，尽管我知道他生活得很艰苦，但却没有能力帮助他，陪伴他，只能抽空去看望他一下。我记得在1958年的春天，我带着孩子到上海郊区——也就是他接受改造的地方，去探望他。他见到我们的到来真是欣喜万分，带着我和孩子在郊区的田野里到处去参观。那时正是初春时节，桃李争艳，垂柳在微风中轻轻飘荡，尤其使我兴奋的是那遍地金黄的菜花，真使人心花怒放，这不像是下放劳动，倒像是一次欢乐的踏青。孩子们在田边奔跑嬉笑，这时我看到吕蒙丝毫没有那种受了处分后的沮丧，只见他拿起画笔，打开速写本，对着那金灿灿的菜花画了起来，一张菜花的速写很快就完成了。回到上海不久，他就完成了一张非常精彩的木刻作品，名字就叫"菜花"。我非常喜爱这张画，这不仅是这画本身非常优秀，而更重要的是这幅画里深深蕴藏着我们在危难时的一段情。

大约在1959年和1960年之间，吕蒙终于回到上海，降级分配到文化局担任上海美术馆的负责人，后又担任上海美协秘书长。换届时他被选为美协副主席。"文革"后，市委又调他到上海中国画院担任画院院长。我记得那时他是美协和画院的工作两面兼顾。他常常不舍得坐车，竟从黄陂路一直步行到岳阳路。作为一个1936年参加革命，1938年就担任新四军军部文艺科长的老同志，和他共事的同志、朋友，后来几乎都是部级、市级，甚至是中央领导，陈毅、汪道涵、张爱萍等和他都有着很深的友谊。而他却从未考虑过自己的地位和待遇。甚至连自己是什么级别，多少工资都从不过问。正如不少老同志所说："他几乎从不想到自己"。

3. 病残志坚，赢得左手画家的美誉

在1980年的4月份，他作为著名的版画家，被邀请参加成立版画协会的大会，同去黄山旅游。我作为画家的家属，也参加了这次活动。记得在观赏黄山那壮观、神奇的景色时，他很兴奋。多少年来，他身为美术界的领导人，身上有行政和业务双项重负，很难有机会出来观赏祖国山河的壮美，特别是那令人神往的黄山，无处不是令他陶醉的画卷，真使他流连忘返呀！下山时，为了照顾我的腿病，他一直撑着我一点一点挪下山来。没想到，当天晚上，他就感到身体不适，第二天去南京后，进医院一查，才确诊他得了脑血栓，而且病情很严重。不得已在南京工人医院住了20天，仍未见好，只得用担架抬回了上海。从此，他的右半身瘫痪了。这时，他情绪有些焦躁。也难怪啊，一个版画家，从事了几十年为之奋斗的美术事业，一朝失去了转动自如的右半身，怎能不有切肤之痛呢！我十分理解他的心思，便想尽一切办法帮助他恢复健康。经过一年多的治疗和他艰巨的康复锻炼，他身体已基本健康，但他的右半身仍然不能恢复正常。但他身残志不残，此时，他产生了强烈的创作欲望，这令我十分欣慰。为此，凡是我能办到的事，我都设法为他去做。除了帮他做些裁纸、研墨、洗笔等一类杂事外，我觉得自己为他做了一件最有意义的事，就是让他到

生活中去感受生活、感受大自然，以激发自己的灵感，丰富自己的视野。我的工作流动性很大，常出外景或到外地开会，有可能的话，我都设法带他一起去。1981年，我去香港开"亚洲作曲家会议"，我便把他安排在广州从化温泉去休养治疗，从香港返回时，我又专程到从化把他接到广州会见了他多年没有见面的两位老朋友——画家赖少其和作家肖殷。以前他常和我谈起他们两位，我知道他们深厚的友谊，所以特意作了这次的安排。1982年福建电视台请我担任电视剧《鼓浪屿》的作曲，我经福建电视台同意，把吕蒙带到泉州、鼓浪屿、福州等地，让他在这日新月异的开发区，感受到时代的气息，使他振作起来。此时的他，也确实雄心勃发，右手虽然残了，他改用左手，木刻刀拿不住了，就改用毛笔学国画。每当我看到他用身体依靠着画案，艰难地一笔一笔学国画时，汗水从他那苍白的两鬓流淌下来，我仿佛听到他不灵便的手发出铮铮的铁器声。是啊，一个画家怎么能失去热爱生活歌颂生活的权利呢？尽管历年来，他因为忙于行政事务很少有时间出去体验生活，但作为一个艺术领导，他十分重视生活，在他的文章中，曾一再强调 "要向生活学习"、"生活是创作的基础"等等。我深知他若失去了画笔，就是失去了生命的意义。所以，我决心帮助他用左手来点燃他生命的火花，以照亮他的余生。

1984年，我在担任《滴水观音》的作曲时，经摄制组的同意，又带他到云南出外景。在那处处风景如画的瑞丽江畔，他找回了他的魂，找回了他的魄。他一刻也不得闲，一拐一拐地拄着拐杖，背着画夹，有时在江边，有时在集市，有时在富于特色的傣族民房外，有时在大青树下。他那刻苦精神，使他已经忘记自己是一位白发苍苍半身瘫痪的老翁了。勃发的创作欲使他一作画就忘了时间，所以常常是坐下以后就站立不起来。当我因拍摄工作不能陪伴在他身边时，有多少次是他恳求过路人扶他站起来的。

从瑞丽回来之后，他不停地画呀，画呀。在这一时期中居然创作出了近百幅描绘大自然的国画，那英姿勃勃的大青树、那富有傣族风味的建筑和生活场景等等。每幅画都凝聚着他对大自然的质朴的爱，每幅画都积淀着他成熟的思考。上海美协于1986年为他举办了第一次的小型画展，展示了这些作品。这次画展的成功，使他信心大增。与此同时，又接到了赴美举办画展的邀请，他心情更加激动，整日里奋笔于画案边，全然忘记了自己是个残疾容易失重的病人。正当这一丝阳光温暖着他受伤的心田时，不幸的事件发生了，他为了找人商议赴美的事情，没等我回家，就独自出门，人没找到，却摔倒在自己家的大门口！这次摔得很重，由邻居把他送到医院，确诊为第二次的脑血栓，并发出了病危通知书。经过抢救，终于挽回了他的生命，但行动更加不方便了。这一住院，又是整整5个月。1987年，为了改善他的偏瘫后遗症，我陪他去了安徽疗养。几个月的疗养，他再次顽强地与病魔作斗争，以他顽强的意志，又渐渐找回了创作的激情和左手画画的能力。再大的困难也压不倒他坚强的意志，他不停地画着，要把他心中的画，一幅幅地跃然于纸上。这一时期，他的国画技艺更加成熟了。他那独特新颖的着色以及粗犷的线条，形成了鲜明的风格，使他成为了一个特殊材料做成的、名副其实的左手画家。

在吕蒙身体逐步恢复健康之后，我们一直梦想着能出国去看看远在英国的女儿和在美国的儿子。但吕蒙经过两次中风，连自己走路都有困难，这个梦想能实现吗？

回想起这两次出国探亲，真是又快乐又紧张。当时的心情就别提有多么烦乱了。年轻的时候，我们都没有机会出去过。吕蒙曾有过机会，但他让给别人了。而我最远就到过香港。那时候是集体出去，只要跟着人家，自己什么都不用操心。而这两次是自费出国，吕蒙又是这样一个行动不方便的病人。在出国前，凡是听说我们要出去的朋友，大部分持反对意见，觉得这简直是妄想！要坐18个小时的飞机，中途还要转站、要验关，带着一个病人，怎么应付得了这复杂的长途运行呢！？但我决心已定，只要能满足吕蒙的愿望，再难我也要去实现！

不过，当时也有一些有出国经验的朋友，却鼓励我说，你们尽可以放心地去吧，在国外尤其对于一个坐轮椅的病人，照顾他会特别周到。一方面由于儿女的盛情邀请和互相的思念，一方面吕蒙举办个人画展的愿望十分强烈，所以我鼓足勇气，决心一拼！于是办护照、办签证。去英国的签证必须到北京去办，在吕蒙老领导张爱萍夫妇的关怀和帮助下，我们顺利地办好了一切手续。说来可笑吧，仅仅几个月的时间，由于一种内心的紧张和忙乱，我居然茶饭不香，一下瘦了十来斤。而且急出了心脏病，差点被戴上了冠心病的帽子。

1990年4月5日我们终于出发了。我们首先去英国。因为上海机场有熟人，所以办手续上飞机都没有困难，但我的心并未平静，最担心的是到香港转机到伦敦，只有一个小时的时间，而那里人生地不熟，万一赶不上，误了班机怎么办？

两个小时后到了香港。意想不到的是，到香港之前就有乘务员来关照我们。等我们走出飞机时，一辆轮椅，一位推车的先生和一位小姐已经等在门口了。他们彬彬有礼地扶吕蒙坐上轮椅，不必排队，也不必进行例行的检查，就直接把我们送到了直达英国的另一架飞机。真是太顺利了。更没想到，到了英国机场，一切照顾得更好。在飞机上整整18个小时，吕蒙几乎一点没合眼，白天望着窗外，晚上看着电视，想让他躺下休息一下，他也不肯。终于到了伦敦，一走下飞机，轮椅早就等好了。这时我们抛开了一切顾虑，听任他们摆布。开始我跟着轮椅走，走到验关大厅，他们不要我们排队，特地请了一位翻译来给我们验关。然后又驶来一辆电动车，非常礼貌地把我和吕蒙一起请到车上，连我也不必走路了，电动车一直把我们送到出口处。此时，我们惊讶地看到女儿和女婿已经抱着可爱的小外孙女等在那里了！最后，电动车还把我们送到机场附近的火车上，才和我们告别。这么周到的服务，真令人感动。

就这样，我们两个既没有出国经验，又不懂外语，再加上吕蒙一个残疾人，居然顺利地到了女儿家。在伦敦，对老人、残疾人的照顾真是无微不至，无论去参观博物馆、美术馆、公园，只要事先电话联系，他们都会给你准备好轮椅，连进门、停车都有专线，不必走路。而且，吕蒙的参观是全部免费的。由于这特殊的待遇，我和吕蒙在英国得以参观了不少地方。我们看了许多博物馆，尤其是在沃立斯收藏艺术馆中看到了许多古典艺术作品。我们还到了温莎堡，这是英国女王的住处，非常豪华堂皇；据说我们去的这天正好是女王生日，人特别多。让我感到惊讶的是，这堂堂一国之王的居所，居然允许成千上万的普通人去参观。我们还看了英国的野生动物园，当那些野兽就趴在我们汽车窗口时，真把人吓了一身汗！我们还到了著名的海德公园，在那里我们吃惊地看到许多人把上衣脱掉了趴在草地上晒太阳。也许伦敦是雾都的缘故，晒太阳也是一种难得的享受吧。还记得有一次去参观英国有名的杜莎夫人蜡像馆。这是一个私人办的展馆，一律排队买票进门，对谁也不例外。这时我想，吕蒙肯定得走路爬楼了。没想到，和门卫一讲情况，他们马上为我们另外开了一扇小门，从专用的电梯上去，而且对吕蒙仍然是免费参观。就在这样优质的服务下，我们参观了许多地方，开了眼界，增长了许多知识。

因为吕蒙行动不便，我们在英国住的时间又不长，所以首先满足吕蒙的专业需要，看画廊、参观博物馆比较多，而相比之下，我的音乐活动就很少，只听过几次音乐会。给我印象最深的是音乐剧《猫》，它的演出形式新颖，场面多变，这些活泼可爱、被人性化了的"猫"，不仅在台上有精彩的表演，而且经常会不知从哪里出来突然站到观众席上和观众交流，有时给你做一个鬼脸，或者做一个惊险动作，会把你吓一大跳。而最使我喜爱的是它的音乐。整个戏不算长，但音乐情绪却丰富多彩，有活泼欢跃，有雄壮宽广，有庄严肃穆，有抒情优美。尤其是扮演女主角的那段抒情女高音的独唱太迷人了！旋律是那么美，歌声是那么甜！她的唱法中既有西洋传统美声唱法的扎实基础，又结合了现代通俗化的唱法，十分使人陶醉，简直唱进了我的心田，使我久久难忘。

从伦敦回国时，女儿不放心我们两人单独回国，执意要把我们送到香港。经英国朋友的介绍，我们到香港后住在新华社招待所的一个大套间里，条件很不错。我是第二次到香港。因为吕蒙的行动不便，所以这次在香港既没有游览更没有购物，主要是看看朋友。使我们十分激动的是，我们可以去探望吕蒙的好友画家林风眠。他们之间有着深厚的友情，当年在林先生最困难的时候，吕蒙曾对他有过很大的帮助和关心。后来他移居香港时，也是吕蒙帮他办理了一切手续，包括把他的全部作品运到香港，最后还余下一百多幅不能出境，是吕蒙把这些珍品全部保管在上海中国画院，成为我国宝贵的财富。林先生去香港定居后，我们开始还有些书信往来，后来大家都因年老多病就少有联系了。这一别就是十余年。林先生在香港很少与人接触，国内去的人一般都很难见到他，这次听说是吕蒙到了香港，例外地热情接待了我们。我们去他家，见到了他瘦削的身体和不大的居室，屋里堆满了他的作品。他告诉我们，他前一阵刚从医院出来，患的是心力衰竭，随时有死亡的可能。没有想到的是，两天之后的傍晚，他竟冒着心脏病复发的危险，在冯叶小姐的陪同下，专程到新华社招待所来看我们，这使我们一家激动不已。然而，这次分手竟是永别，没过两年，我们在上海就听到林先生逝世的消息。中国又失去了一个伟大的艺术大师，我们失去了一位真诚的朋友。

1992年，我们又应美国"中华艺术研究会"的邀请，去美国纽约举办"吕蒙画展"。因为已经有了上次出国的经验，这次的心情就不那么紧张了。由于去得比较早，我们住在了儿子徐小萌家中，他们利用双休日，每周用汽车送我们参观游览一个地方，而平时因吕蒙行动不便，只能在家中看看书报、电视、录像带。为了消磨时间，我每天租一盒录像带，倒是看到了许多国内看不到的电影。

这次画展规模不大，但因为是一个瘫痪病人在废了右手之后，用左手作的画，所以引起了不小的反响。纽约各报都发了消息和评论，评价他的作品是"斑斓多姿，构思奇崛，泼彩大胆，用笔利落，形神兼具，展现了当代新国画的时代特色"；并称他为"不断创新的老画家"。他也觉得非常激动。当然我也为圆了他的梦而感到宽慰。

在美国的朋友比较多，我们住了五个多月，还在旧金山玩了10天，但这次没有去成洛杉矶，让我感到一点遗憾。关键是吕蒙毕竟是个病人，推着轮椅，换个地方不是一件容易的事。后来我只能放弃了朋友的邀请，直接返回了上海。

许多朋友见我们平安归来，都非常高兴，说我们太"伟大"了。的确，我自己也觉得很了不起。

4. 捐画义举和天堂里的歌声

吕蒙在国外，大大开阔了他的创作视野，激励了他对生命的渴求。回国后，他不顾年老体衰，仍与疾病争夺时间。他终日作画，似乎要用他那有限的生命画出他对人们无限的爱，无限的情。没想到，他于1994年，又一次摔倒了。进了华东医院，一住就是两年多。在这期间，我天天去医院送去他喜欢吃的饭菜，天天去医院守护着他，给他以精神上的安抚。有时出差回来，不进家门先去医院。连着两个春节，我是在医院里与他共守年夜。

在上海美术馆决定为他举办画展的前一周，他没来得及看到自己盼望了多少年的展览，没有一点思想准备，便猝然逝世了！今后的一切都将由我来完成。在画展正式开幕前的几个小时，我怀着极其沉重而复杂的心情走进画厅，我不安地想着：他本人已经不在了，他留下的作品，人们会喜欢吗？画展能成功吗？我的心一直悬着！但当我走进展厅抬头一看的那一刻，我被眼前的景象震惊了，眼睛顿时一亮！这琳琅满目、绚丽多姿、色彩斑斓的图画，难道就是他生前撑着病体，用笨拙的左手，艰难地一笔一笔勾画出来的吗？当它们集中在一起，悬挂在墙上的时候，居然产生了如此强烈而完美的艺术魅力啊！在震惊之余，我萌发了一个念头。我想，吕蒙之所以那么顽强地以巨大的毅力画出了这么多的图画，这不仅仅是他个人感情的宣泄，而更重要的是希望被人理解、被人欣赏，一个艺术家一生所追求的，不就是自己的作品被世人所接受，所欣赏吗？！正像我的歌，希望有人爱听、爱唱，画家不也一样吗？我开始感到，如果把这一批作品作为我的私人财产收藏起来，锁进我的储藏室，这是多么自私的行为啊！我甚至有一种犯罪的感觉。我又想到，我和吕蒙都在早年参加革命队伍，我们的生命尚且献给了党，献给了国家，那还要什么私人财产呢？我应该把这些珍贵的遗产献给国家，献给人民，好让它们经常有机会与广大群众见面，让人们有机会欣赏到这些作品。

不久，我向美术馆领导同志透露了这个心愿，得到他们大力支持，并上报了政府。在具体操作时，我不仅捐献了吕蒙本人的作品一百余幅，而且把我们平时所收藏，也是我们都十分喜爱的名人字画也一并捐给了国家。我的做法得到了我的子女和亲属的理解和支持，我应该向他们致敬！同时，这个行动也在社会上引起了很大的反响，当然多数人认为我做得对，做得好。但也有一些并不理解我的做法。有人问我，"你为什么不把它们卖掉呢，这些都是无价之宝啊！"也有人打趣地说："你如果当时为你自己想想，即使留下那么几张画卖卖，那你这次音乐会的集资，就不会搞得那么费力，这么烦恼了！"尽管当时我正在为筹划我的第一次"黄准作品音乐会"的费用而发愁，可我想，吕蒙生前从不卖画，我不能违背他的心愿，将他几乎用生命绘出的无价之作，换成几个钱为开个人音乐会呀！尽管我早已有开一次音乐会、出一本歌集的愿望。但当美术馆要我向组织上提要求时，我首先考虑到的是我应该为吕蒙做些什么……

为了延续吕蒙对人民的奉献，我向组织上提出的条件是：在上海美术馆专设一个吕蒙画作的陈列室，出一本他的画册，并到广州、北京各开办一次画展，让更多的人来了解、欣赏吕蒙。

此后，我又开始做我应该做的事情。但事情再多、再忙，吕蒙逝世后那来自天堂里的音乐却始终在我耳际回响。两年之后，我和诗人王道诚合作为福寿园写歌，便把这音乐写进了歌曲，让住进福寿园的吕蒙和我的妈妈以及众多的亲朋好友们共同来享受这天堂里的歌声。

二、怀念母亲和姐姐

　　自1938年我告别母亲和姐姐奔赴延安，直到1948年我去东影厂工作，其间十年音信杳然。一天，不知从哪里得到的消息说，我的姐姐、妈妈一家已经抵达哈尔滨。我兴高采烈，天天盼着和他们见面。可是从偏僻的兴山到大城市哈尔滨，路途还相当的遥远。当时全国还没有解放，交通相当不方便，要想探一次亲不是那么容易的事。终于机会来了，我因接受一部纪录片的创作任务，正好要出差到哈尔滨去收集资料。于是我公私兼顾，终于找到了我姐姐家。

　　十年了，我从一个孩子变成了少妇，我姐姐也已是两个孩子的母亲；而我妈妈，则已经是一位两鬓斑白，年近六十岁的老人了。我们一家的团聚，虽然不像文艺作品中形容的那样抱头痛哭，但也是热泪盈眶；尤其想起父亲因为生活的折磨，还不到五十岁就贫病交加而死，大家更是痛心。

　　姐姐告诉我，从1938年分别之后，他们就一直过着不稳定的生活。贵阳民先组织遭破坏后，民先领导人牺牲，生活书店被查封，他们也不得不离开了贵阳。先后到过广西桂林、香港、澳门等地，一直过着担惊受怕、饥寒交迫的生活。姐姐在香港还险些遭到日本鬼子的强奸；在澳门又因缺乏路费几乎流落街头，后来幸好遇到熟人，筹到路费才得以踏上回归祖国的路程。听到这些，我非常感慨。我在延安七年中，虽然物质条件比较艰苦，但精神上却十分富足，让我得以健康地成长。

　　这次因工作原因，我不得不赶回兴山，所以我们相聚的时间只有短短的几天。可喜的是，全国解放后，我们都到了北京，并且都有幸参加了新中国开国大典的庆祝活动。这让我姐姐特别的兴奋，因为他们出生入死的斗争终于有了伟大的成果。她几次写文章都提起此事。

可惜我在北京工作不足三年就调到了上海，从此又是一南一北分隔两地。好在我出差的机会比较多，每次出差北京，工作结束后，我都要回家住上两天，探望一下我的妈妈和姐姐、姐夫。早些年我一去，妈妈总要烧一点好菜给我吃，可后来她的年纪越来越大就做不动了。直到1980年代，妈妈的身体越来越差，已不大能够下地走动，她对我说："我的腿没力气，走不动了。"1985年我接到我姐夫的电话，说妈妈无疾而终。遗憾的是，这时我的姐姐正好出差，她老人家走的时候两个女儿竟一个都不在身边。这让我一直感到心中不安。根据她的遗嘱，我和姐姐把她的遗骨葬到了苏州凤凰山下。可是没想到几年后，因管理不善，妈妈的墓地竟荒芜一片，杂草丛生，墓碑也倒了，令人伤心不已。于是我和姐姐商量着要把妈妈的墓移到上海福寿园。开始姐姐不同意，后来我特地把姐姐请到福寿园。她看到了那里优美的环境，知道妈妈将与吕蒙相邻，尤其听到我为福寿园写的音乐，觉得妈妈可以天天与我的音乐为伴时，她终于转变了态度。现在我妈妈安葬在上海的福寿园，我每年至少一、两次可以去探望扫墓，这样我也比较心安了。

我姐姐是一个忠诚的共产党员。1938年元旦，她和姐夫把我和妈妈安排到重庆生活书店后，就到了"天无三日晴、地无三尺平、人无三分银"的穷乡僻壤贵阳开展工作。这时他们刚刚结婚，可是，他们不是去度新婚蜜月，而是共同走向新的征途。他们在经历了非常艰险的路程之后才到了贵阳。姐夫被任命为贵阳生活书店的经理。姐姐为了不给姐夫的工作带来不便，又不愿当闲居的家属太太，于是自己去报考了一所名叫"贵州省农村合作委员会助理员讲习所"的训练班，这是一个进步组织。她在讲习所学习期间不仅接受了先进的思想，读到了毛主席著作，并且接触了地下党。在这个讲习所里，她于1938年初光荣地参加了中国共产党。学习结束后回到贵阳，被分配在贵州省农村合作委员会教育科工作。"民先"事件后，她作为地下党的成员也参加了对被捕同志的营救工作。日本投降后，她在重庆《现代妇女》月刊社工作，曾多次见到邓颖超同志。邓大姐对中国妇女和对《现代妇女》月刊的关心给她留下了深刻的印象。在邓大姐的影响下，她决心终身从事妇女解放工作。果然自1949年6月起及全国解放后，她就在全国妇联蔡畅的领导下工作，直到离休后，仍一直关心着妇女工作。

　　我姐姐一生艰苦朴素，是个非常善良、好心肠的人。她事事处处听党的话，跟党走。她的孩子说她几乎有点"教条主义"，说她不论什么只要是党的号召她都积极响应。解放初期，中国学习苏联提倡妇女多生育，她为响应党的号召，争当"英雄母亲"，竟然生育了八个子女。她从不计较个人得失，总是先人后己。她的儿女在文章中写道："我妈妈不擅长做家务，不会算账。她爱工作、爱开会、爱捐款。" 对自己的家人，她更是如此。记得在困难时期，她因孩子多，生活过得相当拮据。当时，我家虽比他们家略好些，但因为吕蒙被批为右倾，受到降级处理后，工资也并不太高，还要照顾他的父母和兄弟姐妹，生活也不宽裕。当我有时得到一点微薄的稿费，我还是会尽力地接济他们一点。可是她却常常把自己的困难放在一边，只要黄岩同父异母的兄妹一开口，她就会想尽办法去资助他们。在这一点上，我和她的观念有很大差异。因为幼年时我祖母对我的那种蔑视，那种凶狠，让我记了一辈子，我永远也不会原谅她。这种感情也一直影响着我对父亲，对他后来娶的姨娘和她所生的孩子，甚至对黄岩这片土地都爱不起来。虽然我姐姐小时所受到的歧视也并不比我少多少，但她却不计前嫌，大度宽容地把自己的生活费省下来去帮助他们，处处关心他们。在这些方面，我深感自己和她的差距。和她相比，是否我的胸襟过于狭窄？

　　姐姐没有妈妈长寿，不到九十就跟着我姐夫走了。在她病重时，我到北京去看她，我还推着轮椅陪她去散步，我见她很高兴。长期来，她一直以有我这个"作曲家妹妹"而感到欣慰，感到自豪。因为我是受到他们的启蒙教育才走上革命道路，才有了今天。我是他们的"创作成果"。我不仅是听了姐姐讲的抗日故事才投身革命，还是听了她唱的救亡歌曲才爱上音乐的。所以每当我有作品出来，她必定要叫她的孩子们都去看，尤其是我有什么音乐著作时，必须得是每个孩子人手一本。

其实我能有今天，我更深深感谢我的姐夫邵公文。因为当初我父亲把我和妈妈托付给他，实际上就是托付给了革命，托付给了中国共产党。正是因为他的关系，我才得到各地生活书店的关照，平安地抵达延安，顺利地走上革命道路。因为他的工作很忙，又不是那种能言善语、喜欢讲话的人，所以我一直对他有一种"敬畏"的感觉，甚至有点"怕"他。实际上，他是一个表面严厉内心善良的人。他一直都在邹韬奋领导下的生活书店工作。早在1937年就到过延安革命根据地，直到解放后一直担任着出版界的领导工作。我每次到北京，只要他在家，吃饭时，他总是不断地把好菜夹到我的碗里。他病逝时我正好在北京，去参加了他的告别仪式。我的姐姐特别伤心，他们几十年来相濡以沫，患难与共，经历了多少风风雨雨，艰难险阻！后来我姐姐和姐夫同葬在北京八宝山。这是他们应得的待遇。

在这个家庭中，最大的功臣是我们的妈妈。她不仅养育了我和姐姐，为了让姐姐能安心地工作还帮助她带大了八个子女。她不仅是姐姐生活上的支柱，还经常在危难时掩护革命工作，所以她是真正的无名英雄，革命妈妈！我姐姐的8个孩子对他们的外婆感情特别深，因为他们全都是外婆从小一把屎一把尿地抚养长大的。后来为了把妈妈的坟墓迁到上海福寿园，在由谁来立碑的问题上起了争论，大家都争着要付钱，最后决定把他们八个子女的名字全部刻在碑上，他们是：邵海波、邵海目、邵海明、邵传捷、邵卫清、邵群慧、邵小健、邵斌。只要他们有机会到上海来出差，我都会陪他们去探望外婆，给外婆敬上一束鲜花。

三、追忆林风眠先生

1990年5月下旬，我和吕蒙一同赴英国探亲归来，途经香港，在那里办了过路签证，还能在港逗留六天。我们住进了新华分社招待所。女儿小薇，从伦敦一直把我们送到香港。

这次到香港除观光之外，我和吕蒙最大的愿望就是希望能见见已经分别了十多年的老朋友林风眠先生那天下午，新华社给我们派了车直驰太古城，在景色秀丽的太古弯道七转八转，终于找到了林先生住的金枫阁。他会在家吗？我们揿响了他的门铃。过了一会，听到有人来开门，从打开的门缝中，我们看到一个瘦小的身影。在互相还没有看清楚的时间里，他似乎十分警觉地连问了几声："是谁啊？"啊，是林先生！吕蒙连忙回答："我是吕蒙。"他似乎一下激动起来，连忙开了门把我们迎进客厅，并为我们沏了茶。这天正好他的义女冯叶和女佣都有事出去了，只有他一人在家，家中显得特别宁静、安详，客厅外的晒台上依旧放着两盆和在上海南昌路寓所一样的龟背竹。

落座后他的第一句话是："前一阵我一直在生病，差一点死掉了。"原来他患有严重的心脏病，我们感谢上帝没有过早地把他请去，也许就是要让我们再见一次面吧，但当时我们决没想到这次会面竟是永别了！

我们谈了一些分别后的情况，他十分关心上海和国内的朋友，也谈了他的创作，以及不久前在台湾开画展等情况。我们还看了他的画室和卧室。这个在香港称得上是豪华公寓的房子，除了一个客厅稍觉宽敞些之外，他的画室几乎只能容下他的一张大画桌和他休息用的一只沙发和茶几；他狭小的卧室放着一张狭小的床，床上竟然看不到被褥，全部堆满了画和画框。客厅里，除会客用的两张沙发茶几那一点点天地外，其余地方也全放满了画框。在他的厨房里，放了一些残羹冷饭，他说家里剩他一个人时，他就自己随便热点吃。这一切给我们的感觉是，林风眠还是当年的林风眠，是我们当年相处在一起的林风眠，一个勤奋于绘画事业而从不追求个人生活享受的老画家。他给人类留下了他宝贵的财富，给了人们那么多美的享受，而他自己却……

吕蒙和林风眠交往不算很早，也许是两人的性格有某些相似之处，也许是因为我们对他的画有着炽热的爱，所以在上海时我们虽并不常常见面，但却建立了很深的友谊。

1950年代初期，他辞去中央美术学院华东分院教授职务后，定居上海，没有固定的工作单位，只是挂名在美协。开始时只有上海市政协给他一些补贴，生活相当艰苦。于是吕蒙向组织提出，给一些专业画家（除林先生以外还有几位画家）每月再给几十元补助，以解决他们的生活困难，帮助他们安心创作。后来，他的妻子女儿去了巴西，只剩他孤身一人，从这时起，作画就是他的全部生活了；也是从这时起，吕蒙较多地去看望他。每次去，他总是把他的新作全部展开给吕蒙欣赏；吕蒙喜爱他的画，也敬重他的为人。

"文革"期间他被诬为"黑画家"，吕蒙和他曾在一起挨过批斗，他们的画作同在一个所谓"黑画展"上示众。他们也常在一起开会，据吕蒙说，林先生总是坐在门口，极少发言。他就是这么一个落落寡欢的人。

1977年他被获准出国探亲，走之前他把吕蒙和我请去，我们带着女儿小薇一同去看他。他十分诚恳并使我们十分意外地拿出一叠画，一定要我们挑选，大概是要作为临别纪念礼物吧。我们有点不好意思，后来他说："我来给你们挑！"使我们感到奇怪的是，他没有送我们他平常画得最多的风景、鹭鸶、仕女之类的画，却给我们每人挑选了一张色彩十分鲜艳、调子十分明朗的大理花，这两幅充满着生气的画在他的作品中并不多见。但他为什么偏偏选中了这两张呢？我们想也许是表现了他即将结束孤独生活要与家人团聚时的开朗心情吧！这是他少有的馈赠，而我们也很少接受他的赠送，这是一次例外。他终于走了，临行时吕蒙和当时的统战部长一起为他举行了送别宴请，还请他到我家吃便饭。在我们家，他又兴致勃勃地为我两个孩子作画留念。直到他临走之前，还派人把他最心爱的那盆龟背竹送给我们。这盆龟背竹我们一直养到现在，叶子长得很大很大，并且已分了许多盆了；每天看着阳台上这盆长得十分茂盛的龟背竹，看着挂在墙上的那幅大理花，他的一切一切总会浮现在我的心头。

林先生性格内向，却有着一颗炽热的心。他是一位热爱祖国的画家；他热爱人民，是人民的画家；他热爱大自然的一草一木，是大自然的歌吟者。在他的绘画中充分表现了他的爱与恨，流露了他的内心世界，他画的就是他自己。他对中西绘画都造诣很深，不仅具有高超的西画技术，而且对中国的传统绘画和其他艺术都进行过非常深刻的研究。他曾创作过反封建、反压迫的画，表现了他对旧社会强烈的反抗精神，更多的是表现他对人类、对自然美的爱。

1991年8月，吕蒙突然接到画院副院长张桂铭来电话，告知传闻林先生病逝的消息。我们当时怎么也不相信这会是真的，这怎么可能呢？一年多之前在我们离开香港的前夜，还接到冯叶电话，说林先生当晚要来看我们，我们觉得老人身体衰弱，时间也已很晚，希望他不要来，但他执意不肯；已经过了22点，我们在门口迎来了由冯叶陪伴来的林先生，当时他确实精神很好；我们坐了一段时间，又拍了照片，他还答应送我们一本台湾画展时印的画册……就这样直至半夜方才告别，我们一直把他送上汽车。这是我们最后一次见面，他的回访使我们十分感动，他的心脏虽然十分衰弱，却依然真诚火热。

我们一直在祝愿林先生健康长寿。然而他真的去了，再也不能见面了，他那瘦小的身影和他留给我们的真挚的神情，特别是他的艺术，将永远留在我们心中，留在人民心中。

第十一章　人生金秋

古人说"夕阳无限好，只是近黄昏"，又说"天凉好个秋"。前者有点悲观情绪，而后者也似乎有"不堪回首"的味道。我喜欢用"人生金秋"来形容我的晚年生活，因为在"秋天"，我们同样可以活得精彩。

一、离休后的生活也多彩

　　1987年，上影厂颁布了"一刀切"的干部离休政策，把我从上影厂作曲组的岗位上"切"了下来。当时我61岁。但是，组织上"离"了，我的创作没有离，本厂的电影创作任务不接了，外单位的电视剧创作任务更多，并从此开始了我的电视音乐创作的时代。

　　自从1982年我写了电视剧《蹉跎岁月》之后，就经常有电视台来邀请我作曲，因为当时本厂任务还比较多，所以我接的电视剧比较少。但自离休之后，电视剧片约就像开了闸一样，常常是一个任务没完成，另一个任务就接踵而至。片约来自全国各地的电视台，有北京、上海、福建、南京、安徽、浙江……等等。从1987年离休至1996年吕蒙逝世，这10年当中我忙得不亦乐乎。要创作，要体验生活，要到全国各地去参加会议。而且与别人不同的是，我还有更重要，也是更加繁重的工作——这就是我要照顾吕蒙这样一个行动极其不便的病人。令我觉得自己了不起的是，我在精神上、体力上鼓励吕蒙重新振作起来，重新用左手拿起画笔，并带着他两次出国探亲。甚至在他逝世之后，我已年过七旬，还独自一人去了美国；2008年我83岁时还去了台湾为吕蒙举办画展。

　　尽管我这样地忙碌，但只要是离休支部有活动——开会或者学习，尤其是出去旅游，我都尽量参加，不得已时才请假。有时缺席一次，我都会觉得非常遗憾。因为我重视这种活动，我也喜欢和我们的离休干部们在一起。

1. 当过官的和没当过官的都一样

我始终认为我们上影厂的离休干部是一群了不起的人，是一个特殊的群体。他们来自电影厂的各个部门，从厂长到门卫，从编导到场记。这些人尽管在工作岗位时是上下级关系，但到了离休办公室大家都一视同仁，没大没小。我们这支队伍在开始时大约有二百余人，二十多年下来现在还有百余人，而能经常参加活动的人也就剩下三五十人了。其中年龄最小的都在70岁以上，有人已经超过了90岁。

在这支离休队伍中，年龄最长、级别最高的是原天马厂厂长陈鲤庭，上影厂领导刚为他过了百岁生日。他在1931年时写的活报剧《放下你的鞭子》曾在抗战时期到处演出，起着很大的鼓舞人心的作用。1932年时他参加了左翼联盟，是我们中间资历最老的一位。已经百岁了眼也不花，还能看书写字，头脑也很灵敏。

其次是徐桑楚和丁一，他们都是1937年的老革命。徐桑楚是原海燕厂厂长，合并后他又成为上影厂厂长，是担任厂长时间最长的一位，所以直到现在大家还称他"老厂长"。在他的领导下，上影厂曾经有过一段非常辉煌的历史。因为合并前他是海燕厂的厂长，我是原天马厂的作曲，所以并不太熟悉。但"文革"后的1981年，是他的一声召唤让我从东北赶回上海接了《牧马人》的任务。近年来，他由于身体不好一直住在华东医院。去年，我因病手术跟他住在一个楼面，几乎每天都要去探望他。尽管他因患"青光眼"看不清我的脸，但只要我一声"老厂长"，他就能知道是"黄准"来了！

1960年，从普陀区调来了一位女党委书记丁一，她一进厂就给大家留下了很好的印象。她和蔼可亲，脸上经常带着微笑，但工作上却很有魄力，原则性很强。从1959年开始我就开始担任摄制组的支部书记，在她的直接领导下工作，所以和她的关系也就更加密切了。我们都是从延安来的，她又比我年长10岁，比我的姐姐还大2岁，因此我对她有一种特别亲近的感觉。记得有一次她到《燎原》摄制组来视察工作，我陪她从南昌到井冈山，一路坐在长途汽车上，她因劳累经不起汽车的颠簸，总是昏昏欲睡；而我却被这一路上的美景所吸引，那漫山遍野血红血红的杜鹃花，那清澈见底碧绿碧绿的小溪流水，那参天的大树和弯曲的小路，真是恍若人间仙境。我几次把她叫醒，可是她刚睁开眼睛，看了两下，便又昏睡过去。我真为她感到遗憾。后来一想，她是一个党政领导干部，偌大一个电影厂，有多少事要她操心，哪有那闲情逸致来游山玩水啊？！由此，我也更加敬重她，觉得自己在工作中应该更加严格地要求自己。她对我的要求很高，为了做好摄制组的支部工作我放弃了音乐学院的学习，跟着摄制组在外面拍戏，为了起到党员的先进带头作用，我从不向组织去要求什么。进上影厂几十年我没有分过房也没有提过级。我记得有一次调整工资，在调整名单中本来已经有我的名字，可是因为要求提级的人太多，摆不平，于是丁一找我谈话，硬是要我起党员的带头作用，把我的这一级让给了别人。当时我心里有委屈，委屈得在她面前流下了眼泪，这时她不仅不安慰一下，反而批评我说："你哭什么呀！" 不错，我是个党员，但我也是个人，是个普通的人啊！尽管我不会为了个人的利益找组织去吵、去闹，但在领导面前流露一下自己的委屈，特别是在你这位被我一直当作大姐姐的领导面前，流下几滴伤心的眼泪，总没有什么不可以吧？！但我还是咽下了眼泪，默默地让出这一级。就是在这种严格要求下，我的支部工作一直坚持到"文革"之前。为此，在"文革"中造反派贴了我不少大字报，说我是"黑线下的红人"、"孝子贤孙"等等。离休后她不再是领导，但仍像大姐姐一样和我们一起过组织生活，一起出去旅游，直到2005年上影厂为她过了90岁生日不久，因为癌症离开了我们。

上影厂的离休干部，每逢春秋两季的4天外出旅游是大家最盼望的日子。因为离休后不再上班，平时很少有机会见面。这八天的相聚，大家一起生活，说说笑笑，喜欢打牌的打牌，愿意聊天的聊天，喜欢钓鱼的钓鱼，愿意拍照的拍照。尽管因为经费的关系，我们的住房、伙食条件都不算很好，但对我们这些过去一直在摄制组艰苦环境中成长起来、工作过来的人来说，都像是神仙般的日子一样让大家快活！我也非常珍惜这个机会，不论多忙，只要人在上海，能抽出时间，我都会非常高兴地参加这个活动，通过这个活动让我和大家更加熟悉亲近起来。

2. 我的假"老伴"

在女同志中我和金淑琪导演关系更为密切些。1980年代我俩虽然都已离休，但都还在忙于工作。我们合作过电视剧，在工作中建立了很深的友谊。和我不同的是，她有一个幸福的大家庭，三代同堂住在一起。她的老伴李本文是上海警备区的政治部副主任。他们两口子都为人热情，以助人为乐，在困难时期常常帮助一些贫困的人。1996年之后，他们知道吕蒙去世不久，我孤身一人，于是热情地把我邀到他们家去过了一个热热闹闹的春节。1998年，金淑琪知道我又要准备个人作品音乐会，又要出版自传和歌集，忙不过来，于是主动提出来帮我，顶着40度的高温，关着门帮我整理书稿，让我非常感动。我们还一起到欧洲去旅游，她比我年轻，一路上很照顾我。因为我们有这些比较密切的关系，所以每次出去旅游我们都住在一起，同吃同住、同进同出，被大家开玩笑地称为"一对老伴"。在一起时，我们时常会聊到过去，每当她谈到她在新四军79师工作的那段经历时，总流露出一种兴奋和自豪感。她是1945年参军的离休干部，开始是29师战地文工团团员，还是一个出色的歌剧演员，她说她年轻的时候有一副好嗓子，所以总是担当歌剧中的女主角，演过《血泪仇》等戏。由于她出色的工作成绩，于1949年，也就是她只有19岁的时候就担任了79师文工队的分队长，活跃在前线为战士们宣传演出。抗美援朝开始，他们夫妇同赴火线，在朝鲜战场一直坚持了3年。回国后结婚有了孩子，但她毅然放下家庭去报考了中央电影学院导演系。毕业后分配在北影，参加了大型音乐舞蹈史诗纪录片《东方红》的导演工作。后到上影，她导演了儿童题材电影《哎哟，哥哥》，得到好评，并随片参加了保加利亚举办的国际儿童电影节。

她的家庭最突出的成绩是为我们国家、为中国电影事业培养了一位杰出的女导演李少红。金淑琪凭着自己多年导演的经验，尤其是自己报考电影学院的经验，让李少红一举考中北京电影学院导演系，和当今最出色的几位第五代导演——张艺谋、陈凯歌、田壮壮等成为同学。从外表看，李少红和一般女孩没什么两样，个子不高，衣着朴素，但却是才智过人；她早期拍摄的电影《红粉》就引起了人们的注意，后来的电视剧《大明宫词》和《橘子红了》也得到了社会的肯定。每当我们谈起这些，我总是看到金淑琪脸上放着一种光彩，作为一个成功的母亲的骄傲和对她家庭的一种幸福感溢于言表。尤其在谈到她丈夫，已经离休的原警备区政治部副主任李本文时，她总是毫不掩饰地说："是我挑的他。"在战争年代中因女同志少，领导干部多，差不多女同志的婚姻都由组织上介绍；而她作为文工团的一个红演员，却偏偏选中了职位不算高，外表上也并不十分突出的一个宣传科长。几十年来他们一直过着美满的生活。近年来，她的腰椎不好，行动不便，李本文不放心她一个人外出，便参加到我们的离休队伍和她一同出来旅游，两人形影不离。这时，我只好让位给他，和别人同住，别人开玩笑说："人家把你这个假老伴丢了。"于是，大家哈哈大笑。

她不仅在生活上选择了自己的幸福，在政治上她的眼光也不错。她还是我们离休支部的总支书记成恒健的入党介绍人。成恒健是1949年（当时他只有16岁）才入伍的文艺战士，也就是说他正好排进我们的离休队伍里。凭他的年龄和资历，比起我们都相差甚远，可是他在政治见解和领导能力方面却胜过了我们，而且他还有着一段光荣的历史。

3. 当年"小马列"是个好领导

成恒健入伍后的第二年就随着志愿军到了抗美援朝前线，是金淑琪手下的一名文艺战士。在文工团时，他的年龄虽小，但非常关心国家大事，大家说他戏虽演得不好，但分析起时事来却头头是道，所以大家给他起了一个外号叫"小马列"。从他后来的表现来看，他不愧是一个革命战士。在前线，他除了担任一个文艺兵所应该做的宣传工作外，还在非常艰巨的条件下，为部队筹集运送粮食，多次负责转送伤员，在战火纷飞的战场上宁愿牺牲自己也要保护伤员。有一次在通过封锁线时被敌机发现，他为了照顾伤员不顾自己的安危，竟被炮火埋没。由于他在战斗中的英勇表现不仅多次荣立战功，而且在火线上光荣地加入了中国共产党。

他于1982年从部队转业到了上影厂，直到1992年一直在第二创作集体担任支部工作。遗憾的是这么多年来，因为我长期东奔西走，很少到厂，所以一直没能认识他。直到近年来，我突然发现离休支部的组织生活正常了，每次开会请假的人少了，而开会发言大家也比以前踊跃了，有时气氛还相当热烈。这时我才注意到这位主持会议的支部书记。正是在他的认真领导下，才出现了这种热烈的气氛。在这些组织活动中，我们这些离休干部逐渐改变了那种离休了就意味着"人老了，没用了"的心理状态，并焕发出以前在工作中才出现过的昂扬意气和在战斗中英勇奋斗的精神，时时想到自己还是一名共产党员，还是一名对国家、对自己的上影厂的建设有用的人。从而也让大家对生活更充满了乐观的情绪。在学习讨论中，有时甚至出现了争先恐后的热烈气氛。从国内到国际，从政治到经济，从文艺到科学……等等，无所不谈。我们对自己的国家充满信心，充满着感情，对新一代的领导人寄予了无比的希望。为此，我们离休支部在2004年被文广集团评为先进集体；上影集团研究建设的方针大计时，也多次邀请我们一些老同志来共同参加讨论。

成恒健的晚年生活过得相当的丰富多彩，有时也打打牌，但他更爱好摄影，每次外出他都给大家拍许多照片，冲印洗一律免费赠送。我就收了他许多照片，拍得很好。他在业余摄影比赛中还得过大奖。他的夫人刘老师也是一个非常谦和的人，有时随我们离休队伍一同外出和大家也非常的亲近，看得出他们有一个幸福的家庭。

4. 我们的队伍人才多

不知什么时候，我们离休支部来了一位又高、又大、又"黑"、又"粗"的老干部，他喜欢说话，而且风趣幽默，在开会发言时，经常把大家逗得很开心，让人听得入神；他的"消息"也特别灵通，在他的发言中经常可以听到各种大道小道消息。后来我才想起，他不就是电影《霓虹灯下的哨兵》中扮演赵大大的袁岳吗？因为他在学习会上积极表现和平易近人的作风，在五年前的一次支部会上，大家一致选他为支部委员，不久后当了我们离休支部的支部书记。因为我和他住得比较近，虽然平时互不串门，但一旦单位有什么活动时，总把我们分配在一辆汽车，在车上也是他的话最多。

接连几届出席上海国际电影节时，组织单位都把我、袁岳、吕其明3个人安排在一辆汽车上接送，有了他，我们一点也不会沉闷，就是在等候走红毯的漫长时间里，他的话也不少。一次我们和秦怡坐在一起，他突然问秦怡："你有七十了吧？"问得秦怡莫名其妙，半晌反应不过来。接着他不等秦怡开口，又说："我都快八十了，你比我还小吧？"把在座的人都说懵了，他明明知道今年秦怡已年过八十八，明年就要过她的九十大寿了。过了好一会儿，大家才反应过来，他这是在赞美秦怡显得年轻美丽。这就是袁岳独特的语言方式。袁岳一生中最得意，也是最喜欢说的一件事就是周总理接见时的情形。

1963年，前线话剧团在上海演出了话剧《霓虹灯下的哨兵》，引起了强烈的反响，也引起了中央领导的重视。后来剧组到北京演出，总理七次观看了此剧，并且召开了一系列的座谈会，号召全国文艺单位要多演现代戏，还邀请有关领导和剧组的主要创作人员到他家中赴宴。周总理和领导们那种活跃和睦的关系，宴会上那种幽默随和的气氛，尤其是周总理和邓颖超同志生活上的艰苦朴素和清廉的作风，留给他极深的印象。当时正是困难时期，粮食非常紧张，就是总理和邓颖超每人每月也只有27斤粮食。所以去赴宴的人每人要交一顿的粮票。否则他们一家这个月的口粮就没有了。这样的情景让袁岳十分感动，令他终身难忘。

《霓虹灯下的哨兵》后来由天马厂拍成了电影，1979年袁岳也转业到了上影厂演员剧团。从进上影至1991年离休期间，他曾拍了十多部电影，如：《苦恼人的笑》中饰演"四人帮"的市委书记，《子夜》中饰演朱吟清，《阿Q正传》中饰演把总大人，《好事多磨》中饰演基地司令等角色，等等。他还多次兼任支部书记，大家对他的工作相当满意。

在我们的离休干部中占比例最大的是山东的南下干部。解放初期因电影事业发展的需要，从山东南下的文艺工作者中抽调了一大批青年人到电影厂工作，编导演、摄录美、化服道，电影厂的各个部门都有。原天马厂副厂长迟习道，他是山东干部中唯一担任厂级领导的干部，工作能力相当强，后来和著名演员向梅结婚，离休后过着安定富足的生活。在我们离休干部中还有编剧艾明之、王苏江等人。王苏江曾和我多次合作过歌曲，她的歌词写得相当的流畅上口。另外，导演赵焕章、高正也在其列。

赵焕章拍过不少电影，并多次得过奖，如《咱们的牛百岁》等。在他拍摄的儿童歌舞片中，我担任其中一个片段《放鸭》的作曲工作。我自己很喜欢这首活泼天真还有点诙谐的幼儿歌曲，小朋友穿上模仿鸭子的衣服，一扭一摆地唱着跳着非常可爱。在我1999年举办的《黄准少儿音乐作品》的音乐会上，这首歌的剧场效果特别好。

另外，我和导演高正合作过电视连续剧《秋潮》，我为这部戏写了好几首歌，还特请了毛阿敏、阎维文来演唱。我自己比较喜欢剧中的一首《青青柳树林》，这是由制片主任严隽人作词的。歌曲明快流畅，两位歌唱家声音嘹亮优美，唱得非常好。可惜后来举行的"黄准作品音乐会"上，因经费有限，我没敢请他们再来演唱。

在这批离休老干部中，还有和我在《牧马人》中合作过的原制片主任毕立奎，他的能力很强，所以很受谢晋导演重用，除《牧马人》外，他们有多次合作。

我们上影厂的离休干部队伍，可以说是人才济济，大家都为新中国的电影事业做出过贡献。我这里不能一一介绍。我常想，如果把我们这批干部再拉起来成立一个摄制组，拍一部电影的话，应该是不成问题的。

5. 离休干部合唱队和"金秋"合唱团

在我们离休干部中还有一个合唱队，自1985年成立至今已经整整25个年头了，发起人是原美影厂的党委副书记余希敏。他们从一个唱歌爱好小组开始，逐渐扩大至五六十人的合唱队，在多次业余合唱比赛中得过奖。直到现在，这个合唱队仍坚持每周五活动一次，上午排练，午饭后便坐在一起聊天，他们称为"话聊"，一般总要到下午二三点钟才依依不舍地各自回家。这个合唱队，给喜爱唱歌的老同志离休后的生活增添了色彩，也得到了上影集团、文广集团领导的支持。集团不仅每周供给大家一顿午餐，还为大家量身定做过好几套漂亮的演出服。虽然这些队员都已年迈，声音也不再嘹亮，身材也不再苗条，但由于大家态度认真，每次上台演唱都还取得了相当好的演出效果。

1999年，新中国成立50周年纪念之前，他们突然找到我，要求我为他们创作一首歌颂祖国的合唱歌曲，我欣然应允。当时我手头正好有一首依然写的歌词《祖国，您好》——"今天是您的生日，我亲爱的祖国……"歌词比较精练不很复杂，但很有感情，比较适合于业余合唱队，于是我把它写成一首比较简练的合唱曲。这首歌不仅由上影厂的老年合唱队唱了，还传到了其他业余合唱队也都来演唱这首歌，上海新四军合唱队在合唱比赛时还得过一等奖。此后，这些年来我对他们是有求必应，只要他们要求我写，我从不拒绝。在这10年中，大约总共写了十余首歌曲：《老干部之歌》、《我们是上海人》、《荣辱歌》等。其中一首《人生金秋》，对老年生活有些感慨也有激励，多少有点伤感但也乐观。当时上海电视台主持人董卿正在为我制作一个专题片，我就要求她以"人生金秋"为主题，在录制节目时，电视台还专程到岳阳路合唱队排练厅录制了合唱队的排练情景，让合唱队员们感到非常激动。此情此景，至今大家仍记忆犹新。

因为工作关系我平时不能经常出席他们的活动，但每给他们写一首新歌，我总要亲自到场指导他们，帮助他们更好地理解这首歌曲。排练之后和大家一起排队吃饭，饭后也和他们一起"话聊"。我一直都认为自己也是上影厂的一名离休干部，是普通一员，和大家没什么两样。只不过我是作曲，我为他们写几首歌是我的本分，只要大家提出要求，我都乐意去做。没想到，他们却把这一切都记在心中。去年年底我获得了"金钟奖终身成就奖"之后，大家一定要集体为我庆贺。我高兴地出席了这次宴请，让我意外的是他们竟办得十分隆重！他们挑选了豪华的五星级银星假日酒店的一个包间，在就餐中间不仅大家热情地发言，诉说他们对我的感情，而且最后还隆重地敬上了祝词贺卡。上面写道：

"敬爱的黄准同志：

"您是我们心中的一颗璀璨的星，我们是一群衷心拥戴您的粉丝。我们为您获得崇高的荣誉欢呼，也为您对合唱队付出的辛劳表示最诚挚的感谢！

"现在请大家举杯，为德艺双馨，青春常驻，美丽的黄准干杯！

"祝黄准永远健康，永远美丽！

"黄准是一位勤奋多产的作曲家，在六十余年的创作生涯中，她写了六十多部电影、电视音乐，两百多首歌曲。在如此忙碌的情况下，她还一直关心着我们合唱队，特为我们创作了十余首歌曲，并亲自来辅导我们演唱。不仅如此，她有时还穿上演出服上台为我们指挥，使我们受到很大的鼓舞。下面我们来回忆一下黄准为我们写的歌……"

于是大家你一首我一首地哼唱起来，你一句我一句地争着发言，这种场合这种情景让我觉得比我在领奖台上接受奖杯时更让我激动。这是对我最大的奖励。因为他们不是领导，不是上级，而是一群和我工作、生活在一起的普通人。他们热情地告诉我："我们原以为您是高不可攀的，可一接近，您是那么平易近人！"的确，在日常生活中他（她）们都是我的朋友。

参加了这次聚会的原合唱队的队长余希敏，现已年过八十，自感力不从心，就主动从队长的位子上退了下来。新任队长杨公敏是这次宴请的发起人，离休前他在上影厂担任制片主任期间曾拍过不少戏，因为工作勤勤恳恳顾全大局，很受导演的赞赏；他也是我们离休支部的支部委员，在接任合唱队队长之后，在工作上也很有想法，除了更健全了合唱队的编制之外，还制作了一张光盘，把合唱队的排练、演出等情况都记录下来作为纪念。支部委员缪南也来了，她原在上影技术厂担任剪辑，为人热情、工作积极，在离休支部或合唱队的活动中，她从不落后；平时，她和原录音科的王树最好，两人形影不离，当然这次也不例外。参加聚会的女导演赵福建是我们离休干部中最年轻的一位，也是我们的支部委员，在外出旅游时我们常常被分配在一间房里，我们很谈得来。原文学部的王苏江、原制片主任毕立奎、原科影厂的音乐编辑梁咏等人也都来了。梁咏是这个合唱队唯一一位过去从事过音乐工作的人，正因为她有一定专业知识，所以大家选她为副队长，成为余希敏的一位好帮手；我每次到歌队去，她总热情照顾，帮我倒茶端椅子，核对歌谱，让我感到合唱队的一片真情厚意。参加聚会的还有我们原离休办公室主任李金保、现任领导陈大明，以及一直特别照顾我、经常陪我出差的离休办唯一的一位女同志叶晓岚。他们的热情让我感动，他们的夸奖让我惭愧。我想只要时间允许，我一定会更多地参加到这个可爱的行列中，为他们作曲，和他们一起唱歌，一起欢笑！

除了参加上影老干部合唱队的活动，我和徐汇区民政局领导下的"金秋"合唱团也结下了深厚的友谊。

2001年上半年有人告诉我说，他在一个合唱比赛时听到有人把《娘子军连歌》改编成了合唱曲，而且效果非常好，演出时受到观众热烈的欢迎。合唱改编者是指挥家郑会武先生。由此以后，我便一直想见见这位郑会武，可是不知道去哪里找他。终于有一天在"金秋"合唱团的专场演唱会上，我见到了他。我们一见如故，非常谈得来。这时，原来担任"金秋"合唱团指挥的顾老师要退休，团长胡佩卿正在为一时找不到一个合适的好指挥而发愁，于是我灵机一动，做了一个顺水人情，把郑会武推荐给了"金秋"合唱团。没想到，他们之间还真有缘分，至今已经十年过去了。郑会武被"金秋"合唱团拖住后，一直非常认真负责，每周风雨无阻地为他们训练技巧，排练指挥合唱，让"金秋"合唱团不断地提高演唱水平，在每次的合唱比赛中都能取得好成绩。

记得2001年11月17日，"金秋"合唱团决定到山东威海去参加全国老年合唱队歌咏比赛，他们参赛的曲目是《娘子军连歌》，所以特邀我一同去威海观看比赛，并让我对如何唱好这首"连歌"再作些指导。我虽然也当过不少次歌咏比赛的评委，但像这样以参赛者身份来参加这种全国性的群众歌咏大赛，这倒是第一次。我高兴地跟着他们（大约有五六十人）一起出发了。和大家一同坐在硬卧席上，虽然十分拥挤，但大家在一起却特别热闹。队员们对我更是表现出了莫大的热情：一会儿斟茶，一会儿送水，一会儿又送来了糖果,有人还自己烧了小菜带上火车，在用餐时一定要我和他们一同分享。他们的热情让我感到格外亲切。

在威海比赛中，有我和指挥的严格要求，他们不负众望赢得了大奖；在听到主席台上宣布"金秋"获得这一届合唱比赛第一名时，大家激动地叫了起来，笑着、跳着走出了比赛会场。就在大家怀着激动的心情走出会场时，又发生了一件更为激动人心的事情。当我们大家刚走出会场，就听到外面有人叫着："黄老师，黄淮老师！"能是谁呢？在威海我并没有熟人。我应声回头望去，果然那位叫喊我的女同志我并不认识。没想到她气喘吁吁地走到我跟前，一下就扑到了我的身上，叫着："我是陕西省合唱队的，今天我终于见到您了！"接着她又说："多少年来我一直喜欢听你的歌，唱你的歌，一直梦想着能有机会见到您，今天终于让我见到您了……"说着说着就扑在我的肩上哇哇大哭了起来，她这热情的举动感动了我身旁许多围观的合唱队员们。

从此以后，我和"金秋"结下了不解之缘；从此之后，"金秋"特聘我做了他们的顾问（实际是不称职的顾问），还为我发了证书。去年，"金秋"合唱团还光荣地参加了万人演唱《黄河大合唱》的活动。活动结束后，为奖励参加演唱的人，我给每人赠送了一本《黄淮创作歌曲集》作为纪念，并为他们一一签了名。看到他们捧着歌曲集时的激动神情，让我十分感动。我虽然因工作太忙不能经常去听他们的排练，也不能经常参加他们的活动，但"金秋"却把我视作亲人，对我特别好，让我感到特别温馨。记得2002年我在瑞金医院做人工关节置换手术后，躺在病床不能动弹，这时，他们知道我子女不在身边，无人照顾，于是合唱队员们天天轮班来给我送鸡汤、鸽子汤、黑鱼汤，让我补充营养。直到2008年，我做了直肠腺瘤摘除的大手术之后，他们仍然每天都会来给我送这送那，让我补充营养。这份情谊感动着我，他们的名字深深地印在我心里——队长胡佩卿、办事员小曾、合唱队员黄小凤（她是一位女高音歌手，声音嘹亮，唱歌很有味道），还有女中音归燕琳、男高音董大安，以及他们的专职作曲黄耀国（他平时担任男中音）等等。

不久前，队长小胡又专程来找我研究关于今年举办《黄淮作品音乐会》的事情，他们有这个愿望已经不止一年了。经过了比较长时间的努力，现在终于基本落实。办一次音乐会不是一件轻而易举的事情，会面临许多具体困难，需要一件件地克服。我相信他们的演唱水平，我更感谢他们对我的这片热诚。

6. 为华东医院作院歌

2006年5月，我突然接到华东医院院长俞卓伟打来的电话，说要请我为华东医院创作一首"院歌"，我没有二话就爽快地答应了。早在2000年当他还是瑞金医院副院长的时候，我在瑞金医院做人工关节时就得到过他的关心照顾，让我一直铭记在心；现在他调任华东医院院长，他的邀请，我怎么能拒绝呢？！很快他给我送来了由他亲自写的歌词："悠悠黄浦江，哺育着华东人，眷眷天使心，铸就了华东魂……"歌词写得很有意境，不仅写出了白衣战士所肩负的神圣使命，也写出了华东医院的特征，而且也容易上口。没有作太大的改动，我便在指定的时间里完成了创作任务，因为创作时间比较紧，为了进一步完善这首院歌，我特别亲自到排练现场去听他们排练，由此也认识了合唱指挥张亮。

在排练过程中，俞院长为保证质量经常亲临现场，在他的带动下，院内各级领导都纷纷前来参加演唱，一时间，华东医院充满着歌声。在全体"华东"人的努力下，他们果然取得了医务行业歌咏比赛的第一名，为此全院上下欢欣鼓舞。

通过这次合作也让我领略了俞卓伟这位全国劳模的风采，他确实有许多不同寻常的精神风貌。

记得在每次排练结束后，他都会亲自来招呼我和张亮去休息用餐，而每次服务员把客饭端来之后，他打了个招呼说一声"慢用"就走了，从来没有见他陪我们一起吃过一顿饭。不仅如此，几乎每次休息之后再去排练时我们问他吃饭没有，他的回答总是"还没有"，或者他又到那个病房去了。因为比赛取得了好成绩，医院为此举办了一次盛大的宴会，在餐桌上我看到他总是给这人给那人挟菜盛汤，可我似乎看不到他自己在吃什么。

在医院为了照顾病人，尤其是重要的危重病人，他经常日夜守在监护室，常常接连几天几夜不能休息……这一切都让我感到他不是一个平常人，他是铁打的！

他还是一个十分风趣的医生。记得2008年9月我在华东医院做了切除直肠腺瘤手术后不久，我正在病房休息，突然看到他笑眯眯地走了进来，边走边说："长命百岁，长命百岁……"我感到好好奇，这天又不是逢年过节，又不是我的生日，怎么突然说这种讨吉利的话呢？原来，从我检查出有直肠瘤之后，做过各种检查都无法确定瘤的性质，这也是医生一定要我暂时丢下工作尽快手术的原因，经过最后"切片"检查，终于得出了"良性"的结论。俞院长接着说："大喜大喜，现在大家可以放心了。"他又告诉我，"但你的这个手术是非做不可的，因为这种腺瘤可能很快就'从人民内部矛盾转化为敌我矛盾'……"我感谢医院上下为我做的一切，我的主刀医生外科主任袁祖荣、东楼外科主任王好平、我的主治医生杨勇伟等等让我钦佩的白衣战士们，让我不仅健康地生活，而且还能勤奋地工作。

二、我的近邻周小燕

1994年，张骏祥这位令我十分敬重的长辈导演，终于经不住病魔的折磨，病倒住进了医院。这时的张导显得十分虚弱，他脸上那种让人难忘的慈祥和蔼的微笑，现在让我感到一种苦涩，一种被病痛折磨得非常非常痛苦的表情，让人阵阵心疼。

凑巧的是我丈夫吕蒙和张导都在1994年住进了华东医院，又同在1996年逝世，又一同入驻了福寿园，在福寿园的墓地正巧又紧紧相伴。所以福寿园为我和张导夫人周小燕提供了不少接近的机会。

对周小燕先生我仰慕已久。她是中国资历最早的花腔女高音之一，更是一位杰出的声乐教授。1940年代她就去了法国巴黎学习声乐，并在法国、英国、卢森堡、德国、捷克、波兰等国举行过音乐会。1947年回到祖国后，她见白区人民仍生活在水深火热之中，便经常进行义演，为困苦的白区人民筹款募捐，一直坚持到解放。解放后，她就当上了人大代表，一直在上海音乐学院担任声乐系主任和副院长工作，是一位永不退休的终身教授。她在中华人民共和国成立10周年时演唱的一首《夜莺》，成为她的代表性名曲，从此也被誉为中国的"夜莺"。从1950年代到今天，这六十多年中，作为一位声乐教授，她培养了不少像廖昌永这样的优秀歌唱家，桃李满天下。然而，作为著名的教育家，她又对学生一视同仁，从不拒绝那些前来向她求教的人，包括一些业余的、没有受过声练的人。只要找上门去，她都会悉心教导。

在"文革"期间，我的儿子徐小萌，一个刚从高中毕业的学生，受家庭影响很喜欢唱歌，但我自己工作忙，没有给他创造机会。直到"文革"后，自己空下来想到应该给孩子多点关心，于是我找到周先生，想请她听听这孩子能否在声乐上有所造就。我当时很忐忑，生怕被婉言拒绝。但周先生竟丝毫没有嫌弃之心，热情给与指导，可惜后来小萌参军入伍就没有能再学下去。事后我们一直为失去这个机会而感到遗憾。后来有一次，我老家黄岩的一位朋友请我把一个声乐爱好者引见给周老师，我碍于情面只得和周先生联系，说明情况后她也是一口答应，并像待她的其他学生一样热心地给以指导，丝毫没有一点轻视的意思，教完之后也不收任何报酬。这种情景，一直让我铭记在心。记得有一次和她谈起这事时，她说："我对任何学生都没有偏心。都是一样的教，学习成绩的好坏，主要是看他们从我的教学中接受了多少。你理解得多，接受得多，你的学习成绩就好。"她告诉我，有人说她特别偏爱廖昌永，其实"我对所有学生都是一样的"。她说廖昌永刚来学校时只是一个从四川农村来的穷学生，生活非常困难，所以他特别能干，洗衣烧饭样样会样样做，他有今天，主要是靠他自己的努力。"靠自己的努力"，这实际上是老师对学生最大的赞誉。廖昌永能成为驰名中外、人人都喜爱的男中音歌唱家，的确是和他自己的努力分不开的。不过，他确实非常幸运，有周先生这样的好老师。我个人也非常喜欢廖昌永那浑厚、柔美圆润的声音，可惜在我认识他的时候，我已经不写电影音乐，所以没有机会请他来演唱我的电影歌曲。大概是在两年前的一天，我刚从外面回家，随手打开电视就传来了一个熟悉的声音，那是廖昌永在他的独唱音乐会上演唱《一支难忘的歌》，这太出乎我意料了。《一支难忘的歌》是我为电视连续剧《蹉跎岁月》写的一支女中音独唱曲，在我的想象中，只有女中音才能很好地表达出这首歌的意境。而且这首歌确实很难唱，自从电视剧播出之后，有不少女中音都演唱过，但都没能超过关牧村。现在竟然由一位男中音歌唱家来演唱，而且被他唱得这么流畅动情，这真是一个大胆的创举。因为有了他的首唱之后，后来也有不少男声选择唱这首歌，为这首歌拓宽了演唱的范围，也让我这个作曲者打开了思路。我不知道廖昌永选择唱这首歌的时候，周先生是否向他推荐过，但我知道，当我们在一起的时候，她经常会问我要创作歌曲给学生唱。她自己虽然留洋归来，但她不希望自己的学生只会唱外国歌，经常要给他们选择一些中国歌曲作教材。所以，我也经常请周先生给我推荐学生来演唱我的作品。2006年，在录制中国国际儿童电影节节歌《张开银幕的翅膀》时，歌曲中的花腔女高音演唱者刘恋，就是周先生为我推荐的。

其实，我和周先生接触比较多的缘因还不仅是因为与张导的合作关系。还有一个原因，我们是近邻。在她搬家之前，我们是隔壁邻居，只要我一推开窗户就能听到从她家里传来的歌声。我听着听着，有时会不由自主地放下笔，跟随着歌声走去。记得有一年的春节前，我随着歌声走到了她的家，敲开门一看，一种特别的景象让我几乎忘记了我此去的目的。只见在她的客厅里，从南到北、从东到西用绳索挂满了贺年卡，琳琅满目，好一番热闹气氛。她告诉我，这都是她的学生从国内国外四面八方寄来的，就在这一刻，我看到她脸上放着光彩，看得出她的内心充满着一种幸福感，此情此景真让我羡慕不已！周先生她桃李满天下，每天都有学生陪伴，生活中充满了欢笑。而我呢？整天关门创作，只有纸笔和我作伴，有时候会感到十分寂寞，非常的孤独，但我又必须忍受寂寞，甘于寂寞。我的工作性质决定了我们不同的生活方式。数十年来，只要一进入创作阶段，我就得把自己一个人关在房间里，天天面对着谱纸和铅笔、橡皮，然后冥思苦想。我必须抛开一切杂念全身心地把自己的全部思想感情投入到电影的情景中去，然后根据影片的要求去创造出能和这些情景相结合的音乐来。为了写出这些只有我脑子里才有的音乐，我要经过多少个食而无味、寝而不香的日日夜夜啊！也就是这种工作性质养成了我孤僻的生活习惯，我很少交友，从不串门，疏于讲话，特别是到后期工作的紧张阶段，我甚至除了吃饭睡觉（有时通宵达旦地写作）外，可以几天不和家人说话。写到这里，我不由得想起了我的老伴吕蒙，他毫无怨言地忍受着我这种生活方式达数十年之久，让我由衷地产生着歉意。那么，我的这种生活方式到底是幸福还是不幸福呢？我曾和周先生、伊华等几位朋友聊起了什么是幸福的话题，各说不一。有人说是爱情，有人说是家庭，而我竟不假思索地脱口而出："事业！"我怎么会这么说呢？在参加讨论的人中间几乎个个都有成功的事业，但她们却都认为在幸福感中爱情和家庭更重要，而偏偏是我这个成天把自己关在房间里，很少说话，很少交友的孤僻的人，却把"事业"说成是自己的"幸福"，这是否会给人一种炒作的感觉呢？这时我的脸上似乎微微地发热。但回过头来一想，在座的都是多年的老朋友，谁还不知道谁啊！我岂会在他们面前显摆自己？但语言是思维的反映，事业带给我的幸福感可能确实和别人不一样些。现在回想起来，每当我关上房门，伏在写字台边，面对纸和笔，在我的头脑里就会随着电影的画面，浮现出各种音乐；这个无声的、只有我自己才能听到的音乐，她们时而抒情优美，时而悲哀忧伤，有时欢腾奔放，又有时激情壮烈，有时甚至会让你感到疯狂。正像一个演员，他们有时要在冰天雪地中穿着单衣，光着脚丫奔跑，而有时又要求你在40度高温的烈日下，穿着毛皮大衣来演戏一样，这种时候，这种境界，是苦？是甜？这就是艺术的魅力，也是艺术创作者最幸福的时光！这，大概也是我脱口而出，说幸福就是"事业"的原因吧！因而即便是我对周先生的工作和她所得到的幸福是无比的羡慕，但对自己这种永远处于幕后，永远是埋头苦干的工作也无怨无悔。

2003年的4月份，周先生搬了家。我们接近的机会就少了许多。我很少有机会去她家了，尤其是我再也听不到从她家里传来的歌声了。她告诉我，她之所以要搬家的缘由，当然首先是因为房子太旧，没有电梯上下很不方便，但另一个更重要的原因是，张导逝世后，她不愿意再住在这曾经给过她很多幸福，而现在却让她无比悲伤的地方。为了逃避这伤心地，她不仅搬离了过去的住所，还把自己的医疗关系也从华东医院转到了瑞金医院。在这十来年中，倒是福寿园为我们提供了不少接近的机会。福寿园不仅让我们又成了"近邻"，并且因为参加他们组织的活动而有了许多交谈的机会。

那是在上世纪末，为给吕蒙选择一个较好的安息地，我在当时负责公关工作的伊华带领下，来到了福寿园。当汽车一进入福寿园的领地，那在路边安放着的一个个仿古的群兽石像，首先给了我一种古朴典雅的印象；路那边的湖面上点缀着几个披着轻盈飘带的仙女塑像，在喷泉的映衬下，又让人产生一种飘飘欲仙的感觉。进入福寿园那古色古香的牌坊大门之后，迎面见到的是一尊硕大的铜龟。这时，伊华告诉我说你用手摸摸铜龟的头，它将会给你带来幸福。果然我看到那铜龟的头部已被众人摸得锃亮，铜龟的后面是一座庙宇式的建筑，里面的十八罗汉和淡淡的香火又不由地让你产生一种宗教的、虔诚的心态。再往前走就是正式的陵园区了，但首先让你看到的不是那种会让你产生恐惧的，排得密密麻麻、整整齐齐的墓碑，而是一片绿色大草地，草地四周几棵垂柳正迎风摇摆。这纯净柔美的生态环境，让我产生一种回归大自然的亲和感。我不知不觉地爱上了这个地方，当时我几乎没有任何犹豫地为吕蒙选择了这个"家"，这个可以让人放心的，被称之为"人生后花园"的陵园。我会经常和我的亲友们说起我的感受，我认为死亡对于人类是恐怖的。但当你来到福寿园时，你却会感到那是"美丽的享受，心灵的净化，灵魂的升华，永久的安息"！

当然，事在人为。我喜欢福寿园，这是因为我首先喜欢创办福寿园的人。他们那特别有创造性的建园方针和对待死者家属的那种亲切感吸引了许多人。现在的福寿园不仅已经从西面发展到了东面，面积扩大了一倍以上，而且已经从一个普通的陵园——人生后花园，发展成为一个在全国，以至于国外都享有盛誉的人文公园了。

让我感到意外的是，周先生对于福寿园和我有着相同的感情。只要福寿园有活动邀请，我们必定都会参加，在每次活动中，我们可以和许多平时不常见面的朋友们谈谈心，再吃上一顿福寿园的便饭，我

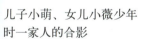

忆吕蒙

儿子小萌、女儿小薇少年时一家人的合影

儿子小萌、女儿小薇青年时和吕蒙的合影

儿子小萌、女儿小薇童年时一家人的合影

吕蒙在用左手作画

1986年，原上海市市长汪道涵参观"吕蒙画展"

1986年，原上海美协主席沈柔坚和夫人参观"吕蒙画展"

画家刘海粟在我家做客，饭后即兴作画

和画家叶浅予的合影

和《中国连环画》主编姜维朴的合影

和画家陈逸飞在美国的合影

和画家郑通
校、女画家何
振志的合影

和画家程十发
(中)、关良(左)
的合影

和画家莫朴
(右三)、肖锋
(右一)的合影

和画家唐云(右一)的合影

和画家林风眠(右一)的合影

和吕蒙两个
妹妹、妹夫
的合影

1992年我和吕蒙在
美国大西洋城

1990年我和吕蒙以及女儿
小薇、外孙女可可

1990年我和吕蒙在
英国海德公园

1992年我和吕蒙、
孙女星星在美国现
代美术馆

上海美术馆馆长方
增先在"吕蒙画展"
上致辞

我和儿子小萌、女儿小薇在吕蒙大
型画展《刀笔之魂》揭幕式上

我在"吕蒙遗作展"上

原上海市副市长周
慕尧代表市政府接
受"吕蒙作品及吕
蒙、黄准藏画"捐赠

雕塑家颜友人在为吕蒙塑像

上海市委宣传部副部长陈东(左一)、上海美协主席陈琪(右一)参观 "《刀笔之魂》吕蒙画展"

上影厂老干部们看世博

上影厂老厂长徐桑楚和我们一起参加老干部的旅游活动
（左六为徐桑楚，左七是原厂党委副书记沈佐平）

我和张瑞芳在
"爱晚亭"养老院

老干部们在"二大"会址合影，左
二是饰演"赵大大"的袁岳

老干部们在烈士纪念碑前合影，左一是经常为我们拍照的成恒健

清一色的
女干部们

我和"假老伴"金淑琪站
在大树下，大树后面是
调皮鬼武文朴

寒冷的冬天也
挡不住老干部
们的游兴

在中国电影百年华诞联欢会上，我指挥大家唱响《歌唱祖国》

2010 年在崇明国家森林公园，全体离休干部的合影

们都感到福寿园那略带乡土风味的饭菜特别可口。今年，周先生已是93岁的老人了，但她的精力，她的健谈，她穿着高跟鞋走路时的那种矫健的步伐，都让人感到她还是那么年轻。她说话时流露出的幽默感仍然让人感到那么亲切。前几年她被市里评为上海市先进人物，成为大家学习的榜样，但她却说："我有那么好吗？"接下去又道："我正在向报纸上的周小燕学习呢！"说得那么真诚，那么自然，丝毫没有虚伪，她总是把自己的优点，自己的功绩，用轻松的、玩笑似的语言一笔带过。她那瘦小的身躯里包藏着一颗博大的胸怀。

前不久，我受伊华委托去邀请她一同出席福寿园的15周年庆典，她高兴地叫着："黄准你来了！"我看到她淡妆轻抹，穿戴得整洁大方，高兴地说："周先生，你的精神真好！"这时她的妹妹却说："她刚才还在说自己累得动不了呢！那是看你来了，她就不累了。"这时周先生马上风趣地接着说："我是人来疯。我在人前是条龙，人后是条虫。"说得大家哈哈大笑。在朋友中间，她永远是这样随和、可亲。

2009年10月19日，为庆祝新中国成立60周年，我和她一同作为嘉宾参加了在江湾体育场举办的万人演出《黄河大合唱》的活动。当我们一同接受孩子们敬上的鲜花，并一同坐在观众席上倾听她的众多学生在演唱时，我感觉到了她内心的激动，我感受到了她的这种幸福感，一种让我望尘莫及的幸福感。她才是一个真正永远幸福的人！

三、找回和黄宗英中断的友情

1958年，为了及时反映"大跃进"热火朝天的气象，我厂所有创作人员都投身到了纪录片的创作中。这时，著名演员黄宗英也改行为编剧写了一个剧本《上海英雄交响曲》。这是一部反映上海工业战线如何实现大跃进的影片，由几个短篇组成。

"大跃进"的年代干什么都要大跃进，方式方法就是"多快好省"大家一起上。所以《上海英雄交响曲》的作曲也用集体创作的方式，作曲组的同志一起参加到这部电影的音乐创作中来。我记得我负责作曲的好像是纺织题材的短篇。

因为工作关系，我和黄宗英逐渐地熟悉起来，在工作之余我们经常有机会谈谈艺术，谈谈自己今后的创作设想。我们曾谈到了音乐片，这引起了共同的兴趣，原来她也早就有写一部歌唱音乐片的想法。是这种共同的兴趣加深了我们的友情，让我们走到了一起。我曾听说过一个名叫"翠鸟衣"的民间故事。描写一只翠鸟，为保卫自己的贞操不受玷污，为反抗强暴，不惜毁掉了自己一身美丽羽毛。她听完之后，觉得这个故事很美，很有音乐性，如果在这基础上加工成音乐片，一定是非常优美动人，而且会是激动人心的。为了让剧本更加壮丽，具有富丽堂皇的场面，我们设想把原来故事中的地主恶霸改为帝王来作反面人物，背景则把一般的地主庄园改为宫廷中。我们想经过这样的加工，一定会产生更好的效果。

我们的创作设想也得到了厂领导的支持，并同意我们先到浙江一带去收集民间资料，一方面丰富这个故事，一方面收集音乐资料。

于是，我们到了浙江缙云。缙云，即五彩缤纷的云，果真是美丽的小城，名副其实。这里山清水秀，风景优美；它的山势险要，山路十分陡窄，弯弯曲曲，高高低低，半山上点缀着许多优雅的建筑，十分别致又显得非常的古老。难怪许多电影都选择这里来拍摄外景。我们来到缙云之后，当地政府把我们安排在山脚下一户农民家里，既便于我们随时和群众接触交谈，也可以尽情地观赏这里的美丽风景。

在这些日子里，我们在一起谈戏，谈人生，成了一对无话不谈的好朋友。只可惜我住的时间不长，不到半个月就因为厂里另有任务，把我调回去了。留下宗英一个人，继续深入生活并酝酿创作。我们只好靠通信保持联系。她一个人留在农村，正好又是寒冬腊月的天气，生活相当艰苦。她后来告诉我说，当时，她因为擦脸油用完了，在当地买不到，只能用头发油来代替，结果擦得满脸白一块红一块地起了许多硬斑。但她仍坚持在农村创作，这种精神令我十分钦佩。一个过去一直生活在大城市，擅演"甜姐儿"这类漂亮女性，人称"大众情人"的名演员，能如此不怕脏，不怕累，能如此吃苦耐劳，真不容易啊！我在上海很少有朋友，如今能交上这样一位挚友，我觉得非常幸运。因此我非常珍惜我们的这段友情。更令我兴奋的是，通过黄宗英，我还认识了赵丹。赵丹，这位赫赫有名的大演员，真是谁人不知，谁人不晓。可是，我们虽同在上海电影界，但他在海燕厂，我在天马厂，两厂只一墙之隔，却还没有过合作的机会；所以一直是只闻其名，无缘得见，只能听黄宗英讲讲他的故事了。其实赵丹的故事太多了，我早已听说过，不过，由黄宗英来讲就更加生动了。她说，"赵丹在生活上不拘小节，不修边幅，放浪形骸"，在他们快乐的家庭中，"赵丹是最小的孩子，孩子长大了，爸爸却长不大。尤其在艺术面前永远保持着一颗童心"。这样的家庭多么让人羡慕啊！一天，赵丹在家正兴致勃勃地画画，我和宗英谈完工作之后，就去看他作画。我的运气真好，这天赵丹特别高兴，没等我开口就非常大方地问我："喜欢吗？喜欢就送你一张！"他当即写上我的名字，盖上他的印章，送了我一幅万紫千红盛开的牡丹。我十分珍惜，一直保留至今。

世事难料啊！没想到我们的友谊这么短暂，我们的合作还没开始，"文化大革命"就开始了！此时，我们两个人都成了"革命"对象，我们本来梦想着要合作的《翠鸟衣》竟成了"反党"的作品。造反派揪住不放地要我们互相揭发所谓的"反党阴谋"，把我们原来只是想把戏的场面写得漂亮富丽些的宫廷戏，批判为反对"党中央"。反党，我们要反党？这怎么可能呢！？但在那特殊情况下，无理可讲。我们的合作中止了，我们的来往也被切断了。在以后的几年中，我们几乎没有机会碰面。不过，我心里一直在惦记着她和她的家，尤其是听说赵丹被批斗得很厉害的时候。后来听说赵丹虽然自由了，但身体却得了毛病。这些消息一直揪着我的心。

过了很长一段时间，大约是1980年的上半年，吕蒙因病住进华东医院，我几乎天天去照顾他。听说那时赵丹也正好住在这医院，因不便打听他住在哪个病房，就一直没有见面。有一天的傍晚，我照例用轮椅把吕蒙推到花园里去散步，这时看到对面远远地也有人推着轮椅过来，我仔细一看，那不是黄宗英推着赵丹过来了吗？我们相距不到100米，要是在过去，我们一定会越走越快地把轮椅推到一起去谈谈心，问个好；可是现在，"文革"之后，加上各自身边一个病人，使我们失掉了以往那股热情，我们的心情都很沉重。尽管心里互相惦记着，尤其是我，真想快步跑过去问寒问暖，但我看黄宗英只呆呆地站在那里，我也只能压制了自己内心的激动，互相点了点头，就各自向相反方向推着轮椅回病房去了。这情景像一场戏，深深地印在我的脑海中。直到30年后的今天，我们再次在华东医院相会，和张瑞芳三人一同谈起这个情景时，大家感叹不已。张瑞芳在旁边听了非常感动地说："这真像电影中的一场好戏啊！"是啊，人生可不就是一场戏吗？！

因为我很珍惜我们的这段缘分，所以我一直想找回这段友谊，但是黄宗英太难找了！人到晚年了，还天南地北地到处跑，一会儿听说在深圳开什么公司，一会儿又跑到了西藏，一会儿又听说她到了新疆，直到这次我因患直肠腺瘤需要手术摘除，住进了华东医院才找到了机会。可是，现在我们都已年逾八十了，经过这么长时间的变迁，还能再续这段友情吗？我手术之后一离开监护室，回到病房，不顾自己的伤痛，就迫不及待地打听黄宗英。我们虽住在同一幢大楼，但不在一个楼层，也不是很容易打听到的，我只能一个楼层一个楼层地去问，终于知道了她的病房，找到了黄宗英。一晃三十多年过去了，岁月不饶人啊！尽管她那满头白发并不让我吃惊，但她那神态，她那不再响亮的嗓音，叫我到哪里再去找回她那美丽动人的过去呢？！她由于身体不好，说话会感到很累，虽然我非常想引起她来共同回忆过去，但看她那吃力的样子，我还是感到于心不忍，所以常常是在她那里坐上一会儿就告辞了。令我惊喜的是，尽管病魔折腾得她直不起腰，不能独立行走，尽管因为行动不便，让她数年来一直拒绝来访，把自己关闭在这十几平方的病房里，但从我们每次简短的谈话中，让我看出，她的思想仍然是天马行空，她那双拿笔的手一刻也没停下。因为她的腰不好，不能弯腰，写作时只能在腿上放上一块硬纸板，悬空着右手来写字，看着这种情景是多么让人心酸啊！

没过几天，她的阿姨用轮椅把她推到了我的房间，让我一阵惊喜。她给我带来了一本书《卖艺三兄妹》，上面写着"送给挚友黄准"，还送了我一包巧克力，她说："我们都有糖尿病，这是救命的糖！"真太让我感动了。这三十多年来，她并没有忘记我们的这段友情。因为她行动不便，我总是隔三差五地到楼上去看她，有时送点小菜过去。要过年了，我对她说："过年了，我叫阿姨给你烧条鱼吧！"她马上接着道："好啊，年年有余啊。"我们会心地笑了。因我一直在忙着写书，有时我会把写好的片断读给她听，她仍会非常敏锐地给我提意见，由此看到她年龄老了，身体老了，但她的思想没有老，她的精神没有老！在我们这段日子的接触中，因身体缘因，我们的每次谈话时间不会超过半小时，但断断续续地让我知道了她在上世纪80年代，不顾自己年近七十，也不顾自己有一身的病，战胜了缺氧、劳累与伤痛，甚至战胜死亡，终于和《小木屋》摄制组一起爬上了世界第一大峡谷的迦巴瓦峰。为了拍摄大型纪录片《望长城》，她作为一个白发主持人，和摄制组一起穿过了最危险的沙漠地带和令人恐惧的、当年彭加木失踪的死亡领地罗布泊，经过18个日夜，身上常常只带有一壶水和一些压缩饼干，忍受着饥寒交迫，配合协助摄制组完成了这部具有历史意义的纪录片。她的壮举令我敬佩不已。不过，她也付出了莫大的代价——这几年来，她的身体一直被病魔纠缠着，我想这与她以往的付出并不是完全无关的吧！她说过两句格言："人活着是为了给，而不是取"、"义所当为，毅然为之"。她做到了，而且她还在继续地奉献着。我看到她的朋友送给她好厚好厚的，大约可以写80万字的稿纸，她拖着带病的身体，仍在不停地战斗。我由衷地祝愿她能继续不断地耗掉这大叠大叠的稿纸，期望她写出更精彩的文章。

为了留住这珍贵的友情，我产生了一个欲望，想把我们的再次相聚记录下来，于是我请了我的一位摄影师朋友甘泰庆专程到医院，并且约了张瑞芳老师，摄下了几张珍贵的照片。

四、我最佩服的秦怡

说起秦怡，她是我最佩服的人之一。尤其是在我到了晚年，当孤独寂寞向我袭来的时候，我偶而也会产生一种消沉、疲劳的感觉，甚至会产生一种厌世情绪，觉得什么都没有意思，怎么也提不起劲来，最好一觉睡去从此再也不要醒来才好。但一有这种情绪产生，我脑子里立即会浮现两个人的形象，一是谢晋，一是秦怡。其实他们两人都比我年长，谢晋大我3岁，秦怡则要比我大4岁。可是任何时候，这两位似乎永远没有停息过对事业的追求。

从《牧马人》之后，我和谢晋虽然再没有合作写电影的机会，但在一些集会上我们会有机会相遇。他永远是那样谈笑风生，踌躇满志，意气风发，拿着茅台当水喝。而更令人佩服的是，他的脑子里永远装着好几部想要拍摄的电影。他永远充实，似乎永远也没有消沉的时候。因而只要想起谢晋，我那种消沉情绪立刻就会离我而去。

秦怡比谢晋还要长一岁，但她却青春常驻，上天给了她一副人见人爱的好容貌。记得上世纪60年代，我和秦怡还有作家杜宣一同到江西采风，我们一行无论是在车上或是走在深山老林里，无论是在人前人后，杜宣总是毫无顾忌地夸秦怡是"最美丽的女人"。确实，秦怡的外表是美的，但她那坚忍不拔、热情善良、宽容大度的精神更美！

秦怡虽然年龄不过只比我大了4岁，但她"出道"很早。在1930年代末期，也就是只有十六七岁时，她就因为演出话剧而成为当时最受欢迎的演员之一，并与白杨、舒绣文、张瑞芳一起被称为重庆影剧舞台上的"四大名旦"。1947年后她开始拍摄电影，参加了电影《忠义之家》、《母亲》等片的拍摄，由陈鲤庭编导的《遥远的爱》是她的成名之作。

我和秦怡第一次相识是在1957年《女篮5号》摄制组的苏州外景地。我们被分配在同一间房间。当时我最小的女儿出生才几个月，因为我答应谢晋接受了这个任务，硬是请了一个奶妈，抛下孩子随着摄制组去了外景地。我和秦怡初次相识，虽然她是个大明星，却平易近人，我们之间倒并不感到陌生。我们天天随着摄制组一起活动，走访了许多苏州人家，走过了许多苏州的大街小巷。这里虽说也算是我的故乡，但我少小离家，没见过什么世面，这次倒让我又重新认识了一次。我们一起到了苏州的茶馆，听了我儿时从未听懂过，现在却觉得很美的评弹。因为多是集体活动，每次都早出晚归，聊天的时间并不多，但我们总算是彼此相识了。

以后我们就没有再在同一摄制组工作过。我俩的工作性质不同，她是演员剧团的演员，我是在创作办公室作曲，一个幕前一个幕后，平时接触的机会不是太多。但当文艺界或者电影厂有什么大的活动时，我们常会被安排在一起，例如一起去了江西采风，一起下乡搞四清。当时我们也常住在一间房间内。记得一次为下乡宣传，我们一起排练了锡剧《双推磨》，分别扮演姑嫂二人，一推一拉学着无锡口音边唱边做十分有趣。至今遇到一起，她还经常和我提起此事，总觉得自己唱得不够响亮，而我则因为自己表演不到位、动作不够美而感到遗憾。每每提及此事，她总是哈哈大笑觉得特别有意思。她的事业心特别强，作为一个演员，"文革"后已经五十开外了，但还希望能演更年轻的角色，并且对自己的身材容貌都特别注意保养。当年，她在《青春之歌》中饰演的林红给观众留下了深刻的印象，我也和观众一样，多么希望她多演一些像这样的角色啊！她特别忙，不仅要忙自己的业务出去拍戏，家里负担又很重，还要参加许多社会活动，所以我很少到她家去看她，因为她经常不在家。有时打打电话，只要她在家，我们就会在电话里聊得很久，而且她总会告诉我说又到过哪里哪里。记得有一次她刚从美国回来，她告诉我她去参加了在美国召开的无声片的研究会，她兴奋地说，美国把老的无声片配上了音乐，都是乐队在现场演奏，不仅让无声片提高了它的艺术性和观赏性，而且那音乐又是如何的美，让我听得羡慕不已。

我们更多的机会是在一起参加一些社会活动。如上海电影家协会举办活动，她只要在上海都会热心来参加。我印象比较深的一次是我们一同参加著名导演费穆的纪念会。影协要求秦怡和我还有费穆的女儿——香港著名的歌唱家、活动家费明仪女士同台演唱《天伦歌》，还特地印了歌谱给我们练习。这对我来说当然是轻而易举的事情，不要说我很早以前就很熟悉这首歌，就是没有唱过，我拿谱子也马上能唱，所以并不紧张。可谁知秦怡却认真得不得了，拿着歌谱要我陪她一遍遍地练习，这种认真的精神真使我感动！

上海的国际电影节和一些慈善活动也是我们经常见面的机会，我们经常被安排坐在一起。但在这种场合虽坐在一起，却很少有谈话的机会，因为一进会场，一旦被人发现秦怡来了，那她就再也不能消停了，不是这个要求签名，就是那个要求合影，有的拿着小本，有的拿着入场节目单，有的事先没有准备，随便拿张纸条，好几双手同时伸过来，热闹非凡。直到会议开始人们还迟迟不肯散去。这时坐在她身旁的我，只得把身体尽量地挪到一边，以便给这些崇拜者多腾一点空间。

使我最感激的是她对我的活动都热心参加。1998年"黄准作品音乐会"上，她上台作了精彩的发言，还把《女篮5号》的插曲"青春闪光"唱了两句。2009年8月13日，在《黄准歌曲集》首发仪式上，她又作了热情而生动的发言。这都是对我莫大的支持。

今年2月3日，我们又坐在了一起，并一同上台接受了上海市委宣传部颁发的"终身荣誉奖"。3月5日，我们在上影集团的庆祝"三八"妇女节大会上，又一同接受了献花。她告诉我，她这几天天天在过"三八"节。是啊，不同单位、不同级别、不同层次、直至中央的"三八"节活动接踵而至，今天这里，明天那里，她都要参加。

这让我想起我们每次坐在一起参加活动时，我都会听到她讲起上午、下午、晚上或者今天、明天，她还要出席一个什么活动。因为这些活动，她经常要坐飞机到外地去，回家还要自己洗衣服，还要给儿子打针吃药，还要照顾一个不太好伺候的老姐姐。

我简直无法想象她哪里来的那么旺盛的精力。一个年过八十接近九旬的人，一个曾经得过重病并非十分健壮的人，是什么在支持着她这么频繁地活跃在社会的大舞台上？唯一可以解释的是她的意志，是她的热情！这一切的一切让我望尘莫及。

五、台湾行

宝岛台湾曾是我多么向往的地方：阿里山，日月潭，在我想象中是那么美丽，那么诱人。再加上从一些文学作品和影视作品中看到的有关海峡两岸人民生离死别的故事，是那么凄楚动人，就更让我产生走进这块土地和了解这里的人民生活的心愿。可是这么多年来一直得不到这种机会。直到2008年的1月份，台湾长流美术馆向我发出邀请，邀我到台湾去参加他们举办的《吕蒙画展》开幕式。我很高兴，一是吕蒙的画居然能得到台湾人民的喜爱，能在台湾举办他的个人画展，这是一件值得庆幸的事情；另外一点，就是我终于能实现台湾行的愿望了。不过当时海峡两岸还没有"三通"，不仅赴台手续十分麻烦，而且可能还有一点风险。但是为了吕蒙，为了实现我的愿望，我义无反顾。

果真，办理赴台手续就用去了一个多月的时间。直到2月19日才从上海出发，而开幕式的时间是2月20日，要是万一路上有什么耽搁就赶不上了。在上海油雕院的雕刻家康勤福的陪同下，我们终于登上了飞往香港的飞机。本来听说在香港办理去往台湾的换机手续十分繁杂，不仅要换乘飞机，而且还要到海关办理出入境手续，仅排队等候的时间就得好几个小时。这让我心里有点紧张。但是万万没有想到我的运气是那么好！在飞机上居然被东方航空公司客舱部的经理谢翠华发现，并得到了她的特殊照顾，让我在转机过程中坐在轮椅上，一切手续由熟门熟路的推轮椅的小姐代办。我一步路也没走，就登上了飞往台湾的飞机。

现在去一次台湾，仅仅只要花费两小时的时间。而当初，我们从凌晨出发，直到傍晚五六点钟才到达，足足花了将近十二个小时。

走出台湾机场已经是黄昏时分了。台湾的陈德康先生把我们接到宾馆。虽然经过一天的奔波，但疲劳没有能阻挡住我的好奇心理。在一个多小时的汽车行程里，我一直眼望着玻璃窗外，然而我看到的是一片漆黑，偶然有几处星星点点的灯火也是一晃而过。终于陈先生说："台北马上到了！"在我的想象中，台北尽管不可能有纽约那样辉煌的灯火，至少也应该和上海差不多吧？可是直到开进台北市区，我还是没有找到那灯火通明的夜景。我下意识地想：台北就那么冷清？陈先生为我在江边定好了旅店，旅店不大，但面对着大江和名山。原来这家名叫"观港楼"的酒店坐落在台北的一个风景区，而且就在陈先生住家的附近，很便于他照顾我。酒店里面设备齐全，我住在一个套间，室内电话、电脑、冰箱样样俱全，浴室里还有一个很大的按摩浴缸，让人有一种舒适的感觉。

第二天，等我醒来，他们早已等在那里了。匆匆吃了一点早餐，陈先生就把我们送到了台北"长流美术馆"，并在附近的酒店为我设了欢迎酒会。据介绍参加酒会的有台北美术界、政界以及演艺界的名人，还有电台、电视台、报纸等媒体。宴会后又坐上黄承志先生的车子，把我带到了位于桃园的"长流美术馆"。这是一座全新的建筑，相当宏伟，比起台北的"长流"气势要大了许多。车子一停下，我就看到了悬挂在大门口的《吕蒙画展》的大幅广告牌矗立在我面前。走进展厅，突然在我耳边传来了阵阵乐声，让我感到好奇，心想台湾的画展还播放音乐？倒是别有风味。谁知进得大厅一看，只见在大幅《吕蒙画展》的会标面前，端坐着4位留着一式长发，穿着一色黑色长裙演奏服的美丽女士，她们分别怀抱琵琶、中阮和胡琴，还有一位女士面前安放着一架长长的古筝；她们正脸带微笑，专心致志地在演奏着我的音乐代表作——《娘子军连歌》。面对此情此景，我真不知自己是惊，是喜，还是感到奇怪？这情形如果发生在大陆，我可能不会感到惊讶，但这是在台湾，不是在大陆！这是在画展，不是在音乐厅！画展上有音乐演奏，本身已经很新鲜了，更新鲜的是他们居然还在演奏我的作品，要知道《娘子军连歌》歌词内容中有着"共产主义真，党是领路人"的词句啊！我的心头涌起一股难以言表的别样滋味。

新闻发布会由黄承志馆长主持。他的发言简短深刻而风趣。他说："吕蒙不仅仅是一位思想家，也是一位伟大的艺术家。在动荡不安的年代里，他积极参与社会活动，为民族国家奉献己身，他的人生前半段虽忙碌与艰辛，仍不忘坚持艺术的创作，尤其是他生病中风后，改用左手画画的毅力更令人钦佩……"

"在吕蒙生命中最重要的部分，即是艺术，所以即使后来有残疾，也不能阻挡他画画的欲望。让他的左手达到心到、意到、手到的境界。并且在这期间创作出无数令人惊叹的绘画。那些作品不但风格雄浑，笔画洒脱不羁，令人不禁叹服起他的意志力，以及他内心源源不绝的创作动力。这一切都要感谢他的夫人黄准女士，除了对他的扶持与照顾，还带领着行动不便的他至各地写生，即使在吕蒙过世后，还为吕蒙筹备画展，这一切令人动容！……"

他讲话过后，接着便要我发言。说实在话，我对这一切丝毫没有料到，原以为到到场，看看画展就结束了，谁知竟有这么隆重的开幕仪式。面对这么多的观众、新闻记者，还有那么多的摄像机、照相机对着我，要我在毫无思想准备的情况下讲话，真有点紧张。而且这可是在两岸关系尚未解冻的台湾，不是在大陆，在自己的家。稍有不慎，便会产生很大的政治影响。但不讲是过不去的。于是我牢牢地掌握住只谈艺术不谈政治的原则，向大家介绍了吕蒙的创作情况，着重地描述了他如何克服残疾深入生活和他如何用左手作画的情景。总算让我过了这一关，但没想到会议并没有结束，接下来是记者们的提问。这就更加难以对付了，天知道他们会问些什么？还好，总算没遇到太大的难题，就只一个问题让我有点发窘，有一位记者问道："据说现在你的艺术成就已在吕蒙之上，是这样吗？"我没想到他们会这样地提问。但不回答是不行的，也没有时间容我思索。于是我直率而真诚地回答说："我和吕蒙所从事的是两个不同的艺术品种，我们在各自从事的创作领域中有着自己的艺术成就，这是无法相比的。"这个回答我自己觉得很机智，很有分寸，记者大概也会满意。新闻发布会就在这友好的气氛中结束了，这时，又有人提议要我唱首歌，我欣然接受。我想我尤其不能辜负在现场演奏的这4位美丽的女士的辛劳。于是在她们的伴奏下，我唱起了《娘子军连歌》，当我唱起第二遍时，我发现台下有些人张着嘴，跟着我一起哼唱起来。

发布会顺利结束，我好像身上卸去了一个巨大的包袱。在大家观看画展时，有位曾经到过上海的台湾朋友拉住我，一面赞扬画展的成功，一面夸奖画展的举办者黄承志先生的胆魄。他感叹地说："若是事情发生在前两年，我们这里可能明天就会有人失踪，再也不能回家了。不过现在局势是好得多了，但也不能说是一点也没风险！"听了他这番话，不由让我更加钦佩为吕蒙举办画展的这些热心的朋友：黄承志先生、陈德康先生，尤其要感谢徐枫女士为吕蒙画展和画册所做的一切。

两天后，台湾"时代新闻"对这次发布会做了专题新闻报导，台北的电视台播放了近10分钟的专题报道。陈德康先生告诉我说："这情况在台湾是不多的，一般这种节目也就是两三分钟的报道，可这次竟超过了10分钟。可见新闻界对这次发布会的重视。"

活动结束，我的大功告成。剩下还有四天时间就是参观和游览。首先是在市区，参观了台北最高的101大楼，参观了故宫博物院。在博物院看到了馆中最珍贵的玉雕大白菜和其他的青铜器、玉器字画等。第二天又看了历史博物馆。他们特意带我去看了富有台湾特色的"布袋戏"。这"布袋戏"让我感到十分熟悉、十分亲切。我记得我在福建省也曾看到过这个剧种，无论是音乐、唱腔、乐器、人物造型，几乎完全相同。这就更让我感到了大陆和台湾真是血肉相连，两岸人民血脉相通啊。

在短短4天时间里，陈先生还带我去参观了其他美术馆和画廊。给我留下深刻印象的是大画家朱铭的女儿朱艳鹂开办的"真善美"画廊。画廊不大，小巧玲珑，一进画廊我就被那粉色基调所吸引。这里全部作品，包括雕塑和绘画，几乎全部用的是粉色：粉红、粉绿、粉蓝、嫩黄……有一种妖媚撩人的感觉和青春的气息，好像让你回到了少年时代。我非常喜欢。

第二天，陈先生又带我们去参观朱铭美术馆。这里离市区很远，大约有一个多小时的路程。到达美术馆之前，我们经过了"福园墓区"，我想这大约是台北最大的一个陵园，远远望去，简直就像一座座古代的城堡，建筑非常宏伟。因时间关系，我们没能上山，只在山下看了邓丽君墓。邓丽君的墓前有一架能发出琴声的超大钢琴，旁边一块高音符号形状的草地上，安放着邓丽君墓碑和人像。我在墓前深深鞠了一躬，虽然对流行音乐我并不欣赏，但对邓丽君的歌，我还是能接受的，她英年早逝非常可惜。

天下起了小雨，我们不能久留，待我们赶到"朱铭美术馆"时，已经是倾盆大雨了。据说当年画家朱铭出巨资买下了方圆数公里的整个一座山脉，所以他建造的美术馆分室内室外两部分。而我在这里并没有看到其他的建筑，所以我猜想他的室内画廊可能就设在山洞里。如果果真如此的话，那工程的浩大，可能不亚于建造一座大楼。

我一走进这座美术馆，就被它的气势所震惊了。我印象中悬挂在这里的画几乎每幅都是巨大无比，差不多一张画就占满了一块墙面，而且他的画都是别出心裁。其中有一幅最引起我的兴趣，让我至今记忆犹新：画中画了七八个用各种姿势站立着的人物，以女性为主，他们有不同的表情和不同的发型，穿着不同的服装；实际上引起我兴趣的不是这些人，而是他们的衣裙，这些衣裙不是画出来的，而是用布料和报纸粘上去的，报纸上还登着各种新闻，大小字体都有。在另外一个厅内还挂了许多大幅人物头像，就像是放大的照片，非常的工整。其中有一幅头像画的是毛泽东。

从后门出去就是一座小山。从后山往下走，是一大片的草坪。草坪上放着一尊尊雕塑。据说朱铭的雕塑有许多系列，今天我们将要看到的是"太极系列"。这时雨越下越大，雨水打湿了我们的衣服鞋袜，但没能打掉我们的兴致。我们在雨中欣赏了朱铭的大作。作品气势之大真是少见。作品都是采用抽象的手法，因为雨下得太大，我无法仔细地看清他的每幅作品前面的注解，只是从表面看到有各种形态的雕塑，好像有飞翔的鹰和在跳舞蹈的人等等。虽然我基本上没懂得这些作品的含义，但却有一种强烈的感受，那就是朱铭父女两人的作品反差非常大：一个色彩绚丽，一个黑白分明；一个柔软细腻，一个刚强坚硬；一个是小巧玲珑，一个是巨大无比。因为我也是女性的关系吧，我似乎对他女儿朱艳鹂的作品更加能欣赏接受些。

　　回台北的路上，雨过天晴。一路上，我看到郊外的田野里只有少数几个戴着斗笠的农民在田里耕作。据说整个台湾的农民并不很多，而他们的生活过得相当富裕。

　　即将离开台湾的时候，我在整理照相机里的照片，突然一旁的陈先生惊奇地叫了起来："你怎么会和他一起拍照啊？！"他像发现新大陆似地拿着我的相机给美术馆的同仁看，还给他的夫人和孩子看——原来这是我和美国大明星里维斯的合影。于是我把这张照片的来龙去脉告诉了他们。那是2007年10月初的一天，我正在家里整理乐谱，突然来了两个陌生人造访，其中一位还是外国人。前面那个人开口就叫我"黄准阿姨"，我想了半天也记不起他是谁，他自我介绍说他是黄兰琳的儿子张大昕。原来是黄兰琳的儿子啊！我高兴极了。黄兰琳是大科学家黄明龙的女儿，是我的好朋友，也曾是我的好邻居，她儿子张大昕还是我女儿小薇的同学。我现在住的房子正是他家三十多年前住过的房子，后来黄明龙逝世，他们全家去了美国，房子就一直空着，市房管局就把房子调配给了我们，我们得以从光线不是很好的二楼搬到了九楼来住。跟在张大昕后面的这位外国人经介绍才知道他就是美国大明星里维斯。里维斯主演的《黑客帝国》我刚看过，怪不得有点面熟呢。我顾不得自己衣冠不整和屋里凌乱，把他们二位请进屋里。因为刚过了中秋，家中还有月饼，我于是拿出月饼和水果招待他们，想不到里维斯吃得很高兴，他说他从来没吃过中国的月饼，直说味道很好。里维斯说这是他第一次到上海来，很想看看中国人的生活情景。他对我的居住环境很有兴趣，在我的晒台上看了好一会，回到房间后他对我说，外面的景色很好，遗憾的是房子前面的两幢高楼挡住了视线。我告诉他，这里以前是领馆区，政府不准建高楼大厦，后来不知怎么也造起了高房子。"后来它就越长越高了，挡住了你们的好风景，"他连说带比划，非常的风趣。临分别时，我突然想起应该和这位大明星合张影，他欣然应允。于是就有了这张让台湾朋友感到惊讶的照片。

7天的台湾之行匆匆结束了。我带着疲惫的身躯和疲惫的心情回到自己的家。毕竟年过八十了，已经不太经得起这样的颠簸。第二天我就倒在床上爬不起来，休息了好几天才得以恢复。

六、八十五岁生日的联想

今年（2010年）的6月19日，是我85岁的生日，而且今年还是我的本命年。在去年底就有人告诉我：本命年到来之际的年三十至年初一，一定要买件红衣服穿，或者是在身上系一根红绳子。我照办了，图个吉祥。转眼又快到生日这天，我想年龄已一年大过一年，最好把这一天忘了。

1. 意想不到的85岁生日庆典

就在生日的几天前，我突然接到颜言的电话，告诉我说有一个"宁兴百纳影视传播有限公司"要邀请我为他们即将投拍的大型电视剧《满江红》作曲，并邀请我在6月19日见面。我知道这部电视剧的编剧就是她。

颜言，我们已经认识3年了。她年轻热情，这3年中她一直为帮我整理手稿忙碌着，书稿拖了3年，她也陪了我3年。在这么长的时间里，她没有怨言，总是不辞辛劳，为完成工作两头奔忙，无论是严冬或酷暑，无论刮风下雨，无论我在家还是在医院，只要我打电话给她说写好了几篇，她都会放下自己的创作，大老远地赶来取稿子。她的"读稿"能力特强，无论我的字多么潦草，写得多么凌乱，她都能准确地识别出来，包括把我的错别字改正过来。3年来她的热情让我感动，我们也因此结成了忘年之交。

19日的前一天，宁兴百纳公司的副总李焕，给我送来了电视剧的大纲。这是一部反映1926年至1927年上海工人武装起义的重大革命历史题材的剧集，通过简短的大纲，我基本上清楚了整个剧情的走向，以及人物和时代背景。作为一个延安时期就参加革命的老文艺战士，我有责任接受这个任务。尽管我的革命经历比这个戏的时代背景要晚了十年，但革命的精神和革命的思想是相同的。相比之下，我应该比那些没有这段革命经历的人更能理解剧中人的情操和精神。所以我感到义不容辞。在我这一生中，写得最少的就是工业题材的作品。除了"大跃进"时期参加创作的《钢花遍地开》和《上海交响乐》两部艺术性纪录片以及一些创作歌曲外，几乎没写过工业题材的电影音乐；但是我参观过不少钢铁厂、造船厂和纺织厂，对于工人阶级所付出的辛勤劳动和他们为人民所作的贡献总让我钦佩不已。今天我能参与这部以工人为主体的武装斗争的革命历史剧，让我深感荣幸。

6月19日下午，李焕和颜言把我接到了乌鲁木齐路甲一号。本以为这只是一次见面会，和公司的负责人见见面，谈谈工作，吃顿便饭而已。谁知当我一走进大厅，里面已经聚集了不少人。我刚一进场，那些记者的照相机就已经对准了我，而且一个接着一个地要我回答提问。原来他们公司安排了一场新闻发布会，并把邀我合作和为我举办生日庆典这两件事情放在了一起。幸好我对电视剧的剧情已有一些了解，总算回答记者问题时没有窘迫。公司总经理迟传敏先生到场之后，他又对摄制这部戏作了详细的介绍。新闻发布会顺利结束，也让记者们得到了满意的回答。

我本打算生日这天自己一个人在家和保姆一起吃个面条就算了。没想到"宁兴百纳影视传播有限公司"为我举办了这样一个别致的生日庆典。这让我十分意外。据说他们为我的这次生日整整准备了两三天时间，不仅为我准备了一个特制的大花篮，还定制了一个裱有《娘子军连歌》五线谱和祝福语的大蛋糕。尤其让我感动的是，公司老总迟传敏还特意买了一本精致的嘉宾签到簿，上面写满了与会的各家媒体记者和公司同仁的祝福语……这一切都让我感到惊喜。而更让我感到高兴的是迟总在宴会上和我的一席话，他认为"人们对艺术的欣赏和兴趣都有一个轮回。当听久或看久了那一类的东西之后，他们就会想要找回过去那些曾经被人们喜爱过，后来又被人遗忘的东西……"另外，他还谈到他所喜爱的一些作品和演唱这些作品的人。我们的欣赏观点竟然如此接近，让我好像找到了知音，从而对这次创作任务也更增添了信心。

生日庆典后，好几天我的心情不能平静。似乎已经久违的音乐旋律不停地在我心中涌动，思绪的闸门突然打开，万千感慨奔泻而出，无法阻挡……

从1997年至今已经过了14年了，在这十余年间我没有再接受过大型电视剧的创作任务，这并不是因为我不想，而是有些事情必须要我去首先完成。

其中至关重要的是我要安排好吕蒙的后事，完成他的遗愿。

我为吕蒙找到了一个我认为最好的安息处——福寿园。在福寿园总经理王计先生和副总经理伊华女士的帮助下，吕蒙的墓设计建造得比较完美，墓碑上的铜像由雕刻家严友仁先生创作。同时，我还为福寿园创作并制作了一首长达十余分钟的音乐套曲，音乐在园区内播放，既陪伴着吕蒙，也让福寿园安息的所有灵魂得到美的享受。

我们在享受幸福生活的同时，世间其实还有许多的不幸存在，对于这些不幸受难的人们，我总是情不自禁地想到用歌声去安慰他们的心灵。我为汶川地震的志愿者写了歌曲《阳光之家》，并为一批中年丧子的父母写了《星星港之歌》。在做这些工作时，我觉得我不仅安慰了别人，也安慰了自己。

另外为了吕蒙一生从事的美术事业，在他逝世之后，我不仅把他的作品和收藏无偿地捐赠给了国家，还为他多次在上海、深圳、北京、台湾等地举办了《吕蒙画展》，还出版了两本《吕蒙画册》和编辑了《吕蒙文集》，并在上海艺术人文频道方雨桦的支持下，制作了二十多分钟以《人格与画格》为题的电视专题节目。为了做这些事，陆陆续续花费了我好几年的时间才完成。但我觉得这是我应该做的。

除了为吕蒙做的这一切之外，也为我自己做了几件过去想做而没有做到的事情。

作为一个作曲家，若能举办一次个人作品音乐会，能把自己一生中的作品，通过一次音乐会展示出来，这是多少人梦寐以求的事情。我也一直有这个梦。但却始终都停止在梦里，从来没有真正地去追求过。因为我深知自己的办事能力极差，而要实现这个梦则要投入大量的人力、财力和精力，靠我个人的力量根本是不可能做到的，所以只能停止在这个梦里。

然而让我做梦也没有想到的是，经我的朋友魏宋彤、伊华的通力策划，以及得到当时上海的宣传部长金炳华和上海文广局领导叶志康的支持，居然在1998年我72岁时，办成了"黄准作品音乐会"，而且还相当的成功。当音乐会的舞台上唱起《娘子军连歌》"向前进……"的时候，全场观众合着节拍不停地鼓掌，气氛非常热烈。这里我要特别感谢市委宣传部的老领导金炳华同志，他不仅关心着我的音乐会，此前他对吕蒙画展也给与了大力支持。

音乐会后，我收到了许多贺卡、贺电来向我表示祝贺。后来有人告诉我，我的一位邻居在电视里收看的时候竟激动得流下了眼泪。还有一位邻居我们平时并不来往，可是在听到了音乐会之后，专为我包了饺子送过来。吃着这些饺子让我感到比什么山珍海味都味美。

两年之后，2000年5月底，文广局和少年宫以及电视台小荧星合唱队又联合为我举办了一次"黄准少儿作品音乐会"。通常一些音乐评论家在分析我的作品时，总是强调我创作的妇女题材的作品，如《女篮5号》、《红色娘子军》、《舞台姐妹》和《蚕花姑娘》等等，却常常忽略了我写的儿童作品。其实我写了许多儿童音乐作品，不仅孩子们爱唱，大人也很喜欢。像《劳动最光荣》从1950年唱起，至今已经传唱了整整六十年。另外像《太阳一出满天红》、《在老师身边》、《长大要把农民当》、《小山鹰》、《放鸭》……等等，都受到人们的喜爱。这次"黄准少儿作品音乐会"虽然没有那种大的气势，但同样得到观众的热烈反响，尤其当小荧星的童星们表演一组幼儿歌曲，在唱到《放鸭》时学着鸭子的样子一边扭着一边唱着"呷、呷"的时候，让台下的观众听得笑逐颜开，非常地开心。当时我正坐在著名表演艺术家张瑞芳身边，看到她那种喜悦、兴奋的神情，我心里非常地感动。从此她一见到我就说："你们作曲真好，有那么多人喜欢唱喜欢听你们的作品，真让人羡慕！"她的话，给了我很大的激励。

这两次音乐会是我一生的小结。当然我不会因为已经举办了音乐会就给自己的创作画上句号，我对自己说，等忙过这些事我还会拿起音乐这支笔来的。

2. 再次跨出国门了却心愿

我还有一个愿望就是想趁自己尚能走动，身体还可以的时候，再到国外去走走、看看，多长一点见识。虽然我已经陪吕蒙去过了英国和美国纽约，但因当时行动不便留下了不少遗憾。比如，我对那次到美国却没有去成著名的好莱坞影城，一直恋恋不忘。2000年7月我办完了"黄准少儿作品音乐会"之后，我的孩子徐小萌再次邀我去美国纽约探亲，这次我特地买了从洛杉矶转机的飞机票，以便在回国途中能在这里了却心愿。

这次在纽约住了将近4个月的时间，因孩子们要上班，只有周末才能陪我出去，平时我就自己到图书馆看看书或者到公园走走。但在这4个月的时间里，他们还是带我去了不少地方。我们去参观了宾州的"巧克力世界"，这里果然名副其实，巧克力做成的物件琳琅满目，有树，有花，有草，还有巧克力做成的小屋；到处都是巧克力，而且让游客随便吃，可惜我有糖尿病，只能把它们当成玩具来看。我们还去看了尼加拉瓜大瀑布，参观了华盛顿的白宫，并去了西点军校。另外，我们还到百老汇观看了音乐剧《西贡小姐》。我曾在英国看过音乐剧《猫》，这次又看了《西贡小姐》。虽然同是音乐剧，《猫》和《西贡小姐》却给了我完全不同的感受，一个活跃而欢快，一个抒情而有悲剧色彩，尽管风格不同音乐却都非常的美，作为一个音乐人，我感到是莫大的享受。

一晃4个月过去了。签证已经到期，我只好一个人孤伶伶地返回我的家园。飞机中转到洛杉矶时，幸好有我的邻居孙石女儿朱枫的帮助，答应接待我数日，让我有机会实现自己的愿望。洛杉矶和纽约完全是两种景色，没有了那嘈杂、繁华，有的是宁静和清洁，一片热带风光。朱枫家就住在非常清静的一个别墅里，她为我买了两张旅游票，我便跟着旅游团的一批陌生人，开始了我为期只有三四天的旅程。

首先我如愿参观了世界著名的电影城。在影城参观了3个摄影棚，其中有鲨鱼、洪水、地震等情景模拟，让你体验一种惊险的感受。其中最为惊险的场面是坐在水中看"外星人"，打水仗，还坐在沙发里穿越时空。这些项目在当年感到十分新奇，但现在我们国内全都有了，也就不足为奇。不过有一个意外，是在电影院里看立体电影时，果然有真人来表演，而这位明星，正是当时在国际上红极一时的施瓦辛格。他突然出现在银幕边上，和银幕上的情景相互配合，他的出现让许多观众兴奋地大叫起来。由于只有一天的参观时间，所以每个项目都只待了短短的一二十分钟，让我感到十分仓促。

接着我又跟了另外一个旅游团到了世界最大、最著名的赌城拉斯维加斯。这是一个只有十几个人的"旅游团"，而且其中大多数人是去那里赌钱。我根本不想赌，只想看看，满足一下自己的好奇心。正踌躇时，正好团里有一位杨月凤女士也不想去赌博。她是台湾人，在纽约工作，她说她喜欢这里的风光，所以几乎每年都要来观光一次。我的运气真好，这样我不仅找到了一位也是不赌的朋友，而且因为她对这里非常熟悉，还找到了一位热心的向导。她带着我熟门熟路地在一天半时间内，看遍了所有的赌场内外风光。

当我们的旅游车开到赌城时，已经是中午时分了。我们胡乱吃了一顿午饭，从下午1时开始就去参观赌场。形形色色的赌场一个接着一个，令我惊讶的是我并不感觉到这些地方是什么赌场，而是好像在进行一次环游世界之旅。我们看到了罗马的恺撒大帝和海盗，看到了埃及的人面狮身像和纽约的自由女神像；走过了巴黎的宫殿、威尼斯水城；看了小海洋世界和水中的舞蹈，听了喷泉音乐，在许多馆中还能看到很美的歌舞表演。傍晚时，还看到了火山喷发的情景，真是惊心动魄。就这样，我们整整走了十来个小时，而在这十来个小时中，我的好奇心得到了极大的满足，完全忘掉了身体的疲惫。到了晚上10点半，疲劳的杨女士已经休息了，我居然一个人又赶到"巴黎赌场"，花了70美金，买了一张歌舞票看了当地著名的歌舞表演。原以为赌场里的歌舞表演或许比较低级粗俗，既然来了就想去见识一下；让我感到意外的是在将近两小时的节目中，听到、看到的都是非常高雅的表演，无论是服装、布景、音乐都非常美。尤其是最后一场舞蹈，场面壮丽，歌声丰满而雄伟。我虽然完全听不懂歌词的内容，但从音乐中能感受到一种振奋、昂扬的精神。从观众的掌声和大家的表情中，我感觉到全场观众都沉浸在这兴奋的情绪中，久久不愿离场。散场后，我独自一人，按照杨女士给我指点的路线回到了宾馆。这时，宾馆的大门已经关闭了，我敲门后从小门进去，并由夜间服务员带我回到我的房间。这时我久久不能入眠，望着窗外明亮的月光，我想了许多……

　　我这一生天南海北，好像脚步从没停止过。从12岁开始，为追求革命音乐便孤身一人到了延安，在延安七年中，冼星海、郑律成、吕骥、李焕之等老师把音乐的知识教给了我，共产党的教育给了我革命的理想。1947年在我21岁的时候，我开始第一部电影音乐的创作，到1996年70岁的时候我完成了最后一部电视剧的音乐，其间走南闯北，除西藏、青海、内蒙几个少数的地方没有去过之外，几乎跑遍了全中国。在了解当地风土人情的同时，我把这些地方的音乐也深深地印在了自己的记忆中。我自信，只要一旦打开音乐之门，储存在我头脑中的这些丰富多彩的音乐仍然会源源不断地流淌出来。这是我的资本，是我创作的源泉，是我的骄傲。

没想到，在我已年过七十的时候，为了听一场音乐歌舞又孤身一人在异国他乡独自奔走。然而，对艺术的追求和享受，让我忘掉了疲劳，忘掉了年龄，忘掉了孤独。我得到了精神上的满足，因为我又见识到了新的东西，我想它们在我今后的艺术生涯中将会起到潜移默化的作用。

2002年初夏，我又跟着以上海美术家协会当时的秘书长陈琪为首的一批年轻人去了欧洲。这次我邀了我的好友金淑琪一同前往，所以不再感到孤独。但旅游时间总共还不到两周，我们只能走马观花似地看了欧洲的几个国家和城市。但即便是这样，我还是感到非常的快活。我徜徉在罗马的凯旋门、梵蒂冈的圣彼得广场、佛罗伦萨的圣十字教堂；爬上了三千米的瑞士雪山；走在法国巴黎的街道，登上艾菲尔铁塔，看到了凡尔赛宫的富丽堂皇……亲临其境地走近这些过去让我感到神秘莫测的地方，我忘掉了疲劳、忘掉了因为过分劳累而引起的腿脚的疼痛。为了满足自己的好奇心，我这次又花了100欧元去看了著名的《红磨坊》的歌舞表演。这并不是因为我富有，我可能为喝一杯咖啡或走得疲劳时买一杯冰激凌都要考虑一下。但为了满足自己的艺术愿望，我却毫不吝啬地拿出100欧元去看一场演出。我就是这样一个人。

记得在1950年代时，为了创作和学习需要，要花300元才能买一架钢琴。当时大家都很穷，为了凑足这300元，我在几个月的时间里只吃几分钱一碗的咸菜汤。我觉得相比物质上的困苦，精神上的富足才是更珍贵的。

3. 年逾八十著书忙

从欧洲回国之后，我的膝关节彻底坏了，一走路一抬腿就痛，几乎不能行走。上海瑞金医院的著名骨科医生杨庆铭竭力说服我，为了提高生活质量一定要去做置换人工关节的手术。于是在2003年到2005年的这两三个年头中，我基本上是在医院和家中两地忙碌着。直到

2005年我意外地受到了国务院副总理李岚清同志的邀请，为他写作的歌词《二泉》作曲。

岚清同志的邀请就像一把神奇的钥匙，为我打开了已经关闭了十多年的音乐创作之门。接下来在2006年我又为内蒙电影厂写了电影《温州商人》的音乐。2007年又和李岚清同志合作写了国际儿童电影节节歌《张开银幕的翅膀》。接着又为青岛的电影公司拍摄的儿童电影《明星梦》创作了主题曲。

当我的音乐创作逐步走向高潮的时候，上海音乐家协会副主席余震给我带来了一个特大的喜讯。他告诉我，上海市委宣传部领导下的上海文艺人才基金会已经批准资助我出版3本书，3本书的选题也大致拟定：一本是五线谱版并附钢琴伴奏的作品选，一本是简谱版的作品集，还有一本就是自传和有关创作总结的合辑。这是个特大的好消息，也是一个艺术家一生要追求的事情。于是我决定暂时放下一切，用全部的精力投入到这3本书的编写工作中来。

3本书的出版通过招标，最后落实在了上海音乐出版社，这使我非常高兴。出版社派出了资深编辑张治远做我这3本书的责任编辑。开始工作前，我和他多次商讨了这3本书的选题架构，就连书名也颇费了一番心思，最后敲定3本书的书名为：《黄准创作歌曲集》（简谱版）、《黄准声乐作品精选》（五线谱版，附钢琴伴奏）和自传《向前进，向前进》。说来也怪，我和责任编辑张治远素不相识，但从第一次见面开始，我们的观点始终非常一致，无论在书籍的整体构思或是具体片断，包括一些细节，似乎从未有过矛盾，合作得十分默契。我以有这样好的合作者而深感荣幸。

因为自传的体例不再包含我的创作总结，于是责任编辑张治远建议我在《黄准创作歌曲集》所选的每首歌曲后面，都加写一个"手记"。"手记"不仅介绍歌曲的风格特点，还可介绍创作该歌曲时的相关背景和感想，使其包含比较完整的创作信息。这样的体例在以往作曲家的歌曲集中并不多见，既不同于音乐评论，也不同于创作经验总结，感觉很新鲜。虽然这样做要花费我更多的劳动，但我非常乐意地接受了。对这个手记，我自己相当满意。我希望借此让那些并不十分熟悉音乐的人和不太识谱的人也能根据我的介绍对歌曲有所了解。

果然我的劳动并没有白费。著名演员、女作家黄宗英看了之后非常感动，立刻写了一篇题名为《美的享受》的文章发表在《新民晚报》上。文章中说"我有生以来第一次读创作歌曲集，我不可能视唱，但我看到歌词，熟悉的旋律就能在心头翻腾起来，耳熟能详，是黄准创作的特点，又有谁不会唱'古有花木兰替父去从军，今有娘子军扛枪为人民……'她在实践中学习，在学习中实践。所以在60年的创作生涯中，不断攀登而上。我以有这样一位德艺双馨的密友而慰藉。"最后，她竟然还加了一句"向黄准学习"。她的文章让我感动，而且给了我极大的自信和鼓舞，她所说的不仅因为我们是亲密的朋友，我想也代表了广大听众的希冀。

为了便于大家能演唱这些歌曲，钢琴伴奏是十分需要的。但为此我却遇到了难题，因为我学习钢琴太晚，又加上忙于工作，练琴的时间很少，所以在我的创作中一直不大敢写钢琴作品。简单的儿童歌曲还敢写写，而现在要为二十多首各种风格的歌曲配钢琴伴奏，我感到力不从心。正在为难时，青年指挥家张亮自告奋勇挺身而出，愿意为我的全部作品（精选）配伴奏，而且表示不计稿费。天下竟有这样的好人！我感到非常幸运。张亮是一位年龄不到30岁的青年，这时刚从维也纳国立音乐大学钢琴系、指挥系毕业回来，在上海歌剧院担任合唱指挥。我们在为华东医院俞卓伟院长所写的《华东医院院歌》谱曲、排练时相识，这首歌他已经为我配过伴奏，因而我完全相信他的写作和演奏能力。在编配伴奏过程中，他不厌其烦地耐心听取我讲述每首歌的创作意图以及歌曲的风格和情绪，每配好一首都来弹给我听，然后耐心地修改，花去了他许多宝贵的时间。他的工作精神让我看到了一位真正的艺术家的品德。在这次编写过程中，我也趁此机会，把自己过去感到不足的地方再次重新修改整理了一遍。

但无论我是怎样的顽强，终于还是抵挡不住体力和精神上的双重压力。我住进了医院，在忍受着巨大的精神与身体的痛苦中，度过了多灾多难的2008年。

4. 收获喜悦的2009年

在经受了汶川大地震、导演谢晋的突然逝世和我自己因患直肠腺瘤住院开刀手术等精神和肉体上的伤痛之后，终于熬过了这痛苦的2008年，迎来了大吉大利的牛年2009年。在举国上下欢庆新中国成立60周年的这一年里，我的生活也充满着繁忙和喜悦。我想把我这一年中特别有意义的事件记录下来。

2009年——

2009的上半年我仍然在为吕蒙忙碌着。由上海美术馆、台湾长流美术馆和汤臣公司联合主办的《刀笔之魂——吕蒙画展》以及他的同名画册及同名文集将于8月8日举行开幕和首发仪式，吕蒙的艺术研讨会也同时召开。这一巨大的工程让我忙了好几个月。上海美术馆的领导李磊，具体操办这次活动的卢缓、倪品中，都为此付出了辛勤的劳动，在此我向他致以由衷的谢意。我还要感谢主持这次研讨会的尚辉先生。在会上，许多吕蒙的老战友、老朋友、老画家都作了非常动情的发言，尤其是老画家贺友直在发言时竟激动地失声痛哭了。主持人尚辉原为上海美术馆典藏部的负责人，和我比较熟悉，他那时几乎每年都要到我家慰问、探望一两次，现在他调到北京担任《中国美术》杂志的主编，是当前美术界的权威人士。由于工作繁忙，现在他轻易不大出席外地的会议，这次特地把他请来，也给这次研究会增添了一分光彩。在会上，他不仅出色地主持了这次研讨，而且在他的总结发言中还充分肯定了吕蒙这一生的成就，他认为吕蒙是上海木刻版画的"奠基人"之一，他也充分肯定了吕蒙后来在中国水墨画艺术中的卓越成就。

我还要特别感谢宣传部副部长陈东同志对这次画展的支持。她说，这次能在建国60周年之际为吕蒙这样一位革命的艺术前辈举行画展有着特别重要的意义，她说这是一次"红色经典回顾"。她在现场观看画展时，不时向前来采访的人文频道的记者们介绍作品并深刻分析了它们的意义，使我这个对吕蒙作品特别熟悉的人也深感钦佩。

从这次大活动之后，我基本上就可以抽出时间来忙自己了。

8月13日，这个日子也是我12岁在贵阳被国民党逮捕的那一天，至今已经度过了72个年头了。我选择这个纪念日来举行我已经完成的两本歌集——《黄准歌曲集》和《黄准声乐作品精选》的首发式活动。首发式由上海音乐出版社和上海音乐家协会举办和主持，我的许多老朋友、老同志都应邀出席了，秦怡、朱践耳、吕其明、陈钢、徐景新等人还作了热情的发言。另外，宣传部的同志和文广集团总裁薛沛建同志也出席了会议，我感谢他们的支持。

9月4日—14日，我应中国儿童电影家协会的邀请，赴青岛参加了第十届国际儿童电影节。出席这次儿童电影节的有国家电影局局长张丕民，以及于蓝、江平、翟俊杰、陶玉玲等领导和艺术家们。

江平曾在上影担任过副总裁，但很快他被调到北京担任国家电影局副局长了，虽然他以前曾来看望过我，但不是那么熟悉。但他平易近人，对谁都是那么热情、没架子。我记得他曾到上海来组织我们老电影艺术家搞过一次联欢活动，那天我一进会场就看到在每张桌子上放着一张《娘子军连歌》的歌谱，我开始不知道发张歌谱是什么意思，随后他把我叫到一边，原来是要我来指挥这些艺术家们唱这首"连歌"。我有点紧张也很激动，当我挥动双臂，指挥他们歌唱的那一刻，我看到台下坐着的是张瑞芳、孙道临、秦怡、牛犇、仲星火……这些老艺术家们，他们声音虽然不够响亮，但我看到他们那么认真、热诚的表情时，我几乎是强忍着眼泪来指挥的，这也是我生平中指挥过的最特殊的一支合唱队。听说江平的记忆力好得惊人。2008年的春节他又到上海来，在"天天渔港"邀请我们这批老艺术家聚餐，并赠送了他的新作《我与电影人的亲密接触》一书。书中记录了他与一百多位电影人在交往中的趣事，每一位的篇幅不长，但却从不同的角度抓住了他所接触到的这些电影人的特点，恰到好处。他说这只是第一册。我盼着他的第二册，第三册尽快问世。

翟俊杰是八一厂的导演，我经常在一些活动中遇到他，见多了自然就熟了。在一些重要活动中，需要着正装时，他总是穿着一件笔挺的军装，很神气。他看起来很严肃，但跟他熟了就会觉得他非常风趣。他说他会背许多音乐，包括歌曲和交响曲的旋律他都能背出，说着说着就哼了起来，真的，一会儿是贝多芬的《欢乐颂》，一会儿是老柴的《悲怆交响乐》，一会儿跑到了《蓝色多瑙河》，一会儿又唱起了"向前进，向前进……"真是了不起啊！像我这样一个专业作曲也未必背得出这么多旋律。这次见面我告诉他，我的歌曲集刚出版想送他一本，但不知道怎么称呼才好，是先生？还是同志？他马上接口说"不好，不好"，想了一会儿说，称我"小老弟"吧。

出席这次国际儿童电影节的还有陶玉玲，这是我第一次和她见面。1950年代她在《柳堡的故事》中的角色给人那种甜蜜蜜的印象太深了，没想到经过"文革"那样的批斗，现在她虽然头发已经斑白，但她的形象没变，依然是那样甜蜜蜜的。

这次由青岛开发区宣传部主办的国际儿童电影节，内容丰富多彩，并由孩子们自己来主持电影节的研讨会。听了他们的发言之后，我们这些老一辈的电影艺术家无不感到欣慰，因为我们看到了祖国的未来和希望。在最后闭幕时，李岚清同志出席了闭幕式，给这届电影节更增添了光彩。

提起国际儿童电影节，不能不说到于蓝的副手陈景俶。她原来是一个新闻电影摄影师，想当年，她和许多男摄影师一样背着沉重的摄影机到处奔走，所以直到现在我还能看她那矫健的、风风火火的影子。进入晚年后她就一直在于蓝手下从事儿童电影工作，担任儿童电影制片厂的副厂长和国际儿童电影节的副会长兼秘书长。她工作热情肯干，说到做到，有那么一股拼命的劲头。我们以前并不相识，经上影厂女导演石晓华介绍，她来请我为国际儿童电影节写节歌，后来我邀请了李岚清同志一起创作完成了《张开银幕的翅膀》。通过这次合作，我和她成了好朋友、老朋友。她干了许多实实在在的具体工作，但却很少出头露面，她的这种"孺子牛"的精神更让人钦佩不已。

9月19日，在上海虹口体育场举办了一次史无前例的、由两万人来演唱的《黄河大合唱》音乐会。我和著名歌唱家周小燕作为这次演唱会的嘉宾，亲临了这一壮观、宏伟的演唱现场。当听到那势如潮涌的歌声时，70年前星海老师亲自指挥我们演唱这首合唱的许多情景又浮现在眼前，不由让我心潮澎湃，更勾起我对星海老师的怀念之情。后来在12月22日，上海人文艺术频道举行的 "2009'文化榜事件年度揭晓盛典"电视晚会上，让我为演唱指挥曹鹏颁奖时，我竟然情不自禁地称自己是在代表星海老师为这次演出颁奖。

几天之后，我又接到李岚清同志将于9月24日在无锡灵山的梵宫举办"纪念近现代音乐大师音乐讲座"的通知。我应邀到无锡参加了这次活动。岚清同志的讲座以他独到的见解和生动的语言，介绍分析了我国从1920年代以来的音乐活动，以及介绍一些具有代表性的音乐家和他们留下的伟大作品。在音乐会上他还亲自演唱了《教我如何不想他》一曲，把音乐会推向了高潮。音乐会上，演员还演唱了我和岚清同志合作的《二泉》。四年前的9月24日，岚清同志在上海金茂大厦约我为他写的这首词作曲，现在正好是四年后的同一天，能听到江苏省演艺集团爱之旅合唱团来演唱，而且唱得这么好，让我非常地高兴。但是当观众们一再地用掌声催我起立和大家见面时，当着领导和众多观众的面，又让我感到非常的拘束和不安。如此热情的礼遇，让我受之有愧！

同去出席会议的还有星海老师的女儿冼妮娜、贺绿汀的女儿贺元元，以及黎锦晖的女儿黎明康等人。在三天的时间里，无锡市委还招待我们游了太湖，参观了灵山，并举办了丰盛的宴会。当我再次坐在岚清同志身旁用餐时，虽然不像第一次在镇江那样紧张得连饭也吃不下去，但我仍然感想很多。

我想岚清同志作为一个国家领导人，在工作岗位时，他为国家大事日夜操劳，而如今退休了，还是不断地为我国的文艺事业奔忙着。近年来，他为了提高全民素质和修养，培养人们的高尚情操，激发人们的思维能力，办了许多的艺术讲座，还相继出版了《李岚清音乐笔记》、《音乐艺术人生》、《原来篆刻这么有趣》和《中国近代音乐和李岚清音乐作品》等著作。在他篆刻的数十方作品中，他把诗歌、散文、歌曲名称，甚至有趣的故事都作为他篆刻的题材，使他的篆刻艺术别有内涵和韵味。另外，岚清同志的书法也非常精彩，他曾为中国国际儿童电影节节歌"张开银幕的翅膀"和上影厂60周年庆典题字。我很幸运，他也为我写的三本书题了"爱乐"二字，作为纪念，我如获至宝似地珍藏着。

岚清同志的钢琴也弹得非常好，而且还写歌词、作曲……他的博学，他的多才多艺，让我敬佩无比。我总想，岚清同志和我们一样，一天也只有24个小时，也要吃饭、睡觉，但他怎么就能在这有限的时间里，做出了这么多的事情，取得如此重大的成就呢？！我想，篆刻是一刀一刀刻出来的，字是一个一个写出来的，音符是一个音一个音弹出来的，他又是哪里来的那么多精力完成这许多的事情呢？！每想到这里，让我除了敬重佩服之外，又增添了几分神秘之感！

9月29日，我到上海市委党校，接受了由上海市老干部局颁发的"上海市离退休先进个人"的证书。这次受奖人胸前都挂了一朵大红花，登上舞台接受了上海市领导的颁奖。

10月12日-16日，我又参加了上影集团组织的由集团总裁任仲伦亲自率领的红色之旅，到井冈山学习参观。这是我第三次登上井冈山，不仅让我又接受了一次革命历史的教育，更让我看到了这30年来井冈山的重大变化。革命老区终于有了崭新的建设，我国在改革开放之后所取得的伟大成就由此可见一斑。

10月27日-11月1日，接北京通知，我因《娘子军连歌》荣获"电影歌曲奖"，并应邀赴北京参加由北京市主办的"青少年公益电影颁奖典礼"。颁奖晚会办得十分热闹，在领奖的后台，我见到了许多电影界、音乐界的老朋友，其中有于蓝、于洋、田华、王立平、傅庚辰、郑绪岚等。老朋友多年不见，格外的亲热。

于洋可是我的老朋友了，我们1947年在东北兴山就已经熟悉；当时我和他一同在演员组工作，因没有故事片好拍，演员闲着没事就排些小戏提高自己的表演能力，所以于洋一见我就说："当年在长影时，你还演过我老婆呢！"说完就开怀大笑起来。是啊，五十多年过去了，当时那英俊的帅小伙现在变成了一个白发苍苍的胖老头了。好在大家都身体健康，还经常能在一些大型活动中相遇，老朋友难得一见怎么不高兴呢？！

我和田华虽然没在一起工作过，但常在一些活动中相遇，所以也逐渐地熟悉了起来；她见我进来就热情地叫着："红色娘子军！"于是我不假思索地叫了她一声："白毛女！"接着我俩的手紧紧地握在了一起。

　　我和王立平自武当山会议之后已经有好几年不见了，好不容易见到一次也是有许多话要谈。

　　参加这次领奖的还有祝希娟。我们在前不久上影厂举行的60周年纪念会上见过面，我们还一同上台演唱了《娘子军连歌》；再次见面，不由得又聊起了海南岛，聊起了《红色娘子军》。记得我们在海南外景地时经常在一起，当时她还是一个尚未大学毕业的在校大学生，谢晋因她那一双火辣辣的大眼睛把她选来演吴琼花，并且一炮走红，获得了第一届百花奖的最佳女演员奖。当时她是第一次拍电影，什么都觉得好奇，觉得新鲜；记得在影片完成之际，她激动地拉着我说："想不到音乐在电影中会起到这么大的作用，音乐为我们的表演补充了许多许多……"这次我们又一起因为《红色娘子军》走上了领奖台，不免让我们又想起了谢晋……

　　11月19日，迎来了上影厂60周年大庆。这是我们上影人自己的节日。以上海市委书记俞正声为首的市领导全都出席了这次活动。温家宝总理以及许多国家领导人为我们上影厂发来了贺电、贺词。我作为一名上影厂的老员工，感到十分的自豪，也深感我们电影人的责任重大。庆祝会上，我们十多位上影厂的老电影工作者还接受了由上影集团有限公司颁发的"杰出贡献奖"。

　　11月27日，是最让我激动的日子。我终于等来了中国音乐家协会要我接受"第七届中国音乐金钟奖终身成就奖"的通知。这是我们中国音乐界的最高奖项，必须是年龄超过80岁的音乐家才能获得，因而能得到此项殊荣是许多音乐家的愿望。但此奖名额极少，每年只有3位音乐家能获得此奖。2009年是第七届，推算起来总共也只有二十多位音乐家获得过这个奖。我已在音乐创作岗位上干了一辈子，自认为小有成绩，当然希望能得到它。但希望并不就是现实，现在我的希望果然实现了，当然让我格外地兴奋！

此次颁奖仪式在广州隆重举行，晚会气氛十分庄重、热烈。和我同时受奖的还有已经89岁高龄的上海笛子演奏家陆春龄和作曲家杜鸣心以及歌唱家郭兰英等人。我们怀着激动的心情度过了这美好的夜晚。广州我已经有二十多年没有来过了，但获奖的兴奋和激动已大大地战胜了故地重游的游兴。于是我和陆春龄在活动结束后，一起捧着大奖杯，立马回到了上海！回沪之后，上海各大报纸发表了这次获奖消息，艺术人文频道还为我做了专题节目。这是对我这一生的肯定，让我感到非常的欣慰！

直至2009年年底，我又应中央芭蕾舞团的邀请再次去北京参加中芭的50周年大庆纪念活动。从12月28日到30日，纪念活动举办了4天，不但有两场专场演出，还有二十多位中外芭蕾舞工作者参加了研讨会。在研讨会上，芭蕾舞剧《红色娘子军》得到了中外舞者一致的肯定。同时也肯定了《娘子军连歌》在舞剧中所起的重要作用。让我感到很欣慰。等到这次会议结束我返回上海时，正好是2009年的最后一天——12月31日。

在牛年即将过去，虎年即将到来的前10天，我又得到了一次意外的惊喜。上海市委宣传部在2009年重大文艺创作评选活动中，又给秦怡、陆春龄和我三人颁发了"终身荣誉奖"。这次意外的惊喜给了我莫大的鼓舞。我34岁时进上海，在上海的50年中我一直在上影厂勤勤恳恳地工作、写作。今天的这个奖是对我一生工作的肯定，我将继续努力！

七、并非多余的话

在喜悦和繁忙中度过了光辉的2009年。但在这一年中我始终没有忘记我的这本自传《向前进，向前进》尚未完成，所以只要一空下来，我都会马上提起笔来勤奋地写作。我这个写惯了音符的人，现在要写出这几十万的文字，确实并不轻松，常常提笔忘字，词不达意，想写得精彩一点，却苦于找不到美丽的词汇。

曾经想过由我口述，请别人整理的方法，以免自己捉襟见肘。但试了一下效果并不好。因为文字可以代笔，而思想感情却无法代替。责任编辑张治远已见过我为《黄准创作歌曲集》写了那么多的手记，于是鼓动我说："还是有劳您老人家自己写吧。"这样，我们就定下了"宁慢毋空，求真求实"的原则。然而要把记忆中的经历和情感化为文字，让一个作曲家做一回去掉"曲"字的作家，真是勉为其难啊！前前后后我"啃"了3年的"骨头"，我只能说，我尽力了，我把自己的一生真实地记录了下来。我这一生并没有什么更大的作为，但自以为这几十年的生涯过得并不算太平庸，有时还充满着戏剧性。在写书的过程中，我充满着激情来回顾自己的一生，我也希望这本书有可看性。

现在我已经把我所想到的，要写的都写完了。在此，我首先要感谢鼓励我、帮助我出版这3本书的上海市委宣传部陈东副部长和在宣传部领导下的上海文艺人才基金会，感谢我单位的领导上海文广集团总裁薛沛建和上海电影集团总裁任仲伦，还有为我具体操办的上海音乐家协会的领导余震和上海音乐出版社的领导费维耀、刘丽娟。另外我还特别要感谢在这本书整个写作过程中，不断给我帮助的责任编辑张治远和帮我整理文稿的颜言。

我还要感谢为我奔忙拍照的甘泰庆。我和甘老师认识的时间并太长，但自2006年以后，只要我有什么活动需要拍照，一个电话给他，他从不推辞，无论酷暑还是严冬，他都不会拒绝。他的忘我的境界让我十分感动。

责任编辑张治远知道我的儿子徐小萌是个油画家后，建议用他的油画作品做我这3本书的封面图案，觉得这不仅别致也有特别的意义。为此，小萌乘在国内的日子里挥笔作画，一鼓作气画了好多幅供我们选择；虽说是儿子，我同样也是要感谢他的。

这本传记还辑收了我在不同时期和各种活动中拍摄的照片，因时间过去很久而不能一一记住摄影者的姓名，在此我一并表示感谢之情。

现在这本自传终于完成了，但七十多年的生涯要想在这短短的二十多万字中全部写出来，或者是在这短短的三年中全部回忆起来，这不是一件容易的事，如有疏漏和不当之处，还望朋友们见谅。

在新的一年里，我将迎接我繁忙的音乐创作。我想只有工作才能使我的生活获得新的生命。只要我的生命不息，我的创作就不会停止！

后记

　　黄准老师的自传《向前进，向前进》经过3年的艰辛劳动，终于付梓了。此书的后记，其实不该由我来写。可黄准老师却以为，我见证了这本书的整个写作过程，和她一起品尝了其中的辛甘苦乐——一个85岁的作曲家生硬地做起了"作家"，说一说和她合作的滋味，不也很有意思吗？

　　确实很有意思。记得第一次见到黄准老师就很吃惊，一个80岁的老人，不仅音容笑貌清清爽爽，更难得的是，岁月竟然没有销蚀她的天真。她看书不用戴老花眼镜，更称绝的是她笔底流淌出来的蝇头小字，密密麻麻、整整齐齐，连我这样的岁数似乎也要拿放大镜才能看得真切，而她却是一张纸接着一张纸地要写二十多万字啊！在我的编辑生涯中，还是第一次看到这样的手稿。

　　再说她的精力。其实不用我赘述，读者朋友读一读她在书中的"收获喜悦的2009年"一节，就可想见八十多岁的老人是以何种时速的脚步行走在金秋岁月之中。2008年9月，黄准老师住院做手术。我每次去看她，都会听到她同住病友的惊叹和疑惑。病友说她不是在住院治病，而好像是在准备考大学，那用功勤奋的劲头恐怕连高中生都不及呢！她的病床旁放了一张小桌子，我几次看到她伏在桌前，一只手在打着吊滴，另一只手就在写字。她说她已经锻炼出了"听而不闻，视而不见"的本领，无论病房再嘈杂，只要与她无关，她都可以不闻不问，专心致志地写自己的书。这本书的许多章节，就是她在两次住院期间一个字一个字地写出来的。看到这样的情景，我总是会想起那首唐诗名句："慈母手中线，游子身上衣，临行密密缝，意恐迟迟归。"黄准老师正是把她这本传记当作自己的孩子，倾尽了心血啊！

作为一个编辑，我油然而生的早已不是对作者的感动而已，甚至用"崇敬"二字也不能准确描绘我的心情。我从黄准老师的身上看到的是那种伟大的母爱，一个把自己即将出版的图书当作就要远行的"孩子"加以操心、倍加呵护的"母亲"！

在写作过程中，黄老师不止一次地跟我打招呼，她说自己很"疙瘩"的。这好像是一个母亲希望自己的孩子"完美"而对别人表示的歉意。读过她的自传，我们知道黄准老师的"完美主义"一贯如此。每一部电影音乐，每一首歌曲创作，她都像给远行的孩子"临行密密缝"，一丝不苟，力求给人最少的遗憾。

黄准老师说，她和我原来素不相识，但在以后的合作中却怎么都能想到一块去，她想不明白其中的道理。难道是缘分？对此，我是有答案的。

出版业有句行话："作者是我们的衣食父母"。尽管现在的许多图书并不给出版社带来利润，但图书对于出版社不完全是利润的诱惑，还有文化的使命呢。所以无论何时，这句话都是出版人的信条和训诫。而我从黄准老师身上感受到的，是一个八十多岁的老人在写作中浸润的"母爱"，这是一种没有丝毫做作，没有丁点盛气凌人的自然的光华。它深深地打动着我，使我生出一种类似"孝道"的冲动。我想，我应该对这八十多岁的作者尽一份编辑的"孝道"。而黄准老师是受得起这份回报的。

作为责任编辑，对书稿付出智慧、坚守质量自不待言。而我尽"孝道"的第一要旨，就是要让老人家高兴。

这本自传是黄准老师对自己岁月之河记忆的拾掇缀合。她告诉我，每写一段经历时，就像放电影一样，让这些情景在自己的脑子里再回放一次，重新再去品尝一次当时的那种酸甜苦辣。80年的历程对于个体生命来说不能不谓之漫长，这是一件很大的"衣服"，再努力的缀合也难免漏针漏线。而当记忆的漏洞一旦被她突然想起而加以补缀的时候，这是她最高兴的事。这样的情况时有发生：我将她写出的内容刚加工好，她的补充内容又来了，或是在已整理好的稿件上又增加了密密麻麻的文字，或是又粘贴了许多写满字的巴掌大、手指宽的纸条。对此，她总以为又给我增添了麻烦，会在高兴之中夹着歉意。而我呢，其实心中有的是一种满足，一种因老人的高兴而来的满足。诸如此类，我想这就是我们的合作让她觉得什么都能想到一块去的原因吧。

黄准老师12岁奔赴延安，在鲁艺学习艺术，是我国第一位加入电影音乐创作队伍的女作曲家，并创造了新中国电影史上许多个"第一"；即便已是耄耋之年，仍以"向前进，向前进"的姿态书写着人生的精彩。当年从鲁艺走出的艺术家健在的已经不多，对于这样"国宝"级的艺术家，能为她尽一点"孝道"，是我的荣幸！

张治远

2010.8.11

附录　黄准主要影视音乐作品索引

1947年	故事片	《留下他打老蒋》
1948年	纪录片	《盐田》、《民主东北》
1949年	纪录片	《踏上生路》、《太原战役》
1949年	纪录片	《新中国的诞生》
1950年	故事片	《新儿女英雄传》
1950年	故事片	《新民主青年进行曲》
1951年	动画片	《小猫钓鱼》
1952年	动画片	《野外遭遇》、《好朋友》
1953年	故事片	《淮上人家》
1955年	故事片	《秋翁遇仙记》
1956年	故事片	《家》（和吕其明合作）
1957年	故事片	《女篮5号》
1957年	故事片	《夜航》（和寄明合作）
1958年	故事片	《苗家儿女》、《前方来信》
1958年	故事片	《兰兰和冬冬》（和吕其明合作）
1958年	艺术性纪录片	《钢花遍地开》、《新安江上》
1958年	艺术性纪录片	《千女闹海》
1958年	艺术性纪录片	《上海交响乐》（和寄明合作）
1959年	故事片	《香飘万里》
1960年	故事片	《红色娘子军》
1962年	故事片	《燎原》（和沈铁侯合作）
1963年	故事片	《蚕花姑娘》
1965年	故事片	《舞台姐妹》

1976年	故事片	《春苗》（和徐景新合作）
1976年	故事片	《阿夏河的秘密》
1978年	故事片	《特殊任务》
1980年	故事片	《北斗》（上、下集）
1980年	故事片	《见面礼》、《爱情啊你姓什么》
1981年	故事片	《楚天风云》
1981年	故事片	《杜十娘》、《奇异的婚配》（和吕其明合作）
1981年	故事片	《白龙马》
1981年	故事片	《雾都茫茫》（和肖珩合作）
1982年	故事片	《牧马人》
1982年	故事片	《呼唤》
1982年	故事片	《大泽龙蛇》（和杨矛合作）
1982年	故事片	《特殊家庭》（和刘雁西合作）
1983年	故事片	《青春万岁》
1983年	故事片	《生命的脚步》、《最后的选择》
1984年	故事片	《滴水观音》
1984年	故事片	《二十年后再相会》
1985年	故事片	《美食家》
1985年	故事片	《绞索下的交易》
1986年	戏曲故事片	《桐花泪》
2005年	故事片	《温州商人》
2007年	故事片	《明星梦》
1982年	电视剧	《蹉跎岁月》
1983年	电视剧	《中国姑娘》（和吕其明合作）
1986年	电视剧	《向警予》（和吕其明合作）
1986年	电视剧	《鼓浪屿号》、《绿阴》
1986年	电视剧	《冯玉祥》、《邹韬奋》

1986年	电视剧	《唐伯虎千里送莺莺》、《苏堤春晓》
1986年	电视剧	《智渡黑桥口》
1987年	电视剧	《少奇在皖东》（和蔡璐合作）
1987年	电视剧	《失落的梦》、《醉乡》、《海峡女》
1987年	电视剧	《廖承志》、《何穆医生》
1988年	电视剧	《秋潮》
1989年	电视剧	《书王与乾隆》、《聊斋》
1989年	电视剧	《痴情女》、《等待明天》
1989年	电视剧	《死罪》、《特殊的战线》
1990年	电视剧	《一群小好汉》
1990年	电视剧	《东南游击队》、《羊枣之狱》
1991年	电视剧	《血染四明》、《绿色的苏醒》
1991年	电视剧	《成语故事》
1993年	电视剧	《校园里的紫藤》
1998年	电视剧	《滑稽春秋》

图书在版编目（ＣＩＰ）数据

向前进，向前进——我的自传 / 黄准著. —上海：上海
音乐出版社，2010.10
ISBN 978-7-80751-694-1

Ⅰ. ①向… Ⅱ. ①黄… Ⅲ. ①黄准－自传
Ⅳ. ① K825.78

中国版本图书馆 CIP 数据核字（2010）第 187573 号

书名：向前进，向前进——我的自传
著者：黄　准

出 品 人：费维耀
责任编辑：张治远
音像编辑：张治远
文稿整理：颜　言
封面油画：徐小萌
摄　　影：甘泰庆
封面设计：宫　超
印务总监：李霄云

上海音乐出版社出版、发行
地址：上海市绍兴路 74 号　邮编：200020
上海文艺出版（集团）有限公司：www.shwenyi.com
上海音乐出版社网址：www.smph.cn
上海音乐出版社论坛：BBS.smph.cn
上海音乐出版社电子信箱：editor_book@smph.cn
印刷：上海书刊印刷有限公司
开本：787×1092　1/18　印张：26　插页：1　图、谱、文：468 面
2010 年 10 月第 1 版　2010 年 10 月第 1 次印刷
印数：1-3,000 册
ISBN 978-7-80751-694-1/J·641
定价：148.00 元（附 CD 一张）

读者服务热线：(021)64315066　印装质量热线：(021)64310542
反盗版热线：(021)64734302　(021)64375066-241